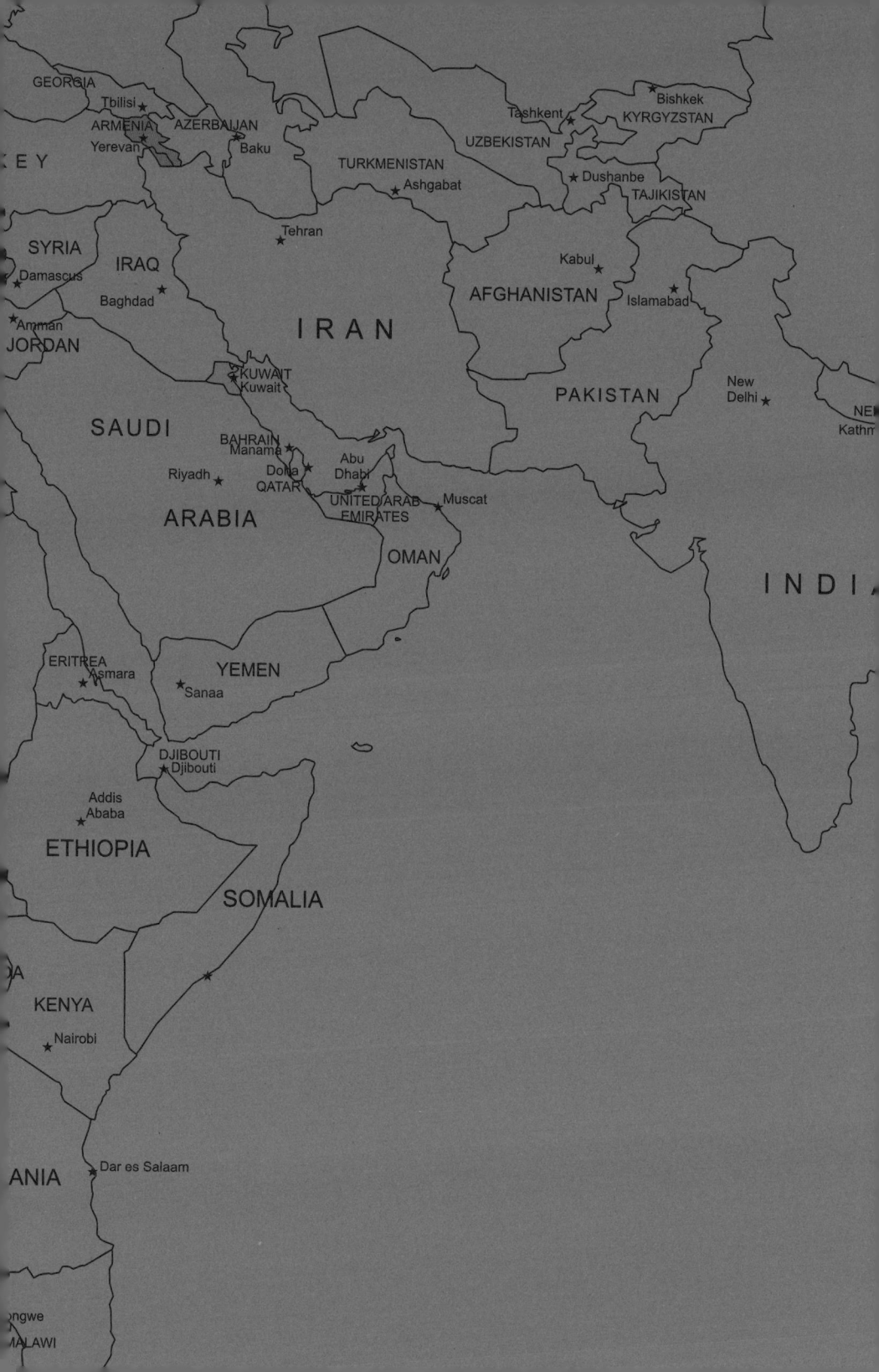

새장 속에 갇힌 권력

위키리크스

새장 속에 갇힌 권력

위키리크스

초판 인쇄 │ 2012년 1월 9일
초판1쇄 발행 │ 2012년 1월 11일

지은이 │ 쑤옌(蘇言) · 허빈(賀瀕)
옮긴이 │ 이정은
펴낸이 │ 강민자
교 열 │ 조진숙
펴낸곳 │ 다상

주소 │ (121-010) 서울시 마포구 마포대로 196 고려아카데미텔
전화 │ 02)365-1507
팩스 │ 02)365-1507
등록 │ 2006년 2월 7일
이메일 │ dasangbooks@hanmail.net

ISBN 978-89-967890-0-0 (03340)
값은 표지에 있습니다.

✳ 이 책의 한국어판 저작권은 (주)엔터스코리아를 통한 중국의 **上海本周图书有限公司** 와의 계약으로
　도서출판 다상 이 소유합니다.
　신 저작권법에 의하여 한국 내에서 보호를 받는 저작물이므로 무단전재와 무단복제를 금합니다.

새장 속에 갇힌 권력

위키리크스

쑤옌 · 허빈 지음 | 이정은 옮김

다상

CONTENTS

■ 들어가는 말

제1장 2만 개의 핵탄두 조준 완료 [위키리크스 2011년 4월]

마이클 멀린   무아마르 카다피   호스니 무바라크   카디르 칸

강대국의 꿈, 검은 음모 · 21 | 첫 번째 타격, 2만 개의 핵탄두는 조준 완료 · 25
먼지로 뒤덮인 일본의 참상 · 41 | 죽음의 도시 체르노빌 · 48

제2장 위기의 시대 [위키리크스 2011년 2월]

콜린 캠벨   브래들리 매닝

2012년 최대의 변수 · 59 | 이라크 전쟁 비망록 · 70 | 중동 전쟁의 모든 것 · 74

제3장 빈 라덴 사살 작전 [위키리크스 2011년 1월]

로버트 게이츠   토미 프랭크스   빈 라덴   모하메드 오마르

빈 라덴의 죽음 · 123 | 아프가니스탄 전쟁 비망록—테러 조직 감청 보고서 · 128 | 탈레반의 계릴라 성전 · 137 | 테러리즘 수출국, CIA의 레드 셀 비망록 · 147 | 새로운 불안정 지대 · 150

제4장 스파이 천하 [위키리크스 2010년 12월]

힐러리 클린턴   리언 패네타   데이비드 퍼트레이어스

CIA 감청 게이트 사건의 진실 · 157 | 미국이 안고 있는 20가지 문제점 · 161
미국 특수요원의 내막 · 164 | 특수요원의 조건 · 168

제5장 FRB, 전 세계 금융계를 농락하다 [위키리크스 2010년 12월]

벤 버냉키   누리엘 루비니

쩐의 전쟁, 월가의 돈은 어디에서 나왔나 · 175 | 연방준비은행은 세계 금융계를 어떻게 주무를 수 있었는가 · 179 | 달러와 석유, 그 은밀한 관계 · 187 | 먹고살기 어려운 미국 · 194

제6장 유명 인사들의 사생활 [위키리크스 2010년 10월]

톰 크루즈　　존 트라볼타

사이언톨로지의 비밀 경전 · 205 | 세상을 움직이는 손, 빌더버그 클럽 · 210
당당한 여자 힐러리의 또다른 얼굴 · 214

제7장 기후 게이트, 역대 최대의 과학 스캔들 [위키리크스 2010년 8월]

라젠드라
파차우리　　파울 크루첸

지구 온난화는 마술 같은 눈속임인가? · 221 | 불편한 진실 · 230
기후 전쟁, 누구 마음대로? · 235 | 빙하시대설, 지구는 정말로 더워지고 있는가 · 241

제8장 전쟁의 왕, 세계 최대 군수기업 [위키리크스 2010년 12월]

도널드
럼즈펠트　　윌리엄 팰런　　로버트 스티븐스

소말리아 해적 출현 · 249 | 아덴만 해적 사건 · 258 | 세계의 군수업자들 · 262
걸프만을 덮친 강대국의 음모 · 271

제9장 UFO의 지구 습격 [위키리크스 2010년 12월]

칼 세이건   스탠튼 프리드먼

UFO 비밀 보고서 · 281 | 또다른 인류의 방문 X파일 · 291
외계 문명을 찾아서 · 300 | 네안데르탈인은 식인종이었다? · 311

제10장 위키리크스의 배후 [위키리크스 2010년 10월]

폴 울포위츠   에릭 프린스

세계 최강 민간군사기업 블랙워터 · 327 | 전설적인 해커들 · 340
미군 기밀 유출사 · 344

부록 어산지, 투명한 세계를 꿈꾸다

1. 지구에 떨어진 낯선 생명체 줄리언 어산지

1. 폭로 · 351 | 2. 마그네틱 아일랜드와 서른일곱 번의 이사 · 352 | 3. 도무지 상식적이지 않은 남자 · 360
4. 라모와의 대화 · 364 | 5. 성추행 고발 사건 · 373 | 6. 음모론과 위키리크스 · 386

2. 제1,2차 세계대전 이후의 미국의 전쟁 기밀

제1,2차 세계대전 이후 미국이 치른 전쟁들 · 391 | 한국 전쟁 · 392 | 베트남 전쟁 · 399 |걸프 전쟁 · 407
코소보 전쟁 · 411 | 아프가니스탄 전쟁 · 415 | 이라크 전쟁 · 424 | 리비아 전쟁 · 426

3. 제2차 세계대전 이후 미국의 군사 활동

■ 나가는 말

위키리크스의 문을 넘어

미국의 시사주간지인 〈타임〉지는 페이스북의 개발자 마크 주커버그Mark Zuckerberg를 2010년 올해의 인물로 선정했다. 그러자 많은 사람들이 이 결정에 납득할 수 없다는 반응을 보였다. 2010년 〈포브스〉가 발표한 '미국 갑부 명단'을 보면 주커버그는 개인자산 69억 달러로 35위에 올라 최연소 갑부가 되었다. 그런 면에서 주커버그가 비범한 인물임에는 틀림없지만 올해의 인물 적임자라고 하기엔 모자라는 구석이 있다. 이런 주커버그를 능가하는 인물이 있는데, 그는 바로 '위키리크스'의 창시자인 줄리언 어산지Julian Assange이다. 그가 2010년 한 해 동안 전 세계 각계각층의 고위인사들을 식은땀깨나 흘리게 한 인물이라는 건 익히 잘 알 것이다.

〈타임〉지는 주커버그와 어산지를 동전의 양면으로 묘사했다. 두 사람 모두 개방성과 투명성에서 시대의 욕구를 대변한다는 점은 비슷하지만, 스타일 면에서는 전혀 다르다는 것이다. 어산지가 대형 기관 및 정부의 감추고 싶은 정보를 파헤쳐 국가 권력의 벽을 무너뜨린 반면, 주커버그는 개인이 공유하고 싶어 하는 정보를 자유롭게 공개하도록 했다. 어산지의 세계가 '악당들이 꾸민 진실'로 가득 차 있는 반면 주커버그의 세계는 '잠재적인 친구'들로 가득하다.

인터넷 인기투표에서 어산지는 주커버그보다 압도적으로 많은 표를 얻었다. 따라서 전 세계의 네티즌들은 어산지가 당연히 2010년 〈타임〉지의 올해의 인물로 표지 장식을 할 것으로 생각했다. 그러나 결과는 우리의 예상을 빗나갔다. 인터넷 투표 결과 10위에 머물렀던 주커버그가 가장 많은 표를 얻은 어산지를 누르고 2010년 올해의 인물로 선정된 것이다.

사실 〈타임〉지가 인터넷 투표에서 가장 많은 표를 얻은 어산지 대신 10위를 차지한 주커버그를 올해의 인물로 선정한 것은 나름의 이유가 있었다. 위키리크스의 특성상 민감한 정치적 요소들과 복잡하게 얽혀 있는 어산지는 이미 세계 각국의 '공공의 적'이 되어버렸기 때문이다. 게다가 그의 폭로가 공공의 선을 위한 고발인지 아니면 무조건적인 정부 기밀 캐기인지를 판단할 도덕적 기준조차 모호하다.

위키리크스를 본 사람들은 하나같이 입을 쩍 벌린다. 소위 나랏일을 한다는 사람들이 겉 다르고 속 다른 일부 연예계 인사들과 다를 것이 없었기 때문이다. 위키리크스 덕분에 오랫동안 감춰져 있던 미국 정부의 기밀들이 잇따라 인터넷에 공개되고 있다.

위키리크스는 내부 고발자로부터 넘겨받은 기밀 정보를 웹 사이트에 올려 누구나 접근할 수 있도록 한 시스템이다. 기밀을 폭로 당한 미국 정부는 위키리크스를 '국가의 적'이라고 공공연하게 비난하고 나섰다.

예를 들면 이런 식이다. 미국 정부는 텔레비전을 통해 이라크와의 전쟁을 정의로운 전쟁으로 홍보했지만, 위키리크스가 입수한 동영상에는 미군 헬기가 이라크 민간인들을 향해 총기를 난사하는 장면이 담겨 있다. 또한 이란이 자국의 동맹국과 돈독한 우정을 과시하는 내용이 신문지상을 장식하는 동안 위키리크스는 이란의 동맹국이 미국 쪽에 이란을 향한 무력행사를 하도록 부추긴 관련 문서를 공개한다. 또한 발작 질환을 앓고 있음을 철저히 숨기고 있는 한 국가의 지도자에 관한 내용도 있고, 한 국가의 정치인이 나라 밖에 출처가 모호한 거액의 자금을 보유하고 있다는 사실도 밝힌다. 거짓말, 배신, 은닉, 탐욕……. 평소 텔레비전 뉴스에서는 절대 볼 수 없는 정보들이 위키리크스에서는 줄줄이 폭로되고 있다.

인터넷 시대를 맞아 사생활의 경계가 빠르게 허물어지면서 사람들은 사이버 공간에 자신의 사생활을 앞 다투어 공개하는 한편 타인의 사생활을 파헤치는 데도 열을 올린다. 그런데 위키리크스는 이렇게 유행처럼 번지는 '사생활 파헤치기'를 조금 색다른 곳에 적용했다. 개인의 사생활 폭로가 아닌 정부의 사적 영역으로 활동 범위를 넓힌 것이다.

〈타임〉지는 어산지와의 인터뷰에서 이런 질문을 했다.

"이 세상에서 밝혀져서는 안 될 정보가 있다면요?"

그러자 어산지가 대답했다.

"공개된 기밀문서들의 출처는 비밀에 부쳐야겠죠."

어산지는 그 무엇도 진실에 대한 폭로를 막을 수 없다고 말한다.

설사 그것이 한 국가의 기밀이라고 해도. 그를 지지하는 사람들은 어둠 속에서는 정의가 구현될 수 없다고 생각한다. 진실을 향한 어산지의 신념은 많은 지지자들의 환호를 받고 있다. 국가 안보를 위해 개인의 정보를 공개해야 한다는 것이 정부의 방침이라면, 개인 역시 자신의 권익을 위해 같은 요구를 할 수 있다. 이를테면 공명정대한 정의를 위해 국가도 대중에게 모든 정보를 공개해야 마땅하다는 것이다.

어산지가 〈타임〉지의 올해의 인물로 선정되지는 못했지만 그의 활약과 그가 추구하는 새로운 문화의 움직임은 그 누구도 막을 수 없다. 그는 이미 '그 무엇도 멈추게 할 수 없는 기계'를 만들어냈다. 위키리크스는 이미 판도라의 상자를 열어버렸고, 한번 터진 봇물은 걷잡을 수 없는 위력을 지니게 됐다. 정치계에 발을 내디딘 사람이라면 이제 마음의 준비를 단단히 해야 할 것이다. 국가의 비밀을 파헤치는 인터넷 문화가 무섭게 확산되고 있기 때문이다.

인터넷 시대에는 개개인의 사적 정보가 범람한다. 개인은 인터넷을 통해 지구촌의 모든 정보를 낱낱이 알 수 있을 것으로 생각하겠지만 반대로 전 세계가 인터넷을 통해 개개인의 사생활을 엿보는 역습을 당할 수도 있다는 사실을 알아야 한다. 감출 곳을 잃어버린 사이버 시대를 맞은 것이다. 과거에는 기밀로 취급되었던 정보들도 이제는 만인에게 공개되기 시작했다.

판도라의 상자를 열어버린 어산지는 이제 세계 각국의 지명수배자가 되었다. 앞으로 그의 앞날에는 비난과 위협이 끊이지 않을 것이다. 미국 공화당 의원 마이크 허커비Mike Huckabee는 "정부기밀 유출은 반역죄다. 반역죄인을 사형에 처하지 않는다면 지나치게 관대한 처사"라고 주장했다.

반대 세력이 무슨 말을 하든 어산지의 추종자들은 그를 '언론 자유의 선구자'라며 열렬한 지지를 보내고 있는 상황이므로, 그를 처벌하려는 세력은 앞으로 여론과의 기나긴 전쟁을 치러야 할 것이다.

매스미디어의 눈에 비친 위키리크스는 새로 발견된 낯선 생물체처럼 미지의 세계에 대한 흥분으로 가득 차 있다. 언론의 중요한 정보원인 동시에 잠재적 경쟁자이기도 한 위키리크스의 출현은 그 자체만으로 언론의 역할과 윤리의식에 강력한 도전장을 내밀었다고 할 수 있다.

2010년 말, 미국 CNN의 유명 기자 피터 아넷Peter Arnett은 인터뷰에서 "위키리크스가 제공한 문서들은 퓰리처상 수상감이지만 안타깝게도 그들은 책임 있는 언론매체가 아니라 그저 훔쳐온 자료를 공개하는 것에 지나지 않는다"며 국가 기밀문서를 불법으로 획득하고 유포한 좀도둑으로 몰아붙였다. 덧붙여 그는 "기자는 국가안보와 같은 민감한 부분에 좀 더 철저한 책임을 져야 하지만 해커 출신인 어산지는 기자가 아니어서 아무런 책임도 없다. 만약 일반 기자가 정부에 확인 요청을 하지 않고 기사를 폭로한다면 법률적인 문제가 뒤따르게 된다. 또한 미국 시민권을 가진 사람이 미국 내에서 웹 사이트를 개설하고 기밀문서를 배포하면 법률적 제재를 받게 된다. 어산지가 위키리크스를 만들 수 있었던 것은 미국인이 아닌데다 그의 웹사이트가 어디에 있는지 아무도 몰랐기 때문"이라고 주장했다.

한편 미국의 베커Becker 민주당 의원은 폭스뉴스FNC와의 인터뷰에서 "어산지는 미국의 적이므로 테러리스트 수색 작전을 펼쳐서라도 붙잡아야 한다"고 말했다.

2010년 말, 음악 잡지 〈롤링스톤스The Rolling Stones〉의 이탈리아판은 어산지를 '올해의 록스타'로 선정했다. 음악인도 아닌 오스트레일리아 해커 출신의 고발자인 어산지를 표지인물로 선정한 이유에 대해 〈롤링스톤스〉는 권력에 대항하는 어산지의 이미지가 록음악과 잘 어울리기 때문이라고 설명했다. 표지에 실린 어산지는 상반신을 노출한 채 신비로운 빛을 받으며 텔레비전 앞에 앉아 있다. 〈롤링스톤스〉는 감춰진 비밀의 폭로자이자 천사인 어산지가 베일에 싸인 정치인들의 외교실상과 미국의 외교기밀을 유출한 공적을 높이 평가했다.

어떤 이는 어산지를 제임스 본드 영화에 나오는 악당과 견주기도 하고, 또 어떤 이는 애니메이션 속의 슈퍼히어로나 영화 〈매트릭스Matrix〉 속의 주인공으로 묘사하기도 하는데, 〈롤링스톤스〉는 어산지를 1976년에 제작된 〈지구에 떨어진 남자The Man Who Fell to Earth〉의 주인공인 데이비드 보위David Bowie에 비유했다. 극중 데이비드 보위는 사람의 모습으로 지구에 온 외계인 역을 맡았는데, 죽어가는 자신의 행성을 위해 생명수를 구하러 온 역할이다.

미국 컬럼비아 방송사CBS의 전 국장 허포드Herford는 위키리크스의 출현에 대해 그다지 놀라울 것도 없는 사건이라고 일축했다. 그는 "전화로 소통하던 시절에는 통화가 끊기면 모든 것이 사라져버렸다. 그러나 오늘날은 인터넷의 활용으로 교류 방식이 변화하면서 정보가 그대로 남게 되었다. 현대 사회에서는 '비밀'이라는 것이 존재하지 않는다. 정보의 일부는 감출 수도 있겠지만, 모름지기 감춰진 정보란 잠긴 문 뒤에 숨어 있는 것과 같다. 언젠가는 열쇠를 찾아내어 문을 열거나 아예 부숴버리는 사람이 나타나게 마련이기 때문이다. 이것이 바로 위키리크스의 실체라고 할 수 있다"라고 했다. 이어 그는 어산지를 일컬어 "하루아침에 세계적인 인사가 된 인물이다. 초창기에는 어산지라는 이름이 위키리크스의 대명사였지만 이제는 위키리크스를 통해 폭로되고 있는 정보들이 그보다 더 주목받고 있다. 중요한 대목은 이것이다"라고 했다.

한편 미국의 〈크리스천 사이언스 모니터Christian Science Monitor〉지는 기고문을 통해 〈타임〉지가 주커버그를 올해의 인물로 선정한 이유에 물음표를 달았다. 통찰력은 물론이고 선견지명까지 결여된 결정이라는 것이다. 「주커버그가 2008년의 인물이었다면 〈타임〉지의 선정이 문제 될 것이 없지만 올해2010년의 인물은 누가 봐도 명백하게 어산지다. 주커버그는 전 세계인의 '교류 방식'을 바꿔놓았지만 어산지는 '세계의 발전 방향에 변화'를 불러왔기 때문」이라고 했다.

영국 〈파이낸셜 타임스〉지의 칼럼니스트 필립 스티븐스는 「우리는 위키리크스를 통해 인류 역사의 새로운 전환점에 서게 되었다」고 평가했다. 많은 사람들은 오랜 기간 권력이 여러 곳에 분산되는 다극화 세계가 출현할 것이라고 예견했지만 그것이 생각만큼 쉽게 오지는 않았다. 그런데 그 세계가 갑자기 우리 눈앞의 현실로 다가왔다. 200년 가까이 지속되어 온 서방 패권주의가 이제 그 끝을 향해 치닫고 있으며, 그 사실이 수학적인 경제지표인 데이터에까지 나타나고 있다.

유럽의 상황은 심상치 않다. 민간 은행에서 시작된 금융위기가 이제 정부의 채무 위기로 번지면서 유로존은 금융시장의 집중 공격을 받고 있다. 그러나 진짜 위기는 정치적 판도의 변화이다. 최근 아시아가 부상하면서 유럽대륙의 경제가 침체의 늪에 빠지기 시작했다. 이는 20년 전 베를린 장벽 붕괴와 함께 발생한 각종 정치적 이슈들과 결합하면서 더욱 큰 문제로 대두되고 있다.

위키리크스는 2006년 '선샤인프레스Sunshine Press'라는 단체의 비영리 사이트에서 출발한 것으로 미국, 유럽, 대만, 호주, 남아프리카 공화국 등의 저널리스트, 수학자, 인권활동가, 변호사, 기술자를 비롯하여 중국의 반체제인사들이 함께 만들었다. 현재 이사진은 모두 아홉 명으로 구성되어 있다고 알려졌으나 그중 위키리크스의 대변인이었던 다니엘 돔샤이트-베르크Daniel Domscheit-Berg와 일부 멤버들이 위키리크스를 탈퇴해 얼마 전 오픈리크스OpenLeaks, www.open-leaks.org란 단체를 설립했다. 위키리크스에 남아 있는 인물 중 유일하게 외부에 신분을 공개한 사람은 어산지이지만 알려진 정보는 거의 없다. 세미나를 통해 몇 번 모습을 드러낸 것이 전부인데다 공개된 사진도 몇 장 없다. 사진 속의 그는 과도한 스트레스 때문인지 한 텔레비전 매체의 보도에서 보여준 것처럼 젊어 보이는 얼굴과는 달리 머리가 노인처럼 하얗게 세어 있다. 인터뷰에 응할 때에도 늘 조심스러운 태도로 임한다.

제1차 세계대전을 전후하여 미국 좌파세력은 자국 정부에 맹렬한 비난을 퍼부으며 전쟁을 반대했다. 그러자 이에 대응하기 위해 미국 정부는 1917년에 '간첩법'을 제정했다. 간첩법이 처음 도입되었을 당시 이 법은 미국 헌법 제1차 수정안이 보장하는 언론 및 출판의 자유와는 상반되는 모습을 보였다.

헌법 제1차 수정안의 제약으로 미국 사법부는 외부로 유출된 기밀로 기사를 쓴 언론인을 함부로 처벌할 수가 없었다. 기밀 유출자들은 가끔 기소를 받기도 했지만 통상적으로 정부 입장에서 비교적 쉽게 처리할 수 있는 공무원들을 희생시키곤 했는데, 이들에게는 '기밀문서 관리 소홀'이라는 죄명이 씌워졌다.

위키리크스는 전통적인 언론매체와는 분명 다르다. 그러나 어산지는 자신이 언론인이라며 헌법 제1차 수정안이 규정하듯 언론과 출판의 자유를 보장받아야 한다고 주장한다. 미국 간첩법 연구학자 역시 미국 정부가 어산지에게 형사소송을 제기하기는 어려울 것으로 보고 있다. 어산지가 해외 세력과 접촉하여 기밀을 제공한 사실이 증명되지 않은 이상 미국 정부가 법적 다툼에서 이길 승산은 없다고 밝혔다.

1971년, 대니얼 엘즈버그Daniel Ellsberg라는 미국인이 〈뉴욕 타임스〉 등에 미국의 베트남 전쟁 관련 기밀문서를 제공하여 정계에 커다란 충격을 안겨준 일이 있다. 이것이 바로 '펜타곤 페이퍼Pentagon Papers 사건'이다. 엘즈버그는 그해 6월에 체포되어 간첩죄 등으로 기소되었다. 1973년 1월, 심판대에 오른 엘즈버그는 결국 헌법이 보장한 대로 최종심에서 무죄를 선고받았다.

그러나 어산지가 공개한 기밀문서의 양은 엘즈버그의 기밀문서의 양보다 훨씬 방대하다. 이 문제에 대해 미국 국회에서는 어떤 반응을 보이고 있을까?

미국의 싱크탱크 '헤리티지 재단The Heritage Foundation'의 선임연구원 딘 청Dean Cheng은 미군이 이라크 민간인을 공격한 동영상을 위키리크스에 제공한 22세의 미 육군 일병 브래들리 매닝Bradley E. Manning이 이미 구속되었다고 밝혔다. 기밀문서 처리와 관련된 미국 법규를 어겼기 때문이다. 하지만 어산지는 미국 정부의 공무원이 아니다. 그가 매닝으로부터 불법적으로 입수한 기밀문서를 공개했기 때문에 유죄 평결을 내릴 수도 있지만, 행위 자체가 위법이라고 볼 수는 없다. 당시 '펜타곤 페이퍼 사건'을 처리했던 미국 최고법원은 기밀문서 유출과 관련한 선례를 인용했다.

물론 어산지의 기밀문서 공개가 잠재적인 위험성이 큰 것은 틀림없다. 아프가니스탄 및 기타 지역 주민들의 목숨을 위협할 수도 있기 때문이다. 이는 인명살상을 초래할 수도 있는 중요한 사안이다. 하지만 그보다 더 심각한 문제는 누군가가 악의적 목적으로 조작되거나 위조된 정보를 기밀인 양 유출시킬 수 있다는 사실이다.

현재 위키리크스의 자금원은 모두 끊겼다. 위키리크스 사이트는 미국 정부의 감시명단과 오스트레일리아의 블랙리스트에 올라 있다. 따라서 이제 어산지에게 피난처를 제공할 곳은 어디에도 없어 보인다.

그런데 위키리크스가 제공하는 푸짐한 정보를 즐기는 사람들이 간과하고 있는 것이 있다. 그것은 바로 이 사이트의 활약이 최소한 10개국 이상의 법률에 저촉되며, 정부의 안정적인 행정 정책을 방해한다는 사실이다. 그리고 더 심각한 문제는 기밀문서들이 대중여론에 미치는 막대한 영향력 때문에 한 나라의 정부가 정책을 계획대로 펼치기가 어려워져 국가 존립을 위협할 수 있다는 사실이다.

문제는 어산지 한 사람만 처벌한다고 해서 해결될 일이 아니다. 앞으로 전 세계 각지에서 수천만 명의 어산지가 나타날 수 있기 때문이다. 세계 곳곳에서 익명으로 활동하는 네티즌들이 하루가 다르게 늘어나고 있다. 본격적인 인터넷 정보 전쟁의 시작도 멀지 않았다. 어쩌면 우리는 수습할 수도 없는 새로운 혼란기를 맞게 될지도 모른다.

_쑤옌 · 허빈

1

2만 개의 핵탄두 조준 완료

[위키리크스 2011년 4월]

위키리크스가 공개한 문서에 따르면 '911테러'의 주범 칼리드 셰이크 모하메드가
관타나모 수용소 취조실에서 알카에다가 유럽에 핵폭탄을 숨겨놓았다고 자백했다.

강대국의 꿈,
검은 음모

2011년 4월, 미국 국무원이 2006년부터 비밀리에 시리아 무장조직에게 활동자금을 제공했다는 사실이 위키리크스가 공개한 문건에서 드러났다. 시리아 무장조직은 미국으로부터 받은 지원금으로 2009년 4월, 영국 런던에 위성텔레비전 방송국 바라다Barada TV를 설립했다. 이 방송국은 주로 시리아에서 벌어지는 시위 등의 각종 반정부 활동 소식을 내보냈다.

위키리크스가 공개한 미국 군사 기밀문서에는 관타나모 수용소에 수감된 779명의 테러리스트 용의자의 명단이 있었다. 미국 정부는 그중 수십 명의 '고위험' 수감자를 석방했다. 그러나 이런 결정은 미국을 비롯한 동맹국들에게 큰 위협이 될 수 있었다. 문제는 미국이 테러 용의자 외에도 150여 명의 무고한 남성들을 여러 해 수감했는데, 그중에는 89세의 농부와 14세 소년도 있었다는 사실이다. 미국은 이들에게 무혐의가 밝혀지고 나서 몇 개월 후에야 풀어주었다. 이 수용소 관련 문건에는 수감자들의 개인 정보와 건강상태, 고문 중의 진술 내용 등 각종 기록과 사진이 실려 있었다. 그 밖에도 수감자가 제공한 정보와 석방 후 미국에 미칠 수 있는 위험 수준을 정해 '낮음, 중간, 높음'으로 낱낱이 기록했다. 이 문건에는 미국 정부가 러시아, 사우디아라비아, 요르단 등 10개국의 정보국 요원을 초청해 용의자들을 심문할 수 있도록 자리를 마련했다는 내용도 있다.

위키리크스는 또한 리비아 반군 지도자인 수피안 빈 쿠무Sufian bin Kumu와 알카에다의 관계가 알려진 것보다 훨씬 돈독하다는 정보를 제공했다. 과거 알카에다에서 훈련받았던 쿠무는 20여 년간 테러 활동을 해왔고, 수단에서는 빈 라덴의 차량 운전을 하기도 했다. 그는 관타나모 수용소에서 6년간 복역하다가 리비아 대통령 무하마르 카다피Muammar Gaddafi의 요청으로 2007년에 미국에서 리비아 정부로 넘겨져 2010년 여름에 석방되었다.

2011년 초부터 중동 여러 국가에서 일어난 대규모 내부 충돌이 국제사회의 이슈가 되었다. 2011년 1월 14일, 아프리카에서 가장 안정적이라고 평가받던 아랍계 국가 튀니지에서 혁명이 일어났다. 무려 23년 동안 대통령 자리에 있던 벤 알리Ben Ali가 도망치고 난 뒤 새로운 정부가 들어섰다. 2011년 1월 16일, 예멘의 수도 사나에서도 대규모 시위가 발발했다. 1만 명 이상의 시위자들은 30년이 넘도록 독재를 지속해온 대통령 알리 압둘라 살레Ali Abdullah Saleh의 퇴진을 요구했다. 반정부 시위가 격렬해졌으나 정부와 시위대는 어떤 결론도 내리지 못한 채 대치하고 있는 상황이다.

2011년 1월 25일에는 아랍권에서 가장 영향력 있는 국가인 이집트에서 폭동이 일어났다. 시위대는 대규모 집회를 갖고 31년째 연임 중인 대통령 호스니 무바라크Hosni Mubarak에게 물러날 것을 요구했다. 무바라크는 즉각 개각을 단행했지만 폭동은 진정되지 않았다. 그러자 그는 결국 사퇴를 선언하고 튀니지 대통령 알리의 뒤를 따랐다. 2011년 2월 16일에는 리비아의 벵가지 등에서 저항운동이 잇따랐다. 카다피 정부를 규탄하는 구호를 외치는 시위 행렬이 수도 트리폴리를 비롯하여 전국 여러 도시로 퍼졌다. 리비아 국민이 일으킨 이 폭동은 2011년 3월 20일부터 프랑스, 영국, 미국을 중심으로 한 서방 국가들과 리비아와의 전쟁으로 확산되었다. 한 달 후인 2011년 4월 22일에는 시리아 전국 각지에서 수만 명에 이르는 시민들이 거리로 쏟아져 나와 대통령 바샤르 알 아사드Bashar al-Assad의 사퇴를 요구했다. 이때 시위대를 진압하는 과정에서 정부군이 무력을 행사하여 수백 명의 시민이 부상을 당하거나 목숨을 잃었다.

2006년 10월, 미국의 정치학자 새뮤얼 헌팅턴Samuel P. Huntington은 한 잡지와의 인터뷰에서 냉전 이후의 세계 구도는 일곱 개, 혹은 여덟 개의 문명에 의해 좌우될 것이라고 말한 적이 있다. 그가 일컫는 문명이란 중국 문명, 일본 문명, 인도 문명, 이슬람 문명, 서방 문명, 동방 정교회 문명, 라틴 문명이며, 여덟 번째로 아프리카 문명이 포함될 가능성이 있다고 했다. 그리고 냉전이 종식되면 각 문명은 서로 다른 문화와 인종 사이에서 비롯된 갈등으로 충돌하게 되고, '문명과 인종 차이가 불러온 전쟁'으로 세상은 혼란에 빠질 것이라고 했다. 이러한 충돌은 주로 문명 간 투쟁이나 인종 간 갈등과 같은 형식으로 나타날 것이라고 했다.

헌팅턴은 미래의 갈등은 주로 서로 다른 문명을 가진 국가나 단체 사이에서 빚어질 것으로 내다봤다. 문명 간의 충돌은 국제정치와 서방세계의 운명을 좌우하게 될 것이라며 다음과 같이 주장했다.

「문화와 문명의 충돌은 주로 오늘날 존재하는 일곱 개 문명들 사이에서 일어나며, 앞으로는 동양문명이 서로 힘을 합쳐 서양문명에 도전하는 현상이 나타날 가능성이 크다. 문명 간의 충돌은 두 가지 폭력적인 성격을 띠는데, 그것은 이미 현실화되었을 수도 있다. 가장 가능성이 높은 충돌은 서로 다른 문명을 가진 지역집단 사이의 전쟁이며, 가장 위험한 충돌은 서로 다른 문명을 대표하는 핵심 국가들 사이의 전쟁이다. 그리고 중동과 동아시아가 부상하면서 전쟁의 불씨를 던지게 되면 미래 사회가 지금보다 훨씬 불확실해질 것이다. 서구권과 이에 도전하는 문명 사이의 충돌은 쉽게 와해되지 않을 것이며, 특히 중미관계가 가장 위험하다.」

2010년, 미국 예일대학 국제 안보문제연구소장인 폴 케네디Paul M. Kennedy는 저서 『강대국의 흥망』을 통해 다음과 같이 주장했다. 「국제관계 역사상 국경을 넘나드는 대형 사건은 전 세계의 국가 기반을 뒤흔들어 수많은 구식 체계의 붕괴와 와해를 초래했다. 우리가 1919년제1차 세계대전 종결과 1945년제2차 세계대전 종결, 그리고 1989년냉전 종식에 직접 경험했듯이 말이다. 앞으로도 이런 혼란 속에서 중심을 잡기란 쉽지 않을 것이다. 세계의 정치 구도는 이미 변화하기 시작했다. 우리는 이 사실을 명확하게 인식해야 한다.」

첫 번째 타격,
2만 개의 핵탄두는 조준 완료

　　2011년 4월, 영국 〈타임〉지에 위키리크스가
공개한 문건이 실렸다. 관타나모 수용소에 감금된 '911테러'의 배후
인물인 칼리드 셰이크 모하메드를 심문하던 미군이 알카에다가 유
럽에 핵폭탄을 숨겨놓았다는 정보를 입수했다는 내용이었다.

　　알카에다가 핵무기를 보유하고 있는지의 여부는 늘 많은 주목을
받았다. 한 아랍계 매체에 따르면 1998년에 핵무기를 확보한 후 이
를 안전하게 숨겨두고 있는 알카에다는 무기가 겨냥하는 지역이 유
럽과 미국일 것이라고 전했다. 알카에다의 핵무기 확보 루트는 두
가지로, 외부에서 구입했을 가능성과 자체개발이다.

　　1988년부터 핵무기를 확보할 생각을 한 빈 라덴은 거액을 들여
다섯 명의 투르크메니스탄 출신 핵 전문가로 구성된 '핵무기 팀'을
조직했다. 이들은 모두 이라크 원자로에서 일하던 전문가들이었다.

이후 '핵무기 팀'의 규모는 점차 커졌다. 1990년에는 매달 2000달러라는 높은 임금을 지불하며 '경력이 풍부한' 원자력 과학자 수백 명을 고용했고, 칸타하르에 '상당한 수준'의 첨단 비밀 핵 실험실을 갖추었다고 한다. 핵무기 개발 프로젝트가 1990년대 전반부터 진행되고 있었다는 것이다.

미 연방수사국FBI 고문인 폴 윌리엄은 신간 『테러를 위한 조직, 알카에다Al-Qaeda: Brotherhood of Terror』에서 빈 라덴이 손으로 들 수 있을 만한 크기의 상자 안에 핵무기를 넣어 휴대한 모습을 상세히 묘사했다. 1998년, 빈 라덴은 3000만 달러를 들여 중앙아시아에서 휴대용 핵탄두 20개를 밀거래로 사들였다. 이후 10년 동안 원자폭탄 혹은 원자폭탄을 제작할 수 있는 우라늄을 세 차례에 걸쳐 거래했는데, 20개의 휴대용 핵탄두는 그중 일부에 지나지 않는다.

2005년 11월, 알카에다는 인터넷 웹 사이트에 '핵미사일 교본'을 업로드해서 원자폭탄과 생화학 무기의 제작 기술을 가르쳤다. 아랍어로 쓰인 이 '핵미사일 교본'은 전체 아홉 챕터로 구성되어 있으며, 총 80페이지 분량에 그림까지 곁들여 핵미사일에 대해 상세히 기술하고 있다. 핵물리학 전문가들은 이를 보고 벌린 입을 다물지 못했다고 한다.

2011년 3월, 위키리크스가 확보한 미국 국무원 비망록이 공개되면서 미국이 유럽에 설치한 전략 핵무기의 구체적인 위치가 처음으로 알려졌다.

냉전 시기에 핵무기가 설치되었던 벨기에, 독일, 이탈리아, 네덜란드, 그리고 터키 등 5개국 6개 기지의 연장이었다. 위키리크스는 아울러 다섯 곳의 나토NATO 기지 중 최소한 네 곳의 기지에 전략 핵무기가 설치되어 있다는 사실을 확인했다.

냉전 종식 이후 전 세계는 핵무기 감축에 노력을 기울여왔다. 그러나 현재 수많은 국가들이 보유한 핵무기 수는 전혀 줄어들지 않았고 핵탄두는 총 2만3300개에 이른다. 전문가들에 따르면 이 중 8190개의 핵탄두가 명령만 내리면 언제든 즉시 발사가 가능한 상태라고 한다.

이 정보는 미국과학자연맹FAS의 핵무기 전문가인 한스 크리스텐슨과 미국 자연자원보호위원회NRDS의 핵전문가인 로버트 노리스가 각국의 정보를 토대로 작성한 통계 자료에 포함되어 있다. 이 같은 내용은 2010년 초 핵무기 확산 방지를 위한 비영리재단인 '플라우셰어스 펀드Ploughshares Fund'라는 인터넷 사이트를 통해 알려졌다.

오늘날 핵탄두 보유국으로는 러시아, 미국, 프랑스, 중국, 영국, 파키스탄, 인도, 북한 등이 있다. 핵공격 형태는 육·해·공군으로 나눠지는데, 현재 세계적으로 이러한 '핵공격 3종 세트'를 갖춘 국가는 미국, 러시아, 중국뿐이다. 프랑스는 육군과 공군이 핵무장을 했으며*, 영국은 해군만이 핵무장을 했고**, 인도와 파키스탄은 육군만 핵무장을 했다.

2010년, 미국 국가정보위원회NIC가 4년마다 한 번씩 발간하는 '글로벌 트렌드' 보고서에는 향후 20년 안에 지구상에 재앙 수준의 핵

---

* 프랑스는 2002년 8월에 S-3D 기지의 핵탄두미사일을 제외한 모든 육군의 핵무장을 철회하기로 결정했다.

** 영국은 전형적인 섬나라이기 때문에 육군과 공군의 핵무장은 크게 중요하지 않다.

확산이 이루어질 것이라고 예측했다. 나아가 앞으로 더 많은 나라가 핵폭탄을 보유하는 것은 물론 테러조직까지 핵기술을 확보하거나 핵무기를 밀거래할 것이라고 예측했다. 핵확산은 국제 질서를 유지하려는 강대국들의 '핵위협'을 무력하게 만들고, 많은 국가들이 서로 뒤질세라 핵무기를 보유하려는 위험에 직면할 수 있다. 문제는 핵무기가 국가가 아닌 일부 극단주의 세력의 손에 들어가게 되면 어떤 재앙을 불러올지 불을 보듯 뻔하다는 사실이다.

전문가에 따르면 현재 남아시아의 인도와 파키스탄에서부터 서아시아의 이란, 시리아 그리고 중동의 이스라엘, 이집트에 이르는 광범위한 지역에 '핵전쟁'의 위험이 도사리고 있다고 한다. 또한 전통적 핵무기 보유국인 미국, 러시아, 프랑스, 영국 등은 전략 핵 폭격기, 대륙 간 핵 탄도미사일과 전략 핵 잠수함 등을 포함한 '핵무기 3종 세트'를 갖춘 채 '핵 보복력'이란 명분으로 핵무장을 확대하려는 위험한 시도를 하고 있다고 한다.

워싱턴에 위치한 볼링Bowling 공군기지는 이미 글로벌지휘센터GSC를 가동하기 시작했다. 미국의 공군성 장관 마이클 돈리는 GSC는 향후 미국이 전략적 우위를 확보하는 데 중요한 역할을 하게 될 것이라고 밝혔다. 그러나 지금으로서는 특정 국가가 핵무기를 사용하게 되면 전통적 핵무기 보유국들이 '서로 공격하는 위기를 불러와 다 같이 자폭'하는 상황이 올 수 있다. 미국의 이번 조치는 적이 보유한 모든 장거리 핵무기를 단번에 파괴하여 자국의 피해를 막기 위한 것으로, 미군은 2013년부터 2015년까지 관련 무기 배치를 마칠 수 있을 것으로 보고 있다.

지구촌에 존재하고 있는 각양각색의 테러리즘 세력은 오래전부터 핵무기 확보에 혈안이 되어 있었다. 국제원자력기구IAEA는 2006년에 '파키스탄 핵의 아버지'로 불리는 과학자 압둘 카디르 칸Abdul Qadeer Khan을 조사했다. 조사 결과 칸은 1986년부터 1993년까지 유럽과 아시아, 아프리카 등 3개 대륙에 핵 판매망을 구축하고 있었음이 밝혀졌다. 그는 농축 우라늄 제작에 쓰이는 원심분리기 및 핵미사일 설계도와 관련된 핵심 핵무기 생산 기술을 매매한 것으로 밝혀졌다. 이후 칸은 세계 각지에 핵무기 기술과 설비를 판매한 사실을 스스로 인정했다. 그는 핵무기를 밀수한 구매자에게 핵무기 제작기술과 원료를 제공하는 것은 물론 24시간 기술지원까지 한 것으로 드러났다. 또한 원심분리기의 부품 사진과 설명을 곁들인 설명서를 직접 제작했는데, 완벽하게 제본된 이 사용 설명서에는 칸 본인의 사진까지 수록되어 있었다. 칸을 중심으로 한 3개 대륙에 걸친 파키스탄 '핵무기 밀수망'의 내막이 밝혀지자 유엔 회원국의 핵전문가들은 경악을 금치 못했다.

이와 같은 '핵무기 밀수망'은 여러 조직이 복잡하게 얽혀 있었는데, 네트워크의 중심이었던 칸은 독일, 네덜란드, 남아프리카공화국, 스리랑카 등을 주요 거점으로 삼았다. 그는 이들 나라의 군수업자들과 긴밀한 관계를 맺고 있었는데, 핵무기 밀매 혐의를 받고 있는 인물들 중에는 전 말레이시아 대통령의 외아들도 포함되어 있었다.

'핵무기 밀수 시장'에는 칸 이외에도 이 분야에서 내로라하는 전문가들이 여럿 끼어 있었다. 러시아, 미국, 이스라엘 및 독립국가연합CIS 각국의 군수업자들도 참여한 것으로 알려졌는데, 이들의 '적극적'인 핵무기 거래는 전 세계로 독버섯처럼 퍼져나갔다.

구소련 지역은 오늘날에도 여전히 핵 원료의 최대 원산지이다. 러시아의 핵 원료는 규모 면에서 가히 타의 추종을 불허할 정도로 방대하다. 무기고에는 수천 개의 핵탄두를 확보해놓았고, 핵연료가 제거되지 않은 퇴역 핵 잠수함도 수백 대 규모이며, 핵무기급 우라늄과 플루토늄은 600톤이나 된다. 통계에 따르면, 현재 러시아가 보유한 핵 원료 중 안전을 보장할 수 있는 비중은 전체 3분의 1에 불과하다. 구소련 해체 이후 러시아의 경제 상황이 곤두박질치면서 주민들의 생활이 불안정해지자 핵 원료에 접촉할 수 있는 일부 인사들이 핵을 돈벌이 수단으로 삼기 시작했다. 군사 핵시설의 보호책임을 맡고 있던 군인 가운데 일부가 핵 원료를 몰래 빼돌려 밀매하기도 했고, 원자력 공업단지 직원과 연구원들도 핵무기를 개인적으로 거래했다. 불법 핵 밀매가 성행하면서 핵무기 밀거래 시장이 최근 몇 년간 중아시아, 유럽, 발칸반도 지역에서도 형성되기 시작했다.

'핵무기 밀수 시장'에서 거래되는 러시아 '제품'은 핵지뢰, 핵폭탄 등의 전술 핵무기가 주를 이루며, 금속 산화물, 용액 및 폐금속 형식으로 보관된 핵 원료 등도 포함되어 있다. 현재 러시아에 있는 핵 원료는 4만 개의 핵탄두를 제작할 수 있는 양이라고 한다.

1990년대, 러시아 1급 기밀공장의 한 책임자는 러시아로 찾아온 외국 과학자에게 드러내놓고 플루토늄 원료를 판매했다. 한 해군 군관은 핵 잠수함의 고농축 우라늄을 빼돌렸고, 무기 공장에서 일하던 한 직원은 15킬로그램이 넘는 핵 원료를 빼돌려 밀매했다. 이렇게 불법적으로 이루어지는 핵 밀거래는 전 세계를 불안에 떨게 한다. 러시아의 '핵 밀수 시장'은 은밀히 퍼져나가 전 세계 핵 밀거래 시장에 큰 영향을 미쳤다. 러시아가 지금까지 얼마나 많은 핵 원료를 밀수업자에 넘겼는지에 대한 구체적인 수치는 아무도 모른다. 관련 데이터에 따르면 러시아 정부에 제재당한 핵 원료 밀수 건이 모두 100여 차례가 넘는 것으로 나타났다. 그러나 단속을 피해 간 밀수 사례는 더 많을 것이다.

한편 독립국가연합의 핵 밀수 시장도 러시아 못지않은 호황을 누리고 있다. 2003년 1월, 총기로 무장한 6명의 복면강도가 키르기스스탄의 한 야금冶金 공장에 들어가 보안요원을 살해하고 23개의 상자를 훔쳐 달아났다. 상자 안에는 약 500킬로그램의 산화유로퓸Europium Oxide이 들어 있었다. 유로퓸은 원자력 발전소의 원자로봉 제작에 사용되는 물질로, 이를 이용해 무기용 플루토늄을 만들 수 있다. 이런 형태의 무장 탈취는 독립국가연합에서는 그다지 특별할 것도 없는 일상다반사라는 사실을 감안할 때 이 지역에서 '핵 밀수' 거래가 얼마나 활발하게 이루어지고 있는지 짐작할 수 있다.

국제원자력기구 사무총장 무하마드 모스타파 엘바라데이는 "핵 부품이 제1국에서 설계되고 제2, 3국에서 제작된 후 제4국으로 운반되어 최종 목적지로 보내진다. 세계적인 판매망을 확보하고 있는 이들 밀수업체의 규모는 일반인의 상상을 크게 뛰어넘는 수준이다"라고 밝혔다.

2010년, 미국의 〈사이언티픽 아메리칸Scientific American〉 2월호에서는 '핵겨울의 위기'라는 기사를 통해 핵폭탄 모의실험 결과에 대한 내용을 소개했다. 그 결과 약 100여 개의 히로시마급 원자폭탄이 발사되었다고 가정했을 경우 2000만 명이 그 자리에서 사망하고, 해당 지역 밖에 있는 사람들도 시간차를 두고 천천히 사망한다는 사실이 밝혀졌다. 핵폭발이 발생하면 순간적으로 500만 톤의 분진이 대기를 뒤덮는다. 그리고 대기의 이동을 따라 약 일주일 정도 지구를 돌던 분진들은 두 달 안에 지구를 완전히 뒤덮게 된다.

1983년, 미국의 워싱턴에서 열린 '핵전쟁 이후의 세계' 세미나에서 TTAPS*팀과 일부 학자들이 이 연구 결과를 발표했다. '핵겨울 Nuclear Winter'이란 개념은 이때부터 대중에게 알려지기 시작했다. 동식물의 대규모 폐사, 인류의 멸종과 같은 무시무시한 예언들도 더 이상 외면할 수 없게 되었다.

게다가 최근 들어서는 고도로 정밀화된 최첨단 유도미사일이 등장하면서 상대국의 핵무기가 발사장을 떠나기 전에 요격하는 것이 가능해졌다. 하지만 초고속 순항미사일의 경고 시간은 굉장히 짧다. 이 때문에 미사일 반격도 최초 핵공격 후 수분 이내에 즉각적으로 이루어져야 한다. 따라서 사람들이 전혀 의도치 않아도 최악의 핵전쟁이 일어날 수 있다. 그럼에도 불구하고 핵무기 옹호론자들은 이런 불행한 결과에 대해 그다지 관심을 갖지 않는다.

수소폭탄 한 개가 폭발하면서 발생하는 충격은 재래식 폭약 100만 톤의 위력과 맞먹는다. 이는 반경 수 마일 안에 있는 모든 건축물이 순식간에 사라져버릴 수 있을 정도의 파괴력이다. 미국과 일본의 연구진들도 같은 연구 결과를 발표했다. 폭발이 일어난 지점에서

---

* 타코, 툰, 에커맨, 폴락, 세이건 등 다섯 명의 과학자들이 핵의 상호공격이 대기와 기후에 미치는 영향을 연구했다. 이들의 머리글자를 따서 **TTAPS**연구라고 부른다.

3킬로미터 이내에 있는 거의 모든 사람98%이 그 자리에서 즉사하고, 8킬로미터 이내의 일반 가옥은 회복 불능 수준으로 파괴되며, 10마일 이내에 있는 모든 가옥은 창문이 부서진다고 한다.

　폭발 자체의 파괴력 외에 핵폭발이 유발하는 또 다른 문제점은 핵 화구Fireball의 강한 연소력과 확산이다. 핵폭발 시 화구의 온도는 섭씨 2000만℃까지 올라간다. 폭발 지점 반경 3킬로미터 안에 살고 있는 사람들은 실외에 서 있거나 실내의 창문 가까이 다가가기만 해도 입은 옷에 불이 붙고, 노출된 피부는 심각한 화상을 입는다. 고온의 열기는 광범위한 화재를 유발하면서 집 안의 커튼이며 가구는 물론이고 주유소, 가스공급소, 나무 등 연소가 가능한 모든 물체를 태우기 시작한다. 산발적으로 타오르던 불꽃은 시간이 흐르면서 하나로 합쳐져 거대한 불바다를 이룬 다음 빠르게 확산되어 지상에 있는 모든 것을 순식간에 잿더미로 만들어버린다. 이런 상황에서 우려가 되는 것은 '폭풍성 화재'가 발생할 가능성이 매우 높다는 것이다. 이런 상황은 과거 제2차 세계대전 중 히로시마에서 실제로 일어나기도 했다. 폭발로 인해 강한 열기가 공기를 빨아들이게 되면 강력한 허리케인을 형성하게 된다. 이때 공기의 온도는 섭씨 1000℃, 혹은 그 이상으로 뜨거워져 유리와 일부 금속을 녹일 수 있을 정도로 높다.

　이러한 대형 화재가 일어나면 대부분의 사람들은 불에 타 죽거나 질식해 죽는다. 밀폐된 공간으로 대피하는 것도 충격파 앞에서는 속수무책이다. 이처럼 강력한 폭발력을 지닌 충격파와 화구의 파괴력도 끔찍하지만 정말 위험한 것은 방사능 분진으로, 이는 광범위한 살상력을 지니고 있다. 핵폭탄이 지면 가까이에서 폭발하면* 대량의 진흙과 돌가루들이 공중으로 솟구친다. 폭발이 일어나면서 방사능에 오염된 진흙과 돌가루는 폭탄 파편들과 함께 공기 속에 섞여 들어 대기층에 구름을 형성한다.

이것이 바로 그 유명한 버섯 모양 구름이다. 구름이 일어난 후 수 시간, 혹은 수일 안에 많은 먼지와 파편들이 땅에 떨어지게 되고, 치사량의 방사능 물질이 수백 제곱마일로 퍼진다. 이렇게 되면 땅속 깊숙이 설치된 철근 콘크리트의 지하벙커에 들어가지 않는 이상 방사능 분진을 피할 방법이 없다. 게다가 모든 사람이 지하벙커로 피신할 수 있는 것은 아니다. 정부의 전략 책임자 등 주요 인물 몇 명에게만 기회가 주어진다.

과학자들은 모의실험을 통해 수소폭탄 다섯 개가 영국 그레이터 런던Greater London 지역 상공에서 폭발할 경우를 예측해봤다. 그 결과 700만 명의 주민 중 500만 명이 사망하고, 50만 명이 부상을 당하며, 100만여 명만이 재해에서 가까스로 벗어날 수 있는 것으로 나타났다. 사망자 중 400만 명이 방사능에 노출되어 죽게 되는데, 이들은 즉사하는 것이 아니라 6주가량 시간을 두고 서서히 죽어가게 된다. 우리가 잘못 알고 있는 사실 중 하나가 핵전쟁이 일어나면 피해 지역 사람들 대다수가 그 자리에서 즉사한다고 믿고 있다. 하지만 핵무기의 직접적인 살상력은 순간적인 핵폭발, 복사열, 충격파, 조기 방사능, 방사성 침전, 자기장 영향 등과 같은 여러 가지 이유로

---

* 핵 전략가들은 이것을 '지표 폭발'이라고 부른다.

죽음을 초래한다. 때문에 피해를 입은 사람들 대부분은 즉사하는 것이 아니라 서서히 죽는 고통을 당한다.

그렇다면 핵겨울의 위협을 운 좋게 피한 사람들은 어떻게 될까. 핵폭발이 일어난 지점의 상공에는 분진과 재로 이루어진 기둥 모양의 구름이 형성된다. 이 구름은 대기층 8킬로미터에서 16킬로미터, 혹은 그 이상까지 올라가 사방으로 흩어진다. 그러고는 마치 태풍이 오기 직전의 적란운처럼 다시 한데 합쳐진다. 핵폭탄이 폭발한 다음 날은 해가 떠오르지 않아 정오가 되어도 칠흑같이 어둡다. 이런 암흑 상태는 몇 주 동안 지속되는데, 이 기간에 기온은 하루가 다르게 떨어진다. 대륙 지역의 경우 기온이 40℃가량 떨어져 여름 기온은 겨울 기온으로, 겨울 기온은 북극의 강추위로 변할 것이라는 게 학자들의 통설이다.

1815년, 인도네시아의 탐보라산Tambora이 폭발한 이듬해인 1816년에는 여름이 오지 않았다. 그러나 핵겨울이 몰고 올 재앙은 그보다 훨씬 심각할 것이다. 봄과 여름에 일조량이 급감하고 혹한이 몰아닥치면 농작물이며 나무들이 살아나지 못한다. 또한 하천과 계곡이 얼어붙어 수많은 동물들이 굶주림과 추위로 죽게 될 것이다. 핵겨울의 영향은 열대 지방에 더욱 심각한 재난을 가져오게 되는데 계절을 불문하고 현지 동식물에게 미치는 영향력은 거의 대재앙 수준일 것이다. 일조량과 기온의 변화는 최소한 재앙 이후 3개월이 지난 후에야 정상적으로 회복된다. 생물학자들은 핵겨울이 올 경우 지구 생물의 대규모 멸종을 불러올 것으로 보고 있다. 무서운 일이 아닐 수 없다.

핵폭탄 효과를 극대화하려면 적국의 핵탄두 지하 창고나 레이더 설비 등을 목표물로 삼아 공격해야 하며, 되도록 폭탄이 지면 가까이 도달했을 때 폭발시켜야 원하는 결과를 얻을 수 있다. 핵 전략가들은 이를 '지표 폭발'이라고 부른다. 지표 폭발은 핵공격의 여러 방법 중 하나로, 큰 소나기 또는 기구氣球가 터지는 소리와 비슷한 폭발음을 낸다. 그러나 과거 일본의 히로시마와 나가사키에 투하된 원자폭탄은 지상에서 멀리 떨어진 공중에서 폭발했다. 이를 '공중 폭발'이라고 하는데, 살상 범위가 넓은 대신 특정 목표물에 대한 파괴력은 상대적으로 떨어진다.

핵폭발이 뿜어내는 강력한 방사능은 많은 것을 파괴하는 것은 물론 심각한 방사능 오염을 유발하는데, 핵탄두에 어떤 원료를 사용했느냐에 따라 방사능 지속 기간이 달라진다. 일반적으로 방사능의 강도를 높이기 위해 탄두 표면에 플루토늄처럼 방사능 함량이 높은 물질을 바르는데, 이러한 핵탄두를 '더러운 폭탄Dirty Bomb'이라고 한다. 중성자탄은 이와 반대로 '깨끗한 폭탄'이다. 중성자탄이 폭발하면서 내뿜은 에너지는 충격파 대신 살상력이 높은 중성자빔Neutron Beam으로 변한다. 치명적인 살상력을 가진 이 중성자빔이 물체와 접촉하면 무조건 방사능을 띠게 된다. 중성자탄이 만들어진 목적은 인명 살상으로, 건축 설비 등에는 아무런 손상을 입히지 않는다. 전쟁에서 승리하기 위해서는 적군에게 인명 피해를 주고, 도시까지 점령해야 한다.

5000만 톤급의 폭탄이 폭발할 때, 핵분진은 50킬로미터 상공까지 솟구친다. 지면 폭발이 발생시키는 핵분진이 핵겨울을 유발하는 첫 번째 요인이라면, 두 번째 요인은 핵폭발 후의 대형 화재에서 발생하는 재와 연기다. 수소폭탄 한 개가 폭발할 때 발생하는 화구는 주변 수 킬로미터 안의 연소 가능한 물체를 모조리 잿더미로 만들어 버린다. 마을의 가옥, 공장, 주유소, 화학업체 등도 예외는 아니다. 이런 대형 화재로 발생한 짙은 연기는 수 킬로미터 상공으로 올라가게 되는데, 그것이 바람을 타고 상승하면 성층권으로 흡수된다.

지구 주위를 돌고 있는 우주정거장에서 이 광경을 관찰한다면 원자폭탄이 폭발한 지역에서 분진과 연기가 기둥 모양으로 형성되어 사방으로 확산되는 것을 볼 수 있을 것이다. 이 연기는 점차 거대한 병풍처럼 적도 북쪽 지역을 둘러싼다. 그것은 처음에는 어지럽게 흩어져 있는데 핵공격을 받은 국가의 상공을 가장 어둡게 보이게 한다. 그렇게 몇 주가 지나면 지구 전체가 검은 구름에 둘러싸인다. 핵겨울의 피해는 지구상의 어느 곳도 피해 갈 수 없다.

그렇다면 전면적인 핵전쟁 이후 일주일 내에 지구는 얼마나 어두워지게 될까. TTAPS팀의 과학자들은 정상 태양광의 3%만 지표면에 도달할 수 있을 것으로 예측했다. 이는 구름에 해가 완전히 가려진 겨울철보다 훨씬 어두운 수준이다. 핵전쟁으로 발생한 두터운 연기와 분진이 거대한 막을 형성하면 지표면에 도달하는 태양광이 정상 수준의 1%까지 떨어질 수도 있다. 그렇게 되면 햇빛을 쏘이지 못한 식물의 생장에 필수적인 광합성 작용도 완전히 중단된다. 이런 현상이 수 주 혹은 수 개월간 지속될 경우, 기후변화로 인한 대재앙은 전문가들이 예측한 것보다 훨씬 심각해질 것이다.

그렇다면 핵공격 후에 살아남는 생존자들은 얼마나 될까. 미국 군사전략가 허먼 칸Herman Kahn은 저서 『열핵전쟁On Thermonuclear War』
을 통해 미국에서 가장 큰 도시 50개가 핵공격으로 모두 궤멸한다
고 해도 사망자는 전체 인구의 3분의 1수준에 머무를 것으로 예측
했다. 이러한 수치는 일반 국가가 아닌 초강대국에서 발생할 희생
자 숫자이며, 과학자들 모두가 동의하는 최저 수준이다. 그러나 미
국의 희생자 숫자가 총인구의 50%에서 75%까지 달할 것이라는 예
측도 적지 않다. 특히 유럽 각국들, 예를 들어 영국처럼 면적이 좁
고 도시, 군사기지, 항구, 레이더 설비 등이 전국 각지에 골고루 분
포되어 있는 국가의 경우 전면적인 핵전쟁 이후 살아남는 인구는
10~20%를 넘지 않을 것으로 내다보았다.

그렇다면 핵전쟁을 겪고 살아남은 사람은 어떻게 될까. 영국 정
부가 만든 소책자 『보호와 생존』은 핵전쟁에서 생존하는 방법에 대
해 설명하고 있다. 우선 핵전쟁이 일어나면 시민들은 가급적 밖으로
나가지 말아야 한다. '영국 어느 곳도 핵무기의 직간접적인 영향권에
서 벗어날 수 없기 때문'이다.

그리고 핵미사일 요원이 신속하게 현장에 도착할 수 있도록 모
든 길의 통행이 확보되어야 한다. 정부가 핵공격을 당한 지점, 혹은
해당 도시를 벗어나려는 시민들을 일일이 관리할 수 없으므로 모든
시민은 자신의 집에 머물러야 한다. 만약 집을 떠나게 되면 해당 가
옥은 국가에 환수되며, 원주인은 자신의 재산에 대한 권리를 잃게
된다. 게다가 집을 떠나 다른 곳으로 이동하면 식량 구입이 힘들어
질 수 있다.

안전한 철근 콘크리트로 만든 지하벙커로 들어갈 수 없는 상황이

라면 자신의 집에 비상용 대피공간을 만들어야 한다. 가장 이상적인 대피소는 지하실이다. 만약 건물 저층에 살고 있다면 단단한 물체로 테이블의 사방을 가로막아 대피공간으로 삼는 것이 좋다. 지진이나 핵공격이 발생했을 때를 대비해 미국의 초등학생들이 책상 밑으로 대피 훈련을 하는데 이는 비상수단으로 사용할 수 있는 가장 좋은 방법이다. 단층주택이나 일반 건물에 사는 사람들은 이웃집의 대피 공간 등 최대한 가까운 장소로 피신할 수 있는 방법을 찾아야 한다.

일단 대피공간으로 이동한 후에는 특별한 지시가 있기 전까지는 밖으로 나와서는 안 된다. 이때 2주치의 식량과 마실 물을 준비해두 어야 하지만 핵공격 경보가 울린 후 몇 분 안에 모든 것을 준비하기 란 불가능하다. 그러므로 만약을 대비하여 평소에 비상식량을 챙겨 놓는 것이 좋다. 그러나 문제는 공기 중의 방사능이 정부가 정한 위 험수치를 넘지 않았다고 하더라도 한 달 후 밖으로 나왔을 때 역시 안전을 보장할 수는 없다. 게다가 핵폭발의 영향으로 전파 교란이 일어나 라디오와 텔레비전이 제대로 작동하지 않을 수 있다. 이 때 문에 사람들은 바깥 상황도 알 수 없고, 언제 외출이 가능한지 정확 한 정보를 얻을 수 없다.

『보호와 생존』이라는 책에서는 "대규모 핵공격이 시작되면 민간 용, 공업용 상하수도가 순식간에 마비될 것"이라고 밝히고 있다. 사 실 핵전쟁에서 살아남은 생존자들이 가장 먼저 부딪히게 될 문제는 식수다. 심한 갈증을 견디지 못한 사람들이 방사능 수치가 채 떨어 지기도 전에 물을 찾아 대피소 밖으로 나올 수 있다. 하수도 시설의 마비 역시 사람들의 건강에 심각한 영향을 끼친다. 의학이 발달하면서 한동안 도시에서 사라졌던 티푸스, 콜레라 등의 질병이 다시 창궐할 수 있다. 이런 상황에서 이성을 잃지 않는 공간은 군대가 유일하므로 군 대피소가 전국에서 가장 안전한 장소가 될 수 있을 것이다. 따라서 군인들은 명령이 떨어지면 대피소에서 나와 사람들이 식량과 물을 구할 수 있도록 도와야 한다. 물론 이들에게 있어 그보다 더 중요한 임무는 '혼란을 유발하는 사람들'을 체포하는 것이다.

먼지로 뒤덮인
일본의 참상

　　　　2011년 3월 11일, 일본 미야기 현 동북부에
리히터 규모 9.0의 지진과 함께 쓰나미가 발생했다. 일본 기상청은
즉시 쓰나미 경보를 내리고, 당초 6미터 높이의 쓰나미가 올 것이라
던 예상치를 10미터로 상향 조정했다. 그러나 상황이 진정된 후, 보
고서에는 당시 쓰나미가 최대 23미터였다는 사실을 최종 발표했다.
세계 기상 관측 사상 최악의 지진이었다.

　리히터 규모 9.0의 강진에 타격을 입은 후쿠시마 제1원자력발전
소는 수소폭발과 방사능 유출 사태까지 빚어지면서 전 세계가 일본
의 핵위기를 우려했다.

　위키리크스가 공개한 문건에 따르면 국제원자력기구IAEA는 2008
년에 이미 일본의 원자력발전소가 대형 지진에 견디기 어려울 것이
라며, 안전사고 발생 가능성을 경고했다. 그러나 일본은 그 경고에

크게 신경 쓰지 않았다. 게다가 자국 법원으로부터도 서부에 있는 원자력발전소가 지진에 취약하니 폐쇄할 것을 권고 받았으나 이 같은 건의도 무시했다.

일본은 1963년 10월 26일에 이바라키 현 도카이에 처음으로 실험용 원자로를 건설한 이후 현재까지 모두 55기의 원자력발전소를 가동하고 있다. 일본의 원자력발전소 규모는 미국과 프랑스에 이어 세계 3위다. 전문가들은 원자력발전소의 수명을 40년으로 보고 있다. 그렇다면 1971년에 건설된 후쿠시마 제1원자력발전소는 이미 '말년 병장'쯤 되었고, 그 외 일본 전역의 원자력발전소 중 33%는 이미 노화기로 접어들었다고 볼 수 있다.

세계 최대 규모인 후쿠시마 원자력발전소의 안전등급은 체르노빌 원자력발전소보다 한 단계 높다. 플라스틱과 시멘트 외벽으로 지어진 제1, 2 원자력발전소는 모두 10기의 비등수형沸騰水型 원자로 Boiling Water Reactor인데, 대지진 이후로는 1기부터 6기까지 모두 영구 운행 중단되었다. 2011년 4월, 일본 원자력안전보안원은 국제원자력기구가 정한 사고등급 기준에 따라 후쿠시마 원자력발전소 사고등급을 최악의 단계인 7등급으로 설정했다.

비등수형 원자로의 원리는 물을 끓여 핵연료를 가열하는 방식이다. 물이 열을 받으면 증발되는데, 이때 발생하는 증기로 터빈을 돌려 전류를 만든다. 냉각된 증기가 액화되면 이 물을 모아 다시 가열하여 사용하는 방식이다.

후쿠시마 원자력발전소는 MOX 연료를 사용한다. MOX 연료는 혼합산화물핵연료Mixed U and Pu Oxide의 약칭으로, 플루토늄 산화물

PuO과 우라늄 산화물^{UO}을 혼합하여 만든 산화우라늄 플루토늄이 연료다. 천연자원이 아닌 플루토늄은 인위적으로 만든 인공 방사성 원소다. 우라늄을 원자로에서 연소하면 플루토늄이 생성된다. 현존하는 물질 중 두 번째로 독성이 강해 핵연료와 핵무기 제조에 사용되는 플루토늄은 사람이 접촉했을 때 인체 내장기관과 뼈를 심각하게 손상시킬 수 있는데, 모든 과정이 시간을 두고 천천히 진행된다. 플루토늄은 비상砒霜의 독성보다 4억8600만 배나 강하다. 우라늄을 연쇄 반응시켜 플루토늄을 만든 최초의 목적은 군사적 용도, 즉 핵무기 제작이었다. 그러나 우라늄 농축 기술이 발달하고, 생산된 플루토늄의 양이 늘면서 플루토늄은 평화적 용도인 핵연료로 사용되기 시작했다. 그중 가장 효과적인 방법이 바로 우라늄과 플루토늄을 섞어 만든 MOX 연료다. MOX는 7%의 플루토늄과 93%의 농축 우라늄 238을 혼합하여 만든다. 이 방법은 핵폐기물 속의 플루토늄과 자연 매장량이 풍부한 우라늄 238을 사용한다는 점에서 여러모로 유익하다.

연료봉은 지르코늄 합금 튜브로 만들어진다. 지진과 쓰나미로 냉각 시스템에 문제가 생기면 원자로의 냉각수 수위가 내려가 노심爐心*이 녹는다. 냉각이 제대로 이루어지지 않을 경우 연료봉의 온도가 계속 상승하여 지르코늄이 물과 반응하게 되는데, 여기서 수소가 생성된다. 노심용해라고도 불리는 핵 유출 현상은 이렇게 원자로 고장으로 발생한다. 방사능 유출의 영향은 핵무기에 비해 상대적으

---

* 원자로의 핵연료를 담고 있는 부분으로, 여기에서 핵반응이 일어난다.

로 제한적이지만 이 역시 심각한 생물학적 후유증을 남긴다. 지난 사고로 일본 원자력발전소 주변의 방사성 물질 측정 결과 요오드 131과 세슘 137이 검출되었다. 요오드 131이 인체에 흡수되면 갑상선암을 유발할 수 있다. 일본 정부는 방사성 물질이 유출되기 전에 이미 해당 지역 주민들에게 요오드 131의 부작용을 방지할 수 있는 요오드제를 나누어주었다. 한편 세슘 137은 혈관과 신경계통의 손상을 가져온다는 사실이 관련 연구를 통해 밝혀졌다.

일본 언론의 보도에 따르면, 현재 70% 이상의 원자로가 지진 고위험지역에 위치해 있다고 한다. 이는 일본 자체가 지진이 자주 발생하는 나라라는 점을 감안하더라도 매우 위협적인 일이다. 2007년 7월, 나가노 현에서 6.8규모의 지진이 발생했을 때, 이 지역에서 가동중이던 원자력발전소에 불이 났다. 그제야 원자력발전소의 위험을 알게 된 일본인들은 경악을 금치 못했다. 지진의 진앙지가 이 발전소에서 겨우 9킬로미터 떨어져 있었던 것이다.

2010년 3월, 〈월드 저널〉은 미국 컬럼비아 대학의 지진학자 슐츠 Schultz 교수의 연구 결과를 다음과 같이 보도했다. 「지구촌에서 유럽과 아시아는 지진이 가장 빈번한 양대 축이다. 아시아의 경우 태평양 분지를 중심으로 한 환태평양 지진대가 문제의 지역인데, '불의 고리Ring of Fire'라고도 불리는 이 지역에는 일본열도와 미국의 캘리포니아 주, 최근 강진이 휩쓸고 지나간 칠레 등이 걸쳐 있다. 그리고 흔히 유라시아 지진대로 불리는 '알프스–히말라야 지진대'는 유럽 지역의 지진과 관련이 깊다. 1999년 터키 대지진, 2005년 카슈미르 지진 및 2008년의 쓰촨 대지진 등이 모두 이 유라시아 지진대에서 발생했다.」

　지질학 이론에 따르면 2000년부터 지구가 온난 모드에서 냉각 모드로 바뀌면서 '라마드레Lamadre'도 변화하게 되었다. 스페인어로 '어머니'라는 뜻의 '라마드레'는 일종의 고기압류다. 태평양에서는 차가운 공기와 따뜻한 공기가 교차하면서 세력 범위를 확대하는데, 보통 20년에서 30년의 주기로 변화한다. '라마드레'가 냉각위상冷却相位*에 들어서면 태평양 고기압류에 변화가 발생하고, 일부 해수면의 높이도 달라진다. 지구 대기권, 암석권, 수권水圈의 움직임과 중력 퍼텐셜Gravitational Potential의 변화 및 각운동량角運動量 교환은 서로 밀접하게 연관되어 있다. 냉각위상 시기에 허리케인이나 대형지진이 자주 발생하는 이유가 바로 여기에 있다.

　21세기에 접어든 지 불과 10여 년만에 세계 곳곳에서 쓰나미, 허리케인, 홍수, 강진 등 대형 자연재해가 끊이지 않았다. 20만 명 이상의 사망자를 낸 지진도 두 차례나 발생했다. 반면 지난 20세기에는 20만 명 이상이 사망한 대형 지진이 100년을 통틀어 두 차례에 불과했다. 21세기의 지구는 한 세기 전과 비교했을 때 눈에 띄게 활발해졌다. 20세기에 발생했던 강도 6 이상의 지진 횟수를 예로 들어보자. 데이터마다 약간씩 다르지만, 전체적으로 약 3600건에서 4000건 수준이다. 그러나 21세기, 그것도 2001년부터 2008년 5월 중순까지 약 7년 6개월이라는 기간 동안 발생한 강도 6 이상의 지진은

---

*　진동이나 파동과 같이 주기적으로 반복되는 현상에 대해 어떤 시각, 또는 어떤 장소에서의 변화 국면을 가리키는 물리학 용어. 하나의 추상공간에 극한이라든지 연속 등의 개념을 나타내는 구조가 주어졌을 때 이 구조를 위상이라 한다.

모두 1200건에 달한다. 미국 미주리 과학기술대학교의 지구물리학자 스티븐 가오Steven Kao가 2010년 초에 내놓은 보고서에 따르면 강도 8 수준의 지진이 전 세계를 통틀어 매년 1회가량 발생했으며, 최근 그 빈도수가 비정상적으로 늘어났다고 한다. 지각 활동이 활발해지기 시작한 원인은 아직 확실하게 밝혀지지 않았으나 설명 가능한 가설 중에 '암석권 압력변화설'이 있다.

과거의 학자들은 지진이 일어나는 원인으로 맨틀대류설과 판구조론에 지나치게 의존했다. 그러나 최근에는 천체의 움직임이 지구의 판Plates에 영향을 줄 수 있다는 이론이 관심을 끌기 시작했다. 예를 들어 2008년 9월 11일에 인도네시아와 일본에서 겨우 20분 차이로 잇따라 지진이 발생했다. 지질학자들은 둘 사이에 뭔가 관계가 있다고 봤지만, 그것이 어떤 관계인지에 대해서는 아직까지 설득력 있는 가설을 내놓지 못하고 있다. 다만 우주의 행성들이 일렬로 늘어설 경우 지진이 발생할 가능성이 높다는 의견을 내놓고 있다.

바다의 해수 온도를 살펴보자. 전체 해수의 약 75%에 해당하는 해수 온도는 0~6℃ 사이이고, 대략 50%의 해수 온도는 1.3~3.8℃이며, 전체 해수 평균온도는 3.8℃이다. 대양별 평균 온도는 태평양이 3.7℃, 대서양이 4.0℃, 인도양이 3.8℃이다. 해수 표면 온도는 −2℃부터 30℃ 사이에서 변화하고, 연간 평균 온도는 17.4℃이다.

그중 태평양의 표면 평균 온도가 19.1℃로 가장 높고, 인도양이 17.0℃로 두 번째로 높으며, 대서양이 가장 낮은 16.9℃이다. 해수 전체의 온도와 비교하면 해수 표면 온도는 상당히 높은 편이다. 해저 지진과 쓰나미가 발생하면 심해 깊은 곳의 해수가 표면으로 올라오면서 해수 표면 온도가 떨어져 지구 전체 기온이 급격하게 변화한다. 해수 표면 온도가 1℃ 낮아지면 상층 공기의 온도는 6℃가 떨어진다. 이때 공기가 급격히 수축하면서 코리올리 힘Coriolis Force의 영향으로 강력한 소용돌이 기류를 형성하게 되는데, 바다 깊은 곳에서 강진이 발생하여 일어나는 허리케인은 이렇게 하여 생겨난다.

2005년 1월 4일, 전 미국국립과학원NAS, National Academy Of Science 원장 브루스 앨버츠 박사는 〈타임〉지와의 인터뷰에서 엄중히 경고했다. 2004년 말의 인도네시아 대지진 이후 태평양판이 갈수록 약해지고 있으며, 특히 동아시아의 일본 열도는 언제든 아래로 꺼질 수 있는 위험한 지점에 위치해 있다는 것이다.

마리아나 해구*는 세계에서 가장 깊은 심해협곡으로 유명하다. 아시아 대륙판이 앞으로 나오고, 태평양판이 뒤로 밀려나면서 마리아나 해구는 매년 10센티미터씩 북동쪽으로 이동하고 있다. 이것은 태평양−일본 열도로 이어지는 선이 확장되고 있다는 뜻이다. 그러나 진짜 위험은 땅 밑에 숨어 있었다. 과학자들이 이번 대지진 이후 동쪽으로 움직이는 해구의 이동 속도가 한층 빨라졌다는 사실을 관측했다.

---

* 평균 깊이가 8000미터로, 가까운 곳은 일본 열도와의 거리가 겨우 200미터에 불과하다.

죽음의 도시
체르노빌

2011년 4월, 우크라이나 정부는
국제모금협회에서 7억8500만 달러를 받아 폭발사고가 발생했던 체
르노빌 원자력발전소 제4호 원자로에 철제 외벽을 설치하기로 했다.
방사능 물질을 유발하는 환경오염 물질을 최대한 줄이기 위해서였
다. 총 10억6000만 달러가 투입될 이 공사는 2015년 완공을 목표로
하고 있다.

우크라이나 북부에 있는 체르노빌은 사고가 나기 전에는 몹시
아름다운 지역이었다. 소나무와 자작나무가 군락을 이루는 무성한
숲 사이로 강이 흐르고, 다양한 동물들이 서식했으며, 인구도 많았
다. 소련은 1973년부터 이곳에 체르노빌 원자력발전소를 지은 다음
1977년에 정식으로 가동을 시작했다.

1986년 초, 원자력발전소 반경 30킬로미터 안에 거주하고 있는

인구는 약 10만 명에 달했다. 그중 4만5000명은 주로 원자력발전소의 직원과 가족들로, 체르노빌 발전소에서 3킬로미터 떨어진 안전구역 서쪽의 프리피야트Prypiat에 살고 있었다. 그리고 발전소로부터 남동쪽으로 15킬로미터 떨어진 체르노빌에도 1만2500명이 거주하고 있었다.

매년 4, 5월이면 수많은 시민들이 숲을 찾아 삼림욕을 즐기며 평화로운 시간을 보냈다. 새로 들어선 유원지는 1986년 5월 1일 개장을 앞두고 있었다.

1986년 4월 26일 새벽 한 시경, 흰색 빛이 번쩍거리며 체르노빌 전체를 환하게 비췄다. 눈부신 백색광으로 구름은 증발해버렸고, 천지를 뒤흔드는 엄청난 폭발음이 이어졌다. 사방에 화재가 발생하면서 짙은 연기가 주변을 가득 채웠으며, 폭발로 발생한 불기둥의 높이는 30미터 이상이었다. 원자력발전소의 제4호기 원자로가 폭발하면서 체르노빌 지역은 알 수 없는 빛에 둘러싸였다. 사람들은 난생처음 이런 이상한 현상들을 보며 이번 사건이 심상치 않다는 것을 본능적으로 느꼈다.

8톤에 달하는 강력한 방사성 물질이 뜨겁게 달아오른 핵연료와 흑연 파편에 섞여 하늘로 솟구쳤다. 1700여 톤의 흑연에 불이 붙자 화재현장의 온도는 2000℃ 이상으로 올라갔다. 유출된 방사능은 일본 히로시마 원자폭탄의 200배에 해당하는 양이었다. 방사성 물질이 대량 유출되면서 주변의 방사능 수치가 허용치의 2만 배인 시간당 200뢴트겐Roentgen에 달했다. 러시아 신문 〈콤소몰스카야 프라우다〉지가 인터넷 사이트를 통해 공개한 동영상을 보면 밀 Mi-8 헬기가 체르노빌 원자력발전소 제4호기 상공에서 선회하며 임무를 수행하는 모습이 찍혀 있다. 그때 천천히 사고지점으로 접근하던 헬기의 꼬리 부분이 아래로 기울더니 이내 기체 전체가 진흙처럼 녹아버렸다. 단 몇 초 만에 헬기는 불바다로 추락하여 형체조차 없어졌다.

복구 지원을 위해 파견된 헬기들이 제4호 원자로에 열과 방사능 원소를 흡수하는 물질 5000톤을 투하하며 수습에 나서는 한편 원격조종 설비를 이용해 두께가 수 미터에 달하는 콘크리트 벽으로 사고지역을 덮어버렸다.

사고 당일 아침, 1000미터에 달하는 방사성 구름 기둥이 하늘을 오염시키면서 체르노빌 지역은 대부분 방사능 안개로 덮였고, 수많은 사람들이 피해를 당하면서 발전소 부근은 생지옥으로 변했다. 이때 일부 가벼운 방사성 물질은 바람을 타고 서쪽의 폴란드까지 날아갔으며, 방사성 분진은 사고 사흘 만에 드넓은 소련 서부 지역으로 확산되어 유럽 국가들을 위협하기 시작했다. 나흘째 되던 날에는 스칸디나비아 반도와 독일에서도 방사성 물질이 검출되었다. 이어 열흘이 채 안 되어 전 유럽이 방사성 분진의 피해를 입었다.

당시의 사고로 원자력 발전소를 중심으로 20만 제곱킬로미터 이상이 오염되었다. 우크라이나, 러시아, 벨로루시는 아직도 방사능 오염이 가장 심각한 지역으로 꼽히고 있다.

방사능 사고가 일어나자 정부는 체르노빌 발전소 반경 30킬로미터 이내에 거주하는 주민들을 모두 대피시켰는데, 그 인원이 100만여 명에 달했다.

사고 초기, 정부는 원전에 화재가 발생했다는 사실만 공개했을 뿐 방사능 유출 사실은 밝히지 않았다. 긴급 대피한 발전소 부근의 주민들은 시가지로 모였다. 각 가정은 간단한 짐과 애완동물만 반출을 허락받아 정부가 지원한 차량을 이용하여 안전한 지역으로 대피했다. 피난민들은 정부가 일괄적으로 마련한 텐트를 임시숙소로 이용했다. 체르노빌 발전소 반경 30킬로미터 이내의 모든 지역은 격리되었다. 군인들이 각 가택의 문을 잠그고 봉인테이프를 붙였지만 사람들은 크게 동요하지 않았다. 며칠 동안 임시숙소에서 지내고 나면 곧 집으로 돌아갈 수 있을 것으로 생각했기 때문이다. 오랜 세월 살아온 정든 고향과 영원히 작별해야 한다는 사실은 꿈에도 몰랐던 것이다.

소련 정부는 체르노빌 원전 사고 이후, 60만 명 규모의 인력을 격리구역에 파견하여 오염물질 제거작업을 시작했다. 폭발이 지나간 후 기계가 크게 훼손된 탓에 현장에 동원된 인력은 오염물질을 일일이 손으로 제거했다고 한다. 그들은 여러 팀으로 나뉘어 방사능 보호복을 입고 각 팀이 돌아가며 현장에 들어가 재폭발을 일으킬 수 있는 위험물질들을 제거했다.

소련 정부는 진상을 숨기기 위해 5월 1일, 체르노빌에서 140킬로미터 떨어진 키예프 시에서 매년 개최하던 국제노동절 퍼레이드 행사를 진행하고, 5월 9일의 국제 자전거 대회도 예정대로 개최했다. 체르노빌 발전소에서는 합창단의 위로공연도 열렸다. 기밀문서에 의하면 소련 중앙정치국은 사고수습 인력의 질병이 방사능과 관련이 있다는 의료진의 연구결과를 발표하지 못하도록 막았다는 사실이 밝혀졌다. 당시 소련 총리 고르바초프는 5월 14일이 되어서야 최초로 체르노빌 원전 사고를 공개석상에서 언급했다.

국제사회, 특히 유럽 국가들은 사고 내용을 투명하게 공개하지 않는 소련 정부를 맹렬하게 비난했다. 동유럽 국가들과 인접국들은 소련이 정확한 정보를 제때 제공해주지 않아 사태를 악화시켰다고 주장했다. 서방 언론의 보도가 쏟아지면서 소련 핵기술에 대한 신뢰도는 땅에 떨어졌고, 국가 이미지도 엄청난 타격을 입었다.

1986년 7월 3일, 소련 과학원 원장과 쿠르차토프Kurchatov 연구소장은 소련에서 열린 회의에서 처음으로 체르노빌 원전 사고의 원인을 지목했다. 'RBMK', 즉 흑연감속 비등경수 압력관형 원자로*의 기술적 결함이 이 사고의 주요 원인이라는 것이었다. 사고 초반에 원인으로 제기되었던 원전 직원의 설비 조작 실수는 도화선에 불과했다고 덧붙였다.** 원자로 핵연료봉의 구조와 안전시스템이 갖고 있던 근본적인 문제점이 사고 발생의 직접적인 원인이라는 것이 소련 핵전문가들의 주장이었다.

사고로 694만 5000명이 거주하는 15만 제곱킬로미터가량의 지역이 방사능에 오염되었다. 원전 주변 반경 30킬로미터 이내 지역은 격리되었고, 부근 주민들은 다른 지역으로 대피했다. 마을이 모두 매몰되었으며, 반경 7킬로미터 이내의 나무들도 서서히 죽어갔다. 사고 후 반세기 동안 사고지점에서 반경 10킬로미터 이내의 농업 및 목축업이 전면 금지되었고, 반경 100킬로미터 이내의 우유 생산은 10

---

* 흑연을 감속재로 사용하는 원자로의 유형으로, 운전 중 연료 교체가 가능하기 때문에 효율적이라는 장점이 있으나 다른 원자로 방식에 비해 불안정하다. 구소련에서 개발되었지만 체르노빌 원전 사고 이후 이 방식을 사용하는 원자로는 모두 가동 중단되었다.

** 당시 원전 직원은 정전이 된 상황에서 원자로를 재가동하는 실험을 하고 있었다.

년간 금지되었다.

체르노빌 원전에서 유출된 방사능은 바람과 빗물을 타고 이동하여 우크라이나, 벨로루시, 러시아 등지의 비옥한 토지를 오염시켰다.

당시 원전 사고 처리 작업을 맡았던 83만4000명 중에서 5만5000명은 사망했고 7만 명은 장애인이 되었다. 모두 30만 명 이상이 방사능 피해를 당했다.

우크라이나에서는 250만 명이 각종 질병에 걸렸는데 그중 47만3000명은 아동이었다. 우크라이나의 피해자들은 주로 갑상선 질병, 조혈계통, 신경계통 장애 및 악성 종양 등의 증상을 보였다. 현재 체르노빌의 하천에 서식하는 물고기들의 체내에서는 플루토늄 등의 핵물질이 대량으로 검출되고 있으며 소나무에는 갈색을 띤 기형 가지가 자라났다. 방사능 유출이 생태계에 엄청난 변화를 가져온 것이다.

체르노빌 원전사고로 유출된 방사능 분진 중 70%가량이 벨로루시로 날아가 떨어졌다. 사고 발생 초기, 벨로루시의 전 국민이 정도의 차이는 있었으나 대부분 방사능에 노출되었다. 6000제곱킬로미터의 토양은 아예 사용할 수조차 없게 되었고 400곳 이상이 유령마을로 변했다. 정부는 600여 개의 학교, 300여 개의 기업 및 대형 농장 54곳을 폐쇄할 수밖에 없었다. 현재까지 200만 명이 핵 오염 지역을 벗어나지 못한 채 생활하고 있으며, 그중 48만 명이 만 17세 이하의 청소년과 아동이다. 전문가들은 벨로루시가 당시 사고로 입은 경제적 손실은 2350억 달러를 넘어설 것으로 예상했다.

체르노빌 원전사고의 피해자는 총 900만 명 이상으로 집계되었다. 사고처리 및 피해자에 대한 의료보상, 사회보장, 보조금 및 마을과 주택 재건 등에 들어간 비용은 무려 230억 루블에 달한다. 러시아에는 아직도 210만 명의 원전 사고 피해자들이 사회보장 혜택을 받고 있다. 당시 사고는 러시아, 우크라이나, 벨로루시 정부에 거액의 재정 부담을 안겨주었다.

글로벌 환경단체 그린피스가 발표한 연구 데이터에 따르면 체르노빌 방사능 유출로 말미암은 사망자 수는 공식적으로 발표된 숫자보다 적어도 9만3000명 이상 많은 것으로 나타났다.

현재 체르노빌 지역 대부분은 잡초가 무성하게 자란 채 폐허가 되었다. 도로 양옆의 나무들은 무서운 속도로 자랐다. 빽빽하게 들어찬 자작나무와 포플러나무, 소나무들 사이로 드문드문 빈집들이 보인다. 집들의 유리창은 하나같이 깨져 있다. 담을 타고 기어오르던 담쟁이덩굴은 그대로 잿가루가 되었고, 건물 파편과 유리조각들이 사방에 흩어져 있다. 먼지를 잔뜩 뒤집어쓴 채 나뒹굴고 있는 방독 마스크와 헝겊 인형은 오싹한 기분마저 들게 한다. 한때 사람들이 모여 살았던 마을에서는 더 이상 인적을 찾아볼 수 없다.

격리구역 깊숙이 들어갈수록 더욱 짙은 죽음의 기운이 느껴진다. 큰 굴뚝이 세워져 있는 원자로는 버려진 선박처럼 활력이라곤 찾아볼 수 없으며, 정부 청사 광장의 시곗바늘은 20년째 움직이지 않고 있다. 그곳의 시간은 1986년 4월 26일 새벽 1시 23분에서 멈춰 버렸다.

버려진 집들은 저녁이 되면 짙은 어둠에 잠긴다. 동굴 같은 빈집에 바람이 들락거리면서 내는 소리는 괴기스럽기까지 하고, 오랜 기간 사람의 발길이 끊어져버린 마을에는 지나가는 늑대나 들개의 모습이 가끔 보인다.

격리구역은 야생동물들의 천국이 되었다. 독수리가 공중에서 선회하고 살쾡이, 늑대, 멧돼지, 야생마들이 여유롭게 노닌다. 사람의 손길이 닿지 않는 이곳에서는 각종 동식물이 누구의 방해도 받지 않고 살아가고 있다.

1998년, 17필의 몽골 야생말이 사람의 흔적이 없는 이 마을에 들어와 자리를 잡고 번식하기 시작해 이제는 개체수가 80~90마리까지 늘어났다. 체르노빌 격리구역은 현재 세계에서 몇 안 되는 자연상태의 몽골 야생말 서식지 중 한 곳이 되었다. 뿐만 아니라 노루, 여우, 비버, 수달, 멧돼지, 곰 심지어 멸종위기의 조류까지 관찰되고 있다.

사람이 살지 않는 곳은 멸종위기 동물들에게 완벽한 서식환경이 된다. 체르노빌 국제생태학 실험실의 기록에 따르면 현재 격리구역 내에서 관찰되는 400여 종의 동물 가운데 조류가 280종, 멸종위기 동물이 50종이라고 한다.

체르노빌의 마지막 원자로는 2000년 12월 15일에 정식으로 가동이 중단되었다. 전문가들은 원전 대참사로 빚어진 피해가 완전히 복구되는 데 최소한 800년은 걸릴 것으로 보고 있다.

그곳은 이미 '죽음의 도시'가 된 지 오래다.

2

위기의 시대

[위키리크스 2011년 2월]

세계 최대의 석유수출국인 사우디아라비아가 자국의 석유 비축량을 40% 가까이
부풀린 것이 밝혀졌다. 현재 생산되고 있는 석유 양으로는 세계적인 유가 급등을
막을 수 없기 때문이다. 미국은 전 세계 석유 생산량이 2012년 초부터 감소세를
보일 것을 우려하고 있다.

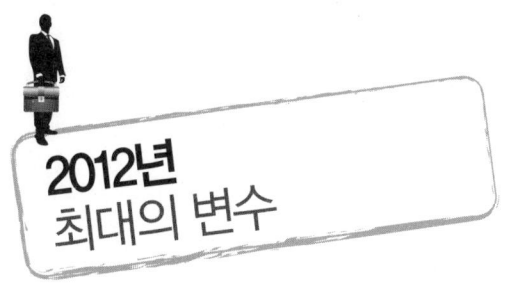

2012년
최대의 변수

위키리크스가 미국의 석유 관련 외교문서를
공개했다. 세계 최대의 석유 수출국인 사우디아라비아가 자국의 석
유 비축량을 40% 가까이 부풀렸다는 것이다. 현재 생산되고 있는
석유 양을 공개한다면 세계적인 유가 급등을 막을 수 없다는 것이
그 이유였다. 미국은 전 세계의 석유 생산이 2012년부터 감소세를
보일 것을 크게 우려하고 있다.

주사우디아라비아 미국 총영사는 2007년 11월, 사우디아라비
아의 최대 석유회사 아람코 Aramco 의 전 석유탐사 담당자인 호세이
니 Hosseini 를 만났다. 당시 호세이니는 사우디아라비아 정부가 밝힌
7160억 배럴의 원유비축량은 과장된 수치이며, 실제 보유량은 4160
억 배럴에 불과하다고 말했다. 이는 리야드 Riyadh 에 있는 주사우디
아라비아 미국 대사관이 2007년부터 2009년까지 백악관에 보낸 보

고서에 포함된 내용이다.

호세이니는 사우디아라비아의 석유생산량이 10년 이내에 1일 1200만 배럴까지 증가할 것으로 예측했다. 그러나 세계 석유시장은 그보다 빠른 2012년에 피크오일Peak Oil*을 맞이할 것이라고 예측했다. 석유 생산이 피크, 즉 최고조에 이른다는 것은 다시 말해 석유 생산이 더 이상 늘어나지 않는다는 의미이다.

유가 폭등을 막기 위해서는 매일 1250만 배럴을 생산해야 한다. 즉 호세이니가 언급한 1200배럴로는 안정된 가격을 유지할 수 없다.

2007년, 주사우디아라비아 미국 대사가 현지의 한 석유왕을 만났다. 그가 대사에게 말하기를 사우디아라비아가 발표한 석유 비축량 7160억 배럴은 부풀려진 것이며, 실제 비축량은 3000억 배럴을 약간 웃도는 수준에 불과하다고 했다. 국제유가 상승을 막기에는 턱없이 부족한 양이다.

국제에너지기구IEA는 2011년 초 발표한 보고서에서 2011년부터 2012년까지 전 세계 석유 수요 증가치를 상향 조정했다. 석유수출국기구OPEC와 미국에너지부DOE 산하 에너지정보청EIA의 예측도 이와 크게 다르지 않다.

유가가 고공행진을 계속하면서 세계경제에 대한 우려도 커지고 있다. 게다가 각 기관들이 글로벌 수요 증가치를 상향 조정하자 세계인의 이목이 국제 석유시장에 집중되었다. 세계 석유생산량은 최근 몇 년 동안 대체적으로 비슷한 수준을 유지해왔다. 2006년의 39억

---

* 석유생산량이 기하급수적으로 확대되었다가 특정 시점을 정점으로 급격히 줄어드는 현상.

톤에서 2008년에 42억5000만 톤까지 늘어났다가 2009년 들어 약간 감소했다. 석유수출국기구는 향후 2년간 석유생산량이 2010년 대비 1일 30만 배럴 증가하는 데 그칠 것이라는 예측을 내놓고 있다. 공급자의 생산 여력도 줄어들 것이라는 의견이다. 이에 대해 국제에너지기구는 2년 이내에 석유수출국기구의 석유생산량이 1일 500만 배럴까지 줄어들 것으로 보고 있다고 밝혔다.

또한 국제에너지기구는 2010년에 '세계에너지전망' 보고서를 발표했다. 처음으로 피크오일을 '유령'에 비유한 이 보고서에서는 피크오일은 세계석유공급이 둔화되기 시작한 2006년에 이미 나타났다고 주장했다. 물음표를 붙여 여운을 남기긴 했지만 말이다. 이제 문제는 남아 있는 석유 비축량이 얼마나 되는가이다.

석유 생산이 정점을 찍었다는 것은 세계가 이미 '포스트 오일' 시대로 접어들었다는 뜻이다. 포스트 오일 시대의 특징은 다음과 같다. 첫째, 석유생산량이 최고치를 유지하면서 더는 증가하지 않는다. 둘째, 유가가 높은 수준에 머무르며 급락과 급등을 반복한다. 마지막으로 여러 국가와 기업들이 피크오일의 대비를 시작한다.

새로운 시대의 등장은 세계의 정치, 경제, 사회 등 모든 분야에 엄청난 파급을 미치게 될 것이다.

2006년 7월, 미국의 퓰리처상 수상자 폴 살로펙Paul Salopek은 〈시카고 트리뷴Chicago Tribune〉을 통해 다음과 같은 예측을 내놓았다. 「피크오일이 몰고 올 결과는 상상 이상일 것이다. 영구적인 연료 고갈은 세계경제를 끝이 보이지 않는 대공황으로 밀어넣고, 그 결과 수많은 사람들이 일자리를 잃게 될 것이다. 농장의 트랙터에 넣을 연료가 떨어지면서 전 세계는 기아에 허덕이게 될 것이며, 더 이상 자동차를 이용할 수 없게 된 사람들이 월마트까지 걸어가게 될 것이다. 물론 지구 반 바퀴를 돌아 배달된 저렴한 '메이드 인 차이나' 제품을 사기 위한 것이 아니다. 마트 건물에서 버려진 유리나 구리철사 등을 주워 내다 팔면 돈이 되기 때문에 걷는 것이다.」

1953년, 미국의 저명한 지구물리학자이자 지질학자인 킹 허버트 King Hubert는 미국의 석유생산량이 1969년을 전후하여 정점을 찍은 다음 지속적으로 줄어들게 될 것이라고 예측했다. 그의 이러한 예측은 1970년에 실제로 들어맞았다. 그 이후로 전문가들은 이런 현상을 가리켜 '허버트의 정점', 혹은 '피크오일'이라고 부르기 시작했다. 다른 산유국들의 상황도 크게 다르지 않다. 프랑스는 1988년, 영국은 1999년에 각각 석유생산의 정점을 찍었고, 비슷한 피크오일 현상이 여러 나라에서 속속 입증되고 있다.

2001년 이후로 국제유가가 두 배로 뛰었지만, 석유회사들이 석유탐사에 들이는 예산은 크게 늘지 않았다. 미국 정유공장들이 지금까지는 충분한 물량을 확보하며 가동하고 있으나 1976년 이후로 새로 지어진 정유공장은 단 한 곳도 없다. 현재 운행중인 유조선들 역시 꽉 찬 스케줄로 바쁘지만, 새 유조선이 투입되는 속도보다 낡은 유조선이 폐기되는 속도가 더 빠른 형편이다.

석유가 날로 줄어드는 현실에서 어떤 회사가 정유시설을 짓는단 말인가. 생산량을 줄인 석유회사들은 최근 몇 년 동안 이례적인 속도로 합병에 나서고 있다. 특정 산업이 위축되고 퇴화할 때, 해당 업계의 대기업들은 기회를 틈타 자산규모가 적은 경쟁기업들을 사들인다. '최후의 생존자'로 살아남기 위한 방책이다.

석유탐사회사들도 석유가 나올 만한 곳은 모조리 파헤쳐보았으나 새로 발견되는 유전 숫자는 1962년을 정점으로 지속적으로 줄어들고 있다. 그나마 드문드문 들려오던 유전 개발 소식도 최근 몇 년 사이에는 아예 끊어졌다. 중국, 인도 등 대형 개발도상국들의 경제가 박차를 가하면서 석유 수요는 가파르게 상승하고 있다. 석유가 완전히 '바닥나는 날'이 코앞에 닥친 것이다.

국제에너지 분석전문가인 매튜 시먼스Matthew Simmons는 저서 『사막의 황혼Twilight in the Desert』에서 자신의 연구 결과를 다음과 같이 발표했다. 「사우디아라비아 석유생산량의 90%는 일곱 개의 대형 유전에서 나온다. 하지만 현재 사우디아라비아 석유생산량의 90%를 담당하고 있는 유전은 모두 노화되었다. 이 오래된 유전들이 긴긴 세월 매일같이 대량의 석유 생산을 감당할 수 있었던 것은 지하에서 뽑아낸 석유의 양만큼 물을 채워넣어 유전의 압력을 지속적으로 유지했기 때문이다. 그러나 시간이 지나 더 이상 이런 방법이 통하지 않게 되면 석유생산량의 급격한 감소를 피하기 어려울 것이다.」 시먼스는 자신의 가설이 현실로 나타날 것을 거의 확신하고 있다. 사우디아라비아의 대형 유전들에서 문제가 발생했기 때문에 전 세계 에너지가 갑작스럽게 붕괴되는 국면을 맞이하는 것은 시간문제라고 한다.

그렇다면 석유 회사들은 이 같은 화석연료 고갈 사태에 어떻게 대처하고 있을까. 미국 MIT가 2005년에 작성한 보고서에 의하면 석유 탐사회사가 석유 1배럴을 찾아내기 위해 기계 설비를 동원할 때마다 총 6배럴의 석유가 소모되는 것으로 나타났다. 2004년 10월, 〈뉴욕 타임스〉도 '석유회사의 밑지는 장사'라는 기사에서 비슷한 내용을 보도한 바 있다. 세계 최대의 석유회사 열 곳이 석유탐사를 위해 80억 달러를 들였지만 새로 발견된 석유는 모두 합쳐 40억 달러어치에도 못 미친다는 것이다. 2009년과 2010년의 상황도 이와 별반 다르지 않았다.

석유 없는 세계경제는 생각할 수조차 없다. 석유를 충분히 확보하지 못한다면 정상적인 경제활동이 아예 불가능하다.

미국의 폴 로버츠Paul Roberts는 저서 『석유의 종말The End of Oil』을 통해 눈앞에 닥친 에너지 위기를 고발했다. 그는 「아직은 간신히 버틸 만하다. 그러나 석유 소비는 전혀 줄지 않는데 에너지 시스템의 종말은 시시각각 다가오고 있다. 이 문제는 앞으로 매우 잔인한 방식으로 인류에게 고통을 줄 것」이라고 예언했다. 석유와 경제의 관계는 물과 인체의 관계만큼이나 닮았다. 우리의 몸은 70%가 수분으로 이루어져 있다. 체중이 100킬로그램이라고 가정할 경우 그중 70킬로그램이 물인 셈이다. 물은 인체의 모든 활동에 매우 중요한 역할을 하는 만큼 수분 양이 조금만 줄어도 몸 전체가 위험한 상태에 빠진다. 70킬로그램의 물이 모두 빠질 때까지 기다릴 필요도 없이 단 7킬로그램만 잃어도 치명적인 탈수 증상으로 죽음에 이르게 된다. 세계경제도 이와 마찬가지로, 석유 수요의 10~15%만 부족해도 시스템이 붕괴될 수밖에 없다.

미국의 경제학자 콜린 캠벨Colin Campbell 박사는 석유의 미래에 대해 또 다른 해석을 내놓았다. 만약 자신이 석유회사의 사장이라면 절대 외부에 진실을 공개하지 않겠다는 것이다. 은행들은 경제가 계속 성장한다는 가설 아래 돈을 대출해준다. 은행이 고객들에게 대출을 해주는 이유는 미래의 경제 성장분에서 이윤을 얻을 수 있다고 믿기 때문이고, 바로 이 미래의 이윤 때문에 대출 리스크를 감수하는 것이다. 그러나 경제 활동의 원동력인 석유가 부족해지기 시작하면 성장은 멈추고, 은행들도 엄청난 위기를 맞게 된다. 주식시장도 마찬가지다. 사람들이 주식에 투자하는 것은 미래의 이익을 기대하기 때문이다. 기업이 더 이상 발전하지 않으면 주식도 휴지조각이 되어버린다. 이는 1929년의 대공황과 비슷한 사이클로, 경제성장이 멈추면 시장은 붕괴한다.

근본적으로 석유란 과거에 살았던 동식물의 사체다. 땅속 깊은 곳의 지층에 묻힌 채 억만년의 기나긴 세월 동안 복잡한 지질변화를 거쳐 검은색 액체로 변하는 것이 석유의 생성 과정이다. 그런데 산업 시대를 맞아 석유는 전혀 다른 의미를 갖게 되었다. 만약 인류가 석유에 관심을 두지 않았다면 이 변형된 동식물의 사체는 극소수만이 우연히 지면 밖으로 흘러나왔을 것이고, 나머지는 수천 미터 아래의 깊은 땅속에서 조용히 잠든 채 기나긴 세월을 보낼 것이다. 그러나 인류는 우연히 발견한 이 석유가 훌륭한 에너지원임을 알아차렸다. 이는 어쩌면 인류와 석유가 만날 수밖에 없는 필연이었는지도 모른다.

그렇다면 석유가 인류에 미치는 영향력은 어느 정도일까. 현시점에서 석유는 우리의 생활 거의 모든 분야에 깊숙이 스며 있다. 어디서든 볼 수 있는 플라스틱도 석유로 만들어지고, 컴퓨터와 가전제품 등의 제조에도 석유는 필수적이다. 미국화학협회ACS의 자료를 보면 32M 용량의 D램을 생산하는 데 모두 3.5파운드1.6킬로그램의 석유와 70.5파운드32킬로그램의 물이 소모된다고 한다. 또한 자동차 한 대를 만들기 위해서는 20배럴의 석유가 필요하다. 거기에 이런저런 부품들까지 감안하면 소모되는 석유는 거의 자동차 무게의 두 배와 맞먹는다. 농업은 어떨까? 살충제와 농약은 석유 없이는 만들 수 없고, 화학비료에 쓰이는 암모니아수 역시 천연가스에서 나온다. 또한 트랙터, 콤바인 등 각종 농기구도 석유 연료가 필요하다.

2010년, 미국 〈사이언스〉지는 대체에너지 특집을 마련해 많은 과학자들의 글을 실었다. 화석연료시대의 끝이 코앞에 닥쳐왔지만 마땅한 대책이 없다는 것이 대체적인 의견이었다. 태양에너지, 바이오에너지 등 석유와 천연가스를 대체할 방법은 다양하다. 그러나 문제는 이들 대체에너지의 사용 비중을 어떻게 끌어올리느냐가 관건이다. 전문가들은 태양, 풍력, 바이오매스, 원자력 등의 대체 에너지에 주목하고 있다.

그러나 먼저 우리가 알아야 할 것은 인류가 화석연료를 애용해온 데에는 그만한 이유가 있다는 사실이다. 화석연료는 밀도가 매우 높고, 운반과 보관이 쉬우며, 편리하게 사용할 수 있는데다 효율성이 높은 장점을 지니고 있다.

재생가능 에너지는 석유나 석탄, 천연가스 같은 화석연료에 비해 에너지양이 현저히 낮다. SF 영화에 자주 등장하는 수소에너지의 실용화는 아직은 꿈속에서나 가능한 이야기일 뿐이다. 이렇게 하나둘씩 제외하고 나면 마지막으로 에탄올이 남는다. 옥수수에서 에탄올을 정제하는 기술은 이미 전 세계적으로 보편화되었다.

미국의 부시 전 대통령이 2007년, 옥수수에서 에탄올을 정제하는 프로젝트를 발표하면서 한때 국제 식량가격이 두 배로 급등하는 이변이 일어나기도 했다. 경작할 수 있는 토지는 제한되어 있고, 단위당 생산량 또한 한계가 있는데 옥수수를 에탄올로 바꾼다는 것은 결국 사람의 밥그릇에서 일정량을 떼어 '자동차에게 먹여야' 한다는 뜻이다. 이 밖에도 옥수수 에탄올의 가장 큰 약점은 에너지 함량이 너무 낮다는 것이다. 옥수수를 에탄올로 바꾸는 과정은 섬유소를 에탄올로 바꾸는 과정보다 간단하다. 당 함량이 높은 옥수수 에탄올로 직접 바꿀 수 있다. 분자를 당으로 바꾸는 과정을 건너뛸 수 있기 때문이다. 그러나 옥수수 에탄올이 만들어내는 에너지에서 옥수수를 재배하고 에탄올을 정제하는 데 사용한 에너지를 제하면 생산된 에너지는 겨우 30%밖에 남지 않는다. 바꿔 말하면 잔뜩 공을 들여봤자 남는 것이 시원찮다는 이야기다. 게다가 옥수수를 대량으로 재배하게 되면 화학비료로 말미암은 토질오염 발생은 물론 식량 가격에 미칠 영향도 비용에 포함해야 한다.

2007년, 오스트리아의 석유전문가 로날트 스토펠레Ronald Stoffele는 인류가 아직까지 화석연료를 대체할 수 있는 에너지원을 찾지 못했으며, 앞으로도 상당 기간 큰 성과는 없을 것이라고 말했다.

풍력과 태양에너지를 이용해 자동차를 움직이는 것은 아이슬란드나 스웨덴처럼 인구가 적고 국토 면적이 좁은 나라에서는 가능하지만 미국과 같은 나라에서는 실현 불가능한 이야기다. 그렇다고 신에너지를 만드는 데 필요한 각종 시설들, 이를테면 태양전지판, 풍력발전기, 연료전지, 바이오디젤 제련소, 원자력발전소 등을 설비하려면 고도의 과학기술과 금속제련 기술이 필요하지만 이들 설비를 무한정 만들 수는 없다. 지구에서 채취할 수 있는 금속과 광물 등의 천연자원은 한계가 있기 때문이다.

실제로 관련 광물자원들도 고갈 위기에 처해 있다. 구리 가격은 지난 5년간 세 배, 알루미늄 가격은 두 배로 뛰었다. 2007년, 우라늄 광석의 가격은 파운드당 140달러였다. 전년도 가격인 48달러에 비하면 엄청난 상승률이다. 승용차, 버스, 트럭 등의 배기가스 독성을 일정 수준으로 낮춰주는 백금도 사정은 비슷하다. 전문가들은 현재 사용중인 전 세계 5억 대의 자동차들을 모두 연료전지 시스템으로 바꾼다면 지구에 매장된 백금이 15년 안에 바닥날 가능성이 크다고 한다. 게다가 백금은 인공적인 합성이 불가능하므로 일단 고갈되면 더 이상 구할 방법이 없다.

이 같은 상황은 각종 희귀금속들도 마찬가지다. 불에 대한 내구성이 뛰어난 안티몬^{Sb}은 15년 후, 은은 앞으로 10년 후면 고갈될 것으로 예상된다. 아연은 2037년, 컴퓨터 칩의 원료로 사용되는 인듐^{In}과 하프늄^{Hf}은 2017년에 바닥나고, 형광등에 쓰이는 테르븀^{Tb}은 2012년 안에 완전히 고갈될 것으로 예상된다. 전문가들은 희귀광물이 빠르게 고갈되는 이유는 인류가 자원의 매장량을 생각하지 않은 채 계속 새로운 에너지 기술을 개발하기 때문이라고 지적한다. 각종 디스플레이의 원료로 사용되는 인듐은 10년 후면 고갈된다. 그리고 이런 희소성은 이미 가격에 반영되고 있다. 2003년 1월, 인듐은 킬로그램당 60달러에 거래되었으나 2006년 8월에는 킬로그램당 1000

달러로 엄청난 상승률을 보였다.

석유 공급이 줄어들면 이는 상상할 수 없는 결과를 초래하게 된다. 대안 없는 연료 부족 사태로 세계경제는 앞이 보이지 않는 대공황으로 접어들게 될 것이다. 2008년, 미국의 지질학자 제러미 레깃Jeremy Leggett은 저서 『절반은 끝났다Half Gone: Oil, Gas, Hot Air and the Global Energy Crisis』에서 다음과 같이 예측했다. 「부동산 시장과 주식시장이 대폭락하면서 인류의 재화는 순식간에 증발할 것이다. 수많은 기업이 파산하고, 셀 수 없이 많은 사람들이 일자리를 잃을 것이다……. 여유가 넘치던 도심의 노천카페는 구호센터로 쓰일 것이며, 거리는 노숙자들로 메워질 것이다.」

2010년, 미국의 경제학자 조너선 게이트하우스Jonathan Gatehouse는 캐나다 시사주간지 〈맥클린스Maclean's〉를 통해 「글로벌 석유 공급이 정점에 다다르면 세계경제는 산산조각이 나게 될 것이다. 대안 없는 연료 고갈은 세계경제를 앞이 보이지 않는 대공황으로 밀어 넣을 것이다. 더 이상 진실을 숨길 수 없는 시기가 오면 식량 가격은 급등하고, 경제가 붕괴하면서 인류 문명은 도미노처럼 걷잡을 수 없이 무너져 내릴 것」이라고 경고했다.

지금, 정답을 아는 사람은 아무도 없다.

이라크 전쟁 비망록

2010년 10월 22일, 위키리크스는
미군 기밀 보고서 40만여 건을 공개했다. 이로써 이라크전에서 사망한 10만9000명 중 63%가 민간인이었다는 사실과 투항하려던 적군을 사살한 사실이 드러났다. 또한 가혹행위로 포로를 사망에 이르게 한 이라크 경찰을 눈감아준 내용도 포함되어 있었다.

미군 측은 공식적인 민간인 사망자가 없다고 강조하고 있으나 전쟁일지에는 10만9000명이 '갖가지 원인'으로 사망했다고 분명히 기록하고 있으며, 그중 민간인이 6만6081명, 적군 2만3984명, 이라크 정부군 1만5196명, 연합군 3771명이라고 기록하고 있다.

이 밖에도 포로들이 가혹행위를 당했다는 기록이 담긴 의료보고서도 공개되었다. 수용소 관리자들은 수감자들에게 쇠사슬을 채우고 두 눈을 가린 채 손이나 발을 천장에 매달아 채찍질, 폭행, 전기고문 등의 가혹행위를 했음이 드러났으며, 이로 인해 최소한 여섯 명이 수용소에서 사망한 것으로 확인됐다. 2009년 8월 27일, 이라크 경찰이 자살했다고 주장한 남자의 시신을 부검한 미군 군의관은 "시신에서 타박상과 화상이 발견되었고 머리, 팔, 몸통, 다리와 목 등에 선명한 상흔이 있었다"고 기록했다.

위키리크스는 이라크 전쟁 관련 기밀문서 40만 건을 공개하고, 8년 동안 이라크에서 희생된 아동들에 대한 진실을 밝혀냈다. 문서의 통계에 의하면 최소한 30여 명의 아동이 검문소에서 사살되었다는 사실이 드러났다. 미군 군사보고서에는 딱딱한 군사용어로 민간인의 희생 사실을 최대한 냉정하게 기술하고 있는데, 이런 부분에서 전쟁의 가장 잔인한 일면이 여지없이 드러난다고 할 수 있다.

줄곧 이라크 인들의 민심을 얻겠다고 강조해온 미국과 영국 연합군은 어린이들에게 사탕을 나누어주는 장면을 전 세계 언론을 통해 내보냈다. 그러나 위키리크스의 줄리언 어산지와 함께 기자회견에 참석한 영국인 변호사 필 슈나이어Phil Schneier는 조금 다른 주장을 했다. 바스라Basra*에서 사탕을 나누어주며 이라크인들의 환심을 사려던 영국군이 2003년 8월에 바스라의 길가에서 놀고 있던 8세 여아를 아무 이유 없이 사살했다는 것이다. 당시 현장에 있던 목격자가 이렇게 증언했다.

"영국군 탱크가 막다른 길목에 멈춰 선 순간 노란색 치마를 입은 여자아이가 탱크 앞에 서 있었습니다. 순간 갑자기 병사 한 명이 아

---

* 이라크 동남부에 있는 항구도시.

이에게 총을 쏘았지요."

영국군은 당시 병사가 여아의 근처에서 "공중을 향해 경고 사격"을 했다는 사실을 인정했다. 그리고 여아가 영국군이 쏜 탄환에 맞아 "사망했을 가능성이 있다"고만 인정했을 뿐 공식적인 사과는 하지 않았다.

공개된 미군의 〈이라크 전쟁일지〉에서는 전쟁에서 희생된 민간인 숫자가 1만5000명 더 늘어났다는 기록을 확인할 수 있었다. 이라크 무장단체의 저항이 격심해지면서 검문소의 경비도 강화되었는데, 미군의 지시를 제대로 이해하지 못한 민간인들이 그곳에서 희생되었다. 공개된 문서에 의하면 2004년부터 2009년 사이에 모두 824명이 검문소에서 사망했다. 그중 80%에 해당하는 681명이 민간인으로, 무장 세력은 120여 명에 불과했다. 희생자들 중에는 가족 희생자가 50가구나 포함되어 있었고, 이들 중 30여 명은 어린이였다. 2005년에는 한 미군이 150미터 떨어져 있던 자동차에 '경고 사격'을 가하여 두 명의 어린이를 포함해 모두 일곱 명이 숨진 사고도 드러났다.

이처럼 민간인들의 참혹한 피해가 미군의 기밀문서에 낱낱이 드러나면서 의혹은 더욱 커지고 있다. 2005년 1월 18일 새벽에 벌어진 사건도 그중 하나다. 미군이 보고한 내용으로는 당시 순찰을 돌고 있는데 캠핑카 한 대가 가까이 다가왔다고 한다. 미군은 멈추라는 수신호를 보냈지만, 상대가 지시를 무시하자 발포를 했다고 한다. 그 결과 차 안에 있던 부부는 사망했으나, 다섯 명의 어린이들은 무사했다.

그러나 영국 언론의 보도는 이와 조금 달랐다. 차 안에 있던 11세의 남자 어린이가 탄환에 척수를 다쳐 전신이 마비되었다는 것이다. 당시 사건 현장을 목격한 사진기자의 증언에 의하면 사망한 부부의 14살 된 딸이 "왜 총을 쏘는 거죠? 우리는 집에 돌아가고 있는 거예요"라고 소리를 질렀다고 한다. 영국 언론은 "미군이 이들 가족에게 고작 7500달러를 보상금으로 지급했다"고 전했다. 〈뉴욕 타임스〉는 2005년 이라크 서부에 있는 하디타^{Haditha}의 마을주민 15명이 무장세력의 폭탄공격에 희생된 사건도 실은 미군에 의해 학살된 것이라고 주장하였다.

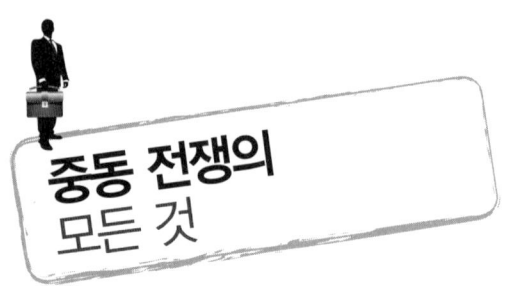

중동 전쟁의 모든 것

위키리크스가 미국의 외교기밀 문서들을 공개하면서 미국 정부의 외교 활동에 빨간불이 켜졌다. 공개된 기밀 문서들을 접한 튀니지 국민들이 '재스민 혁명'을 일으켰고, 그 영향으로 이집트에서까지 대규모 반정부 시위가 일어나면서 미국의 외교는 위기를 맞게 되었다. 2011년 초, 주튀니지 미국 대사인 로버트 고덱Robert Godec이 튀니지 대통령 일가의 부패와 사치를 미국 정부에 보고한 내용이 국민들에게 공개되었다. 그러자 이를 보고 분노한 튀니지 국민들이 거리로 뛰쳐나와 벤 알리Ben Ali 대통령을 퇴임시켰다. 튀니지의 재스민 혁명이 성공하는 것을 지켜본 이집트 국민들도 뒤질세라 들고일어나 정국을 혼란에 빠뜨리면서 미국의 중동정책은 방향을 잃게 되었다.

위키리크스가 공개한 기밀문서에 의하면 미국 정부는 매년 수천

만 달러를 '민주화 자금'이라는 명목으로 이집트에 제공해왔으며, 현임 이집트 부통령도 이미 2007년부터 내정되어 있었다고 한다. 이집트의 반정부 시위는 국내외적인 요인으로 발생했다. 내부 요인으로는 세계 각국에서 공통으로 나타나고 있는 인플레이션, 14%의 높은 실업률*, 부동산 가격 급등 등의 이유를 꼽을 수 있다. 그러나 글로벌 금융위기 이후 수많은 나라가 보편적으로 겪고 있는 문제가 어째서 이집트에서만 반정부 시위로 발전한 것일까. 게다가 튀니지, 예멘 등의 중동 국가들이 내부적 혼란에 빠진 이유는 도대체 무엇일까.

위키리크스가 공개한 미국 외교전문에 따르면 이스라엘은 중동전쟁을 위한 준비를 마친 것으로 드러났다. 2009년 11월자 전문에는 이스라엘 국방참모총장인 아슈케나지Ashkenazy가 자국을 방문한 미국 대표단에게 이란의 장거리 미사일이 이스라엘에 큰 위협이 된다고 말했다고 한다. 전문에는 아슈케나지의 발언을 인용하여 "중동의 다음 전쟁은 레바논과 가자지구 일대에서 일어나게 될 것"이라고 기록되어 있다.

제2차 세계대전 이후, 중동지역은 줄곧 미국과 소련 양국의 힘겨루기 무대가 되어왔다. 중동 국가들은 친미와 친소 양대 진영으로 나뉘었고, 미국은 이스라엘을 중동지역에 집어넣어 자국의 대리국가로 삼았다. 그러자 이스라엘과 갈등을 빚고 있던 아랍 국가들은 자연히 반미적 성향을 띠게 되었다. 한편 소련이 해체되고 미국의

---

* 실제 실업률은 미국과 비슷한 수준인 20%라고 한다.

군사력이 강해지면서 소련 영향하의 국가들도 점차 미국의 영향을 받기 시작했지만 아직도 시리아나 이란 등의 국가는 강력한 반미국가로 남아 있다.

유럽, 아시아, 아프리카의 세 대륙이 만나는 교통의 중심지인 중동은 지리적으로 매우 중요한 위치에 있는데다 에너지자원이 풍부하기 때문에 태생적으로 평화로울 수 없는 지역이다. 게다가 대서양과 인도양을 연결하는 수에즈 운하가 이 지역을 관통하고 있어 전략적으로도 매우 중요한 위치에 있다. 전체 면적이 170만 제곱킬로미터가 넘는 중동은 17개 국가에 약 1억6000만 명가량의 인구가 살고 있다. 이들 국가에는 대략 20개 민족이 분포되어 있는데, 이처럼 다양한 민족 구성과 복잡한 종교문제가 얽히고설켜 쉼 없이 전쟁이 일어나고 있는 것이다. 이들 중 이슬람교를 믿고 아랍어를 사용하는 아랍민족이 중동 인구의 절반 이상을 차지한다.

성경의 기록에 따르면 모세가 이스라엘 민족을 이끌고 이집트를 탈출했고, 후에 여호수아Joshua가 가나안Canaan에 자리를 잡았다. 그후 기원전 약 1000년경, 다윗 왕이 예루살렘을 정복하고 트란스요르단Transjordan*을 포함한 넓은 가나안 지역에 이스라엘 왕국을 세웠다. 이후 다윗의 아들 솔로몬Solomon이 죽은 뒤, 왕국은 둘로 나뉘어 남쪽의 유대Judea와 북쪽의 이스라엘Israel로 갈라졌다. 그로부터 133년 동안 예루살렘은 유대인의 정치와 종교의 중심지 역할을 했다.

기원전 722년, 아시리아인Assyrians이 이스라엘을 정복하면서 유

---

* 요르단 왕국의 옛 이름.

대는 기원전 586년에 바빌론인의 손에 넘어갔다. 바빌론인은 예루살렘의 솔로몬 성전을 불태운 뒤 수많은 유대인을 내쫓았다. 이때부터 이스라엘은 파괴와 재건을 반복하게 된다. 삶의 터전을 잃은 유대인들은 곳곳으로 흩어졌다. 그러다가 기원전 61년경, 폼페이Pompei의 로마군대가 유대의 예루살렘을 점령했다. 이때 로마 통치령이었던 베들레헴Bethlehem에서 예수 그리스도가 태어났다. 로마의 통치자는 70년과 132년, 두 차례에 걸쳐 일어난 유대인의 봉기를 제압하고 135년에는 유대인을 예루살렘에서 완전히 몰아냈다. 그 이후 로마인은 예루살렘에 팔레스타인Palestine이라는 새로운 이름을 붙였다.

이후 비잔틴 시대4세기에 기독교도들이 팔레스타인으로 대거 유입되었다. 당시 팔레스타인의 인구 구성은 기독교도, 기독교로 개종한 유대인, 이교도 및 로마인과 원주민으로 구성되어 있었다. 7세기경, 무슬림의 아랍 군대가 북상하면서 팔레스타인을 포함한 중동지역 대부분을 차지했다. 팔레스타인은 이때부터 20세기 초까지 무슬림의 지배를 받게 되었다. 무슬림 통치기간이었던 1517년 오스만튀르크 제국이 팔레스타인을 손에 넣었다. 이 시기에 투르크술탄은 각지에 흩어진 유대인들을 팔레스타인의 각 도시에 정착할 수 있도록 도왔다. 이후 18세기 말에 나폴레옹이 침략하자 팔레스타인의 아랍인들은 그 틈을 타 이집트와 터키의 통치에서 벗어나려 했다. 그 시기에 주변의 영향으로 터키 제국이 국경을 개방하자 아랍인과 유대인 인구가 동시에 증가했고, 그와 더불어 두 인종의 민족의식도 함께 강해졌다.

1880년에 팔레스타인의 인구는 40만 명에 달했는데, 그중 유대인 인구는 2만4000명가량 되었다. 오스만튀르크 정부는 강력한 유대인 이민 억제 정책을 펼쳤으나 유대인들은 갖은 방법을 동원하여 계속해서 팔레스타인으로 들어왔다. 19세기 유럽에서는 반유대주의Antisemitism와 시오니즘Zionism*이 동시에 고조되고 있었다. 유럽 각지에 흩어져 살고 있던 유대인들의 가슴에 시오니즘이 불붙기 시작했다. 동유럽 국가들이 유대인 억압 정책을 펴면서 유럽의 유대인들은 빠른 속도로 팔레스타인으로 이주했고, 시오니즘도 점차 체계화되기 시작했다.

　1840년, 유대교 사제 아크레Aakre가 히브리어로 된 시오니즘에 관한 글을 다수 발표했다. 이어 1896년에는 유대계 오스트리아인이었던 저널리스트 테오도어 헤르츨Theodor Herzl이 저술한 유토피아적 정치소설 『유대인 국가』가 출판되면서 시오니즘 운동이 본격적으로 제창되었다. 이듬해 8월, 시오니스트들은 스위스 바젤Basel에서 제1회 시오니스트 대회를 개최했다. 회의 참석자들은 헤르츨의 바람대로 팔레스타인에 유대인 국가를 건립하자는 데 뜻을 모았다. 유럽에 흩어진 수백만의 유대인을 팔레스타인으로 이주시키면 팔레스타인의 유대인 인구비중을 크게 늘릴 수 있을 것이란 생각이었다. 물론 이것은 현지에 살고 있는 아랍인들을 전혀 고려하지 않은 결정이었다. 1914년까지 파키스탄의 인구 약 70만 명 중 61만 명이 아랍인이었다. 그에 비해 유대인은 10만 명도 되지 않았다.

---

* 고대 유대인들이 고국 팔레스타인에 유대민족국가를 건설하는 것을 목표로 한 유대민족주의 운동. 19세기 후반 동유럽 및 중부 유럽에서 시작되었다.

제1차 세계대전이 발발한 후, 팔레스타인을 통치하던 오스만튀르크제국은 독일과 손을 잡았다. 이때 팔레스타인에 콜레라와 장티푸스가 돌자 터키군 지도부가 국내에 거주하는 모든 외국인을 내보내기로 결정했다. 이 때문에 러시아 국적을 가진 유대인을 제외한 수많은 유대인이 또다시 팔레스타인에서 쫓겨나야 했다.

한편 아랍인들의 도움이 필요했던 당시의 영국 정부는 아랍인들이 연합국과 손을 잡고 터키와 싸워준다면 전쟁이 끝난 후 독립시켜주겠다고 약속했다. 아랍인들은 영국의 요구를 받아들여 1916년에 영국 장교 로렌스Thomas Edward Lawrence와 함께 터키와 전쟁을 치렀다. 전쟁이 끝났지만 영국은 약속을 지키지 않았고, 팔레스타인은 영국의 '위탁통치구역'이 되어버렸다. 전후 팔레스타인 인구의 70%는 아랍인이었으며, 유대인과 기독교도가 30%를 차지하고 있었다.

그러자 영국 본토에서 유대계 영국인 시오니스트들이 의회를 압박했다. 그리고 1917년 11월, 영국 외무장관 밸푸어가 '밸푸어 선언Balfour Declaration'을 하고 유대인 국가의 건설을 인정했다. 독일이 먼저 비슷한 선언을 할 경우 유대인 세력을 독일에 빼앗길 수 있다는 계산 때문이었다. 영국의 이러한 결정은 팔레스타인에 살고 있던 아랍인들의 거센 반발에 부딪혔다. 오랫동안 거주해온 팔레스타인에 대한 권리를 주장하는 아랍인들의 움직임도 예사롭지 않았다.

그러자 영국은 이에 비상식적인 대응방안을 내놓았다. 당시 영국의 식민장관이었던 윈스턴 처칠은 1921년 어느 일요일 오후 상당히 독특한 견해를 피력했다. 영국을 위해 싸워준 메카Mecca의 행정장관 후세인의 아들 압둘라에게 감사의 의미로 요르단 강 동쪽 지역에 대한 권한을 넘기겠다고 발표했다. 영국이 관할하던 팔레스타인 총면적의 4분의 3에 해당하는 땅이었다. 관할권을 넘겨받은 압둘라는 곧바로 해당 지역의 이름을 '요르단 하심 왕국The Hashemite Kingdom of Jordan'으로 바꾸고 1946년에 독립국의 지위를 인정받는다. 한편 팔레스타인의 면적이 급격히 줄어들었지만 미국과 영국의 시오니스트들은 이주를 멈추지 않았다. 겨우 4분의 1밖에 남지 않은 땅으로 더 많은 유대인을 유입시켰다. 결국 1929년, 팔레스타인의 인구 밀도가 높아지면서 극심한 경쟁력을 야기한 결과 급격한 경기 침체를 낳았다. 이때 수준 높은 교육을 받은 부유한 유대인들이 대량의 토지를 사들이자 땅을 잃은 아랍인들이 농촌에서 도시로 몰려들었다. 상대적으로 경쟁력이 취약해진 아랍인들은 자신들이 유럽과 미국에서 무리지어 건너온 유대인들에게 밀려나고 있다는 사실을 깨달았다. 게다가 콧대 높은 이민자들의 높은 생활수준 또한 아랍인들의 비위를 건드렸다. 그 결과 1929년부터 1931년까지 유대인 거주 지역에서 아랍인들의 무장 공격과 테러 위협이 자주 발생했다.

공교롭게도 이 시기에 독일에서 정권을 잡은 나치가 유대인을 박해하기 시작했다. 이런 상황을 알게 된 영국은 더는 팔레스타인으로 들어오는 유대인 비율을 제한할 수 없게 되었다. 1933년부터 1935년까지 이민 허가를 받은 유대인 숫자는 13만 명을 넘어섰다. 불법 이민자도 1만 명 단위를 넘어서면서 폭력과 테러가 확산되어 영국 당국조차 더 이상 손을 쓸 수 없는 지경에 이르렀다. 1942년, 미국의 시오니스트들은 뉴욕에 모여 대회를 열고 '빌트모어 프로그램Biltmore Program'을 제안했다. 팔레스타인에 유대인 국가를 세우고 군대를 만들어야 한다는 것이 주요 내용이었다. 그로부터 얼마 후 아랍과 유대인이 전면전에 돌입했다. 서로 죽고 죽이는 전쟁이 계속되자 팔레스타인은 두 민족의 피로 붉게 물들었다.

제2차 세계대전 이후, 유럽 각지의 수용소에서 수많은 유대인들이 풀려났다. 유대인 난민을 받아들이고 싶지 않았던 서방 각국은 영국 정부에 팔레스타인의 이민 규제를 완화시키라고 압박했다. 한편 미국은 유대인의 이민 비율을 늘려달라고 계속 요구했고, 아랍인들은 유대인 이민자 숫자를 제한해야 한다고 주장했다. 이 문제로 각국으로부터 시달리다 못한 영국 정부는 결국 골칫덩이인 팔레스타인을 유엔에 넘겨버렸다.

1947년 4월, 유엔은 팔레스타인 문제를 넘겨받은 뒤, 영국은 1년 안에 위탁통치를 끝내고 팔레스타인에 주둔시킨 군대를 모두 철수해야 한다고 지시했다. 1947년 11월 29일, 제2차 유엔총회는 결의안 181호를 통과시켜 팔레스타인 땅의 아랍인 지역과 유대인 지역을 모두 인정하고, 두 국가의 영토분할을 승인했다. 단 예루살렘은 유엔의 특별 관리구역으로 두기로 했다. 그러자 아랍인들은 유엔 결의안을 통렬히 규탄했다. 팔레스타인 인구의 3분의 2에 달하는 아랍인들의 몫으로 전체 면적 43%에 해당하는 척박한 땅을 분배받았기 때문이다. 반면 전체 인구의 3분의 1에 지나지 않는 유대인들은 57%의 비옥한 땅을 차지했다.

1948년 5월 15일, 유대 임시정부는 일방적으로 이스라엘의 성립을 선포하고*, 이듬해 2월에 입법회의를 소집했다. 그리고 회의에서 임시헌법을 통과시킨 뒤 이스라엘이 민주공화국임을 선언했다. 초대 총리로 취임한 다비드 벤구리온David Ben-Gurion이 이스라엘 건국을 선언한 지 17분 후 미 백악관 대변인이 기자회견을 통해 미국이 이스라엘을 정식 국가로 승인한다는 입장을 발표했다. 그리고 5월 17일에는 구소련이 이스라엘을 공식적인 국가로 인정했다.*

1948년 5월 15일, 이스라엘의 유대인들이 건국의 기쁨을 만끽하고 있을 무렵, 아랍국가연맹League of Arab States의 이집트, 이라크, 레바논, 시리아 및 트란스요르단Transjordan**의 군대가 팔레스타인을 공격하기 시작했다. 이어서 그들은 이스라엘에 정식으로 선전포고를 하면서 제1차 중동 전쟁이 시작되었다.

당시 다섯 국가의 아랍 인구는 3500만 명이었으나 이스라엘 인구는 겨우 65만 명에 불과했다. 절대적으로 유리한 상황이었던 아랍연합군은 열흘 안에 이스라엘을 통째로 손에 넣을 수 있을 것으로 예상했다. 전쟁 초반, 아랍연합군은 수적 열세에 있던 이스라엘 군대를 손쉽게 제압했다. 이집트에서 7000명, 트란스요르단에서 최정예 군대인 '아랍군단' 7500명, 시리아에서 5000명, 이라크에서 1만 명, 레바논에서 2000명을 각각 파병했다. 1만여 명 규모의 '아랍해방군'과 '아랍구원군'을 합쳐 4만 명이 넘었다. 거기다 공군기 131대, 전함 12척, 탱크 240대, 야전대포 140문 등 각종 무기까지 갖춘 상태였다. 한편 이스라엘군은 모든 병력을 합쳐 3만4000명 정도의 규모에 제대로 된 대포나 탱크조차도 없이 공군기 33대와 전함 3척이 전부였다. 아랍연합군이 공격을 개시한 뒤, 이집트 군대는 아리시 Ari-sh

---

* 이때 '유대국'이라는 명칭은 사용하지 않았다.
** 1950년에 요르단으로 개칭함.

에서 양갈래로 나뉘어 팔레스타인으로 침입했다. 북쪽으로 침공한 5000명의 부대는 해안을 따라 가자지구 Gaza Strip를 통과해 이스라엘 서부의 지중해 연안에 있는 도시 텔아비브 Tel Aviv로 들어갔다. 이스라엘군은 목숨을 걸고 텔아비브 남부를 방어하는 한편 밤을 틈타 이집트군 선봉대의 후방을 기습하여 이집트군의 등골을 오싹하게 만든 뒤 기자회견을 열고 이집트군의 보급로를 차단했다고 발표했다. 그 소식을 들은 카이로의 이집트군 사령관은 텔아비브 공격을 즉각 중단할 것을 명령했다. 이 일로 이스라엘에 크게 겁을 먹은 이집트군은 다시는 텔아비브를 공격하지 않았다. 대신 네게브 Negev의 요지와 주요 도로를 점령하는 것으로 목표를 변경했다. 남쪽으로 침공한 이집트 제4여단은 베르셰바 Beersheba와 헤브론 Hebron을 거쳐 예루살렘으로 향했다.

한편 시리아의 기계화 2개 여단은 이스라엘과 맞닿아 있는 쿠네이트라 Quneitra에서 공격을 개시했다. 그 뒤 갈릴리 Galilee 호수 남단을 향해 출발한 그들은 요르단 강 양쪽의 유대인 거주 지역 세 곳을 잇달아 침공한 다음 다시 갈릴리 호수 남단에서 이스라엘군과 정면으로 맞붙게 되었다.

트란스요르단의 압둘라 국왕은 아랍 세계에서도 최정예로 손꼽히는 '아랍군단'을 예루살렘으로 파견했다. 전쟁을 틈타 예루살렘을 트란스요르단 영토로 편입해 '예루살렘의 왕'이 될 생각이었다. 전쟁이 시작되고 나서 아랍군단이 곧장 예루살렘을 침공한 이유는 바로 여기에 있다. 5월 18일, 아랍연합군은 아랍인 구역인 예루살렘 구시가지를 점령한 뒤 유대인 구역을 포위했다. 이어서 예루살렘 신시가지를 공격한 뒤 해안과 평원으로 통하는 길목을 점령하자 이스라엘 군의 보급로가 차단되었다. 그러자 5월 28일 어려움을 느낀 구시가 지의 유대인들이 투항해왔으며, 신시가지의 유대인들은 탄환도 떨어지고, 식량과 물까지 떨어지자 큰 고통을 겪고 있었다. 그러나 아랍군단은 이 절호의 기회를 제대로 활용하지 못했다. 상황을 제대로 파악하지 못한 탓이었다. 소규모 전투들에서 연이어 승리를 거두는 것에 만족한 그들은 큰 그림을 보지 못하고 그저 '땅따먹기 식'의 제한적인 전투에만 만족했다. 단숨에 끝낼 수 있었던 예루살렘 전투는 방향을 잃고 장기화하였다.

한편 이라크 군대는 먼저 북부의 베드 샨Beth Shan을 공격했으나 큰 성과를 거두지 못하자 나블루스Nablus로 방향을 틀었다. 1개 기갑연대와 1개 보병연대 및 공군과 해군 등 3개 중대의 지원을 받는 1개 기계화 여단이 파견되었다. 그들은 나블루스와 제닌Jenin, 그리고 지중해에서 불과 18킬로미터 떨어진 툴캄Tulkarm을 차례로 점령하고, 유대인 도시 하데라Hadera에 바짝 다가섰다. 거의 해안까지 진입한 그들은 이스라엘군의 허리를 끊어버릴 기회가 왔음에도 불구하고 결국 공격 타이밍을 놓치고 말았다. 이 틈을 노린 이스라엘군이 반격을 시도했지만 이라크군에 패배했다.

이때 레바논 군대는 이스라엘 북부에서 있은 비교적 규모가 작은 전투에 동원되었다. 얼마 후 그들은 국경 근처의 보초소를 차지했으나 이스라엘에게 빼앗기고 말았다. 그리고 6월 5일에 같은 지역을 다시 공격하여 전쟁이 끝날 때까지 점령하고 있었다.

전쟁 초기에는 아랍연합국이 훨씬 유리한 고지에 있었다. 때문에 치르는 전투마다 패배한 이스라엘군은 거의 붕괴 직전까지 몰렸다. 이스라엘군이 위기에 몰리자 이스라엘 총리는 이를 전환하기 위해 급히 주이스라엘 유엔 대사에게 "군열을 정비하고 장비를 갖추기 위해 몇 주의 시간이 필요하다"며 '정전할 것을 요구'했다.

전쟁이 발발한 지 사흘째 되던 날인 5월 17일, 미국 대표가 유엔 안보리에 안보리 명의로 양측에 36시간 정전 명령을 내려달라는 의안을 제출했다. 그러자 소련 대표 역시 안보리는 즉시 표결에 부쳐야 한다고 주장하면서 아랍 국가들에게 이스라엘에 대한 모든 공격을 중지할 것을 요구했다. 6월 11일, 아랍연합국과 이스라엘은 4주간의 정전에 합의했다.

갑작스러운 공격에 속수무책으로 당한 이스라엘은 겨우 숨을 돌릴 수 있었다. 그리고 이 4주 동안 미국의 유대인 재단은 거액의 자금을 제공함으로써 이스라엘이라는 국가의 운명을 바꾸는 데 결정적인 역할을 했다. 이스라엘은 정전 기간을 최대한 활용하여 계속되는 전쟁에 대비하는 것은 물론 군사를 보충하고 무기를 사들였다. 미국과 영국에서는 폭격기를, 프랑스에서는 탱크와 대구경포大口徑砲를 들여오고, 체코에서는 보병용 총 등의 경무기輕武器와 야전포, 폭탄, 폭약 등을 들여왔다. 또한 해외에서 소형 전함과 정찰정도 사들였다. 완벽하게 준비를 갖춘 이스라엘 육해공군의 숫자는 처음 전쟁을 시작했을 때의 3만여 명에서 6만~10만 명으로 늘어났다. 반면 아랍연합군은 정전 기간에 주둔 지역 내의 군사 배치만 약간 조정했다. 이집트 야전군이 1만8000명, 이라크 군대는 1만5000명으로 늘어났으며, 시리아와 레바논의 병력도 조금씩 증강했다. 그러나 아랍연합군 전체 규모는 4만 5000여 명밖에 되지 않았다.

1948년 7월 9일, 만반의 준비를 마친 이스라엘군은 아랍군의 공격에 맞섰다. 이른바 '10일 전쟁'이라고 명명하는 이 전투는 7월 18일까지 열흘간 이어졌다. 이스라엘군은 4개 여단의 병력을 모아 텔아비브Tel Aviv에서 동남쪽으로 12마일 떨어진 로드Lod와 람라Ramla에 기습공격을 퍼부었다. 아랍군단이 점령하고 있던 이 두 도시는 팔레스타인 동서와 남북을 잇는 교통의 중심지였다. 따라서 이스라엘로서는 가장 먼저 되찾아야 할 땅이었다. 이스라엘의 2개 여단이 로드와 람라를 공격하자 아랍군단 사령관은 후방의 원활한 군사 공급을 위해 전선을 축소한다는 것을 이유로 두 도시를 포기했다. 이로써 이스라엘은 7월 11일과 12일 이틀에 걸쳐 로드와 람라를 차례로 손에 넣었다. 예루살렘으로 통하는 길목을 뚫은 셈이다.

한편 북방 전선에 배치된 이스라엘군은 시리아군을 공격했다. 애초에 이스라엘 북부를 되찾고, 시리아군을 요르단 강 동쪽으로 밀어내는 것이 목표였으나 성공하지 못했다. 시리아군이 완강하게 버티자 이스라엘군은 방향을 돌려 주력군을 서쪽으로 이동시켰다. 나사렛Nazareth과 갈릴리 지역 북부의 레바논군과 아랍해방군을 공격하기 위해서였다. 이스라엘 2개 대대는 7월 15일과 16일 이틀간 밤을 틈타 기습공격에 나서 시파람Shefaram과 나사렛을 점령했다. 이어 전세를 몰아 갈릴리 지역 전체를 손에 넣는 데 성공했다.

이스라엘군의 또 다른 작전은 예루살렘 공습이었다. 먼저 예멘 마나하Manakhah 골짜기를 공격한 다음 구시가지를 점령하여 신시가지로 들어가는 아랍인들의 길목을 차단했다. 크고 작은 전투가 반복되는 중에 7월 15일, 이스라엘군은 마나하 골짜기를 손에 넣었지만 예루살렘 구시가지로 진입하려던 시도는 실패하고 말았다. 7월 18일, 유엔은 다시 아랍연합군과 이스라엘에 정전 명령을 내렸다.

열흘간의 전투 끝에 이스라엘은 아랍연합군으로부터 약 1000제곱킬로미터의 땅을 빼앗아 전쟁의 판도를 유리한 방향으로 바꿔놓았다. 휴전 기간 동안 이스라엘은 대대적인 이민정책을 시행하는 한편 군대를 늘리고 무기를 다량 확보해나갔다. 시간이 흘러 10월 초가 되자 이스라엘군의 병력은 9만 명을 넘어섰고, 전투기 100대와 전함 16척을 확보했다. 반면 아랍 국가들은 이 시기에 내부 갈등이 더욱 깊어져 돌이킬 수 없는 상황에 직면하게 되었다.

1948년 10월 15일, 이스라엘군은 휴전 명령을 어기고 아랍연합군을 다시 공격하기 시작했다. 이 공격의 목표는 갈릴리와 네게브 지방이었다. 결과는 완전한 승리였다. 1949년 1월 7일, 이집트에서 이스라엘 쪽에 휴전 협상을 제안했다. 이때 이스라엘은 이미 가자지구를 제외한 모든 팔레스타인 영토에서 이집트 군을 몰아낸 상황이었다.

이집트는 군사력에 큰 타격을 입었음에도 불구하고 만회할 생각을 접은 채 1949년 2월 24일, 에게 해에 있는 그리스의 로도스Rhodes 섬에서 휴전 협정을 맺었다. 이후 이스라엘은 트랜스요르단, 레바논, 시리아와 차례로 휴전 협정을 체결했다. 이때 이라크는 이스라엘과의 협상은 거부했으나 이스라엘과 요르단의 협정은 존중하겠다는 의사를 밝혔다.

아랍 국가들의 공격으로 시작되어 15개월간 치러진 팔레스타인 전쟁은 이스라엘과 시리아의 휴전 협정을 끝으로 마무리되었다. 아랍 국가들에게는 패배의 쓴잔을, 이스라엘에게는 승리의 기쁨을 안겨준 전쟁이었다. 제1차 중동 전쟁으로 아랍연합군은 1만5000명이 사망했으나 이스라엘군의 사망자 수는 약 6000명가량이었다. 이스라엘은 당시의 전쟁으로 가자지구와 요르단 강 서안의 일부 지역을 제외한 팔레스타인 영토 5분의 4를 차지했다. 당초 유엔이 분할한 영토 면적에서 6700제곱킬로미터가 늘어난 셈이다. 이로 말미암아 96만 명의 팔레스타인 주민이 고향에서 쫓겨나 난민 신세가 되었다.

한편 제1차 중동 전쟁의 패배로 충격을 받은 아랍권에서는 혁명의 불길이 일었다. 1949년 3월에는 시리아에서 쿠데타가 일어났고, 1951년 7월에는 요르단 국왕 압둘라 부자가 팔레스타인 난민에 의해 암살되었다. 당시 18세였던 압둘라 국왕의 손자 후세인은 할아버지가 직접 가슴에 달아준 훈장에 탄환이 박히면서 구사일생으로 목숨을 건져 1953년에 왕위를 물려받았다. 1952년 7월에는 이집트에서 '자유장교단'이라는 군부 세력이 국왕 파루크 1세를 추방했고, 모하메드 나기브가 초대 대통령에 취임했다.

제2차 중동 전쟁은 1956년 10월에 발발했으며, 영국과 프랑스가 이스라엘과 연합하여 수에즈 운하의 국유화를 추진하려던 이집트를 공격하면서 시작되었다. 1869년, 수에즈 운하가 개통되면서 유럽에서 인도양, 대서양 각국으로 향하는 항로가 크게 단축되었다. 유럽인은 더 이상 아프리카 남단의 희망봉 쪽으로 돌아가지 않아도 되었다. 대서양 연안의 유럽 국가들*이 인도양으로 가는 항로는

8000~1만 킬로미터 단축되었고, 흑해 연안의 국가들** 의 경우 1만 2000킬로미터나 줄어든 셈이다.

1882년에 이집트를 점령한 영국은 수에즈 운하가 있는 지역에 군대를 주둔시킨 뒤 운하에 대한 권한을 장악했다. 1953년 6월 18일, 쿠데타를 일으켜 이집트 공화국을 세운 가말 압델 나세르는 1954년 10월 19일에 이집트에 주둔하고 있던 영국군을 철수시켰다. 그리고 1956년 6월 12일, 수에즈 운하에 걸려 있던 영국 국기가 내려졌다. 74년간의 군사점령이 끝나는 순간이었다. 그러나 수에즈 운하 공사는 여전히 영국과 프랑스 자본의 영향력에서 벗어나지 못하고 있었다.

나세르는 이집트 경제의 활성화를 위해 나일 강에 아스완Aswan 댐을 건설하고자 했지만 그럴만한 예산이 없었다. 돈이 필요했던 이집트는 외교적인 노력을 기울인 결과 1955년 12월에 미국 정부로부터 5600만 달러의 차관을 제공하겠다는 약속을 받아냈다. 세계은행도 2억 달러의 차관 제공을 수락했다. 그러나 미국이 소련과 중국을 견제하기 위해 만든 '바그다드조약기구' 가입을 이집트가 거절하자 상황은 급변했다. 그러자 나세르 대통령은 소련제 무기 도입 협정에 서명하는 등 서방 세력에 반하는 행동을 거침없이 했다. 그로부터 반년이 지난 1956년 7월 19일, 미국 국무장관 존 덜레스는 이집트에 차관을 제공하겠다던 약속을 취소한다고 밝혔다. 이들 외에 돈을 빌려주기로 했던 영국 역시 같은 내용의 성명을 발표했으며, 세계은행도 마찬가지였다.

---

* 영국, 프랑스, 독일, 스페인, 포르투갈, 네덜란드, 벨기에 등.
** 루마니아, 불가리아 등.

미국과 영국의 말 바꾸기는 이집트인의 분노를 샀다. 이듬해인 1956년 7월 26일, 나세르 대통령은 수에즈 운하의 국유화를 공식 선언했다. 그러자 영국과 프랑스는 나세르의 결정이 "강도 행위나 다름없다"며 무력으로 저지하겠다는 뜻을 밝혔다. 부족한 군사력을 충당해야 했던 프랑스는 이스라엘에 지원을 요청했다.

이스라엘은 전체 18개 야전여단 중 12개 여단의 4만5000명을 시나이 반도로 보내 공격부대를 네 개 조로 나누어 동서남북의 네 방향에서 진격하도록 했다. 그러나 이집트군의 전력도 이스라엘군에 뒤지지 않았다. 육군 총병력 15만 명, 각종 장갑차 530대, 대포 500문, 각종 공군 전투기 260대를 갖추고 있었다. 그러나 이집트군의 전투기와 장갑차 조종사들 대부분이 소련에서 훈련을 받았기 때문에 선진 무기를 실전에 투입하는 데 어려움이 발생했다. 200대의 소련제 장갑차 중 50대만이 작전에 투입됐고, 미그 전투기 100대 가운데 30대만이 비행 가능한 상태였다.

부족한 무기로 양방향 전투를 치러야 하는 부담감 속에서 나세르는 대응 조치를 취했다. 영국과 프랑스가 수에즈 운하 지역에 공격을 개시하면 곧장 시나이 반도로 퇴각하여 운하와 나일 강 삼각주 지역에 방어 병력을 집중한다는 작전이었다. 이때 나세르는 작전을 치르는 한편 외교적인 노력과 협상을 통해 이집트, 시리아, 요르단으로 구성된 연합작전사령부를 구성했다. 여기에 대량의 민간인 용병부대가 동원되었고, 수만 명에 이르는 이집트군이 운하 전선에 배치되어 밤낮없이 장애물 및 방공호 설치 작업에 매달렸다. 시나이 반도에 주둔하고 있던 이집트군*은 동부 사령관의 지휘 하에 이스라엘군에 대한 대책을 마쳤다.

1956년 10월 29일 오후 4시, 이스라엘이 속공을 펼쳤는데 결과는 성공적이었다. 이스라엘군은 이집트의 수에즈 운하 동쪽의 가자 지구와 시나이 반도 대부분을 점령하고 운하에 바짝 접근했다. 그리고 이틀 뒤인 10월 31일 오후, 영국과 프랑스 연합군은 중동 부근의 기지에 정박해 있던 항공모함에서 240대의 전투기를 한꺼번에 띄워 이집트 공군기지 15곳과 카이로 등의 항구에 사정없이 폭격을 퍼부었다. 이집트 공군기 260여 대는 회복이 불가능할 정도로 파손되었다. 연합군은 뒤이어 시나이에 위치한 이집트 부대를 공격하여 반도에서 대륙으로 가는 길목을 막아버렸다.

11월 5일, 영국과 프랑스 군대는 포트사이드Port Said를 손에 넣고 수에즈 운하 북단을 장악했다. 그러자 이집트군도 앉아서 당하지는 않았다. 침몰선 40척으로 운하 한가운데를 막아버렸다. 3일 전인 11월 2일에는 이라크가 키르쿠크Kirkuk 유전에서 시리아를 지나 지중해 연안으로 향하는 석유 송유관을 폭파시키면서 1일 송유량 50만 배럴의 송유관이 끊겨버렸다. 이어서 사우디아라비아도 자국 유전에서 출발하는 송유관**의 석유 수송을 차단하면서 영국과 프랑스에 대한 석유 공급이 중단되었다. 이는 아랍 국가들이 석유를 무기로 전략적 대응을 한 첫 번째 사례이다.

한편 그동안 영국과 프랑스의 군사활동에 대해 전혀 모르고 있

---

* 이집트군 총 병력 3만 명 중 제3보병 사단은 아리시, 라파 삼각지에 배치되었고, 제8팔레스타인 사단은 가자 지구에, 제4기갑 사단은 운하 서안에 배치되었다.

** 당시 1일 송유량은 32만 배럴이었다.

었던 미국이 뒤늦게 전후 사정을 알고는 펄쩍 뛰며 나섰다. 미국은 유엔 안보리를 움직여 11월 20일에 긴급 이사회를 소집한 뒤 이집트에 있는 모든 외국 군대를 철수할 것을 요구했다. 결국 12월 22일 영국과 프랑스가 이집트에서 철수했다. 이어 이스라엘군은 1957년 3월, 시나이 반도와 가자에서 철수했다. 이를 계기로 영국과 프랑스 세력을 중동에서 한꺼번에 몰아낸 미국은 제2차 중동 전쟁의 최대 수혜자가 되었다.

제3차 중동 전쟁은 '6일 전쟁'이라고도 불린다. 이스라엘은 1966년 봄부터 요르단과 레바논 국경지역에서 끊임없는 분쟁을 겪어야 했다. 견디다 못한 이스라엘은 그해 10월, 안보리에 해당 사태를 제소했지만 별다른 반응이 없었다. 이듬해 6월 5일, 이스라엘은 전 공군을 동원해 이집트와 시리아, 요르단 등의 아랍 국가들에게 대규모 공습을 감행했다.

그러던 어느 월요일 아침, 카이로의 시곗바늘은 8시 45분*을 가리키고 있었다. 나일 강 삼각주와 수에즈 운하 상공의 아침 안개가 막 걷히는 시각이었다. 이집트 공군 기지에서는 여느 때와 마찬가지로 출근하는 군관들로 분주했고, 레이더 관측실에서는 밤새 근무한 병사들이 방금 출근한 동료들과 교대하고 있었다. 그때였다. 갑자기 여기저기서 비행기 엔진소리가 울리더니 난데없이 이스라엘 전투기가 나타났다. 이집트 공군은 아무런 방어도 하지 못한 상태에서 속수무책으로 당할 수밖에 없었다. 수많은 전투기들이 공중에

---

* 이스라엘 시각은 7시 45분.

떠보지도 못한 채 그대로 지상에서 파괴되었다.

이날, 이스라엘 공군은 거의 모든 전투기를 실전에 동원했다. 심지어 훈련용 전투기까지 실전에 투입하여 아랍 국가들의 공군기지 25곳에 폭격을 퍼부었다. 이른 아침부터 오후 6시까지 이스라엘 공군은 아랍 각국에 네 차례의 공습을 감행했다. 첫 번째 공습은 이집트 비행장 10곳을 대상으로 했고, 두 번째는 이집트 폭격기 기지와 혼합기종이 있는 공군 비행장 8곳을 파괴했다. 세 번째 공습 타깃은 요르단과 시리아, 이라크의 공군기지였다. 그리고 마지막으로 아랍 공군기지 25곳을 공격한 이스라엘 전투기들은 오후 5시 15분부터 6시까지 카이로 국제공항과 또 다른 공군기지를 무참하게 파괴했다.

이렇게 전쟁이 시작된 지 60시간 만에 이스라엘은 총 451대의 아랍 국가 비행기를 회복 불가능한 상태로 만들어놓았다. 그중 이집트 국적의 전투기 및 일반기가 336대, 시리아 60대, 요르단 29대, 이라크 25대, 레바논에서 1대가 파괴되었다. 특히 이집트는 총 전력의 95%를 잃는 엄청난 타격을 입어 공군 전체가 마비되는 사태가 일어났다. 반면 이스라엘은 고작 26대의 전투기를 잃는 것에 그쳤다.

이스라엘은 이날의 공습을 위해 오랜 기간 치밀한 준비를 했다. 우선 아랍 각국의 군대, 특히 공군의 상황을 낱낱이 파악했다. 이스라엘 공군은 이집트 각 공군 기지의 위치, 도로 상황, 레이더 설비, 심지어 이집트 군관의 출퇴근 시간과 동선까지 손바닥 보듯 훤히 꿰고 있었다.

이스라엘 전투기들은 텔아비브와 이스라엘 중부 비행장에서 이륙하여 네 개의 편대로 나뉘어 서쪽의 지중해 방향으로 출발했다. 이스라엘 전투기 조종사들은 산 뒤쪽으로 비행하여 요르단의 레이더망을 절묘한 솜씨로 피해갔다. 이어 바다를 통과할 때는 해수면에서 불과 10미터 높이의 저공으로 날다가 육지에 도착한 뒤 고도를 20미터로 조정해 이집트 레이더망을 피했다. 이때 이스라엘 전투기들은 곧장 공격 타깃을 향해 나아가지 않고, 나일 강 삼각주 북쪽으로 향하다가 갑자기 남쪽으로 방향을 틀어 이집트의 후방에서 공격을 개시했다. 공격 고도는 100~150미터에 불과했다. 이스라엘 조종사들은 '활주로부터 파괴한 뒤 전투기를 공격한다는 원칙'을 엄수했다.

1967년 6월 5일, 이스라엘이 공습을 시작한 지 30분 뒤, 5개 육군 여단도 장갑차를 선두로 가자, 아리시 등을 공격했다. 당시 이집트군은 시나이 반도에 5개 보병 여단과 2개 기갑 사단의 12만 병력이 각 전략 요충지를 방어하도록 배치해둔 상태였다. 이스라엘군은 공격을 멈추지 않고 곧바로 가자 지구를 점령하고, 시나이 반도의 아리시 등으로 접근했다. 그러자 이집트군은 패배를 만회하기 위해 전력을 다해 반격에 나섰으나 결국 공군의 지원 부재로 처참한 패배를 맞아야 했다. 이스라엘군은 6월 8일까지 시나이 반도에 있던 5개 이집트 여단을 전멸시킨 뒤 수에즈 운하 동쪽까지 치고 들어갔다. 불과 사흘 만에 시나이 반도 대부분이 적의 손에 넘어가고 말았다.

이스라엘은 이집트를 공격한 뒤 얼마 후 요르단 강 서안으로 전투 방향을 바꾸었다. 요르단 강 북서부의 주요 지점에는 요르단군의 방어진지 두 곳이 자리 잡고 있었다. 북쪽에는 나블루스Nablus,

툴캄, 제닌 등의 주요 도시들이, 남쪽으로는 구릉을 낀 산등성이를 따라 람 알라Ram Allah에서 남쪽 예루살렘과 헤브론Hebron까지 연결되어 있었다. 요르단군은 이들 진지에 8개 보병 여단과 2개 기갑 여단을 배치해놓았다. 요르단 강 서안으로 공격을 개시한 이스라엘군의 병력은 총 9개 여단이었는데 그중 3개 여단이 기갑부대였다.

6월 7일, 이스라엘 낙하산 부대가 예루살렘을 습격하면서 순식간에 도시를 점령했다. 사실 이스라엘 공군은 예루살렘을 치기 이틀 전인 5일, 이미 북방에 있는 제닌 서쪽의 요르단군 포병진지를 공격했다. 이어서 기갑여단이 요르단 강 서안 지역에서 제닌, 나블루스로 통하는 길목을 차단했다. 그러자 요르단군 기갑부대가 반격하면서 두 군대 사이에 장갑차 전투가 벌어졌다. 요르단군의 방어선을 돌파한 이스라엘 기갑부대는 보병여단과 합류한 다음 양 방향으로 나뉘어 제닌을 공격했고, 결과는 성공적이었다. 6일에는 동서 양 방향에서 나블루스를 공격하여 당일 저녁에 도시를 점령했다. 7일, 이스라엘군은 동예루살렘과 요르단 관할 지역인 요르단 강 서안을 모조리 손에 넣었다. 요르단과 이스라엘은 그날 오후 8시에 유엔의 정전 결의안을 받아들였다.

'즉각정전'과 '임시정전'을 요구한 안보리의 결의안에 따라 이스라엘은 8일에 '정전'에 동의했다. 그러나 이튿날인 9일, 이번에는 시리아에 대규모 공격을 퍼부으며 골란Golan고원 쪽으로 진격했다.

골란고원은 시리아 국경 서남쪽에 있는 길고 좁은 형태의 산지로, 고도는 해발 600~1000미터이다. 북쪽에서부터 남쪽의 야르무크Yarmuk 강으로 약 60킬로미터가량 이어지며 가장 폭이 넓은 중부는 20킬로미터 정도이며 넓이는 1만1500제곱킬로미터이다. 이곳의 도로는 수도 다마스쿠스Damascus로 이어졌다. 골란고원은 이스라엘과 맞닿아 있는데다 지대가 높아 이스라엘로서는 상당히 위협적인 전략 지역이었다. 평소 이곳에 3개 보병여단을 주둔시켜놓았던 시리아는 전쟁이 발발하기 직전 이스라엘을 방어하기 위해 보병 여단 2개와 기갑여단, 포병여단 각각 1개씩 총 4개의 여단을 추가로 배치한 상태였다.

한편 골란고원으로 진격한 이스라엘군은 총 6개 여단 규모의 군사를 진격시켰는데, 그중 3개 여단은 북쪽에서, 2개 여단은 남쪽에서 공격을 개시했으며, 나머지 1개 여단은 기동대로 작전에 참여했다.

9일 오전 11시 30분, 이스라엘군은 북쪽과 남쪽의 양 방향에서 골란고원을 공격하기 시작했다. 당일 저녁에 고지를 점령한 이스라엘은 자정에 시리아 진지를 손에 넣고 전투도 치르지 않은 채 쿠네이트라Quneitra에 무혈 입성했다. 6월 10일 저녁 무렵 이스라엘군은 골란고원 지역 대부분과 수도로 통하는 주요 간선도로들을 점령했을 뿐 아니라 아랍 지역을 지나 레바논으로 향하는 송유관을 차지했다. 6월 11일, 시리아와 이스라엘이 휴전 협정에 서명하면서 6일 전쟁은 끝이 났다.

6일간의 전쟁은 이집트, 요르단, 시리아 세 아랍 국가에 심각한 타격을 주었다. 총 6만여 명이 사망하거나 포로로 붙잡혔다. 반면 이스라엘 측의 사망자 수는 고작 983명에 지나지 않았다. 이 전쟁으로 이스라엘은 가자지구와 이집트 시나이반도, 요르단 강 서안, 예루살렘 구시가지와 시리아의 골란고원 지역에 이르는 총 6만5000

제곱킬로미터에 달하는 땅을 손에 넣었다. 고향을 빼앗기고 난민 신세가 된 아랍인과 팔레스타인인은 모두 100만여 명이었다.

6일 전쟁으로 아랍 국가들은 많은 영토를 잃었다. 특히 이집트의 경우, 전쟁으로 인한 손실이 엄청나게 컸다. 이스라엘의 군사 수준을 직접 확인하고 자국의 극심한 피해를 피부로 느낀 나세르는 다시는 "이스라엘을 없애버리자"는 말을 꺼내지 않았다. 대신 빼앗긴 시나이 반도를 되찾자는 비교적 현실적인 목표를 1순위에 올렸다. 그러나 이제 막 다시 일어서기 시작한 이집트 군대가 이스라엘의 상대가 될 리는 만무했다. 결국 나세르는 수에즈 운하를 넘어 시나이 반도로 진격하겠다는 꿈을 이루지 못한 채 세상을 떠났다. 그리고 1970년 10월, 나세르의 뒤를 이어 대통령이 된 안와르 엘 사다트 Anwar el-Sādāt가 잃어버린 땅을 수복해야 한다는 국가적 과제를 떠맡았다.

한편 이때 이집트 국내와 아랍세계의 여론은 전쟁을 일으키도록 더욱 부채질했다. 제3차 중동 전쟁은 이집트인들에게 굉장히 치욕적이었을 뿐 아니라 모든 아랍인의 체면을 구겨놓은 사건이었기 때문이다. 국가 지도자에서부터 일반 국민들까지 빼앗긴 영토를 되찾고 국가의 위신을 세워야 한다며 한목소리를 냈다. 이스라엘의 불패 신화를 깨뜨려야 한다는 것이다. 그들에게 이스라엘과의 전쟁은 '명예회복과 정의를 위한 투쟁'이었다. 1968년부터 1973년까지 5년간 이집트는 전쟁 준비에 80만~90만 달러를 쏟아 부었다. 당시 이집트 정부는 국민총생산GDP의 21.2%를 군비로 지출했다. 모든 이집트 국민들은 묵묵히 허리띠를 졸라맸다. 그들의 희생에 보답하기 위해서라도 전투는 불가피한 상황이었다. 1972년 2월에는 카이로의 학생들이 거리로 쏟아져 나와 친미 국가인 이스라엘과의 전쟁을 요구하는 시위를 했다. 이어서 노동자들도 대규모 파업을 통해 학생들의 행동에 동참했다. 국민들이 진정 원하는 것이 무엇인지 알게 된 사다트는 전쟁만이 국내 문제를 타결할 수 있는 유일한 방편임을 깨달았다.

그러나 이집트 고위 장교들의 생각은 조금 달랐다. 이스라엘을 섣불리 건드렸다가는 오히려 역습을 당할 수 있다고 생각했기 때문이다. 1972년 10월 24일, 이에 사다트는 '싸울 것이냐 말 것이냐'의 논쟁을 마무리하고 '싸우자'는 쪽으로 의견을 모으기 위해 고위 장교 회의를 소집했다. 국방장관 사디크는 '이스라엘은 자국에 큰 위협이 되는 이집트 군대를 제거하기 위해 언제든 우리를 공격해올 수 있다'는 사실을 환기했다. 그러자 국방차관 하산도 우려를 표명했다. '이스라엘의 군사력이 이집트보다 강하다는 것'이 그 이유였다. 사다트는 '아직도 많은 이들이 전쟁에 대해 회의적인 태도를 보이고 있으나, 만약 우리가 아무런 행동도 취하지 않는다면 국민들의 감정은 더욱 악화될 것'이라며 '어느 정도의 모험은 감수해야 한다'고 주장했다. 그러자 중앙 군사사령관 하빌이 노골적으로 반문했다.

"어째서 모험을 감수해야 합니까? 우리가 움직이지만 않는다면 모험은 피해 갈 수도 있는 것 아닙니까?"

사다트는 전쟁을 두려워하는 그들에게 크게 화를 내며 세 사람 모두 직위해제시켰다. 그리고 아메드 이스마일 알리를 신임 국방장관으로 임명했다.

이스마일은 참모총장 사드 에딘 알 샤들리의 '제한적 공격 작전'을 받아들였다. 샤들리는 이 작전을 이렇게 설명했다. "현재 이집트군의 군사력으로는 시나이 반도에 주둔해 있는 적군에게 막대한 피해를 입히기 어려울 뿐만 아니라 이스라엘군을 시나이와 가자 지역에서 완전히 몰아내기도 어려운 것이 현실이다. 따라서 지금 우리가 할 수 있는 최선의 방법은 적에게 제한적인 공격을 가하는 것이다. 우리의 목표는 적의 방어선을 무너뜨린 뒤 운하 동안 지역을 장악한 다음 곧바로 방어태세를 취하는 것이다." 이집트의 공군 군사력은 이스라엘보다 현저히 뒤떨어져 있었는데, 당시로서는 외부의 군사 지원도 기대할 수 없었으므로 승리는 어렵다는 것이 샤들리의 논리였다. 게다가 이집트 미사일의 사정거리도 한계가 있었기 때문에 10마일 이내에 있는 아군의 안전을 보장하기 위해서라도 '제한적 공격 작전'은 적당한 선택이었다. 샤들리의 작전은 사다트의 승인을 얻어 10월 전쟁의 최종 전략 목표로 결정되었다. 1973년 10월 1일, 사다트는 국방장관 이스마일에게 작전지령을 내리고 '본 군사 행동의 목표는 이스라엘에 최대한 타격을 주는 것이다. 우리의 영토를 점령한 대가는 엄청나다는 것을 똑똑히 깨닫게 해야 한다'고 당부했다.

이집트와 이스라엘은 1968년 하반기부터 2년여 간에 걸쳐 '소모전'을 멈추지 않았다. 이집트 포병부대가 운하 동쪽 너머에 있는 이스라엘군을 향해 대규모 포격을 가하자 이스라엘군도 1969년 하반기부터 운하 서쪽 너머의 카이로 주변 지역에 전략적 공습을 가했다. 양측은 앞 다투어 돌격대를 보내 게릴라전을 펼치기도 했다. 2년여 동안의 '소모전'을 통해 이집트는 자국의 방공능력이 몹시 취약하다는 사실을 깨달았다. 또한 지상부대도 강화할 필요가 있다고 판단한 이집트는 소련으로부터 대량의 군사무기를 사들이기로 결정했다. 그러자 소련은 기다리고 있었다는 듯 이집트의 불안정한 정국을 이용하여 이집트 땅에 자국의 군사를 파견했다. 한편 이 시기에 미국은 이스라엘을 전폭적으로 지지하는 입장이었다. 중동지역에서 직접적인 대립을 피하고 싶었던 미국과 소련은 사실 '전쟁도 평화도 아닌' 애매한 국면을 조성해놓고 있었다.

1973년 10월 6일, 빼앗긴 영토 수복을 위해 철저한 준비를 거친 이집트와 시리아가 이스라엘에 돌발적인 공격을 감행하면서 제4차 중동 전쟁이 시작되었다. 이 전쟁은 '속죄일 전쟁', '라마단 전쟁', '10월 전쟁' 등으로도 불린다. 1970년 10월에 나세르의 뒤를 이어 이집트 대통령이 된 사다트는 '전쟁도 평화도 아닌' 상황을 타파하기 위해 군비증강에 많은 힘을 쏟기 시작했다. 그는 1971년 5월, 소련과 우호협력조약을 맺었지만 소련은 무기 제공을 차일피일 미루기만 했다. 이 문제는 1972년 4월 사다트가 소련을 다시 방문할 때까지 소련은 이집트에 무기 원조를 하지 않았다. 그리고 같은 해 5월에 미국과 소련의 지도자가 모스크바에서 회담을 가졌고, 회담 이후 소련은 이집트에 무기를 제공하기로 한 약속을 취소해버렸다.

소련의 이런 결정은 이집트를 크게 화나게 만들었다. 7월 8일, 사다트는 이집트에 머무르고 있던 소련의 군사고문 및 군사전문가들을 귀국시키고, 2만1000여 명 규모의 소련 군대는 열흘 안에 이집트를 떠나도록 명령했다. 그리고 이집트에 설치된 모든 소련의 군사시설 또한 이집트군에 팔아넘기거나 철수하도록 했다. 이 일을 계기로 이집트는 소련의 영향에서 완전히 벗어났고, '전쟁도 평화도 아닌' 상황을 깨기 위한 행동을 본격 개시했다.

당시의 나라 안팎의 상황도 이집트 쪽에 굉장히 유리했다. 1973년 초, 아랍 국가의 지도자들이 카이로에 모여 앞으로 일어날 전쟁에 대해 논의를 했다. 회의를 마친 뒤, 이집트는 무장부대연합사령부를 설치했다. 그해 4월에는 카이로에서 아랍 국가 참모총장 회의가 열려 좀 더 구체적인 작전이 논의되었다. 8월에는 이집트와 시리아가 북쪽과 남서쪽 두 방향으로 이스라엘을 공격한다는 연합작전에 최종 합의했다. 두 나라는 이스라엘이 아무런 낌새도 눈치 채지 못하도록 연막작전을 펼쳤다. 1972년 말, 이집트는 400만 달러의 거금을 들여 운하 서안에 거대한 제방을 설치했다. 표면적으로는 이스라엘의 공격을 막기 위한 것처럼 보였지만 진짜 목적은 운하 가까이에 소집시킨 포병과 장갑차를 숨기기 위한 것이었다.

1973년 초부터 이집트는 예비역을 여러 차례 뽑는가 하면, 정예군이 부족한 것처럼 상당수의 군인이 겸임을 하도록 하는 등 이스라엘을 혼란스럽게 했다. 한편 이스라엘은 이집트와 시리아가 적극적인 외교적 접촉과 '정규 군사 훈련'을 반복하는 모습을 미심쩍은 눈으로 지켜봤다. 전쟁 준비과정에서 두 나라는 보안을 철저하게 유지했다. 작전의도와 계획에 대해 이집트군은 대통령과 국방장관급 몇 사람에게만 정보를 공개했으며, 시리아에서도 대통령을 비롯한 십수 명의 고위 군사 관계자만 이 사실을 알고 있었다. 작전 명령 역시 전쟁 개시 6시간 전에야 사단장급 장교들에게 전달되었고, 대대장들은 작전이 시작되기 불과 3시간 전에 명령을 하달받았다. 전쟁 개시 2시간 전까지만 해도 전방의 지휘관들은 일부 병사들이 강에서 헤엄을 치거나 강가에 옷을 널도록 하는 등 '평화로운 전경'을 조성하였다.

이스라엘은 '6일 전쟁'을 통해 드넓은 아랍 국가 영토를 점령하면서 그만큼 높은 위험성을 안고 있는 전략적 요충지도 늘어났다. 시나이 반도와 가자지구만 해도 200제곱킬로미터 이상이었고, 요르단 강 서안은 90제곱킬로미터 이상 늘었다. 이스라엘은 이 '최전방'을 지키기 위해 군사 태세를 공격형에서 방어형으로 전환했다. 당시 이스라엘은 군사 참모총장의 지시에 따라 수에즈 운하 동안에 길이 123킬로미터의 모래벽을 쌓았다. 850센티미터 높이의 모래참호는 운하를 향해 55° 각도로 세워졌고 밑부분에는 철조망과 지뢰밭으로 적의 접근을 막았다. 또한 네이팜관The Fuel Oil Pipes Napalm*을 설치해 불을 붙이면 운하 위에 거대한 불 고리가 생기도록 했다. 한편 시나이 반도 중앙에는 비행장과 '호크미사일HAWK Missile**기지'도 설치했다. 골란고원에도 튼튼한 방어시설을 세워두었다. 이렇게 빈틈없는 방어시설에 자만했던 이스라엘은 전방에 많은 군사를 배치해두지 않았다.

1973년 10월 6일 오후 2시, 수에즈 운하 동안의 진지에 주둔하고 있던 이스라엘 군인들은 갑작스러운 폭발음에 어리둥절했다. 이집트 잠수부가 전날 저녁에 운하 수면 아래에 설치해두었던 폭탄 두 개

---

* 알루미늄, 비누, 팜유, 휘발유 등을 섞어 젤리 모양으로 만든 물질을 관에 넣어 필요할 때 연소시킬 수 있다. 연소 시 3000℃의 고열을 내면서 주위를 불태운다.

** 미국이 개발한 최초의 중거리 기동형 지대공 유도미사일.

가 터지는 소리였다. 제4차 중동 전쟁의 시작이었다. 이어서 이집트와 시리아의 군대가 각각 서쪽과 북쪽에서 예고 없는 공격을 퍼붓기 시작했다. 10월 6일은 무슬림의 라마단Ramadan 기간이자 유대교의 가장 큰 명절인 '욤 키푸르Yom Kippur 속죄일'였다. 아랍인들은 라마단 기간에는 낮에 음식을 먹지 않고 업무시간을 줄여 최대한 활동을 삼간다. 그래서 이스라엘은 아랍인들이 설마 그날 전쟁을 일으키지는 않을 것이라고 굳게 믿고 있었던 것이다. 게다가 욤 키푸르는 유대인들의 공휴일이기도 했다. 이스라엘에서는 이날 해가 뜰 때부터 밤까지 먹지도 마시지도 않고 심지어는 방송도 중단되었다. 그래서 그날은 많은 군관이 본부에 머무르고 있어 소수의 병사만이 운하 쪽 참호에 나와 있었다. 이집트와 시리아는 바로 이날을 공습일로 정했다.

서쪽 노선을 따라 공격을 개시한 이집트군은 200여 대의 공군기를 출동시켜 시나이 반도 전선에 있는 이스라엘군의 지휘본부, 포병진지, 부대집결지, 방공미사일시스템, 통신레이더설비 등에 집중적으로 폭격을 가했다. 또한 운하 서안에 설치한 모래 참호 뒤에 숨겨두었던 포탄과 중형 박격포 2000문도 적의 방어선 전후방을 향해 공격을 개시했다. 결과는 매우 만족스러웠다.

이집트군의 작전은 두 단계로 이루어졌다. 첫 번째 단계는 이스라엘의 방어선을 무너뜨린 뒤 운하 동안의 15~20킬로미터에 이르는 지역을 장악하는 것이었고, 두 번째 단계는 전선을 동쪽으로 확대하여 운하 동안에 진출한 아군의 안전을 보장하는 것이었다. 그 이후부터는 상황을 지켜보며 시나이 반도 안쪽으로 들어가려 한 것이다. 그래서 이집트군은 2개 군단 9개 사단의 12만 병력을 수에즈 운하 양쪽에 모았다. 이 전쟁의 주요 군사방향이 될 북쪽 날개에는 제2군단의 5개 사단을 배치했고, 제3군단의 4개 사단은 남쪽 날개를 맡도록 했다. 전투가 시작된 후, 육군 부대 8000명이 전투기와 방공부대의 엄호를 받으며 수륙양용장갑차와 고무보트를 타고 여러 지점에서 동시에 강을 건너기 시작했다. 운하 동안에 상륙한 부대는 신속하게 움직였다. 그들은 이스라엘군이 설치한 모래벽 참호를 넘어 전방에 있는 적군의 주요 공격시설을 파괴하는 것과 동시에 폭약을 이용해 이스라엘군이 참호 아래에 설치한 철조망과 지뢰밭에 길을 만들었다. 그러는 한편 고압 파이프로 물을 뿜어 모래벽을 무너뜨리기도 했다. 불과 9시간 만에 모래참호에는 60개가 넘는 구멍이 뚫렸고, 강가에는 부교浮橋 10개와 강을 건너기 위한 임시시설 50개가 설치되었다. 전쟁이 시작된 지 24시간 후, 이집트군 10만 명과 장갑차 1020대, 군용차량 1만3500대가 강을 건넜다. 북쪽과 남쪽 날개에 포진한 이집트군은 양쪽에서 함께 공격하기 시작했다. 전방에 주둔하고 있는 이스라엘군의 초소 및 군영 15곳과 장갑차 부대를 초토화해서 반격할 수 없게 만드는 것이 공격 목표였다. 그렇게 주변에 있던 적의 군사시설을 하나하나 없애며 시나이 반도 중앙을 향해 진격하던 이집트군은 사흘도 채 되지 않아 운하 동안의 10~15킬로미터에 이르는 지역을 손에 넣었다.

한편 이집트의 낙하산부대와 돌격대는 헬리콥터를 타고 시나이 반도 깊숙이 있는 진지를 향했다. 정면 돌파를 할 목적이었다. 적진 중앙에 낙하한 상당 규모의 군사들은 이스라엘군의 교통과 통신망을 봉쇄했다. 한편, 또 다른 이집트 해군은 티란Tiran 해협과 만답

Mandab 해협, 아쿠바Aquba만과 홍해 입구를 봉쇄하고 해상에서 지상 상륙작전을 펼쳐 이스라엘군을 공격했다.

이집트군이 서부 전선에서 전쟁에 한창일 때, 북부 전선의 시리아군도 6일 오후 2시에 골란고원을 향해 맹공을 퍼부었다. 시리아군은 전투기 100대를 보내 이스라엘 지휘부 등의 주요 군사시설을 파괴하고, 대포 1500문으로 골란고원의 이스라엘 군영을 포격했다. 장갑차 1000여 대를 보유한 시리아 제1군 3개 사단은 공군과 지대공미사일부대의 엄호를 받으며 세 방향으로 나뉘어 적을 공격했다.

북부 노선을 향하고 있던 시리아군은 마사다Masada 지역으로 진격해 들어갔다. 도중에 이스라엘군의 반격으로 공격이 다소 주춤해지기도 했지만 곧 전력을 정비하고 주력 공격 방향인 중앙 노선과 남부 노선에 가장 많은 전력을 배치했다. 또한 중앙 노선의 제9보병사단은 이스라엘 188기갑여단의 방어선을 신속하게 뚫고 해당 지역을 점령했다.

한편 이스라엘군은 쿠네이트라로 후퇴한 다음 완강히 버티기 시작했다. 그런 와중에 밤을 틈타 시리아군의 기갑부대 2군이 출동해오자 이스라엘군도 지지 않고 대량의 장갑차를 모아 반격을 시도했다. 무려 1500대의 장갑차들이 좁고 긴 평원에서 48시간 동안 격전을 벌였다. 그 결과 이스라엘 188기갑 여단은 거의 전멸하고 겨우 10여 대의 장갑차만이 남았다.

7일 새벽, 시리아는 1967년에 그어진 휴전선을 넘어 약 75킬로미터를 전진해 시리아와 이스라엘의 국경에 있는 갈릴리 호수 부근까지 바짝 다가갔다. 시리아군을 맞아 응전을 하던 이스라엘군의 눈에 시리아군의 빈틈이 조금씩 보이기 시작했다. 그러자 이스라엘군은 모든 병력을 투입하여 북부 전선의 시리아군을 선제공격해 전세를 뒤집을 계획을 세웠다. 11일이 되자 북부 전선에 배치된 이스라엘군은 22개 여단의 10만여 명으로 급증했다.

전쟁 초기, 이집트군은 치르는 전투마다 승리를 거듭하며 운하 동안의 일부 지역을 손에 넣었다. 소기의 목적을 달성한 이집트는 10일부터 시나이 반도로 향하던 진격을 멈추고 진영을 설치했다. 일단 차지한 땅부터 잘 지킬 계획이었다. 그러나 이것이 이스라엘군의 숨통을 틔워주었다. 짧은 시간을 이용해 병력을 모은 이스라엘군은 북부 전선을 정리한 후 서부 전선을 공격하기로 결정한다.

10월 10일, 북부 전선에 집결한 이스라엘군 15개 여단과 장갑차 1000여 대가 공군기의 엄호를 받으며 시리아군의 방어선을 돌파했다. 이후 정면 돌파와 우회 작전을 동시에 펼치며 세 방향에서 시리아군을 공격하기 시작했다. 이스라엘군은 골란고원에서도 북부지역을 주요 공격지점으로 삼았기 때문에 남부지역에 파견된 병력은 상대적으로 적었다. 시리아군의 방어선을 신속하게 돌파한 이스라엘은 쿠네이트라 전선을 무너뜨렸다. 12일에는 1967년에 그어진 휴전선을 넘어 시리아 영토 안으로 30킬로미터가량 진격해 들어갔다. 시리아군의 보병과 방공부대는 수도 다마스쿠스까지 쫓겨나 버렸다. 수도로 후퇴한 시리아군은 이스라엘군의 공격을 막기 위해 도로 양쪽으로 방어진지를 설치했다.

한편 북부전선의 주도권을 잡은 이스라엘군은 시나이 반도로 눈을 돌렸다. 시나이 반도 전선에 배치되어 있던 4개 여단을 3개 사단

12개 여단으로 늘리고 대량의 전투기와 장갑차를 투입했다.

10월 14일 오전 6시, 이집트군은 전투기 80대와 대포 200문을 동원해 90여 분에 걸쳐 공격 준비를 끝마쳤다. 그러고는 이집트 기갑사단, 기계화 사단 소속의 장갑차 1000여 대가 전선 너머에 있는 이스라엘군을 향해 맹공격을 퍼부었다. 운하 동안에서 대규모 장갑차 전투가 벌어졌다. 이집트군은 세 방향으로 나뉘어 적을 공격했다.

한편 이집트군의 공격에 어느 정도 대비하고 있던 이스라엘군은 3개 사단을 이용하여 산골짜기 양쪽의 유리한 지형을 이용해 보병, 장갑차, 포병의 합동작전을 펼쳤다. 공군기의 지원도 동시에 이루어졌다. 총 800여 대의 장갑차를 투입하여 몇 시간에 걸쳐 격전을 펼친 결과 이스라엘군은 50대의 장갑차를 잃었고 이집트군은 200대를 잃었다. 패배한 이집트군은 결국 처음 공격을 시작했던 진영으로 되돌아가야 했다.

10월 16일, 이스라엘군 3개 여단이 이집트군에 공격을 개시하면서 양측은 다시 한 번 치열한 전투를 벌였다. 이스라엘은 대염호수 Great Bitter Lake 지역의 이집트군 제2, 3군단이 전선으로부터 30킬로미터 떨어진 곳에 집결해 있다는 정보를 얻는다. 미국의 정탐위성이 제공한 정보였다. 이스라엘군은 운하 서안에 있는 이집트 병력이 공백 상태인 점을 노려 운하 서안을 돌파한 뒤 진지를 설치했다.

이스라엘 선발대는 이집트군 방공미사일 진지들을 파괴한 후 신속하게 조직된 5개 여단 병력이 공군의 지원 아래 운하를 건너기 시작했다. 적군이 전투 지역이 아닌 운하 서안으로 들어오자 이집트군은 교란작전이라고 판단하고 대대적인 대응은 하지 않았다. 그러는 사이 이스라엘군은 이집트의 방공미사일을 부수고 포격을 가했다. 18일, 서안으로 밀고 들어간 이스라엘군은 대담하게 이집트 군영 중앙을 공격하기 시작했다. 그렇게 19일 저녁까지 4개 기갑여단과 1개 기계화 여단, 그리고 1개 낙하산 여단을 이끈 이스라엘 병력은 이집트군이 주둔하고 있는 운하 서안으로 쳐들어갔다.

운하 서안을 공격한 이스라엘군은 전쟁의 주도권을 장악하고 도로와 철도, 운하 연안 지역을 파괴하며 이집트군 2, 3군단의 퇴로를 끊어버렸다. 이어서 동안의 이스라엘군까지 공격을 개시하기 시작하자 이집트 제3군단은 앞뒤로 꼼짝없이 적군에 둘러싸인 꼴이 되고 말았다. 22일, 유엔 안보리가 '338호 결의안'을 통과시키고 이집트와 이스라엘 양측에 '즉시 휴전'을 권고했다. 양측 모두 유엔의 결의안을 받아들인다고 공식 발표했으나 이스라엘군의 공격은 멈추지 않았다. 이스라엘군은 계속 북쪽으로 진격하여 이스마일리아 Ismailia를 점령하고 이집트 제2군단을 포위하려 했으나 뜻을 이루지 못했다. 23일 새벽, 이스라엘군은 밤을 틈타 운하 너머로 병력과 군수물자를 운반하고, 수에즈 운하 근처의 항구 아타카 Ataca 지역에 대대적인 공격을 퍼부었다.

그리고 같은 날 저녁, 수에즈 시티에 있는 정유공장을 차지하고, 도시 남서부와 남부에 주둔하고 있던 제3군단과 부대의 연결을 차단시켜 제3군단 부대 대부분을 포위하는 데 성공했다. 양측은 24일에 정식으로 휴전했으나 휴전 결의안 수용을 발표한 후에도 전장에서는 군사충돌이 지속되었다. 이스라엘이 포위하고 있던 이집트 제3군단의 병력 2만여 명을 전멸시키려 하자, 이집트군은 완강히 버티며 저항했다. 결국 미국과 소련이 강력한 압박을 가하면서 두 나라는 군사행동을 멈추고 휴전했다.

그러나 이스라엘군은 10월 22일에 1개 낙하산 여단을 출동시켜 골란고원에 주둔하던 시리아군의 마지막 진지를 빼앗아버렸다. 시리아군은 빼앗긴 땅을 되찾으려 여러 차례 반격에 나섰으나 결국은 뜻을 이루지 못했다. 이후 양측 군대는 팽팽한 대치 국면에 접어들었다가 24일에 정식 휴전을 선언했다. 18일간 계속되었던 전쟁을 위해 이집트, 시리아, 이스라엘은 모두 110만 명의 병력과 장갑차 5500대, 전투기 1500대를 투입했다. 전쟁이 끝난 후, 두 아랍 국가에서는 약 2만여 명이 사망하고 2000여 대의 장갑차와 400여 대의 공군기가 파괴되었다. 한편 이스라엘군은 5000여 명이 사망했고, 장갑차와 공군기는 각각 1000여 대와 200여 대를 잃었다. 양측이 전쟁을 위해 지출한 금액은 총 50억 달러 이상이었다. 이집트는 이스라엘에 빼앗겼던 수에즈 운하 동안 10~15킬로미터 지역을 되찾았다. 남북으로 길이가 192킬로미터에 달해 총면적이 3000제곱킬로미터 정도 되는 땅이었다. 한편 이스라엘은 운하 서안의 이집트 영토 1900여 제곱킬로미터와 골란고원 동쪽의 시리아 영토 440제곱킬로미터를 새로 손에 넣었다.

제4차 중동 전쟁은 아랍 국가와 이스라엘의 관계에 큰 전환점을 가져왔다. 아랍 국가들은 이 전쟁에 가장 많은 공을 들였음에도 빼앗긴 영토 수복은 고사하고 전쟁에서 주도권조차 쥘 수가 없었다. 게다가 아랍 국가들이 석유를 무기로 벌인 작전도 예상했던 만큼 성과를 거두지 못했다. 그러자 아랍 국가들의 주도국인 이집트는 과연 아랍연맹의 능력으로 이스라엘을 물리칠 수 있을지 의문을 갖기 시작했다. 만약 이집트가 아랍 대의에 따라 이스라엘을 자극하지 않는다면 두 나라가 평화로이 공존하지 못할 이유가 없을 것 같았다. 이집트 자국의 이익을 위해서라도 이스라엘과 평화로운 관계를 유지하는 것이 백번 옳았다. 따라서 어째서 이집트인들이 팔레스타인을 위해 목숨을 버려야 하는지 조금 다른 각도에서 이 문제를 바라보기 시작했다. 그리고 이집트의 대통령 사다트는 이스라엘과의 평화적인 관계를 갖는 문제에 대해 고민하기 시작했다.

그런 낌새를 알아차린 이스라엘은 영토 문제에서 한발 물러나 빼앗은 이집트 땅을 돌려주기로 결정했다. 그러자 이집트도 이스라엘을 공공의 적으로 삼는 '아랍의 대의'를 포기하고 이스라엘의 건국이 합법적이었음을 인정했다. 1977년 11월, 사다트 대통령은 이스라엘을 공식 방문하겠다고 발표했다. 아랍 국가들로서는 청천벽력 같은 소식이었다. 아랍세계에서 가장 큰 영향력을 지닌 대국 이집트가 이스라엘을 국가로 공식 인정하자 아랍권의 '포위망'에 큰 구멍이 뚫렸고, 이스라엘에 대한 군사적 위협 또한 크게 줄었다. 게다가 이집트가 빠진 아랍 국가들끼리 군사 행동을 취한다고 하더라도 이스라엘에 타격을 입힌다는 것은 쉽지 않았다. 그러자 이스라엘도 한시름 놓게 됐다.

이집트가 아랍연맹을 이탈하면서 반이스라엘 진영에 분열이 일어났다. 한편 이집트와 평화협상에 성공한 이스라엘은 다른 아랍 국가들의 영토 반환 문제시리아의 골란고원 등에 대해 시들한 태도를 보이면서 이들과의 평화협상은 지지부진해졌다.

한편 이집트 국내의 범아랍주의자들은 대통령의 배신에 크게 격분했다. 이는 1981년 10월 6일, 카이로에서 열린 열병식閱兵式에서 병사 한 무리가 갑자기 귀빈석에 있는 사다트에게 총을 쏘아 대통령이 그 자리에서 즉사하는 사건으로 이어졌다. 사다트가 암살당한 후 부통령인 무바라크Mubarak가 후임으로 대통령에 취임하였다.

1979년, 정치적으로 불안정한 중동지역에 또 한 차례 놀라운 사건이 일어났다. 바로 이란 혁명이었다. 팔레비Pahlavi 왕조가 통치하던 이란은 친미적 성향이 강해 중동 지역에서 미국의 교두보 역할을 하고 있었다. 이란은 독실한 이슬람교도가 국민의 대부분을 차지하는 국가였으나 1960년 이후로 팔레비 왕이 대대적인 '서구화 혁명'을 펼치면서 이슬람 세력의 커다란 반감을 샀다. 불만의 씨앗은 1977년 이란 각지에서 반정부 운동에 불을 댕기면서 1978년 하반기가 되자 절정에 달했다. 1979년 1월, 국왕이 국외로 도피하자 반정부 운동을 하다 망명중이었던 이슬람교의 정신적 지도자 아야톨라 루홀라 호메이니Ayatollah Ruhollah Khomeini가 이란으로 돌아왔다. 호메이니는 1979년 4월에 이란이슬람 공화국을 세우고 건국이념으로서 이슬람 교의를 헌법에 명시했다. 정교일치의 이슬람 국가가 탄생한 것이다.

이란혁명은 중동의 세력구도를 바꿔놓았다. 팔레비 국왕 시대의 이란은 미국과 가장 가까운 중동국가로 이스라엘과도 우호적인 관계를 맺어 중동 전쟁에서도 이스라엘의 편에 서 왔다. 그러나 혁명 후 이란은 가장 극단적인 반미국가 되면서 중동지역에서의 미국의 영향력도 상당한 타격을 받게 되었다. 뒤이어 이란은 이스라엘과의 외교관계를 단절하면서 이스라엘의 적성국이 되었다. 이란의 새 정부 출범은 미국과 이스라엘을 불안하게 만들었지만 동시에 적잖은 아랍 국가들에게도 달갑지 않은 일이었다. 이란에서 일어난 혁명의 바람이 국경을 넘어 다른 나라들로 전해지자 중동의 수많은 왕국이 위기감을 느낀 것이다. 1981년 5월, 중동 6개국이 이란의 위협을 함께 막고자 '페르시아만안협력회의Gulf Cooperation Council'*를 결성했다. 한편 이란의 새 정부는 미국으로 망명한 전 국왕의 송환을 미국 정부 측에 요구했으나 거절당한다.

1979년 11월, 이란 학생들이 테헤란에 있는 미국 대사관을 점령하고 52명의 미국인을 인질로 잡는 사건이 발생했다. 호메이니가 이러한 학생들의 행동에 지지의사를 밝히자 미국과 이란의 관계는 위기에 빠졌다. 미국의 지미 카터 대통령은 테헤란으로 특수부대를 보내 인질을 구출하려 했지만 작전은 실패했다. 미국인 인질들은 1981년 1월에야 석방되었는데, 인질을 구해낸 것은 미국정부가 아닌 이라크의 후세인 대통령이었다. 1980년 9월 하순에 이라크가 이란에 선제공격을 하면서 두 나라 사이에 전쟁이 벌어졌고, 전쟁이 벌어지는 와중에 미국까지 적으로 돌리는 데 부담을 느낀 이란 정부가 인질을 석방한 것이다.

이란-이라크 전쟁의 직접적인 원인은 영토문제였다. 서로 국경을 맞대고 있다 보니 두 나라 사이에는 오래전부터 크고 작은 영토분쟁이 끊이지 않았다. 팔레비 국왕이 통치하던 시대의 이란은 중

---

* 1981년 5월에 페르시아만 안의 6개 아랍 산유국이 역내 협력을 강화하기 위해 결성한 지역협력 기구. 걸프협력회의라고도 한다.

동에서 가장 강력한 군대를 갖고 있어 '중동의 경찰'로 통했다. 1975년, 이라크는 미국의 압력으로 이란에게 유리한 국경조약에 합의하기도 했다. 그러나 1979년에 이란 혁명이 일어나고 미국과의 관계가 단절되면서 군사력도 크게 저하되었다. 이에 후세인은 1975년에 맺은 국경조약은 무효라고 선언하고, 군대를 움직여 이란에게 넘겨주었던 영토를 되찾으려 했다. 이란-이라크 전쟁은 이렇게 시작되었다. 하지만 이 전쟁에는 이런 표면적인 영토분쟁 외에도 또 다른 내부적인 요인이 숨어 있었다. 이란과 이라크는 모두 이슬람교를 믿는 국가였지만 민족 구성이 달랐다. 이란은 페르시아 민족으로 페르시아어를 사용하는 반면 아랍 민족으로 구성된 이라크에서는 아랍어가 공용어였다. 양국 지도자의 정치이념도 달랐다. 이란의 지도자 호메이니는 전통적인 이슬람원리주의자인 데 반해 이라크 대통령 후세인은 바트당원Arab Socialist Ba'ath Party*으로 근대적인 범아랍주의자였다. 호메이니는 정치와 종교가 일치하는 종교국가를 세우는 것이 목표인 '이슬람혁명'을 전파하겠노라고 공개적으로 선언했다. 그러나 정치활동에서 종교를 배제하는 정교분리국가인 이라크의 후세인 정부는 이라크에 정교일치 정부를 세우려는 행위를 용납할 수 없었다. 그러나 이라크는 이란과 가장 가까이 있는 국가인 만큼 혁명 전파에 가장 먼저 영향을 받을 것이 뻔했다.

　그래서 후세인 정부는 이란의 새 정부가 미처 자리를 잡지 못한 틈을 타 무력으로 호메이니 정권을 무너뜨리려 했다. 이라크가 전

---

* 정식 명칭은 '아랍사회주의 부흥당'이다. 아랍어의 '바트'는 부흥, 재건의 의미가 있다.

쟁으로 이란의 새정부를 물리친다면 국가의 체면을 세우는 것은 물론 이집트를 대신해 아랍연맹의 새로운 맹주가 될 수 있다는 계산도 깔려 있었다. 그러나 후세인이 잘못 생각한 것이 하나 있었다. 비록 미국의 지지를 잃기는 했으나 이란에는 여전히 강력한 전투력을 보유한 군대가 있다는 사실이었다. 이라크의 공격이 이란군의 공세에 밀리면서 전쟁은 대치국면으로 빠져들었다. 한편 이라크가 이란과의 전쟁에 모든 신경을 쏟고 있는 틈을 타 이스라엘이 행동을 개시했다. 1981년 6월, 이스라엘은 아무런 예고도 없이 공군기를 띄워 프랑스가 이라크에 지어준 원자력발전소를 폭파시켰다. 이 원자력발전소가 핵무기 제조에 이용될 가능성이 있다고 여겨왔기 때문이다.

이때 시리아와 리비아 같은 혁명국가들 외에 대다수의 아랍권 왕국들은 이라크가 이란을 물리쳐 혁명의 전파를 막아주기를 바라고 있었다. 이란혁명의 영향이 자국에 미칠 파장을 우려했던 것이다. 이들 국가들은 이란-이라크 전쟁에서 이라크에 경제적인 지원을 했고, 이란과 사이가 좋지 않았던 미국도 후세인을 지지하며 군사적 지원을 했다. 당시 전쟁에서 이라크가 이란보다 더 많은 국제적 지지를 얻은 셈이었다.

1987년 7월, 유엔 안보리가 종전 결의안 598호를 통과시켜 이란과 이라크에 무조건 휴전을 명령했다. 이에 이라크는 즉시 본 결의를 받아들인다고 밝혔으나 이란이 수용을 거부하면서 전쟁은 계속되었다. 두 나라 국경의 군사지역에 국한되어 있던 이란-이라크 전쟁은 곧 시가전으로 발전했다. 양측은 서로의 도시와 석유시설, 항만시설 등에 대량의 미사일 공격을 퍼붓기 시작했다. 그러나 이런 전쟁 양상은 양쪽 모두가 막대한 손실을 보면서 두 나라는 결국 휴전협상 테이블에 앉을 수밖에 없었다. 1988년 8월, 이란–이라크 전쟁은 이라크가 약간 우세한 가운데 휴전되었다. 이후로 이라크는 '이슬람혁명의 방파제'로서 구미 국가들의 지원을 받으며 중동의 군사 강국으로 새롭게 떠올랐다. 이는 나중에 걸프 전쟁을 유발한 간접적 원인으로 작용하기도 한다.

이란–이라크 전쟁은 아랍세계에서 이슬람 혁명의 영향을 크게 약화시키는 결과를 가져온 것은 물론 아랍 국가들의 분열을 초래했다. 이라크는 이란을 지지한 시리아, 리비아와 외교관계를 끊었다. 이들 두 나라와 다른 아랍 국가들과의 관계 역시 급속도로 냉각되었다. 전쟁 이후 이집트, 이라크, 시리아, 요르단, 리비아 등 중동의 아랍 대국들은 각자 동상이몽에 빠졌다. 나세르가 이끌었던 당시의 상호 단결했던 아랍세계의 과거는 잊힌 지 오래였다. 얼마 후 요르단, 시리아 등의 국가들도 자국의 이익을 좇아 이스라엘과 개별적인 협상에 나섰다. 상황은 갈수록 이스라엘에게 유리하게 전개되었다.

1982년 6월 6일, 이스라엘은 영국 대사가 팔레스타인 게릴라 부대에 살해된 사건을 구실로 육해공군 10만여 명을 팔레스타인해방기구가 있는 레바논으로 보냈다. 대대적인 공습을 퍼부은 이스라엘군은 불과 며칠 만에 레바논 영토의 절반을 점령했다. 이것은 제4차 중동 전쟁 이후 이스라엘과 아랍 국가 사이에 벌어진 최대 규모의 전쟁으로 '제5차 중동 전쟁'이라고 부른다.

1980년대는 팔레스타인인들에게 몹시 힘겨운 시기였다. 아랍인 형제들은 아랍의 대의를 저버렸고, 더 이상 팔레스타인 해방을 자신들의 의무로 생각하지 않았다. 팔레스타인 문제는 이제 아랍세계 전체의 문제가 아닌, 팔레스타인 스스로 해결해야 할 문제가 되었다. 아랍 국가들이 하나둘 이스라엘을 인정하기 시작하면서 팔레스타인해방기구에 대한 지지는 갈수록 줄어들었다. 처음으로 팔레스타인해방기구를 내쫓은 나라는 요르단이었다. 1967년 제3차 중동 전쟁이 발발하기 전까지 요르단은 팔레스타인해방기구를 지지했다. 경제적인 지원을 했을 뿐 아니라 요르단 영토에 훈련기지를 세울 수 있도록 돕기도 했다. 그러나 제3차 중동 전쟁 이후 이스라엘의 강력한 군사력을 실감한 요르단의 후세인 국왕은 혹여 이스라엘이 팔레스타인해방기구의 활동을 문제 삼아 요르단을 공격하지 않을까 걱정이 되었다. 그는 요르단 영토 안의 팔레스타인해방기구의 조직 활동을 제약하는 한편 행동을 자중하도록 했다. 그러나 팔레스타인해방기구는 이러한 후세인 국왕의 권고를 무시한 채 요르단과 이스라엘의 국경에서 게릴라전을 펼치는가 하면 국제적인 테러 활동도 서슴지 않았다. 1970년에는 서방 국가 국적의 여객기를 납치해 요르단 공항에 착륙시키기도 했다.

이렇게 크고 작은 문제를 일으키자 골머리를 앓던 후세인 국왕은 결국 팔레스타인해방기구를 강제로 요르단에서 쫓아내기로 결심했다. 1970년 9월, 요르단 군대가 자국 내에 있던 팔레스타인해방기구를 공격하는 바람에 쫓겨나 레바논으로 활동기지를 옮겼다. 레바논은 인구 300만 명가량의 작은 나라지만 기독교와 이슬람교도가 섞여 있는 다종교 국가*이다. 게다가 이슬람교도도 수니파와 시

---

* 인구의 51%는 이슬람교를 믿고 나머지 49%가 기독교도이다.

아파로 나뉘어 상황이 몹시 복잡하게 얽혀 있었다. 레바논은 국가의 최고 직위인 대통령과 총리, 국회의장을 각각 기독교도와 이슬람 수니파교도와 시아파교도가 나누어 맡도록 헌법으로 정해놓고 있다. 이런 원칙 때문에 레바논 정부는 언제나 분쟁이 끊이지 않았다. 팔레스타인해방기구의 본부가 이끄는 게릴라부대 1만여 명은 1970년 9월 요르단에서 강제 추방된 뒤, 레바논 남부로 옮겨와 군영을 설치했다. 그리고 레바논 남부 지역에서 서서히 세력을 넓혀가며 차츰 '국가 안의 국가'가 되어갔다. 이후 팔레스타인해방기구는 시도 때도 없이 이스라엘에 게릴라 공격을 감행했고, 제4차 중동 전쟁에서는 이집트와 시리아 군대를 도와 이스라엘군 기지와 창고, 레이더 시설 등의 군사 설비를 공격하기도 했다.

팔레스타인 무장 세력은 레바논의 이슬람교파 쪽의 지지를 받았으나 기독교파로부터는 외면당했다. 그들은 레바논에 자신들의 학교와 병원을 지었고, 게릴라 부대 군인들은 총을 둘러멘 채 레바논의 거리를 제 나라인 양 활보했다. 게다가 공개적으로 레바논의 이슬람교파를 지지하면서 기독교파의 큰 불만을 샀다. 1975년 4월, 기독교파와 이슬람교파 사이에 레바논 내전이 발발했다. 전쟁 초기에는 기독교파의 군사력이 약간 우위에 있는 듯했으나 이슬람교파가 팔레스타인해방기구와 시리아의 지원을 받으면서 전세는 역전되었다.

1975년 10월에 레바논, 시리아, 이집트, 사우디아라비아, 쿠웨이트, 팔레스타인해방기구는 6자 회담을 갖고 시리아군을 중심으로 하는 아랍평화유지군ADF을 조직해 레바논에 주둔시키기로 합의했다. 이후 레바논 내전은 차츰 진정되었으나 레바논 내의 기독교파는 시리아의 간섭에 불만을 품었다. 그 결과 기독교파와 시리아군 사이에 여러 차례 무력 충돌이 빚어지기도 했다.

제5차 중동 전쟁 이후, 팔레스타인해방기구가 크게 힘을 잃자 아랍 국가들은 형식적인 지원만 제공했다. 이런 상황이 되자 팔레스타인해방기구는 미국 등 서방 국가들에게 지원을 요청하게 되었다. 1988년, 팔레스타인해방기구 의장 야세르 아라파트 Yasser Arafat 는 1947년에 팔레스타인-이스라엘 영토분할에 대해 유엔이 제안한 181호 결의안을 받아들여 팔레스타인을 다시 건국하고 이스라엘의 존재도 인정하기로 했다. 벼랑 끝에 몰린 상황에서 어쩔 수 없이 내린 결정이었다. 그러나 팔레스타인들 중에는 아라파트에 반대하는 사람들도 많았다. 그들은 '이스라엘을 인정하는 것이 무슨 해방기구냐'라며 비아냥거렸다. 결국 아라파트가 이스라엘 국가 승인 성명을 발표한 지 열흘 후, 팔레스타인해방기구의 급진파가 스코틀랜드 상공에서 미국 항공사 여객기를 폭파시키는 사건이 벌어졌다. 아라파트는 굉장히 곤란한 처지에 놓이게 되었다.

1990년에 들어와 팔레스타인을 지지하는 '아랍의 대의'는 사람들의 기억 속에서 완전히 잊혀졌다. 한때 아랍 국가들을 지지했던 러시아 등의 국가도 중동문제에 방관적인 태도를 보였다. 이때 이라크 대통령 사담 후세인이 쿠웨이트를 침공하면서 걸프 전쟁이 발발했다. 이때 후세인은 아랍의 대의를 내세웠다. 만약 이스라엘이 유엔 결의안 242호와 338호를 준수하여 불법으로 점거한 아랍 국가들의 영토에서 철군한다면 이라크도 쿠웨이트에서 물러나겠다는 것이었다. 팔레스타인인들은 아랍의 대의와 팔레스타인을 잊지 않는 후세인에게 고마워했다. 자신들이 이라크를 지지하면 팔레스타인해방기구가 국제적으로 고립될 것이 뻔했지만, 그들은 이라크 지지를 공식적으로 선언했다.

1967년 제3차 중동 전쟁 이후, 이스라엘은 많은 아랍 국가들의 영토를 점령해 있었다. 1967년 유엔 안보리는 242호 결의안을 통해 이스라엘이 점거한 아랍 국가들의 영토에서 철군할 것을 요구했으나 받아들여지지 않았다. 1973년의 제4차 중동 전쟁 이후에 아랍 국가들이 이스라엘에게 빼앗긴 땅 중 일부를 되찾긴 했으나 대부분의 영토는 여전히 이스라엘의 수중에 있었다. 이에 유엔 안보리는 1974년에 338호 결의안을 통과시켜 이스라엘에 242호 결의안을 준수하여 철군할 것을 다시 한 번 요구했지만 이스라엘은 끝까지 받아들이지 않았다. 한편 쿠웨이트를 침략한 이라크가 안보리의 결의안 수용을 거절하자 미국은 곧바로 여러 나라의 군대를 모아 무력으로 유엔 결의안을 이행하도록 하였다. 이 불공평한 처사에 아랍인들은 노골적으로 불만을 토로했다. "이스라엘이 몇 번씩이나 유엔의 권고를 무시했을 때에는 모른 척하던 미국이 아니었느냐"는 것이다. 미국은 아랍 국가들과 이스라엘에 철저하게 이중적인 태도를 보였고, 이에 대한 아랍 국가들의 불만은 갈수록 커져갔다.

이라크가 걸프전에서 참패한 뒤, 팔레스타인해방기구는 고립무원에 빠져버렸다. 이후 팔레스타인해방기구는 미국, 이스라엘과의 협상을 통해 팔레스타인의 '자치'를 얻어낼 수밖에 없었다. 그러나 미국은 처음부터 이스라엘에 편향적인 태도를 보였으므로 결국 팔레스타인해방기구는 협상에서 많은 부분을 양보해야 했다. 그러자 아라파트가 상대에게 지나치게 양보하는 것에 반대한 팔레스타인해방기구의 강경파는 끊임없이 테러 활동을 벌였다. 팔레스타인과 이스라엘의 평화협상을 중단하도록 하기 위해서였다. 아라파트에 반대하는 팔레스타인인들이 많았던 탓에 이스라엘과 맺은 협약은 제대로 이행되지 않았다.

21세기에 들어서면서 아랍인들의 미래는 더욱 비관적이 되었다. 그들은 모든 아랍인이 일치단결했던 1950~60년대를 그리워하고 있다. 이런 상황에서 새로운 세력이 등장했다. 바로 빈 라덴을 중심으로 한 범이슬람주의 단체였다.

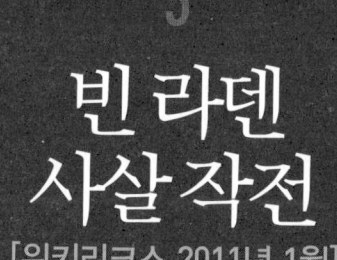

3

빈 라덴
사살 작전

[위키리크스 2011년 1월]

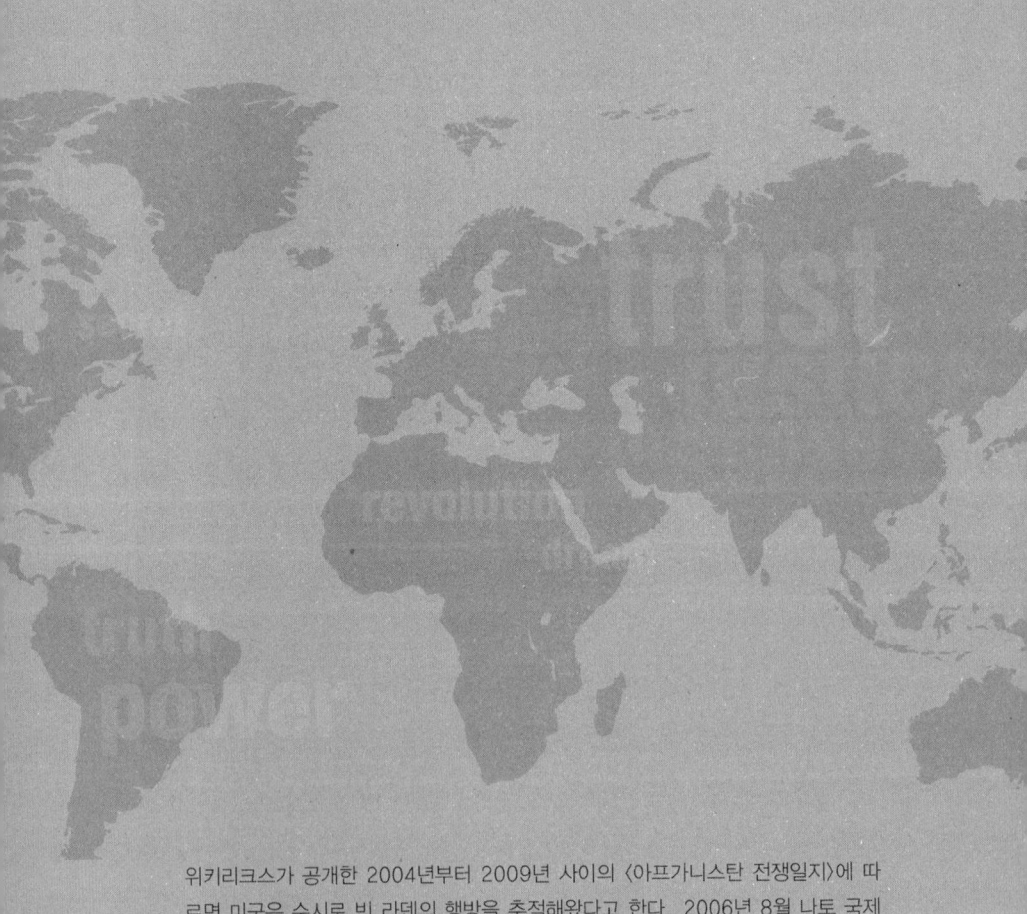

위키리크스가 공개한 2004년부터 2009년 사이의 〈아프가니스탄 전쟁일지〉에 따르면 미군은 수시로 빈 라덴의 행방을 추적해왔다고 한다. 2006년 8월 나토 국제안보지원군은 '자살 폭탄 테러' 관련 보고서를 통해 빈 라덴이 테러조직회의에 참석한 것을 확인했다고 보고했다.

빈 라덴의
죽음

2011년 5월 1일 밤, 미국 오바마 대통령은 파키스탄에서 빈 라덴 사살에 성공했다고 공식 발표했다. 빈 라덴의 은신처는 파키스탄 수도 이슬라마바드Islamabad에서 100킬로미터 북쪽에 있는 아보타바드Abbottabad로, 아프가니스탄 수도 카불Kabul에서 350킬로미터 떨어진 지점이었다.

위키리크스가 공개한 2004년부터 2009년까지의 〈아프가니스탄 전쟁일지〉에 따르면 미군은 수시로 빈 라덴의 행방을 추적해왔음이 드러났다. 나토 국제안보지원군이 2006년 8월에 발표한 보고서에서도 빈 라덴이 테러조직회의에 참석했다는 사실을 밝히고 있다.

위키리크스가 공개한 기밀문건들은 2004년 1월부터 2009년 12월까지의 문서들로, 탈레반 정권이 무너진 후부터 아프가니스탄 전쟁이 시작되어 끝날 때까지의 전 과정이 담겨 있다.

〈아프가니스탄 전쟁일지〉의 일부분인 이 보고서에 의하면 테러 조직은 파키스탄 퀘타Quetta에서 '고위급 회의'를 열고 여섯 명의 '인간 폭탄'들에게 명령을 내렸다. 아프가니스탄 북부의 세 지역에서 자살 폭탄 테러를 감행하라는 것이었다. 아프가니스탄과 파키스탄의 국경 지대에서 매월 한 차례씩 소집된 이 회의에는 약 20여 명이 참여했는데, 주요 인물로는 탈레반 지도자 물라 오마르Mullah Omar, 빈 라덴, 그리고 물라 바라다Barrada 등이 있었다.

미 육해군 '373 특수부대'는 아프가니스탄 등지에서 탈레반의 고위층을 사살·생포하는 것이 주요 임무였다. 이 특수부대는 상대가 탈레반 관련 인물이라고 판단되면 상부에 보고하는 절차 없이 바로 사격해도 좋다는 명령을 받았다. 위키리크스는 이들 탈레반의 거리 폭탄 테러나 미군의 실수로 사망한 아프가니스탄 민간인들의 숫자를 공개하기도 했다. 단 한 번도 외부에 공개되지 않았던 이 자료에는 미군이 아프가니스탄 민간인을 테러리스트로 오인하고 살해하는 과정까지 기술되어 있다. 무고한 민간인 차량을 향해 발포하거나 결혼식장에 침입해 총을 쏜 것 등이 문건에 있다.

문건에는 파키스탄 정부가 정부 정보 담당자를 통해 탈레반과 직접 접촉한 다음 아프가니스탄에 주둔하고 있는 미군을 공격하거나 심지어 아프가니스탄 정부의 지도자 암살 계획까지 모의한 것이 아닐까 의심하는 내용도 포함되어 있었다.

빈 라덴의 정식 이름은 오사마 빈 무하메드 빈 아와드 빈 라덴 Osama bin Mohammed bin Awad bin Laden이다. 언론을 통해 모습을 드러낸 그는 늘 흰색 아랍식 도포 차림에 터번을 두르고 있다. 말투와 행동

자본주의의 상징을 무너뜨린 빈 라덴

위키리크스가 공개한 2004년부터 2009년까지의 〈아프가니스탄 전쟁일지〉에 따르면 미군
은 수시로 빈 라덴의 행방을 추적해왔던 것으로 드러났다. 나토 국제안보지원군이 2006년
8월에 발표한 보고서에서도 빈 라덴이 테러조직회의에 참석했다는 내용을 밝히고 있다.

거지가 차분하고 과묵한 것이 도를 지나쳐 조금은 쑥스러워하는 것 같은 느낌마저 든다. 키가 크고 마른 체격에 수염을 무성하게 기르고 있어 언뜻 학자 같은 분위기도 풍긴다.

빈 라덴은 1955년 사우디아라비아의 남서부 홍해에 면한 항구도시 제다Jeddah에서 태어났다. 그의 가문은 사우디아라비아에서도 유명한 명문가로, 자손도 많았다. 400명이 넘는 가족 구성원들은 제다와 메카 지역에서 알아주는 부호였기 때문에 어려서부터 최고의 교육 환경에서 자랐다. 그는 무슬림의 성지 메카로 향하는 길목에 있는 제다에서 신학 공부를 하며 초등학교와 중학교를 마쳤다. 빈 라덴 집안의 가업은 건설업이었다. 사우디아라비아의 수많은 중대형 도시들 어디에나 빈 라덴 가문의 건축현장을 볼 수 있을 정도로 규모가 컸는데, 기업의 자산 규모는 무려 50억 달러에 달했다.

빈 라덴에게는 25명의 이복형제와 29명의 이복자매가 있다. 그의 아버지 무하메드 빈 라덴Mohammed bin Laden은 여러 명의 아내에게서 수많은 자녀를 얻었다. 그중 빈 라덴은 17번째였다. 50명이 넘는 형제자매들은 300여 명의 자녀를 낳았고, 빈 라덴 본인 또한 여러 명의 아내 사이에서 20여 명의 자녀를 낳았다.

빈 라덴의 어머니 아리아 가넴Alia Ghanem은 시리아 출신으로, 무하메드 빈 라덴의 네 번째 부인이었다. 대부분의 중동 국가에서는 부유한 사우디아라비아 남성이 세 명의 부인을 '정실'로 두고 네 번째 부인과는 이혼을 반복하며 새로운 여성을 맞아들이는 것은 흔한 일이다. 가넴은 국적이 사우디아라비아가 아니라 시리아 상인의 딸인데다 자식이라고는 빈 라덴 하나뿐이라 집안에서의 지위도 하잘 것

없었다. 1968년, 빈 라덴의 아버지 무하메드 빈 라덴이 비행기 사고로 세상을 떠나자 젊은 나이였던 가넴은 다른 남자와 결혼하여 하미다 알 아타스Hamida al-Attas라고 이름을 바꿨다.

아버지의 죽음 이후 빈 라덴의 생활이 크게 달라졌다는 기록은 없다. 그러나 일부 심리학자들은 대가족이 북적대는 세도가에서 자란 라덴이 어린 시절 기를 펴지 못하고 의기소침했을 것이라고 보고 있다. 게다가 어려서 아버지의 사랑을 받지 못했으니 가족들과의 정도 두텁지 않았을 가능성이 크다.

상대가 가족이든 외부인이든 빈 라덴은 항상 침울한 모습을 보였다. 이후 자라면서 점점 종교에 관심을 두기 시작했다. 조혼이 성적 충동을 억제하는 데 도움이 될 것으로 생각한 그는 17세에 결혼했다. 일부다처제를 강력히 주장한 그는 네 명의 아내를 맞아들였다.

2001년 9월 11일, 미국 자본주의의 상징과도 같은 뉴욕의 세계무역센터 빌딩이 무너져 내렸고 미군은 아프가니스탄을 공격했다. 그리고 이때부터 빈 라덴은 10년간의 은둔생활을 시작했다.

빈 라덴이 수단에서 아프가니스탄으로 오자 탈레반 지도자 아마르는 그를 무척이나 환영했다. 그러나 빈 라덴은 아마르 같은 탈레반 고위층처럼 수도 카불 한복판에 대궐 같은 집을 짓고 살지 않고 도시에서 조금 떨어진 교외에 머물렀다.

2011년, 빈 라덴은 미군의 암호명 '넵튠 스피어Neptune Spear'로 작전 40분 만에 사살당한다. 22년간의 성전聖戰과 10년 동안의 도피생활은 40분간의 총성과 함께 연기 속으로 사라졌다.

아프가니스탄 전쟁 비망록
─테러 조직 감청 보고서

위키리크스가 공개한

〈아프가니스탄 전쟁일지〉에 따르면 미국은 사우디아라비아의 기부
금이 알카에다Al-Qaeda와 탈레반, 하마스HAMAS 등 세계 각지의 수니
파 무슬림 급진단체로 흘러 들어간다는 사실을 알고 있었다. 기부
금은 이들 단체에 재정적으로 큰 힘이 될 것이 틀림없었다.

테러리스트에게 자금원이 흘러 들어가고 있는 국가로 꼽히는 나
라는 그 외에도 카타르, 쿠웨이트, 아랍에미리트 등이 있다. 미국 힐
러리 국무장관은 "사우디아라비아는 사우디 내의 테러리즘 위협을
엄중히 대처하고 있지만, 테러리즘에 대한 재정지원을 막는 것은 상
대적으로 소홀하다. 하지만 사우디아라비아는 아직도 전 세계 수니
파 테러조직의 중요한 자금원 역할을 맡고 있다. 그러나 최근 사우
디아라비아 정부가 알카에다에 자금을 지원한 혐의를 받고 있는 인

물들을 조사하고 체포한 것은 환영할 만한 일이다"라고 말했다.

리야드에 있는 주사우디아라비아 미국 대사관은 전보를 통해 "사우디아라비아는 미국중앙정보국CIA이 제공하는 정보에 의존하여 반공작전의 방향을 세우고 분석하는 과정을 거친다. 그러나 사우디아라비아 정부는 테러조직으로의 자금 유출을 완전히 끊을 의향이 없는 것 같다. 만약 사우디아라비아가 테러리스트에게로 흐르는 자금을 완전히 막아 문제를 해결한다면 미국의 고급정보를 얻을 명분이 없어질 것이기 때문"이라고 본국에 보고했다.

또한 쿠웨이트를 알카에다와 다른 테러조직의 주요 '자금중개처'로 묘사했고, 카타르는 미국이 반테러리즘 작전을 펼쳐나가는 데 가장 비협조적이고 골치 아픈 지역이라고 밝혔다. 매년 메카로 성지순례를 떠나는 사람들이 알카에다의 자금 확보에 중요한 역할을 하고 있다는 사실도 포함되어 있었다.

〈아프가니스탄 전쟁일지〉에는 테러리스트로의 자금 유출을 막기 위해 논의한 내용이 적혀 있었다. 첫째 테러리스트들의 자금원을 적극적으로 수색하고 찾아내어 없애야 한다는 것이고, 둘째는 자금을 지급한 혐의가 있는 자를 기소하거나 공개적으로 책임을 묻는 등 적절한 법적 조치를 취해야 한다는 것이다.

또한 자선단체들에 대한 감시 강도를 높여 이들 단체가 테러리스트나 극단주의자들에게 도움을 주지 못하도록 해야 한다는 내용도 있었다. 그 밖에도 UN의 1267호 제재안을 엄격히 이행하고, 돈세탁과 테러리즘 세력의 자금지원에 관한 국제기준을 철저히 따라야 한다고 밝히고 있다.

미국은 보고서를 통해 이란이 아프가니스탄의 탈레반 세력에 줄곧 자금을 지원해왔다며, 미군을 한 명씩 죽일 때마다 1000달러의 보상금을 지급했다는 사실도 보고했다.

보고서에 의하면 자신이 탈레반 '재무책'이라고 주장한 ××씨가 아프가니스탄 수도 카불에 있는 이란 기업에서 1만8000달러를 받았다고 증언했다. 덧붙여 그는 "당시의 돈은 7월에 있었던 전투에서 아프가니스탄 정부군 다수를 살해하고 미군 차량 한 대를 파손한 대가"였다고 했다.

그는 전달받은 현금을 밀가루 포대에 넣어 바르다크Vardak 주의 탈레반 무장 세력에게 넘겨주었다. 지난 6월에는 역시 같은 기업에서 7만7000달러를 받았다고 했다. 원래 일자무식의 평범한 농민이었던 이 '재무책'은 한 해 전 겨울부터 탈레반에 들어가 기본적인 읽기와 쓰기, 계산법 등을 배웠다고 한다. 미군 한 명을 죽일 때마다 1000달러의 상금을 받는 것 외에도 그는 미군 차량 한 대를 파손하면 6000달러를 받는다고 증언했다.

미 중앙정보국이 1996년에 작성한 빈 라덴 관련 정보의 내용은 그가 부유한 아랍 상인이자 독실한 무슬림이라는 것이 전부였다. 1979년, 소련이 아프가니스탄을 침공했을 때 빈 라덴은 사우디아라비아에서 힌두쿠시Hindu Kush*산맥으로 가서 아프가니스탄의 이슬람 성전 기구인 지하드에 참여했다.

미 중앙정보부의 빈 라덴 담당 부서 책임자 마이클 슈어Michael

---

* 중앙아시아 남부에 있는 산맥. 아프가니스탄 북동쪽에서 남서쪽에 있는 파키스탄 카불까지 1200km에 달한다.

Scheuer는 "미국은 1995년 말에서 1996년 초 이전까지는 빈 라덴이 아닌 다른 테러조직을 추적하고 있었다. 당시 우리는 빈 라덴을 그저 돈 많은 사우디아라비아인으로만 알고 있었을 뿐 다른 정보는 거의 모르고 있었다. 그러다 라덴이 혹시 테러리스트들에게 자금을 지원하는 것이 아닐까 의심하기 시작하면서 부서를 따로 마련해 본격적으로 그를 추적하기 시작했다. 우리 부서는 오직 빈 라덴이라는 개인에 관련된 일만 처리한다는 점에서 다른 부서와 구별된다. 이는 중앙정보국에서도 처음 있는 케이스다"라고 밝혔다.

마이클 슈어에 의하면 빈 라덴 담당 부서의 주요 임무는 '빈 라덴이 어디에 있는지, 그의 은신처는 어디이며 그를 돕는 배후와의 관계는 어떠한지, 또 어떤 경로로 외부와 연락을 하며, 그의 추종자와 동료는 누구이며, 자금 지원은 누가 해주는지' 등을 알아내는 것이었다.

이 부서의 암호명은 '알렉Alec'이며, '빈 라덴 담당 부서'는 외부에서 사용하는 이름이다. 초창기에 10여 명의 정보요원들로 시작된 이 부서는 빈 라덴 사망 직전 무렵에는 그 규모가 상당히 커졌다고 한다. 그러나 마이클 슈어는 구체적인 요원 수에 대해서는 '기밀사항'이라며 말을 아꼈다.

빈 라덴 담당 부서는 조직된 지 1년도 채 되지 않아 라덴이 그저 흥청망청 돈을 쓰는 부자가 아니라 '알카에다'라는 자신의 조직을 갖고 있다는 사실을 알아냈다.

"우리는 1996년 말, 이 조직이 그동안 봐왔던 일반 조직들과는 차원이 다르다는 것을 알았죠. 빈 라덴은 1996년부터 탄저炭疽, Anthrax*나 사린가스**같은 생화학무기를 얻기 위해 다양한 방법을 시도한 것은 물론 자체적인 실험까지 진행했습니다. 그뿐 아니라 그는 핵무기를 손에 넣으려고도 했는데, 주로 운반이 용이한 상자형 핵무기를 원했지요. 보통 소련 지역에서 핵무기 원료를 들여왔습니다."

마이클 슈어의 증언이다.

반소련 전쟁에 참가했던 아프가니스탄 지도자들은 빈 라덴을 굉장히 관대하면서도 소탈한 사람으로 기억하고 있다. 그는 가난한 사람들에게 돈이며 옷을 나누어주었고, 전쟁을 치르는 동안 일반 사병들과 같은 숙소에서 생활하며 그들과 똑같은 음식을 먹었다. 평소 빈 라덴에게서 부유한 집안에서 나고 자란 상류층 인사의 모습은 찾아볼 수 없었다고 한다.

빈 라덴은 아프가니스탄의 반소련 전쟁에서 결국 승리를 거뒀고, 이를 통해 이름을 알렸을 뿐 아니라 조직 능력도 키울 수 있었다. 1988년에 반소련 전쟁이 끝난 후, 그는 '알카에다***'라는 새로운 조직을 만든 뒤 '지하드 용사'들을 훈련시키기 시작했다. 당시 이슬람 국가에서 조직을 세우고 활동하기 위해서는 최신식 무기로 무장하는 것은 필수였다. 알카에다의 지상과제는 빈 라덴이 '부패하고 무능하다'고 생각한 무슬림 정부를 무너뜨리는 것이었다. 이를 실행하기

---

* 탄저병을 유발하는 탄저균은 전염성이 강하고 호흡기를 통해서도 감염되기 때문에 생화학 무기로 활용된다. 탄저균이 무기로 사용될 경우 그 위력이 수소폭탄을 능가할 것이라는 평가가 있다. 설탕 한 봉지 정도의 탄저균으로 미국 전역을 파괴할 수 있다고 한다.

** 사린은 액체와 기체 상태로 존재하는 독성이 매우 강한 화합물로 주로 중추신경계를 손상시킨다. 독성이 치명적이어서 흡입한 지 수분 내에 목숨을 앗아갈 수 있다. 이미 지난 1995년 일본 도쿄 지하철에서 테러에 사용된 적이 있다.

*** 아랍어로 '근거지'라는 뜻이다.

위해서는 먼저 이들의 배후에 있는 서구 세력부터 몰아내야 했다.

　미 중앙정보국은 이 시기에 빈 라덴과 여러 차례 접촉했다. 소련이 아프가니스탄 전쟁에서 최대한 많은 힘을 소모하길 바랐던 미국은 반소련 전쟁을 치르는 '무자헤딘Mujaheddin*'을 적극 지지했다. 당시 미 중앙정보국의 열렬한 지지를 받았던 빈 라덴은 아프가니스탄에 파견된 일부 중앙정보국 요원들로부터는 영웅이라고 불리었다. 그리고 빈 라덴 역시 훗날 행한 각종 테러 작전과 전투 방법 등 많은 부분을 미 중앙정보국에서 배웠다. 그는 아프가니스탄 전쟁이 끝난 뒤 곧장 사우디아라비아로 돌아갔으나 1990년 8월, 이라크가 쿠웨이트를 침공하면서 다음 목표가 될 것을 우려한 사우디아라비아 정부가 미군의 국내 주둔을 허락하는 사태가 벌어진다. 빈 라덴은 그것은 늑대를 집 안에 끌어들이는 것과 다름없다며 정부의 결정에 크게 반대했다. 그는 사우디아라비아 국방장관에게 자국의 힘으로 이라크를 상대해야 한다고 주장했다. 당시 국방장관이 "무슨 힘으로 적을 물리칠 것이냐"고 묻자 빈 라덴은 진지한 얼굴로 "우리의 신앙으로 물리칠 수 있다"고 대답했다. 물론 국방장관은 코웃음을 쳤다. 그러자 극도로 분노한 빈 라덴은 사우디아라비아 왕실이 사우디아라비아 땅에 미군 기지를 세우도록 한 것은 무슬림에 대한 범죄 행위라는 성명을 발표한 뒤 이슬람교도들에게 자신과 뜻을 같이할 것을 호소했다. 무력으로 미군을 몰아내고 사우디아라비아 왕조를

---

* 아랍어로 '성스러운 이슬람 전사'를 뜻한다. 원래는 반소련 전쟁에 참여한 아프가니스탄 의용군을 가리키는 말이었으나 오늘날에는 이슬람 지역의 반정부 단체나 게릴라 부대가 자신들을 지칭하는 용어로 쓰인다.

무너뜨리자는 것이었다.

이에 사우디아라비아는 1994년 4월, 빈 라덴의 국적을 박탈했다. 벼랑 끝으로 몰린 빈 라덴은 자신의 모든 것을 거는 도전장을 내밀 수밖에 없었다. 그는 건축회사를 경영하며 모은 수십억 달러의 재산을 토대로 활동을 시작했다. 무슬림이 곤경에 처한 지역이라면 어디든 병사를 보내고 무기를 제공했다. 심지어는 직접 군대를 이끌고 전쟁을 치르기도 했다. 당시 미국은 중앙정보국을 앞세워 무슬림 세계에 사사건건 개입하며 세력을 확장하고 있었는데, 통일된 무슬림 세계를 세우려던 빈 라덴에게 이는 큰 걸림돌이었다. 이리하여 그는 마침내 미국을 공격 목표로 삼게 된다.

1996년 1월, 미 중앙정보국은 12명으로 구성된 반테러팀을 조직한 뒤 수단에 있는 빈 라덴의 본부를 소탕하려 했다. 부서가 만들어진지 얼마 지나지 않아 빈 라덴이 북아프리카의 테러조직을 지원하고 있다는 정보가 입수되었다. 미국 정부는 곧 수단 정부에 압력을 가해 빈 라덴을 추적하도록 했다. 그해 5월 수단을 떠난 빈 라덴은 본격적으로 유명세를 타기 시작한 나라인 아프가니스탄으로 돌아왔다. 아프가니스탄에서 입지를 굳힌 그는 곧 국제적인 테러조직망 구축에 나섰다.

1997년, 빈 라덴은 "조직적으로 미국인과 그 동맹군들을 죽이겠다. 이것은 국적을 떠나 모든 무슬림의 의무"라며 자주 미국을 위협했다. 1998년 2월, 빈 라덴은 느닷없이 알라신의 명을 받들어 미국인을 죽이는 것이 자신의 임무라는 내용의 성명을 발표했는데, 이 성명은 미 중앙정보국을 들썩이게 했다. 이때 중앙정보국 팔레스타인 지부의 슈로더Schroders 지부장의 테러 소탕 계획서가 국장의 허가를 받았다. 이는 '빈 라덴 담당 부서'와 함께 특별기동대를 움직일 수 있도록 하는 승인이었다. 그러나 그해 6월에 국장 테닛George Tenet 이 갑자기 이 계획을 취소하면서 테러 소탕 계획은 무산되었다.

그러다 2001년 9월 11일, '911테러'가 발생했다.

미 중앙정보국의 보고서에 의하면 알카에다는 911테러 발생 후 아프가니스탄, 중앙아시아, 중동지역에서 주로 활동을 펼치고 있었던 것으로 드러났다. 조직의 최고 지도층은 빈 라덴을 중심으로 한 중앙위원회이고, 그 아래에는 역할에 따라 나뉜 4개의 위원회가 각각 군사, 종교, 선전활동과 재무 관련 업무를 맡았다. 각국에서 아프가니스탄으로 오는 요원들은 아랍에 있는 10여 개의 알카에다 훈련 기지에서 테러 훈련을 받는다. 기본적으로 이슬람 근본주의자여야 하며, 각종 총기류와 컴퓨터 사용방법 등의 교육을 받아야 한다는 사실이 내용에 포함되어 있다.

1980년대, 아프가니스탄에서 반소련 전쟁을 치른 이슬람 극단주의 세력은 '알카에다가 추구하는 궁극적인 목표'를 잘 알고 있었다. 빈 라덴의 정신적 스승이었던 압둘라 아잠Abdullah Azzam은 1987년에 "모든 이는 종교적 원칙을 지켜야 하며, 책임감을 갖고 희생을 감수해야 한다. 이것이야말로 우리의 사명"이라고 주장했다.

당시 '아프가니스탄의 아랍인'이라고 불리는 무장조직원 3만여 명이 20세기 말부터 알카에다에서 훈련을 받아온 것으로 조사되었는데, 알카에다의 핵심멤버는 약 400~500명가량의 '아프가니스탄 아랍인'들로 구성되었다. 빈 라덴은 팩스, 휴대전화, 인터넷 등을 통해 세계 각지에 흩어져 있는 자신의 추종자들을 지휘했다. 알카에다의 핵심멤버는 총 세 단계로 이루어져 있다. 여기에는 알카에다 훈련소에서 훈련을 받은 '준회원급'의 무장단체들도 조직에 포함된다.

1단계는 알카에다 지도층인데, 이 그룹은 빈 라덴과 1980년대부터 그를 보위해온 측근들로 구성되어 있다. 인원은 수십 명 규모다. 조직 내에서 어느 정도 경험을 쌓고 입지를 굳히면 이 그룹의 일원이 될 수 있다. 필리핀 등의 국가에서 다수의 폭탄 테러 사건을 일으킨 칼리드 셰이크 모하메드 등이 그 구성원이다.

2단계는 세계 각지에 흩어져 있는 알카에다 지부의 지도층이다. 통상적으로 현지에서 활동하는 극단주의 무장 세력이 빈 라덴의 눈에 들어 신임을 얻은 후 알카에다에서 훈련을 받아 조직에 귀속되는 경우가 많다.

3단계는 빈 라덴이 가장 신임했던 비밀 신도들이다. 이들은 세계 각지에 분산되어 법과 도덕의 테두리 안에서 정상적인 직업을 가지고 살아간다. 이 비밀 신도들은 테러 활동에 직접적으로 참여하지는 않지만 비밀리에 빈 라덴에게 정보와 자금을 제공했다. 빈 라덴이 매우 중요하게 여겼던 그룹이었다고 한다.

알카에다는 20세기 말부터 조직다운 조직으로서의 면모를 갖추기 시작하여 1999년부터 2000년 사이에 체계가 잡혔다고 한다. 이후 알카에다의 조직이 안정적인 궤도에 올랐으나 진짜 핵심그룹은 소수에 불과하다. 일부 국가의 정부나 언론들이 중동 지역의 무장 세력을 일컬어 말할 때 무조건 알카에다라고 하는 것은 이 조직의 구조를 제대로 알지 못하고 하는 소리다.

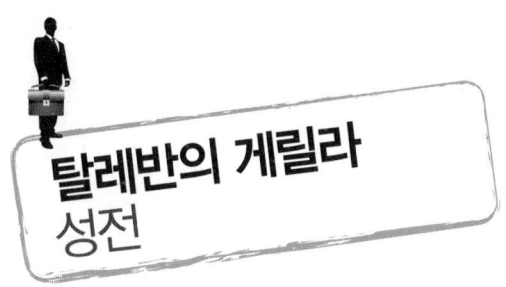

탈레반의 게릴라 성전

2010년 말, 위키리크스의
줄리언 어산지는 알자지라^{Al Jazeera}와의 인터뷰에서 아랍 국가들의
고위 공직자 중 상당수가 CIA와 접촉하고 있다고 폭로했다. 이들은
자국에 있는 미 대사관에 수시로 드나들며 대사와 긴밀한 관계를
유지해왔다는 것이다. 어산지의 표현을 빌리자면 "미국이 각국에 심
어놓은 스파이"쯤 된다.

위키리크스가 입수하여 공개한 〈아프가니스탄 전쟁일지〉에는 미
군이 탈레반과의 교전 중 판단 착오로 적지 않은 민간인을 희생시켜
아프가니스탄인들의 증오를 산 사실이 기록되어 있다. 미군은 정탐
및 목표물 공격에 무인 자동 비행 장비를 이용했는데, 그 과정에서
비행하던 장비가 추락하는 일이 심심찮게 일어나기도 했다. 한 가지
놀라운 사실은 미군 내부 문서에 탈레반의 적외선 유도 방식의 휴

대용 지대공 미사일에 관련된 정보가 수록되어 있었다. 그러나 미군은 지금까지 탈레반이 상기 미사일을 보유하고 있다는 사실을 공식적으로 부인해왔다.

아프가니스탄의 인구는 3273만 명 2008년 1월 기준에 불과하지만 20개가 넘는 민족으로 이루어져 있다. 이 때문에 민족과 종교의 차이로 생긴 갈등이 수백 년간 이어져 내려와 지금도 전쟁이 끊이지 않는다. 아프가니스탄에서 가장 규모가 큰 3대 민족으로는 1100만 명의 인구로 전체 인구의 40%를 차지하고 있는 파슈툰Pashtun족이 있다. 파슈툰족은 번영과 몰락을 반복하며 200년간 아프가니스탄을 통치한 민족이다. 아프가니스탄의 마지막 국왕 모하메드 자히르 샤Mohammed Zahir Shah, 탈레반 지도자 모하메드 오마르Mohammed Omar, 전 대통령 굴부딘 헤크마티아르Gulbuddin Hekmatyar 등이 모두 파슈툰족 출신이다. 파슈툰은 오랫동안 파키스탄으로부터 정치·군사적인 지원을 받아왔다. 대부분의 파슈툰인은 무슬림 수니파로, 주로 힌두쿠시 산맥 남쪽에 거주하고 있다. 아프가니스탄 북부에 거주하는 파슈툰인은 15%도 채 되지 않는다.

한편 타지크Tajik족은 500만 명으로, 전체 인구의 25%를 차지한다. 무슬림 수니파에 속하는 타지크족은 아프가니스탄 역사상 가장 많은 인재를 배출한 민족으로, 나라 안에서 상당한 영향력을 행사하고 있다. 수많은 장관과 은행장, 거상 등이 모두 이 민족 출신이며 카불에 거주하는 인구의 대다수가 타지크족이다. 집정기간이 짧았던 부르하누딘 라바니Burhanuddin Rabbani를 제외하면 타지크족은 14세기와 1920년대, 총 두 차례에 걸쳐 아프가니스탄을 통치했다. 타지크족은 북부동맹*의 중심이기도 하다. 이미 세상을 떠난 북부동맹의 야전사령관 아메드 샤 마수드Ahmed Shah Massoud 장군과 부르하누딘 라바니Burhanuddin Rabbani 대통령, 이스마일 칸Ismail Khan 장군 등이 모두 타지크 출신이다.

인구 230만 명의 우즈베크Uzbek족은 독립국가연합CIS과의 국경 가까이 있는 성省에 밀집되어 있다. 아프가니스탄의 우즈베크족은 무슬림 수니파에 속한다.

아프가니스탄은 지형이 복잡하고 경제가 낙후되어 교통이 불편한 탓에 각 민족 간의 교류가 사실상 단절되어 있다시피 하다. 게다가 부족 내부의 일은 각 부족의 부족장이 도맡아 처리하기 때문에 대부분의 부족들이 자체적인 무장조직을 갖고 있어 갈등은 더욱 첨예화되었다.

이 가운데 파슈툰족은 아프가니스탄의 군사, 정치, 경제를 지배해왔기 때문에 유독 다른 민족들과 충돌이 잦았다.

아프가니스탄 무장 세력 중 하나인 탈레반은 파슈툰어로 '신학생神學生'이라는 뜻인데 '학군단'이라고도 불린다. 조직의 주요 구성원들은 대부분 신학교 출신이거나 훈련을 거친 파슈툰족 난민이다. 이슬람 수니파인 탈레반은 이슬람 근본주의를 신봉하며 '세상에서 가장 순수한 이슬람 국가를 세우는 것을 목표'로 하고 있다.

1995년 5월과 6월 사이, 아프가니스탄에서는 여럿으로 나뉜 군별 간의 전쟁이 끊이지 않았다. 이때 탈레반은 암호명을 '카불로 진

---

* 1997년 6월 아프가니스탄 탈레반 정권에 대항하기 위해 결성된 무장 이슬람 정치조직. 정식 명칭은 '아프가니스탄 구국 이슬람 통일전선'이다.

격'이라고 명명한 뒤 전쟁을 일으켜 거의 40%에 가까운 아프가니스탄 영토를 손에 넣었다. 이들은 아프가니스탄 사람들, 특히 전체 인구의 40%를 차지하는 파슈툰족의 지지를 얻었다. 탈레반은 승리의 여세를 몰아 카불에 전면적인 공격을 퍼부었다. 그해 9월 26일, 수도를 완전히 장악한 탈레반은 방송국과 대통령궁을 점령하며 수도 카불을 포함한 전체 영토의 90% 이상이 탈레반의 손에 들어갔다. 당시 파죽지세로 진격하던 탈레반과 정면 대결을 벌일 수 있었던 상대는 반탈레반 연맹 중에서 마수드 장군 일파뿐이었다.

그렇게 권력을 잡은 탈레반은 '세상에서 가장 순수한 이슬람 국가'를 세우겠다는 내용의 성명을 발표했다. 그러나 집권 이후 탈레반의 국가 재건 사업은 이렇다 할 만한 성과를 내지 못했다. 그뿐만 아니라 경제는 곤두박질치고 전염병까지 돌면서 정권 지지율도 갈수록 떨어졌다.

20년 전에 치른 내전과 소련의 침입으로 아무것도 남아 있지 않은 아프가니스탄에서 수도를 장악한 탈레반은 5년이라는 기간 동안 '타협 없는 이슬람 운동'을 벌였다. 물건을 훔치면 이슬람 율법에 따라 처벌하고, 거의 모든 여성은 직업에 종사할 수 없으며, 간통할 경우에는 사형에 처했다. 유행가를 부르거나 춤을 추는 행위는 방송과 마찬가지로 금지되었으며, 심지어 연날리기를 하거나 공공장소에서 담소만 나누어도 손가락질을 받았다. 최근에는 탈레반 정부가 세계 각지 힌두교도들의 공분을 샀는데, 탈레반이 아프가니스탄에 거주하는 소수의 힌두교도에게 겉옷에 이교도임을 나타내는 표시를 하도록 요구했기 때문이다.

2001년 '911테러'가 일어난 뒤 미국의 군사 공격으로 무너진 탈레반 정권은 일부만 남아 산속으로 피신했다. 이후 오랫동안 산속에 숨어 있던 그들은 2006년부터 세력을 회복하기 시작하더니 나토로부터 아프가니스탄 남부지역을 되찾기도 했다.

한때 강력한 힘을 자랑하던 모습은 더 이상 찾아볼 수 없고, 전쟁에 패배한 뒤 메카로 숨어들어 간 패장의 이미지 또한 벗어 던진 지 오래다. 탈레반 무장 세력은 현재 70%의 아프가니스탄 영토를 장악하고 있다. 그뿐만 아니라 국경 너머 파키스탄의 탈레반은 아프가니스탄보다 더 위험한 조직으로 꼽히고 있으며, 심지어 인도와 스리랑카에도 탈레반을 지칭하는 조직이 나타나고 있다.

미군에게도 탈레반은 가장 큰 골칫거리다.

위키리크스가 공개한 미 국무부의 기밀문서에 의하면 파키스탄에서 발견한 테러리스트 근거지 43곳 중 22곳이 탈레반 세력권에 해당하는 카슈미르Kashmir 지역이다.

1997년, 파키스탄은 전 세계에서 가장 먼저 탈레반 정권을 승인했다. 911테러 이후, 탈레반과 교류를 유지한 유일한 국가이기도 하다. 그러나 후에 미국 정부의 강력한 압박을 받은 파키스탄 정부는 빈 라덴을 지지하는 탈레반과 모든 교류를 중단한다고 발표해야 했다.

한때는 각별한 사이였던 탈레반과 파키스탄은 미국이 반테러 전쟁을 일으킨 지 8년 만에 철천지원수로 돌변하게 된다. 파키스탄으로서는 탈레반을 지지한 데 따른 대가가 너무나 컸다. 파키스탄 국내 수니파와 시아파 사이의 갈등은 갈수록 첨예화됐고, 이란과의 관계까지 타격을 입었다. 아프가니스탄과의 문제가 출구를 찾지 못한 채 장기화되면서 무장 세력의 출몰이 잦아진 데다 각종 테러사건까지 잇따르자 부패한 파키스탄 정부는 혼란에 빠져 더욱 무기력해졌다. 게다가 최근 파키스탄의 탈레반 무장단체가 전투에서 연이어 승리해 세력을 확장해나가자 서방 국가들은 파키스탄의 '탈레반화'를 우려하기 시작했다.

미국이 아프가니스탄에서 탈레반 정권을 무너뜨리자 탈레반은 국경을 넘어 파키스탄으로 근거지를 옮겼다. 그리고 파키스탄 북서부 지역에서 상당한 세력을 형성했는데, 그중 스와트Swat 협곡 지대는 파키스탄 탈레반의 텃밭이 되었다. 그러나 탈레반이 '나라 안의 작은 나라'로 견고한 세력을 형성했다는 사실을 인정하지 않는 파키스탄 정부 측은 탈레반이 자기네 처지를 과장한 것이라 여기고 있다. 그러나 현재 파키스탄 탈레반은 북서부 국경 부근의 약 4만 제곱킬로미터에 달하는 지역을 장악하고 있으며, 이곳에 살고 있는 주민은 약 500만 명이다. 파키스탄 정부는 매년 겨울이면 탈레반 소탕작전을 벌이고 있으나 별다른 효과를 거두지 못하고 있는 실정이다. 파키스탄 내의 탈레반은 여러 파벌로 나뉘는데, 그중 하키무라 메수드Hakimullah Mehsud가 이끄는 '파키스탄 탈레반 운동' 지파의 세력이 가장 강하다. 북와지리스탄North Waziristan과 남와지리스탄의 지역 대부분과 아프가니스탄 국경지대의 일부 부족 거주지까지 장악한 '파키스탄 탈레반 운동'의 구성원은 1만여 명이 조금 못된다. 이 지파는 사실상 알카에다의 전천후 지원을 받는 유일한 파키스탄 탈레반 지파이기도 하다.

아프가니스탄에 인접한 국경 도시 페샤와르Peshawar에서는 최근 2년간 수많은 테러사건이 일어났다. 탈레반이 이곳에 구축한 튼튼하고 광범위한 세력망 때문이었는데, 이들은 지하에 군사용 통로를 뚫어 다른 이슬람 극단주의 단체와 긴밀히 연락하며 무장조직원들을 훈련시켰다. 이 때문에 파키스탄 정부군은 페샤와르 전체를 '팔레스타인-아프가니스탄 국경지대 특별 군사관리지역'으로 지정해놓고 있다. 페샤와르 지역을 취재한 외신 기자들은 독특한 산악지형을 이용한 탈레반의 방어체계 때문에 정부군이 소탕작전을 펼치기가 매우 까다롭다고 입을 모은다.

파키스탄의 수도 이슬라마바드Islamabad에서 100여 킬로미터 떨어진 지역에는 스키로 유명한 스와트 협곡이 있다. 이곳은 '남아시아의 스위스'로 불릴 정도로 풍광이 아름다워 관광객들의 발길이 끊이지 않았으나 2007년부터 탈레반의 세력권으로 분류되는 바람에 '피의 협곡'으로 변했다. 〈뉴욕 타임스〉는 2011년 초에 이 지역을 '탈레반이 통치하는 무법지대'라고 묘사했다. 보도에 따르면 매일 저녁 8시에 탈레반의 방송이 시작되면 스와트 주민들은 '탈레반 두목의 중요한 말씀을 열심히 듣고 배워야' 한다. 그렇지 않으면 채찍질을 당하거나 심지어 교수형에 처해지기까지 하기 때문이다. 연설 내용은 국민은 '이슬람 율법에 어긋나는 부정하고 저속한 행위'를 하지 말아야 한다는 것이다. 그 어긋나는 행위란 CD를 판매하거나 텔레비전의 유선방송을 보고 노래를 부르거나 춤을 추는 것 등을 말한다. 수염을 깎거나 여자아이를 학교에 보내는 것도 부정한 행위에 해당한다. 현재 스와트에는 130만 명의 인구가 살고 있는데, 현지 주민들은 탈레반을 비난하는 자에게는 '오직 죽음이 기다리고 있을 뿐'이라고 〈뉴욕 타임스〉기자에게 증언했다고 한다.

파키스탄 북동부의 중심도시 라호르Lahore에서 열리는 정당 회의는 비정부조직 집회를 제외하면 파키스탄 종교정당 회의가 유일하다. 그러나 회의에서 공개적으로 탈레반을 비난하는 사람은 찾아볼 수 없다. 탈레반에 대해서는 정확한 명칭을 붙이지 않은 채 그저 '테러를 일으키는 자'라고 간접적인 언급을 할 뿐이다. 〈뉴욕 타임스〉는 어느 소식통의 말을 인용하여 "아무도 탈레반을 공개적으로 비난하려 하지 않는다. 일반 정당 의원들은 자신이 의회에서 탈레반을 비난했다는 소식이 조직의 귀에 들어가 가족이 해를 입지 않을까 겁을 내고, 종교 정당은 정당 내의 이슬람 근본주의자들과 부딪힐까 봐 몸을 사린다. 그래서 의회에서는 모두가 집권당의 무능함을 탓하며 얼버무리고 있다"고 전했다.

취재진은 라호르에서 또 한 가지 놀라운 사실을 발견했다. 대다수의 사람들이 탈레반을 극도로 증오하지만, 일부는 탈레반이 정의를 위해 싸우는 조직이라 믿고 있다는 것이다. 라호르에 살고 있는 사회운동가 사자드는 자신의 하인 이야기를 들려주었다. 하인의 아버지는 일을 나갔다가 사고로 세상을 떠났다. 하지만 아무도 그들 가족을 도와주지 않았으므로, 사건 이후 남동생은 학교를 그만두어야 했다. 이때 탈레반에서 그의 남동생에게 학교에 갈 수 있도록 해주었다. 남동생은 신학교에 갈 수 있게 되었고, 이내 탈레반 조직 활동에 가담하게 되었다. 그러자 탈레반은 그들 가족에게 약간의 경제적 지원을 해주었다. 파키스탄 탈레반은 이렇게 대중의 마음을 끌어당길 줄 알았다.

그들은 자신들이 장악한 지역에서 주민들이 부자들의 악행을 고발할 수 있도록 자리를 마련해주었고, 주민들의 미움을 받는 부자들에게는 벌을 주었다. 또한 미군의 공습에 집을 잃은 사람들에게는 집을 다시 짓도록 돈과 인력을 제공했다. 사자드는 '대다수의 파키스탄 사람들은 탈레반에게 큰 반감을 갖지 않는다. 그보다는 부자에 대한 혐오감이 훨씬 강하다'고 말했다. 사자드에 의하면 종교적 배경을 가진 일부 우르두어Urdu語* 언론은 거의 탈레반을 옹호하는 입장에 가깝다고 한다. 이 언론은 미국인과 인도인은 이교도이며, 탈레반 문제는 이슬람 내부에서 해결해야 한다고 강조하고 있다. 전문가들은 파키스탄 정부가 탈레반을 '강력하게 제압하지 않는 이유'는 탈레반 문제가 갖가지 민족, 종교 및 문화와 복잡하게 얽혀 있기 때문이라고 설명한다. 또한 '강력한 제압'이 더 많은 테러를 불러올 수 있다는 점도 파키스탄 정부를 섣불리 움직일 수 없게 한다. 이런 점에서 볼 때 파키스탄이 치러야 하는 대가는 미국보다 훨씬 크다고 할 수 있다.

---

* 술탄 및 무굴 제국의 통치기간 동안 인도대륙에서 페르시아의 영향을 받아 발달한 인도-아리안계의 인도-유럽어족의 하나. 파키스탄과 인도에서 주로 사용한다.

위키리크스의 아프가니스탄 전쟁일지

위키리크스의 〈아프가니스탄 전쟁일지〉에 의하면 미군이 탈레반과의 교전중에 판단착오로
적지 않은 민간인을 희생시켜 아프가니스탄인들의 증오를 샀다고 한다.

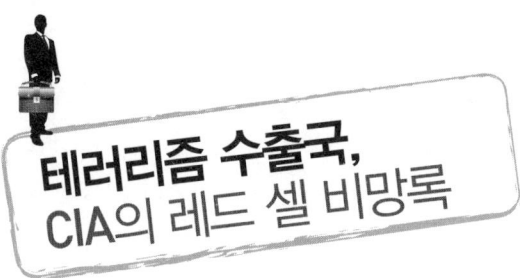

테러리즘 수출국, CIA의 레드 셀 비망록

현재 미 중앙정보국^{CIA}을 이끌고 있는 수장은 아프가니스탄 주둔 미군 사령관을 지낸 데이비드 퍼트레이어스^{David Petraeus} 국장이다. 아이젠하워 전 미국 대통령은 일찍이 중앙정보국에 대해 "어떤 정부에도 없었던 가장 독특한 방식으로 운영할 것"이라고 공표한 뒤 '재능 있는 인재들을 영입'했다.

중앙정보국의 운영 시스템은 전 세계 각지에 흩어진 정보기관을 중심으로 운영되는 기존의 방식 외에도 외부의 전문정보수집업체에 '외주'를 주기도 한다.

위키리크스가 공개한 미 중앙정보국의 보고서에는 알카에다가 미국인을 테러조직에 끌어들이는 데 많은 힘을 쏟고 있으며, 이로 말미암아 미국이 '테러리즘 수출국'이 될 수 있다는 내용이 있다. 만약 이것이 사실로 밝혀질 경우 미국이 반테러 동맹국들과의 협조를 얻는 데 큰 어려움을 겪게 될 것이다.

「외국에서 미국을 '테러리즘 수출국'으로 본다면 어떻게 할 것인가」라는 제목의 이 보고서는 '레드 셀Red cell'이라는 중앙정보국 내부의 조직이 작성한 것이다. 보고서는 "우리는 지금껏 알카에다 조직원이 미국에 침투해 테러사건을 일으킬 것을 우려해왔으나 알카에다는 점점 더 많은 미국인을 해외 테러 활동에 끌어들이고 있다"고 밝히고 있다.

실제로 미국 시민권자는 일반인들 틈에 섞여 손쉽게 각국의 반테러 수색대를 통과할 수 있다. 또한 '아무런 제약을 받지 않고' 인터넷 등의 통신 수단을 통해 알카에다 두목과 연락하는 것도 가능하다. 상황이 이렇다 보니 알카에다나 기타 테러조직이 미국인을 해외 활동의 중요한 기지로 여길 수도 있다는 사실은 의심할 여지가 없다.

사실 미국 시민권자가 해외 테러 활동에 투입된다는 사실은 더 이상 놀랄 일이 아니다. 실제로 파키스탄과 인도 등지에서 발생한 테러 사건에 미국인이 가담한 사실이 밝혀지기도 했다.

보고서에는 또한 '초법적 활동 분야'에 대해서도 언급하고 있다. 911테러 이후 미국의 동맹국들은 미국의 범죄자 인도 요청에 비교적 관대하게 응해왔다. 그러나 레드 셀의 보고서에는 "만약 미국이 동맹국들에게 '테러리즘 수출국'으로 비치면 외국 정부도 미국 시민의 개인정보나 테러 용의자의 초법적 인도를 요구할 수 있다. 이는 미국의 주권이 침해받을 수 있는 상황"이라는 우려로 끝나고 있다.

2009년 11월, 이탈리아 밀라노의 한 지방 법원이 외국인을 납치하여 불법 인도한 미 중앙정보국 특수요원 23명에게 5년에서 8년형

을 선고했다. 이탈리아 검찰 측은 2003년 2월 이집트인 나스르Nasr
가 밀라노 거리에서 미 중앙정보국 특수요원들에게 납치되어 이탈
리아와 독일의 미 공군기지로 이송되었다가 다시 카이로로 옮겨져
수용소에 갇혔다고 밝혔다. 나스르는 미 중앙정보국이 테러 용의자
로 지목한 인물로, 갇혀 있는 동안 가혹행위를 당했다고 증언했다.
이탈리아 법원의 판결이 나온 당일, 미 국무부는 공식적으로 유감
을 표했다.

보고서는 만약 이런 일이 지속적으로 발생한다면 미국과 다른
나라 간의 관계에 악영향을 미칠 뿐 아니라 전 세계의 반테러 활동
도 치명적인 타격을 입을 수 있다고 지적했다.

위키리크스가 3페이지 분량의 보고서를 공개하자 중앙정보국은
이 보고서는 큰 의미가 없다고 밝혔다. 조지 리틀 중앙정보국 대변
인은 "공개된 보고서는 '레드 셀' 조직에 대한 해당 부서의 의견을
반영한 것일 뿐 미국의 국가 기밀과는 연관이 없다. 다양한 의견을
수렴한다는 취지로 작성한 것일 뿐"이라고 설명했다. 한편 익명을
요구한 백악관 관계 인사는 이것이 미국 정부에게 타격을 입힐 만
한 정보는 아니라고 밝혔다.

새로운
불안정 지대

위키리크스가 공개한
〈아프가니스탄 전쟁일지〉에 의하면 현시점의 아프가니스탄 상황은
부시 전 대통령 재임 때와 크게 다를 것이 없다고 했다. 그리고 탈레
반은 여전히 혼란스럽기 그지없는 이 지역에서 꾸준히 세력을 확장
하고 있다. 그런데 문제를 복잡하게 만드는 또 다른 문건이 있었다.
미국과 아프가니스탄 정부, 그리고 동맹국들 사이의 관계에 영향을
미칠 이 문건은 미국이 지지하는 카불 정부의 심각한 부패 상황에
관한 내용을 담고 있다. 또한 주아프가니스탄 미군 및 기타 동맹군
의 민간인 살해 사건들도 추가로 밝혀졌다.
　2010년 말에 미국 CNN의 '래리 킹 라이브Larry King Live'에 출연한
줄리언 어산지는 〈아프가니스탄 전쟁일지〉는 지난 6년간 아프가니
스탄에서 치러진 전쟁의 참상을 고스란히 보여준다고 밝혔다. 희생

자 숫자에 대한 통계와 아프가니스탄 지도자와의 회견 내용도 수록되어 있다. 이 전쟁이 얼마나 처참한 결과를 가져왔으며, 미군 측의 판단착오와 실수들이 쌓여 얼마나 많은 민간인을 죽음으로 몰아넣었는지도 알 수 있다고 주장했다. 과거 스탈린은 "한 사람의 죽음은 슬픔이지만 100만 명의 죽음은 숫자에 불과하다"라고 했다. 이 말처럼 우리가 관심을 갖지 않았던 아프가니스탄인들 개개인의 죽음이 〈아프가니스탄 전쟁일지〉에는 숫자로 기록되어 있다.

냉전이 종식된 후, 미국은 즈비그뉴 브레진스키Zbigniew Kazimierz Brzezinski*가 구상한 전략을 바탕으로 자국의 세력을 전 세계적으로 확대하는 데 온힘을 쏟아왔다. 브레진스키의 저서 『미국의 마지막 기회』**에 의하면 냉전 종식 이후부터 현재까지가 미국이 세계 유일의 초강대국 지위에 오르기 위한 결정적 기회였다고 주장한다. 미국이 이 기회를 잘 이용하면 지금의 우월한 위치를 굳히는 것은 물론 타의 추종을 불허하는 세계 유일의 초강대국이 될 수도 있다는 것이다.

1970년대 강대국이었던 소련은 생산력이 향상되고 경제가 발전하는 등 상승일로를 걷고 있었다. 이때 브레진스키는 당시의 생산요소로 소련의 미래 운명을 진단하는 참신한 시도를 했다. 그는 저서 『대실패The Grand Falure』(1989년)에서 소련의 해체를 정확하게 예언했고, 이는 세계적인 센세이션을 불러일으켰다.

---

* 폴란드계 미국인. 국제정치학자로 지미 카터 행정부 시절인 1977년부터 1981년까지 백악관 안보보좌관을 지냈다.

** Second Chance : Three Presidents And The Crisis Of American Super Power, 2007년 3월

브레진스키는 강권정치와 민족대립, 인종갈등 등은 미래의 신세계질서에서 더욱 두드러지게 작용할 것으로 내다봤다. 또한 미래의 특정 시기가 오면 세계의 지정학적 요소가 미친 정치 구도가 혼란을 거듭하면서 대규모의 파괴성 무기가 사용될 가능성이 있다고 했다. 그리고 세계적인 양극화 현상은 21세기에 가장 큰 문제로 대두될 수 있을 것이라고 주장했다. 여기서 말하는 양극화란 국가와 국가 사이의 양극화뿐만 아니라 국내 각 계층 사이의 양극화까지 포함하는 개념이다. 그리고 미래의 어느 시점에 이런 양극화를 바로잡으려는 대중의 열망이 폭발하게 되겠지만 이것은 그저 시작에 불과하므로 조직적인 행동보다는 불만을 토로하는 차원에 머무를 것으로 예상했다. 여기서 우려할만한 사실은 세계 인구가 증가함에 따라 양극화 현상은 더욱 심화될 것이라는 사실이다. 이대로라면 2025년 세계 인구는 85억 명에 달하게 된다. 이들 인구 중 3분의 2가 저개발국가의 빈민굴에 모여 있다는 사실은 상당한 위험요소를 내포하고 있다. 젊은 계층일수록 급진 세력의 정치적 선동에 쉽게 노출될 수 있기 때문이다.

　브레진스키는 오늘날의 세계 정치 구도는 이미 유럽대륙을 중심으로 하는 '새로운 형태의 불안정 지대'가 나타나고 있다고 설명했다. 이 불안정 지대는 아드리아 해 서쪽에서 동쪽으로 부채꼴을 그리며 펼쳐지는데, 발칸과 중국의 국경지대인 신장을 지나 남쪽에서 북쪽으로 큰 원을 그리듯이 페르시아 만을 감싼다.* 그리고 북쪽의 러시아—카자흐스탄 국경을 거쳐 우크라이나 국경까지 닿는다.　이

---

* 이란, 파키스탄, 아프가니스탄 등의 중동지역 전체를 포함한다는 의미이다.

'부채꼴'은 구소련의 남쪽 영토를 제외한 유럽대륙의 동남부, 서남아시아, 페르시아만 지역 일부를 포함하고 있다. 그리고 이 지대에 자리잡고 있는 30여 개 국가들은 대부분 정권수립의 초기 단계에 머물러 있다. 대다수의 국가가 정치적 정체성을 확립해야 하는 과제를 안고 있다는 뜻이다. 모두 합쳐 4억 명에 가까운 인구를 보유하고 있지만 단일민족으로 구성된 국가가 없어 민족 갈등이 불거질 가능성이 농후하다.

브레진스키는 미국의 전략적 이익이 다음 세 전선의 지정학적 우위에 집중되어 있다고 확신했다. 첫 번째는 유럽 전선이다. 과거 소련과의 대결에서 동유럽 전선의 확보가 중요한 역할을 했다. 폴란드와 독일이 바로 그 핵심 지역이었다. 두 번째는 극동 전선으로 일본과 중국, 한반도를 중심으로 형성된다. 마지막은 아프가니스탄, 이란, 파키스탄을 중심으로 하는 중동전선이다. 그리고 그가 지적한 '불안정 지대'는 바로 이 세 번째 전선과 주변 지역에 걸쳐 있다.

실제로 미국은 반테러를 빌미로 아프가니스탄을 공격했다. 그리고 반테러 전쟁이라 이름 붙인 이 전쟁을 통해 지정학적 전략의 우위를 선점했고, 해당 지역은 아직 전쟁의 후폭풍에서 벗어나지 못하고 있다. 반테러 계획은 실패한 셈이지만 승패의 관점에서 보면, 미국은 이제 아프가니스탄 영토에서 마음대로 행동할 수 있게 되었으므로 전쟁에서 승리한 셈이다.

전 세계를 대상으로 지정학적 전략을 펼치려면 위협이 될 수 있는 국가를 제압하는 것이 필수적이다. 냉전시기에 미국이 일본, 한국, 타이완 등을 통해 중국을 '초승달 형태'로 포위한 것도 이와 같은 맥락이었다. 그리고 중동까지 미국의 세력권에 들어간 지금, 과거의 초승달 포위망은 이제 'U자 형태'로 발전했다. 아프가니스탄과 중국의 국경이 맞닿은 와칸 계곡Wakhan Corridor이 새로이 주목받고 있는 이유가 바로 여기에 있다.

4

스파이 천하

[위키리크스 2010년 12월]

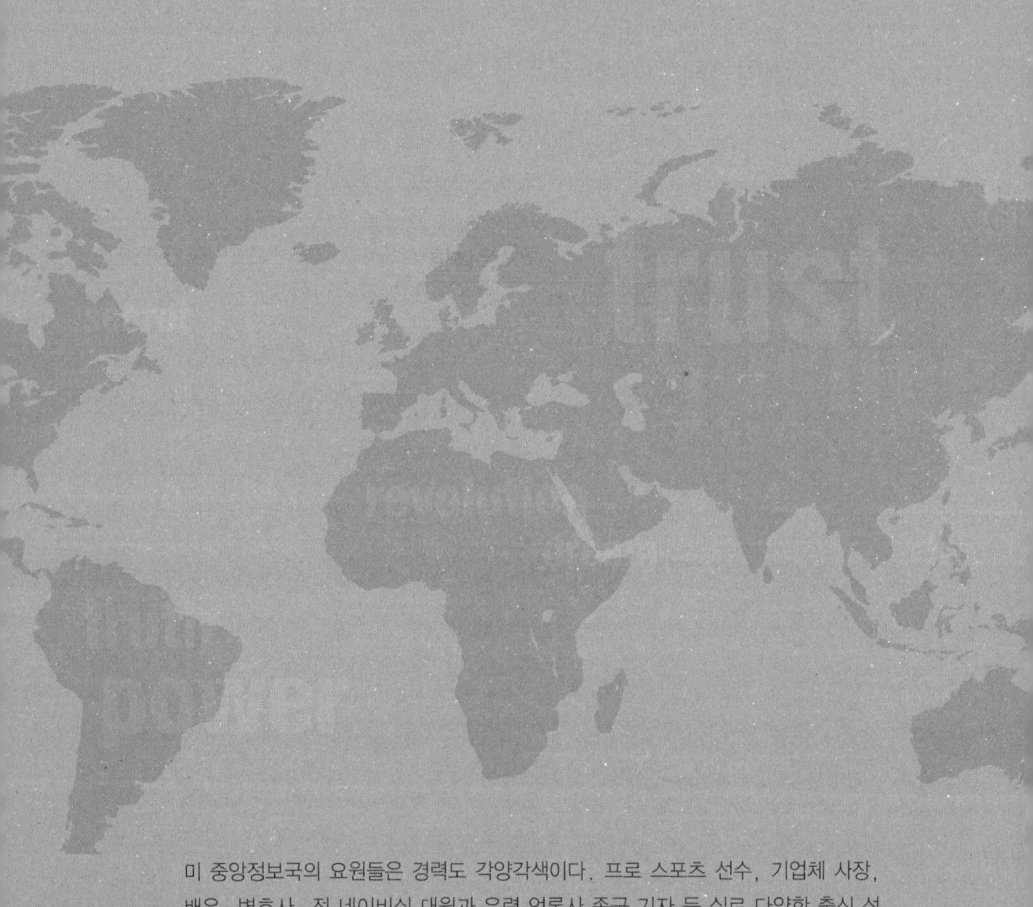

미 중앙정보국의 요원들은 경력도 각양각색이다. 프로 스포츠 선수, 기업체 사장, 배우, 변호사, 전 네이비실 대원과 유력 언론사 종군 기자 등 실로 다양한 출신 성분을 자랑하고 있다.

CIA 감청 게이트
사건의 진실

위키리크스는 2010년 11월부터 재외 미국 대사관과 영사관들이 미 국무부와 주고받은 비밀전보 수십만 건을 공개했다. 이는 역사상 최대 규모의 국가 기밀 유출 사건이다. 덕분에 전 세계가 '미국 정부의 외교활동을 푸짐하게 구경'할 수 있게 되었으나 그 일로 미국은 외교적 위기를 맞았다.

위키리크스의 줄리언 어산지는 "미국이 그간 비밀리에 동맹국 및 유엔을 감청하고 있었다는 사실이 이들 문서를 통해 드러났다"며, "미국은 자국에 필요한 국가일 경우 부정부패와 인권침해 행위에 대해서도 눈을 감아주고, 잠재적인 중립국들과는 물밑 거래를 시도했으며, 미국 자국 내 기업의 이익을 위해서는 외교적 수단을 동원했다"고 밝혔다.

2009년 7월, 힐러리 클린턴 미 국무장관은 미국 외교관들이 유엔 지도부 및 고위간부들에 대한 정보를 비밀리에 수집하도록 하는 명령안에 서명했다. 수집 대상 정보는 각막 스캔, 지문 등의 DNA 정보에서부터 업무일정, 휴대전화번호, 자동차번호, 이메일주소 및 비밀번호, 신용카드 정보, 팩스와 호출기번호, 심지어 항공사 마일리지 회원번호까지 다양했다.

조사 대상에는 반기문 유엔 사무총장도 포함되어 있었는데, 그의 '업무 스타일과 유엔 사무국에 미치는 영향'을 알아내는 것도 업무 중 하나였다. 그 밖에도 사무부총장들과 다섯 명의 상임이사대표, 각 부서의 책임자 및 주요 고문, 비서실장과 간부급 비서, 경호 책임자 등이 정보 수집 대상 목록에 끼어 있었다.

외교 정보가 공개되면서 미 중앙정보국CIA과 연방조사국FBI 같은 미국의 주요 정보기관들이 유엔 고위간부들을 일상적으로 감청하고 있었던 사실이 드러났다. 미국 정부는 1만1500명의 재외 공무원을 이용해 동맹국들과 적성국에서 고급 정보를 수집했다.

〈뉴욕 타임스〉는 힐러리의 '인적정보 수집 가이드'가 유엔과 빈, 로마의 대사관 및 33개의 해외주재 대사관과 영사관에 전달되었다고 보도했다. 그중에는 런던, 파리, 모스크바의 미국 대사관도 포함되어 있었다. 외교관들이 '외교업무'를 핑계로 특수임무를 수행하는 것은 매우 일반적인 일이었지만 전문요원이 아닌 일반 외교관들에게 이런 임무를 맡겼으니 본업인 외교업무에 차질이 빚어질 수밖에 없었다. 특히 1964년에 제정된 유엔 조약에 의하면 유엔 소속 외교관들은 면책권을 갖고, 각국은 유엔의 외교활동에 특수임무를 적용할 수 없다고 규정되어 있다. 그러나 위키리크스가 공개한 문서를 보면 미국 국무부와 정보기관들이 이 조약을 위반하고 있음을 알 수 있다.

〈워싱턴포스트〉가 조사한 바로는, 2001년의 '911테러' 이후로 미국의 정보망은 지하 깊숙이 몸을 숨겨버리는 바람에 현재는 미 정보 당국 직원들조차 국가정보기관의 인력 규모 및 진행되고 있는 업무 상황을 정확히 알지 못할 정도라고 한다.

이렇게 거대한 정보망을 갖추고 있는 미국은 반테러 전쟁과 관련된 정보부서만 해도 정부기관 1271개와 외부업체 1931개에 달한다. 2001년부터 현재까지 이들 조직에 배치된 직원들을 위해 새로 마련하거나 짓고 있는 업무용 빌딩이 무려 33개에 달하는데, 모두 합치면 펜타곤 면적의 3배에 해당하는 규모다.

이들 정보기관은 미국 전역에 있는 1만여 지점에 흩어져서 매년 5만 건의 분석 보고서를 내놓고 있다. 미 국가정보국DNI 관계자는 미국 정보요원들이 "매일 같이 새로운 성과를 올리고 있지만 외부에는 알려지지 않고 있을 뿐"이라고 밝혔다.

특히 외주업체는 미국의 정보망에서 굉장히 중요한 역할을 맡고 있다. 현재 'A급 국가 기밀'에 접근할 수 있는 약 84만5000명 가운데 26만5000명이 외부 정보 회사 출신이다. 이들은 미 연방 정보국과 계약을 맺고 임무를 수행하는데, 중앙정보국의 3분의 1, 미 국토안보부의 절반에 해당하는 요원들이 이렇게 고용된 외부 정보요원이다. 〈워싱턴포스트〉에 의하면 이들은 이라크에 있는 적을 암살하거나 외국 정부, 혹은 테러조직 속에 숨어들어 특수임무를 수행하기도 하고 전쟁의 작전계획을 세우거나 소요 지역의 반동인물에 대한 정보 수집을 하기도 한다.

이렇게 외부요원을 고용하는 것은 조지 부시 정부 때부터 도입된 방식인데 신속하게 업무를 처리할 수 있는 이점이 있는데다 비용까지 줄일 수 있는 획기적인 방법으로 평가되었다. 통계를 보면 2008년부터 외부요원이 미국 전체 정보요원 숫자에서 차지하는 비중은 29%이다. 〈워싱턴포스트〉는 정작 미 정부정보국에 있는 이들은 경험이 없는 젊은 요원들이 대부분이며, 경력이 풍부한 요원들은 외부업체로 이직하고 있다고 밝혔다. 로버트 게이츠 미 국방장관도 연방정부 소속의 정보요원이 외부업체 요원들보다 25% 정도 적다는 사실을 인정했다.

미국이 안고 있는 20가지 문제점

　　　　　　　　　2010년 말에 위키리크스가

미국 소프트파워에 입힌 타격은 911테러와 맞먹는 수준이라고 해도 과언이 아니다. 미국 정부의 한 고위인사는 위키리크스가 수십만 건 이상의 정부 기밀외교문서를 확보하고 있다고 밝혔다. 이에 미 국무부는 기밀이 유출되는 것을 막고자 미군의 컴퓨터 시스템과 외무 기밀 데이터베이스의 연결을 차단했다. 소 잃고 외양간 고치는 격이 아닐 수 없다.

　위키리크스는 아프가니스탄 전쟁 및 이라크 전쟁 관련 미군 기밀문서 십 수만 건을 확보했는데, 거기에는 민간인 학살과 포로 학대, 전쟁에서 저지른 수많은 과오 등이 고스란히 기록되어 있었다. 위키리크스는 얼마 후 일명 '미국 외교밀서'라 불리는 문건도 공개했는데, 그 내용은 다양했다. 어떤 나라 지도자는 해외에 거액의 재산을 보유하고 있는가 하면, 어떤 나라는 뒷거래를 통해 동맹국을 적국에 팔아넘기기도 하고, 어떤 나라는 몰래 우라늄 광산을 개발하고 있으며, 또 어떤 나라는 특정국가가 이웃 나라와 전쟁을 치르도록 종용하기도 했다. 온갖 추태와 배신, 위선으로 가득 찬 이 '밀서'가 공개되자 세계 각국의 지도자들은 분노를 금치 못했다. 정치가의 미소와 달변 뒤에 숨겨진 또 다른 진상은 미국 정부의 정치 및 외교에 대한 신뢰를 크게 떨어뜨렸다.

위키리크스가 불러일으킨 진실 파헤치기 붐은 권력자들의 언행과 실체의 차이를 확인함으로써 미국 국민의 각성을 촉구하고 있다.

2009년, 오바마의 대선 캠프에서 외교 고문을 맡았던 전 미국 백악관 국가안보담당 보좌관 즈비그뉴 브레진스키는 인터뷰를 통해 미국이 2015년을 전후로 세계 패권국가로서의 지위를 잃게 될 수도 있다고 지적했다. 그리고 향후 특정 시기에 미국이 해체되거나 심지어 '도시 게릴라전'의 발생으로 몸살을 앓게 될 가능성도 있다고 했다. 그러나 종국에는 미국이 '세계 경찰'로서 주도적 역할을 하는 리더로 떠오르게 될 것으로 내다봤다. 이는 미국이 글로벌 리더의 자리를 포기한다는 뜻이 아니다. 단지 군사력이 아닌 세계 각국에 대한 영향력을 강화하는 쪽으로 조정을 거치게 된다는 의미다. 실제로 미국은 오늘날 전 세계가 자기들을 이끌어갈 리더를 필요로 한다고 생각하고 있다. 그러나 지금의 힘으로는 미국이 원하는 바를 이루기 어렵다. 그러므로 '미국이 보유하고 있는 권력을 도덕적이고 합법적인 리더십으로 전환'해야 한다.

브레진스키는 미국이 직면한 20가지 문제에 대한 처방전을 작성했다.

① 채무 ② 무역적자 ③ 낮은 저축률과 투자율 ④ 산업경쟁력 결여 ⑤ 생산성 증가속도의 저하 ⑥ 선진국 기준 이하의 의료보장 제도 ⑦ 질 낮은 중등교육 ⑧ 갈수록 악화되는 기초 인프라 시설과 보편적인 도시 노화 현상 ⑨ 탐욕스러운 부유층 ⑩ 일상화된 과도한 법정 소송 ⑪ 심각한 인종 및 빈민층의 문제 ⑫ 범죄와 폭력 만연 ⑬ 마약 문화 성행 ⑭ 팽배한 사회적 무력감 ⑮ 과도한 성적 자유 ⑯ 영상 매체의 도덕성 파괴 영향 ⑰ 시민의식 저하 ⑱ 잠재적 분열 가능성을 안고 있는 다문화주의 탄생 ⑲ 소통이 결여된 정치제도 ⑳ 확산되고 있는 정신적 공허감

브레진스키가 예상한 미래 세계는 현재 이미 상당 부분 그 실체가 드러났다. 점점 좁아지는 지구와 늘어나는 인구……. 전 세계를 이끌어 갈 힘을 가진 유일한 초강대국 미국은 사실상 리더십을 잃어버렸다. 경제적인 능력도 부족할 뿐 아니라 18세기에 프랑스가 민족주의와 민주주의로 전 세계를 개혁으로 이끌었던 '촉매제' 역할을 제대로 해내지 못하고 있다. 뿐만 아니라 미국의 소비주의와 향락주의는 미국을 모델로 삼았던 다른 국가들까지 부패와 타락으로 몰아가, 그들의 시샘과 원망을 동시에 사고 있다. 오늘날 평등한 삶을 추구하는 많은 사람들의 바람이 이루어질 날은 요원하며, 황당하기 그지없는 정치적 사건들이 연이어 터지고 있다. 이 같은 상황에서는 새로운 형태의 '준파시즘'이 출현할지도 모른다.

미국 특수요원의
내막

2011년 1월, 위키리크스는
미국과 독일이 야간에도 적외선 사진 촬영이 가능한 슈퍼 스파이 위성을 공동으로 연구개발 중이라고 밝혔다. 이 최첨단 위성은 2012~2013년 사이에 실제로 투입되어 임무를 수행할 수 있을 것으로 예상되며, 지면에서 50센티미터 떨어진 물체를 식별하고 고화질 촬영까지 가능할 것으로 알려졌다. 이는 기존의 정찰위성보다 훨씬 신속하게 지구로 자료를 전달할 수 있다고 한다.

독일정부는 '히로스HiROS'라는 이름의 이 위성개발계획이 환경보호를 위한 민간 프로젝트라고 설명했지만, 실제로는 독일 연방정보국 BND과 독일항공우주센터DLR가 모든 과정을 도맡고 있는 것으로 밝혀졌다. 이 프로젝트에는 다른 EU 국가들이 참여하지 않으며, 총 2억 500만 유로라는 거금이 투입되었다고 한 언론에 보도되기도 했다.

특별할 것 없는 어느 날, 미국 남부의 한 평범한 소규모 비행장에서 평범한 비행기가 날아올라 소나무 숲과 고구마밭 위의 상공으로 사라졌다. 이 모든 것은 언뜻 보기에는 말할 수 없이 평범한 풍경이다. 그러나 이날 이륙한 전용기 대여업체 소속의 항공기는 미국 반테러 전쟁에 참여한 조종사가 조종하고 있었고, 목적지는 바그다드와 카불, 그리고 카이로였다. 무슨 임무로 그곳에 갔을까. 당연히 그것은 중앙정보국의 기밀 사안이다.

미국 언론은 이 업체는 항공기와 조종사를 대여해주는 민간 항공기 대여업체라고 했다. 그러나 전 중앙정보국 직원은 "이 회사가 중앙정보국의 영향을 받고 있는 것 같다"라고 했다.

911테러 이후, 미 중앙정보국은 해외 정찰 방식을 바꿨다. 모든 요원들이 신분을 감추고 해외에서 임무를 수행하는 전통적인 방식에서, 정보국이 민간 기업을 내세워 요원들의 정탐 활동을 통째로 위장하는 방식으로 전환한 것이다. 이는 비단 항공사뿐만이 아니다. CIA가 세운 '회사'들은 현재 세계 각지에 흩어져 임무를 수행하고 있다.

미국 월간지 〈와이어드Wired〉의 인터넷판은 미 중앙정보국CIA 산하의 투자회사가 인터넷을 실시간으로 모니터하는 구글과 리코더 퓨처Recorder Future라는 회사에 투자하고 있다고 밝혔다. 리코더 퓨처는 인터넷에 떠도는 대량의 정보를 이용해 특정 사건의 발전 방향을 예측하는 기업으로, 이 기업이 밝혀낸 정보는 CIA로 넘겨진다.

사실 구글이 미국 국가안보국의 인터넷 보안시스템 구축을 도왔고, 미 정부의 정보기관에도 설비를 판매했다는 보도는 오래전부터 있었다. 또한 벤처 캐피털 회사 인큐텔In-Q-Tel이 투자한 지도제작사 키홀Keyhole Inc.은 2004년에 구글에 합병되어 '구글어스'의 기반이 되었다. 구글은 철저한 보안을 자랑하는 '정보 백과'이자 온라인 핵심 검색기술 제공자다. '국가안보국'을 비롯한 미국의 다른 기구들은 미국 정탐위성이 지구 밖에서 수집한 정보들을 처리하기 위해 구글이 지원하는 검색 서버를 구매해왔다. 그 밖에 구글어스 프로그램도 미국 정부의 정보수집에 사용된다. 이 프로그램의 기초 기반기술은 키홀 사가 개발한 것이며, 인큐텔이 출자한 기업이다. 인큐텔은 CIA와 특정 관련이 있는 것으로 알려졌다.

그런데 이런 키홀사가 2004년에 구글에 인수되었고, 현재 구글어스는 미국 군사 및 정보 시스템에 활용되고 있다. 그들의 표현을 빌리자면 구글어스는 지구를 '전방위로 관찰'할 수 있는 프로그램이다. 또한 구글과 CIA, 인큐텔의 인사내역을 들여다보면 이들이 서로 '인력교환'을 하고 있음을 알 수 있다. 일례로 2004년 인큐텔사에서 기술평가책임자로 일했던 롭 페인터Rob Painter는 CIA에서 구글로 자리를 옮겨 구글의 고위급 관리자인 'SFMSenior Federal Manager' 직무를 맡았다.

그는 그 외에도 아랍어 인명을 영어로 전환해 미국 정부의 지명수배자 명단과 자동으로 대조하는 프로그램도 개발중이다. 해당 회사의 관계자는 이 프로그램이 완성을 눈앞에 두고 있으며, 이른 시일 안에 안보국 본부 컴퓨터에 설치될 수 있을 것이라고 귀띔했다.

2006년도 CIA '특수요원 훈련소'에서 훈련 받은 요원들은 4분의 3이 남성으로 여성의 비율은 4분의 1에 불과했다. 연령대별로 보면 절반가량이 20대 초중반이고, 나머지 절반이 30대 초중반이었다. 그리고 70%에 가까운 요원들이 해외 민간 기업 출신이었으며, 약 30%는 미군 출신이었다. 이들의 경력도 각양각색이다. 프로 스포츠 선수, 기업체 사장, 배우, 변호사, 전 네이비실Navy Seal* 대원과 유력 언론사 종군 기자 등 실로 다양한 방면에서 일한 경험이 있다.

나폴레옹은 적절한 자리에 배치된 특수요원 한 명이 군사 2만 명 몫을 해낼 수 있다고 했다. 21세기 지구촌은 현실 세계는 물론 사이버 공간에서의 근무 환경이 까다로워지면서, 이런 환경에 신속하게 적응할 수 있는 능력이 필요해졌다. 특수요원은 어떤 환경에서든 신속하게 적응하여 절대 두드러지는 행동을 하지 말아야 하는 CIA의 규정에 맞는 맞춤형 인간이라고 할 수 있다.

미국이 정보를 얻는 데에는 특수요원 투입 외에도 다양한 방법이 있다. 가령 태평양을 가로지르는 광케이블은 괌이나 하와이의 미군 기지 부근에 있는 특정 해저지점을 거친다. 그중 대다수는 미국에서 발송과 수신을 하기 때문에 미국이나 영국의 스파이 협력국가의 영향권을 지나지 않더라도 중간에서 신호를 잡아내는 것이 가능하다. 보도에 의하면 미국이 특수 장비를 실은 특제 잠수정을 중국 항구에 침투시켜 국가안보국의 '도청기'를 해저 케이블에 설치했다고 한다. 해외에서 중국으로 오가는 국제 통신 시그널이나 국내 통신 내용을 쉽게 도청할 수 있게 된 것이다.

---

* 1962년 케네디 대통령의 명으로 창설된 미국 해군 특수부대. 육해공군의 적군 정보 분석과 상황 판단이 주요 임무이다.

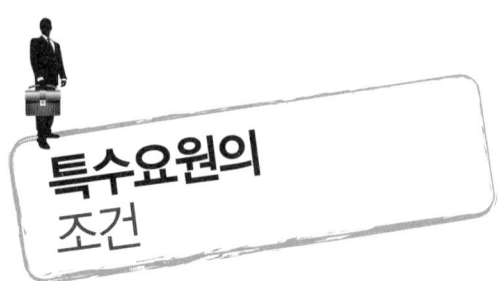

특수요원의 조건

2010년 말, 리언 패네타^{Leon Panetta}
전 CIA 국장이 '위키리크스 특별팀WTF'을 조직했다. 위키리크스의
정부 기밀 폭로 행위가 CIA의 임무 수행 및 국외 정부의 협조 요청
에 어느 정도로 영향을 미치는지 파악하기 위해서였다.

음모와 고문, 독약 투여……. 각국 언론이 이렇듯 부정적이고 폭
력적인 어휘들로 CIA를 묘사하면서 조직의 대외 이미지는 상당한
타격을 입었다. 나침반과 방패 위에 독수리가 앉아 있는 중앙정보국
휘장에서 볼 수 있듯이, 이 조직의 가장 큰 임무는 독수리처럼 각지
를 돌며 목표물을 찾아내는 것이다.

1947년에 통과된 '국가안전보장법National Security Act'은 CIA 국장의
직무와 직위를 다음과 같이 명시해놓았다. 미국 정부의 모든 정보
기관을 이끄는 CIA 국장은 중앙정보국 국장과 대통령 정보고문을

중앙정보국의 스파이 전쟁

2010년 말, 전 CIA 국장 리언 패네타는 '위키리크스 특별팀'을 조직하고 위키리크스의 정부 기밀 폭로가 CIA의 임무 수행과 외국 정부 협조 요청에 어느 정도로 영향을 미치는지 파악하도록 했다.

겸임하고 중앙상황실 책임자 및 국가정보시스템 총괄자로서 역할을 수행한다. 중앙정보국은 작전부, 과학기술부, 정보부, 집행부의 네 개 부서로 나뉘며 네 명의 부국장이 각각의 부서를 책임진다.

국외 정보를 취급하고 특수 작전 등의 임무를 수행하는 CIA는 미국 국가안보위원회 산하기구로 미 연방수사국FBI과 구분된다. 국내 안보 및 정보, 형사사건 등을 다루는 FBI는 사법부 소속이다.

미국은 광범위한 정보 수집력을 자랑하는 초대형 정보시스템을 갖추고 있는데, 그 중심에 CIA가 있다. 주로 국외에서 정보를 수집하거나 비밀리에 임무를 수행하는 CIA는 미국의 방대한 정보조직을 통솔하는 핵심기관인 셈이다. 그 밖에도 미국은 국가안보국NSA과 국가정찰국NRO, 국방성 정보국DIA 등 총 12개의 정보수집기관을 보유하고 있으며 에너지부, 재정부, 국무부 등에서도 자체적으로 상당한 규모의 정보 부서를 두고 있다. 그중 국무부 소속의 정보 및 정책연구소, 사법부 소속의 FBI와 마약수사부, 국토안전부 소속의 비밀검찰국 등이 비교적 중요한 정보조직으로 꼽힌다.

그런데 최근 상당수의 사설 정보수집회사가 생겨났다. 전통적으로 CIA 특수요원은 민간 기업 소속으로 신분을 위장하는 경우가 많지만, 신생 정보수집회사들은 한두 명의 전속 탐정이 전부였던 과거의 흥신소와는 차원이 다르다. 이들 회사는 보조 사무를 담당하는 직원들 외에도 보통 여섯 명에서 아홉 명가량의 해외 특수요원을 고용하고 있다.

지금껏 CIA는 스파이들을 외교관이나 정부 기관의 공무원으로 위장하여 투입하는 방법을 써왔다. 이런 방법은 만일의 상황에 맞닥뜨렸을 경우 외교면책권을 사용할 수 있다는 장점이 있다. 외교관 신분이면 스파이 활동을 하다 발각되더라도 본국으로 추방당할 뿐 사형 등 실형에서 자유롭기 때문이다.

한편 CIA는 정보 분석 요원 외에 특수요원도 모집한다. 그 가운데 작전부의 특수요원은 굉장히 매력적인 직업이다. 이곳에서 근무하는 요원들은 단독으로 파견되어 특수임무를 수행하기 때문에 지원자들은 철저한 안보테스트를 거쳐야 한다. 심리검사와 거짓말 탐지기가 동원되고 해외여행 경험, 마약기록, 범죄기록, 심지어는 성경험에 이르기까지 모든 개인사를 공개해야 한다. 왜냐하면 성적인 부분이 가장 이용당하기 쉽기 때문이다. 신입요원들은 일괄적으로 6개월에서 1년간 인턴기간을 거쳐야 하며, 이 기간에는 외부와의 모든 연락이 단절된다.

정식 요원으로 임명되기 전, CIA에서는 비밀리에 요원 후보들을 심사하여 특수요원으로서의 기본적 자질이 있는지를 판단한다. 만약 요원 후보로 선발되자마자 급여부터 묻는다면 CIA 소속 요원이 될 생각은 버리는 게 좋다. 이런 사람들은 더 좋은 대우를 제시하는 조직이 나타나면 언제라도 변절할 수 있기 때문이다.

모든 과정을 통과한 신입요원은 훈련소에 입소한다. 훈련소에서 행해야 할 첫 번째 미션은 머리부터 발끝까지 모든 것을 바꾸는 '환골탈태'의 과정을 거치는데 이름, 나이, 출생지, 취미, 부모와 형제의 직업까지 모두 바꿔야 한다. 때문에 요원들에게 있어 특수요원 활동은 단순한 직업이라기보다 생활 방식을 통째로 바꾸는 것으로 시작한다고 이해하면 쉽다.

훈련소에서 가장 많이 할애하는 시간은 인질이 되었다가 탈출하는 법, 특정 장소로 잠입하여 몰래 사진 찍는 법 등을 배우는 특수임무의 수행 능력이다. 또한 남자 요원과 여자 요원에 따른 성별 임무 수행, '타깃'을 유인하거나 반대로 모른 척 유인당하는 법 등도 배운다.

대다수의 미국 특수요원들은 대형 글로벌 기업체나 기타 외국 기업체에서 근무하는 것으로 신분을 위장하기 때문에 만약 누군가가 해당 기업에 이들의 근무 여부를 문의한다면 회사 비서실에서 곧바로 확인해 줄 것이다. 이렇게 기업체에 이름만 올려진 요원들이 지금 이 시각에도 저마다 맡은 특수임무를 수행하고 있느라 바쁠 것이다.

5

FRB,
전 세계 금융계를
농락하다

[위키리크스 2010년 12월]

FRB는 사기업으로 등록되어 있는 중앙은행이다. 이 기구가 어디에 소속되어 있는 지에 대한 의문은 지난 수년 동안 풀리지 않는 수수께끼였다. 영국의 중앙은행인 잉글랜드 은행이 그랬던 것처럼 FRB 또한 주주들에 대한 정보를 철저히 비밀에 부 쳐왔다.

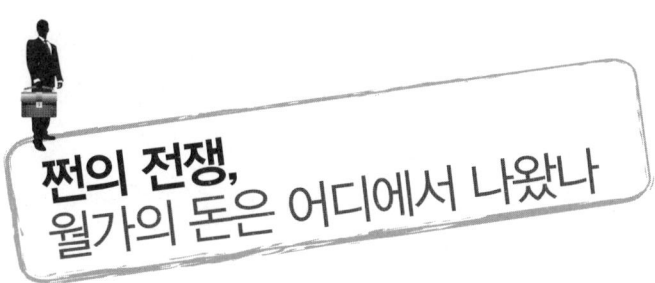

쩐의 전쟁,
월가의 돈은 어디에서 나왔나

폭로는 끝나지 않았다.

위키리크스의 줄리언 어산지는 한 매체와의 인터뷰를 통해 "아직 공개되지 않은 비밀이 산더미같이 쌓여 있으며" 그중에는 "상당수의 미국 은행 및 기업의 석연찮은 내막과 관련된 내용도 있다"고 밝혔다.

위키리크스가 존재하는 세상에서 기업들은 어떻게 살아남아야 할까? 이에 대해 어산지는 좋은 기업은 더욱 좋은 방향으로 발전하는 반면 나쁜 기업은 갈수록 나쁜 길로 빠지게 된다고 말했다. 기업이 공정한 룰을 지키는 시장에서는 개인과 기업이 부딪힐 확률이 크게 낮아지는데, 모든 기업가는 이 점을 명심해야 한다는 것이다. 그리고 자신이 설립한 위키리크스 사이트는 이처럼 윤리 의식이 부족한 기업들에게 값비싼 '명예세'를 물려 세상의 정직한 기업가들이 더욱 순조롭게 윤리 경영을 할 수 있도록 돕는다고 덧붙였다.

잘 알려진 것처럼 미국 연방준비은행Federal Reserve Bank은 FRB 채권과 미국 달러에 대한 발행권을 갖고 있다. 하지만 이 중앙은행은 델라웨어Delaware 주에 있는 민간기업Private Company으로 등록된 기구이다. 미국 연방정부와는 아무런 연관이 없는데도 미국 대통령이 의장을 임명하고, 국회가 인준하는 시스템을 갖고 있다. 그뿐만 아니라 연방준비은행의 회계문서는 단 한 번도 심의를 거친 적이 없다. 이렇게 미국 국회의 힘이 닿지 않는 곳에서 자유롭게 운영되어온 연방준비은행이 그동안 미국의 신용도를 움직여온 것이다. 이 사실에 대해 미국의 배리 골드워터Barry Goldwater 상원의원은 미국인 대부분이 국제 무역업계의 운영방식을 제대로 이해하지 못한다는 말로 이 문제를 얼버무렸다.

2010년 12월, 미국 국회와 대통령, 그리고 '정보자유법FOIA'이 여러 차례 압박을 가한 끝에 드디어 연방준비은행이 베일을 벗었다. 금융위기가 최고조에 달했을 시기에 3조3000억 달러에 달하는 대금을 외부에 긴급 대출해준 사실을 밝힌 것이다. 대출받은 100여 개 업체의 명단에는 골드만삭스, GE, 캐터필러Caterpillar, 맥도날드, JP 모건 등 잘 알려진 미국 금융기관과 기업의 이름이 빼곡하게 적혀 있었다.

이 소식을 접한 국내외 여러 매체는 긴급대출을 받은 기업에 대해 앞 다투어 보도하기 시작했다. 연방준비은행에는 어떤 비밀이 숨어 있고, 대출을 받은 기관과 기업은 어떤 곳들이며, 연방준비은행이 대출명단을 공개하게 된 배경에는 어떤 사정이 있는 걸까? 이런 의문들은 연방준비은행이 재무제표 공개를 거부하면서 더욱 논란이 커졌다.

그러나 천문학적인 대출 규모에만 주목하다 보면 자칫 이 사건이 불러오게 될 엄청난 정치적 파문을 놓치기 쉽다. 이 정보가 공개되면서 그동안 연방준비은행에 의심 어린 눈초리를 보내온 일부 좌파 및 우파 인사들이 좋은 먹잇감을 얻게 된 한편 연방준비은행은 명성에 큰 타격을 입었다.

첫 번째 정치적 파문은 그간 '연방준비은행 심의'를 주장해온 국회가 승리를 거두었다는 것이다. 극좌파 진영의 버니 샌더스Bernie Sanders 무소속 상원의원과 같은 비판적 인사들은 이번 사건으로 연방준비은행은 신뢰할 수 없는 기관이라는 사실이 입증되었다고 말했다. 한편 극우파 진영의 론 폴Ron Paul 공화당 하원의원 등은 정부도 '위키리크스'처럼 연방준비은행의 내부 운영 상황을 철저히 파헤쳐야 한다고 주장했다. 혼자서 20년간 연방준비은행과의 외로운 싸움을 해온 론 폴은 현재 미 국회 하원 통화정책팀의 유력한 팀장 후보로 거론되고 있다.

두 번째 정치적 파문은 정부보조를 반대하는 측의 불만을 자극했다는 사실이다. 연방준비은행은 월가의 금융기관에 수십억 달러를 대출해주었음이 밝혀졌다. 미국의 실물경제계를 이끄는 기업들은 그간 금융기관과 재벌가가 배후에서 연방준비은행에 압력을 가하고 있다고 주장해왔다. 풍부한 자금을 확보하고 있는데다 정치권의 비호까지 받고 있는 이들 대형 금융기관들이 연방준비은행으로부터 거액의 대출을 받아내자 이러한 주장은 한층 설득력을 얻게 됐다.

연방준비은행은 전 세계적으로 가장 많은 자금을 보유한 대형 기관들에 3조 달러라는 거액을 비밀리에 제공했다. 아무런 제약도 받지 않고 이런 결정을 내릴 수 있었다는 사실은 이미 타격을 입은 연방준비은행의 신용도를 다시 한 번 뒤흔들어놓았다.

연방준비은행이 재무제표 공개를 거부한 것은 정치적 오해를 불러일으키도록 자처한 것이나 다름없다. 비록 새로 통과된 '도드-프랭크 금융개혁법Dodd-Frank Act'이 연방준비은행의 합법적 권리에 힘을 실어주긴 했지만 정치적 권리는 오히려 약화되었다. 위키리크스의 이번 폭로로 연방준비은행의 위신을 다시 세우려던 버냉키의 움직임도 주춤해졌다. 연방준비은행이 기구의 독립성이 약화되었다고는 하지만 이번 위기를 넘기려면 스스로 좀 더 투명해져야 할 것이다.

연방준비은행은 세계 금융계를 어떻게 주무를 수 있었는가

연방준비은행은 민간법인으로 등록된 중앙은행이다. 이 기구가 어디에 소속되어 있는지에 대한 의문은 지난 수년 동안 풀리지 않는 수수께끼였다. 영국의 중앙은행인 잉글랜드 은행이 그랬던 것처럼 연방준비은행 역시 주주들에 대한 정보를 철저히 비밀에 부쳐왔다.

40년째 미 의회의 은행 통화위원회 위원장직을 맡아온 라이트 팻맨Wright Patman 미 하원의원은 지난 20년간 연방준비은행 해체안을 꾸준히 내놓고 있는 인물이다. 그는 연방준비은행의 소유주가 누구인지를 밝혀내려고 무척 애를 썼다. 이 비밀은 결국 세상에 정체를 드러냈다. 『연방준비은행의 비밀The Secrets of the Federal Reserve』의 저자 유스터스 멀린스Eustace Mullins가 50년에 가까운 세월 연구를 거듭한 끝에 초창기 연방준비은행 12곳의 사업허가증Organization Certificates을 찾아낸 것이다. 각 은행의 주주 현황까지 상세히 나와 있는 믿을 만한 자료였다.

연방준비은행의 주주는 대형 은행들로 구성되어 있었다.* 연방준비은행을 소유하고 있는 주체가 바로 연방준비은행이 관리하는 이들 시중은행이었다는 사실이 서류상에 정확한 명세서와 수치로 기록되어 있었다.

1914년 5월 19일, 연방준비은행 뉴욕은행이 통화감독관Comptroller of the Currency**에 제출한 문서에 기록된 주식 발행량은 모두 20만 3053주였다. 그중 록펠러와 쿤롭Kuhn Loeb사가 소유한 뉴욕내셔널시티은행National City Bank of New York***이 가장 많은 3만 주를, JP 모건의 퍼스트내셔널은행First National Bank이 1만5000주를 보유하고 있었다. 이 두 은행은 1955년에 시티은행으로 합병된 후 뉴욕 연방준비은행의 지분을 소유하고 있어 실질적으로 연방준비은행 의장 후보 결정권을 쥐고 있다. 따라서 미국 대통령의 임명은 단지 절차상의 문제이고, 국회 청문회 역시 보여주기식 쇼에 불과한 것이다.

그 밖에도 파울 바르부르크Paul Warburg가 소유한 뉴욕내셔널상업은행이 2만1000주, 로스차일드 가문이 이사를 맡는 하노버은행Hanover Bank이 1만200주, 체이스맨해튼은행과 케미컬은행이 각각 6000주씩 나눠 가졌다. 이렇게 6대 은행이 뉴욕 연방준비은행 주식

---

* 최대 주주는 JP 모건 그룹과 뉴욕 연방준비은행이다.

** 미국의 은행감독기관으로 1863년 국법은행제도의 일부로 설립되어 FRB, FDIC와 함께 3대 은행감독기관을 구성하고 있다. 통화감독관은 국법은행의 설립 및 해산·운영 등에 관하여 감독하고 규제한다.

*** 오늘날 시티은행의 전신이다.

40%를 소유했는데 1983년에는 그 비율이 53%까지 늘어나게 된다. 그 후 얼마간의 조정을 거쳐 시티은행이 15%, 체이스맨해튼은행이 14%, 모건개런티트러스트 Morgan Guaranty Trust 가 9%, 매뉴팩처러스하노버 Manufacturers Hanover 가 7%, 케미컬은행이 8%의 지분을 갖게 되었다.

뉴욕 연방준비은행의 준비등록자본금은 1억4300만 달러이다. 그러나 위의 은행들이 뉴욕 연방준비은행에 얼마나 출자했는지는 여전히 미지수다. 일부 역사학자들은 이들 은행이 주식 대금으로 절반가량만 현금 지급했을 것이라고 보고 있고, 또 다른 학자들은 이들이 현금은 단 한 푼도 내놓지 않고 모두 어음으로 지급했을 것이라고 주장한다. 실제 현금으로 거래를 하지 않고 서류상의 숫자로만 돈을 주고받았으니 연방준비은행의 시스템 자체가 '종이를 담보로 종이를 발행'해온 셈이다. 학자들이 연방준비은행을 가리켜 '연방'도 아니고 '준비금'도 없으며 '은행'은 더더욱 아니라고 코웃음을 친 이유가 여기에 있다.

1978년 6월 15일, 미국 상원 정부사무위원회Government Affairs는 과도하게 얽혀 있는 미국 주요 기업 간 상호이익 구조문제에 대한 보고서를 발표했다. 이 보고서에서는 위의 은행들이 미국 130대 기업에서 470개의 이사직을 맡고 있으며, 기업 한 곳당 평균 3.6개의 이사직이 은행가의 손에 들어가 있다는 사실을 지적했다. 그중 시티은행은 97개의 이사직을 차지하고 있었고, JP 모건사가 99개, 케미컬은행이 96개, 체이스맨해튼은행이 89개, 매뉴팩처러스하노버가 89개의 이사직을 갖고 있었다.

하지만 이보다 훨씬 앞선 1914년 9월 3일, 이미 〈뉴욕 타임스〉가 비슷한 내용을 보도한 적이 있었다. 바로 연방준비은행이 주식을 매매하면서 발표한 주요 은행의 주식보유현황이다. 뉴욕내셔널시티은행이 발행한 주식 25만 주 가운데 내셔널시티은행장 제임스 스틸먼James Stillman이 4만7498주, JP 모건사가 1만4500주, 윌리엄 록펠러가 1만 주, 그리고 존 록펠러가 1750주씩 각각 보유하고 있다.

한편 뉴욕 내셔널상업은행National Bank of Commerce of New York City이 발행한 25만 주는 퍼스트내셔널은행의 조지 베이커George Baker가 1만 주, JP 모건사가 7800주, 철도왕 해리먼 가문의 매리 해리먼Mary Harriman이 5650주, 파울 바르부르크가 3000주, 야콥 쉬프Jacob Schiff와 JP 모건 주니어가 각각 1000주씩 매입했다.

그 밖에도 조지 베이커가 체이스맨해튼은행 주식 1만3408주를 갖고 있었고*, 또 다른 대형 은행인 하노버은행의 주식 역시 금융재벌인 제임스 스틸먼과 윌리엄 록펠러에게 각각 4000주와 1540주씩 배당되어 있었다.

1913년에 연방준비은행이 설립된 이후로 몇몇 은행가들이 미국의 모든 금융, 산업, 정치를 움켜쥐고 있었다는 것은 논란의 여지가 없는 사실이다. 과거에도 그랬고 지금도 그렇다. 그런데 또 한 가지 흥미로운 사실은 이들 월가의 은행가들이 런던의 로스차일드Rothschild 가와 밀접한 관계를 맺어왔다는 것이다.

미국 정부는 화폐 발행권이 없고 채권 발행권만 있다. 그래서 민

---

* 체이스맨해튼은행의 이사 아홉 명 가운데 다섯 명이 퍼스트내셔널은행의 이사였기 때문에 조지 베이커는 체이스맨해튼은행에 상당한 영향력을 행사하고 있었다.

영 중앙은행인 연방준비은행이 국채를 담보로 연방준비은행 및 시중은행의 시스템을 거쳐 달러를 발행한다. 그러니까 미국달러는 국채를 바탕으로 발행되고 있는 것이다.

이쯤에서 미국 달러화가 어떻게 발행되는지 살펴보자. 첫 번째 단계는 국회의 국채발행규모 비준이다. 먼저 재정부가 국채를 다양한 종류의 채권으로 나누어 발행할 계획을 세우는데, 1년 만기 이내의 재무부 단기 채권은 T-Bills, 2~10년짜리 중기 채권은 T- Notes, 30년 만기 장기 채권은 T-Bonds라고 부른다. 이들 채권은 경매를 통해 수시로 판매된다. 경매에서 팔리지 않고 남은 채권은 모두 재정부가 연방준비은행으로 보낸다. 그러면 이 채권을 사들인 연방준비은행은 국가의 빚인 국채를 '증권자산'이라는 명칭으로 재무제표에 기록한다.

미국 정부가 미래의 세수를 담보로 발행한 미 국채는 세계에서 '가장 안전한 자산'으로 인식되고 있다. 이 '자산'을 확보한 연방준비은행은 'FRB 어음'이라는 또 다른 채권을 만들어냈는데, 바로 이것이 '무에서 유를 창조'하는 핵심단계라고 할 수 있다. 이렇게 다양한 단계를 거치는 동안 현금은 단 한 푼도 구경할 수가 없다. 연방준비은행이 발행한 'FRB 어음'은 이렇게 아무것도 없는 공중에서 탄생한 '공기 어음'인 것이다.

이렇듯 정교하게 조작된 시스템 덕분에 미국 정부는 발행한 채권이 경매에서 모두 처분되지 않더라도 쉽게 '수급'을 조절할 수 있다. 연방준비은행은 정부 쪽에서 채권에 대한 '이자'를 받고, 정부는 편리하게 화폐를 얻지만 이 과정에서도 종이돈을 대량으로 찍어내지는 않는다. 국채가 지닌 '자산'으로서의 가치와 현금이 안고 있는 미래의 '부채' 크기가 딱 맞아떨어지기 때문이다. 다시 말해 온 나라의 은행 시스템이 모조리 이런 틀 안에서 절묘하게 돌아가고 있는 것이다.

그런데 이런 간단하고도 중요한 단계가 전 세계에 엄청난 불평등을 초래한다. 정부는 국민의 미래 세금을 저당 잡혀 민영 중앙은행에서 달러를 빌리고, 연방준비은행도 시중은행에서 돈을 끌어오게 되므로 결국 정부만 거액의 이자를 감당해야 한다.

문제는 바로 여기에서 발생한다. 90%의 저축예금이 대출이라는 이름으로 타인에게 제공되고 나면 은행에 돈을 넣어둔 예금주는 어떻게 돈을 찾아 쓰느냐는 것이다. 사실 대출이란 은행이 보유한 예금액을 빌려주는 것이 아니라 아무 근거도 없이 만들어낸 '새 돈'을 빌려주는 것이다. 그리고 이 '새 돈' 덕분에 은행의 현금보유액은 순식간에 실제 예치금인 '원래 있던 돈'의 190%로 늘어난다. '새 돈'은 '원래 있던 돈'과 달리 은행에 이자수입을 가져다주는데, 이 이자수입이 바로 경제 시스템에 유입되는 '2차 화폐'다. '2차 화폐'는 시중은행으로 들어와 더 많은 '새 돈'을 만들어내고 그 횟수는 조금씩 줄어든다. 이렇게 연방준비은행과 여러 시중은행의 긴밀한 협조에 힘입어 같은 과정을 여러 번 거듭하며 '20차 화폐'에 이르면 1달러짜리 국채는 어느새 10달러로 늘어나 시중에 유통된다. 그렇게 만들어진 국채 발행량과 그로 말미암아 발생한 화폐가 통화량 증가를 불러와 경제성장 속도를 앞지르면 '원래 있던 돈'의 구매력은 떨어지게 된다. 이것이 인플레이션을 일으키는 근본적 원인이다. 미국은 2001년부터 2006년까지 3조 달러의 국채를 발행했고, 그중 상당 부분이 실제

화폐로 유통되었다. 게다가 수년 전에 발행한 국채의 상환 및 이자 지급 부담까지 겹치면서 달러는 급격히 평가절하되었고 원자재, 부동산, 석유, 교육, 의료 보험료는 모두 크게 올랐다.

그러나 한 가지 다행스러운 점은 새로 발행된 미국 국채 대부분을 은행 시스템이 아닌 외국 중앙은행과 미국의 비금융기구 및 개인이 매입했다는 사실이다. 이들 국채 매입자들이 지급한 돈은 은행들이 사용하는 '새 돈'이 아닌 원래 있던 달러이다. 연방준비은행과 미국 시중은행들이 '새 돈'을 만들어 미국 국채를 사들여도 미국 내에서 인플레이션이 크게 발생하지 않았던 이유가 바로 여기에 있다. 그러나 미국 은행들이 보유한 국채 또한 결국에는 만기가 돌아오기 마련이고, 이자 또한 6개월마다 한 번씩* 지급해야 한다. 이런 부담을 덜기 위해 연방준비은행은 또다시 새로운 달러를 발행할 수밖에 없는 것이다.

미국 경제학자 폴 크루그먼Paul Krugman은 오늘날의 경제구도를 이렇게 묘사했다. 「전 세계가 미국 달러를 벌기 위해 열심히 제품을 생산하지만 미국은 부채로 달러를 만들고 기축통화 발행국의 지위를 이용하여 인쇄비용만으로 자본을 마련한다. 미국이 채무부담을 덜기 위해 대량의 달러를 찍어내면 다른 나라들도 경쟁적으로 자국의 화폐를 발행하게 되고, 이렇게 발생한 대량의 자금은 부동산과 농산물 등 각종 시장으로 흘러들어 가격상승을 유발한다.」

2006년 미국 서브프라임 사태와 2008년 글로벌 금융위기를 예

---

* 30년 만기 국채의 경우 6개월에 한 번씩 이자를 지급해야 한다.

언한 누리엘 루비니Nouriel Roubini 뉴욕대 경제학 교수는 2010년, 연방준비은행은 화폐발행을 통해 채무부담을 덜어내려 할 것이며, 이로 말미암아 발생하는 인플레이션으로 미국 정부와 개인의 채무도 희석될 것으로 내다봤다. 향후 2년에서 3년 내에 미국 달러가 아시아 국가 및 브라질 등 원자재 생산국가 통화 대비 15%에서 20% 평가절하될 것으로 예상한 그는 '원자재 가격이 앞으로 오랜 기간 높은 가격 수준을 유지할 것'이라는 이유를 근거로 들었다. 이러한 흐름은 앞으로 몇 년간 지속될 것이다. 달러는 점진적으로 힘을 잃어갈 것이며, 미국은 지난날의 영국이 그랬듯이 수십 년의 세월에 걸쳐 패권국의 지위와 기축통화발행국의 자리에서 천천히 물러나게 될 것이다.

역사적으로 화폐는 정도의 차이가 있을 뿐 모두 금이나 은을 기반으로 발행되었다. 그러나 이러한 시스템은 1970년대에 완전히 붕괴되어 오늘날의 국제통화시스템은 금이 아닌 법정화폐를 기반으로 유통되고 있다. 화폐 자체는 그저 종잇장에 불과하며, 귀금속을 담보로 발행한 것도 아닌데다, 어떤 형식으로든 그 가치를 고정할 수 있는 근거도 없다. 이는 인류 역사상 전례를 찾아볼 수 없는 도전이다. 오늘날의 달러화는 어떤 의미에서 과거의 금과 같은 역할을 하고 있다. 그러나 수 세기 전, 유럽의 국왕과 은행가들은 자신들의 금고를 가득 채운 돈이 한순간에 휴짓조각으로 변해버리는 광경을 지켜봐야만 했다. 앞으로 펼쳐질 달러의 붕괴는 이 오래된 이야기의 새로운 버전일 뿐이다.

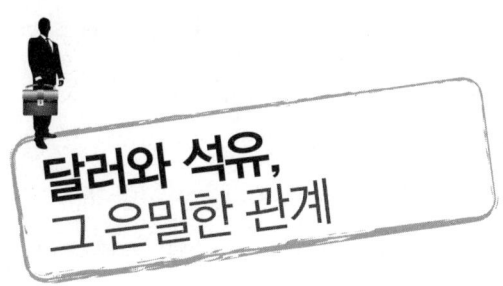

달러와 석유,
그 은밀한 관계

위키리크스가 공개한 미국 외교전문에서, 미국 외교관은 미국이 이라크전을 통해 얻어낸 석유 수익은 생각보다 적어 에너지자원업체인 핼리버턴Halliburton사가 이윤을 챙긴 것이 전부라고 주장했다.

전문은 미국이 확보한 석유 수익은 소액에 불과하다고 밝히고 있다. 현재 이라크의 1일 원유생산량은 250억 배럴로, 거의 전쟁 전의 수준을 회복했다. 그러나 일부에서는 이라크가 석유생산을 현재의 두세 배로 늘리기까지에는 20년의 세월이 필요할 것으로 예측하고 있다. 미국이 이라크 전쟁을 위해 모두 7000억 달러를 지출했지만 전쟁을 통한 석유 이윤은 엉뚱하게도 다른 국가들로 흘러들어 가고 있다. 미국의 전 대선후보였던 존 매케인John McCain은 이라크 정부의 고위 고문과 가진 회동에서 "배송업체 페덱스도 전 세계 각지로 보낸 우편물이 어디로 배달되었는지 파악하고 있는데 이라크 석유부는 생산한 석유의 20~30%가 어디로 갔는지 설명하지 못하고 있다"며 불만을 토로하기도 했다. 이 또한 전문에 포함된 내용이다.

2008년 4월 30일, 이라크 석유부 관계자는 이란은 이미 석유 거래에서 미 달러화 사용을 중단했다고 발표했다. 이란은 유럽시장으로 수출하는 석유대금은 유로화로 받고 있으며, 아시아시장에서는 엔화를 결산통화로 사용하고 있다. 그리고 2008년 들어 오펙OPEC* 회원국인 베네수엘라 또한 일부 석유제품을 유로화로 결제하는 방안을 검토하겠다고 발표했다.

현재 세계 4위의 석유 수출국인 이란은 미국과 가장 사이가 나쁜 국가이기도 하다. 그러나 이란이 석유 매매에서 달러 사용을 중단하자고 주장하는 것은 단지 두 나라의 정치적 갈등에서 비롯된 것만은 아니다. 아마디네자드 이란 대통령은 "국제적 달러 약세가 자본시장을 뒤흔들면서 투기세력을 조장하고 있다며 미 달러 자금이 대량으로 석유시장으로 들어오게 되면 거품을 형성하게 될 것"이라고 밝힌 바 있다.

석유가격과 달러화의 탈동조화는 원래 정상적인 경제 현상이지만 오늘날 민감한 정치적 문제로 돌변했다. 미국 정부가 석유시장의 달러화 사용 중단 조치를 국제기준통화로서의 달러화의 지위에 대한 도전이자 미국의 국가 이익에 반하는 행동이라고 보고 있기 때문

---

* 석유수출국기구. 중동 6개국(사우디아라비아, 쿠웨이트, 아랍에미리트연합, 카타르, 이란, 이라크), 아프리카 4개국(나이지리아, 리비아, 알제리, 앙골라), 베네수엘라, 에콰도르 등 12개국으로 구성되어 있다.

이다.

석유 거래에서 세계 최초로 미국 달러 사용을 중단한 사람은 전 이라크 대통령 사담 후세인이었다. 후세인의 이런 행동에 대해 당시 미국의 조지 부시 대통령은 증명이 되지도 않은 문제를 트집 잡아 전쟁을 일으킨 뒤 사형장으로 내몰았다. 여기에는 후세인이 달러화의 위상에 도전하고 미국의 지위에 도전했다는 것이 상당한 원인으로 작용했다.

원래 달러화가 유일한 국제석유결산통화는 아니었다. 1944년 7월, 미국의 뉴햄프셔주 브레턴우즈Bretton Woods에서 열린 통화금융회의가 미 달러화를 세계 기축통화로 확정하면서, 국제 석유 거래에서의 미 달러화의 지위도 점차 강화된 것이다.

그런데 브레턴우즈 체제가 붕괴된 이후 미 달러화는 신용을 잃으며 급격히 평가절하되기 시작했다. 그나마 석유 등 원자재 시장의 독점적 결산통화라는 이유로 국제통화로서의 지위를 유지할 수 있었다. 1971년에 리처드 닉슨 대통령이 금본위제를 폐지한 후부터 오펙 회원국들은 석유대금 결제 시 미 달러화 결제체제에서 벗어나고 싶어 했다. 금으로 바꿀 수 없는 달러화는 안정적인 가치를 보장하기 어려워서였다.

한편 미국은 이에 대한 대책으로 1970년대에 사우디아라비아와 비밀협정을 맺는다. 사우디아라비아에 군사적 보호, 투자, 인력개발 등등의 각종 서비스를 제공하는 대가로 향후 석유매매에 달러화를 결산통화로 사용해줄 것을 조건으로 내걸었다. 이것이 '석유대금 달러화'가 탄생하게 된 내막이다.

오펙 회원국들은 세계 최대 산유국인 사우디아라비아의 결정을 받아들일 수밖에 없었다. 미 달러화에 대한 석유값 '연동'도 이때부터 인정할 수밖에 없는 현실이 되었고, 석유매매를 원하는 국가는 좋든 싫든 달러화로 거래할 수밖에 없었다. 오늘날 전 세계적으로 매년 6000억 달러 이상의 석유가 거래되고 있는데 이는 전 세계 무역총액의 10%에 해당하는 규모다.

미 달러화가 국제 석유거래에 결산통화로 사용된다는 것은 독보적인 국제통화지위를 가진다는 점에서 크나큰 특권이다. 국제통화 지위 확보로 미국은 최소한 다음의 몇 가지 이득을 가져올 수 있다.

첫째로 국제 화폐 주조세를 징수할 수 있다. 국제 화폐 주조세란 한 나라의 화폐가 다른 나라에서 사용될 때 얻게 되는 이익인데, 어느 전직 미국 외교관은 "미국 재정부는 이때부터 화폐를 찍어내어 석유를 살 수 있게 되었다. 이것은 세계 어느 나라에도 없는 특권이다"라고 말하기도 했다.

둘째로 유가에 대한 영향력과 통제력이다. 미국의 금리 및 환율 정책은 국제 유가에 직접적인 영향을 미칠 수 있으므로, 석유와 같은 원자재 상품의 유일한 결산화폐가 된다는 것은 세계 국제기축통화로서의 독보적 지위를 얻게 해준다.

미 달러의 가치가 오르면 다른 나라들도 영향을 받는다. 미국으로 수출하는 상품에는 유리하게 작용하지만 석유처럼 미 달러로 단기간 고정된 상품들의 가격이 오르게 되어 불리해진다. 하지만, 달러화가 평가절하되면 반대의 효과가 나타난다.

그러므로 미국을 제외한 세계 모든 나라는 미 달러 환율이 안정되기를 바라는 것이다. 환율이 올라도 울상, 떨어져도 울상이다. 그간 세계 기축통화인 달러화의 가치가 변동적이라는 사실은 많은 비난을 받아왔다. 왜냐하면 달러화 가치의 변화가 무역장벽을 유발하는 '래칫 효과Ratchet Effect*'를 불러일으키고, 또한 전 세계적으로 상품 가격을 변동시켜 인플레이션이 발생할 수 있는 환경을 조성하기 때문이다.

미국 경기가 악화일로를 걸으면서 금융위기가 확산되었고, 이어 미 화폐의 평가절하는 피할 수 없는 현실이 되었다. 국제 결산도구로서 가장 중요한 것은 화폐의 가치를 안정적으로 유지하는 것이지만 지속적으로 가치가 하락하고 있는 달러화는 이미 이러한 기능을 상실해버렸다. 미 달러와 유가의 연결고리를 끊어버리지 않으면 달러로 계산되는 석유가격이 계속 오르게 될 것이다. 그렇게 되면 전 세계, 특히 석유수출국가는 미국 금융계가 일으킨 엄청난 손실을 대신 짊어지게 될 수밖에 없다.

전통적인 경제학 이론에 따르면 한 국가 화폐의 평가절하는 해당 국가의 화폐가 과잉 공급되었기 때문이라고 설명한다. 그러나 지금의 미 달러화 유통량은 통계 수치상으로는 특별한 문제가 없다. 최근 1년간 미국의 상품 및 서비스 생산총액GDP은 13조5000억 달러인 반면 시장에서 유통되고 있는 현금은 그 20분의 1 수준인 5700억 달러로, 실제 시장통화량은 오히려 여유가 있기 때문이다. 미국 정부가 한동안 확장적 통화정책을 유지하더라도 달러화의 급격한 평

---

* 소득수준이 높았을 때의 소비성향이 소득수준이 낮아져도 그만큼 줄지 않는 현상.

가절하는 없을 것으로 생각하는 이유는 여기에 있다.

최근 미 달러화 가치하락의 주요 원인은 연방준비은행이 전에 없이 많은 유동성을 시장에 공급했기 때문이다. 연방준비은행은 2001년부터 유사 이래 가장 개방적인 통화정책을 펼쳤는데, 수차례에 걸쳐 금리를 하향 조정해 실세금리*를 마이너스로 이끌었다.

달러 지폐가 넘쳐난다고 해서 통화 과잉은 아니다. 거의 모든 금융파생상품은 상당 부분 화폐의 성질을 띠고 있으며 신용팽창 또한 화폐의 평가절하를 유발한다. 최근의 미 달러화 신용확장 규모는 통화확장을 크게 웃돌았다. 이로 인해 전형적인 신용인플레이션이 부동산 시장에 발생하면서 서브프라임 대출이 생겨남과 동시에 시장 거품이 발생했다. 석유 선물 시장을 도입하면서 유가에도 거품이 끼었다.

유가 상승은 미 달러화의 평가절하를 의미한다. 그리고 국제화폐인 미 달러화가 과잉 현상을 보인다는 것은 곧 전 세계적인 인플레이션을 뜻한다. 그러나 같은 양의 물이라도 접시와 병에 담았을 때 각각 그 수위가 달라지는 것처럼 달러화의 평가절하는 다른 어느 나라보다도 미국에 가장 심각한 인플레이션을 불러오게 된다.

근래 들어 선진국들은 새로운 성장 동력을 찾지 못하고 있다. 이렇듯 적당한 투자처를 찾지 못하고 있는 이들 투자국들에게 가장 좋은 대안이 바로 원자재 시장이다. 석유, 철강, 원목 등 품목이 한정된 원자재 상품은 자금이 유입될수록 가격이 오르게 된다.

---

* 규제금리의 상대개념으로 시장에서 자금의 수요와 공급에 따라 자연스럽게 결정되는 시장금리.

연방준비은행은 2007년 8월부터 다시 확장형으로 통화 정책의 방향을 바꿨다. 금리를 수차례 인하하면서 연방기준금리를 5.25%에서 2%로 대폭 낮추었고 화폐 발행까지 늘리면서 달러화의 평가절하를 가속화하고 있다.

달러화의 평가절하는 석유, 금 및 기타 원자재 시장에 대한 투자를 늘리게 하고, 늘어난 투자는 가격 상승으로 이어질 수밖에 없게 만든다.

곤두박질치는 달러 환율 때문에 공황상태에 빠진 투자자들은 리스크를 줄이려 원유 등의 원자재 상품으로 자금을 이동시킨다. 그러자 달러로 거래되는 석유 상품에 매력을 느낀 기타 통화권 투자자들이 자국 화폐를 값싼 달러화로 바꿔 석유를 사들인다. 금고에는 달러만 쌓이는데 환율은 떨어지니 자산 축소를 우려한 석유상들이 서둘러 미 달러를 다시 유로화나 엔화 같은 강세통화로 바꾸고, 이렇게 달러화가 대량으로 처분되자 가치는 더 떨어진다.

그러니 이들 원자재 가격이 기록적인 고공 행진을 계속하게 되는 것이다.

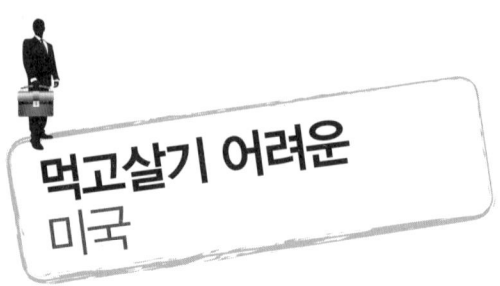

먹고살기 어려운
미국

2007년 8월부터 확장적 통화 정책으로
돌아선 연방준비은행이 금리를 수차례 인하하면서 연방기준금리는
5.25%에서 2%로 대폭 낮아졌고, 화폐 발행까지 늘어 달러화의 평
가절하에 가속도가 붙고 있다.

연방준비은행의 돈은 어떻게 움직일까? 간단히 설명하면 아래와
같다.

첫째, 연방준비은행이 돈을 '풀어', 미국인들에게 나눠준다. 이 과
정은 미국의 높은 소득*을 통해 이루어진다. 미국인들은 이 돈으로
물건을 구매하는데, 주로 중국산 제품이 많다.

---

* 3차 산업이 GDP의 80% 이상을 차지하고 있는 미국에서 이들 산업 종사자들은 놀라울 정도로
  높은 임금을 받는다. 직장인 평균 연봉이 3만~4만 달러 선인데, 연봉 4만 달러를 받는 간호사들
  이 고임금 계층의 50% 이상을 차지한다.

두 번째, 연방준비은행이 돈을 '회수'한다. 미국인들이 달러로 수입품을 구매하면 외국인이 달러를 벌면서 다른 국가의 환율에 영향을 미친다. 연방준비은행은 다음번에 다시 돈을 '풀 것'에 대비해 시장에 있는 달러를 회수하는데, 주로 다음과 같은 방법을 사용한다.

먼저 미국 국채를 발행한다. 각 나라는 자국이 보유한 외환의 절반 혹은 그 이상을 지급하고 미 국채를 사들인다. 중국의 경우 지금까지 9000억 달러 이상의 국채를 사들였다.* 외국 정부는 국채 증서를, 미국은 달러를 각각 손에 넣게 된다.

미 달러화는 세계적으로 금융, 대중문화 산업, 브랜드, 특허 기술 사용료의 네 가지 루트로 '회수'되는데, 이는 어느 특정 국가에만 해당하는 것이 아니라 세계 모든 국가에 적용되는 방식이다. 그리고 이 네 가지 루트는 보잉세계 최대 항공기 제작사, 록히드마틴세계 최대 군수업체, 화이자 제약세계 최대 제약회사, P&G세계 최대 일용품 제작사, 월마트세계 최대 유통기업, GE세계 최대 가전 및 전기설비 제조업체, 마이크로 소프트세계 최대 소프트웨어 기업, 인텔세계 최대 반도체 칩 생산업체, 퀄컴세계 최대 반도체 제품 생산업체, 코카콜라세계 최대 음료 기업, 구글세계 최대 검색 엔진 회사 등의 대기업들을 필두로 한다. 미국은 이들 글로벌 기업들을 통해 전 세계로 흩어진 달러를 효과적으로 회수하고 있는 것이다.

새로운 성장 동력의 부재와 혁신 기술이 제자리걸음을 하면서 빚어진 산업 전반의 구조조정으로 미국의 금융업계는 이미 '개편'되고 있다. 이런 상황에서 국채 수입이나 소규모 무역적자 해소에만 의존한다면 미국은 금융 경제 위기 국면을 실질적으로 전환할 수 없다.

* 2010년 12월 기준이다.

한 국가의 화폐는 해당 국가의 중앙은행이 발행한다. 이론적으로 중앙은행은 '발행'과 '회수'를 통해 국가의 화폐 유통량을 조절할 수 있다. 그러나 연방준비은행이 미 달러화의 수량을 조절하는 데는 문제가 있다. 군비를 예로 들어보자. 미국은 911테러 사건 이후 두 차례의 전쟁을 치르면서 2010년까지 총 1조 달러가 넘는 예산을 전쟁에 지출했다. 2009년 각국 군비지출 현황에서 미군이 지출한 군비는 2008년 대비 7% 증가한 6120억 달러였다. 이라크와 아프가니스탄에서 지출한 비용을 제외하면 총 5150억 달러이다. 이는 제2차 세계대전 이후 가장 규모가 큰 액수로, 전 세계 군비지출의 절반에 가깝다.

대규모 군비지출은 연방준비은행으로서 밑 빠진 독에 물 붓기다. 항공모함에 들어가는 경비만 하더라도 그렇다. 현재 전 세계 21척의 항공모함 가운데 미국이 11척을 보유하고 있으며, 이는 모두 핵 동력 항공모함이다. 그중 10척이 니미츠급이고, 1척이 엔터프라이즈급이다. 현재 건조중인 3세대 제럴드포드급 항공모함도 2015년에 정식 투입될 예정이다. 제럴드포드급 항공모함의 건조비용은 백억 달러 이상인데다 보수 및 유지비용도 만만치 않다. 뿐만 아니라 미국 항공모함 편대 10대에 들어가는 연간 비용*이 20억 달러에 달하고, 10대 편대가 사용하는 비용을 모두 합치면 200억 달러의 규모다. 이런저런 이유로 미국은 대량의 국채를 발행하지 않고는 살림을 유지할 수가 없는 형편이다.

---

* 유지하기 위해 필요한 수리·연료 및 훈련비용을 말한다.

국제기축통화 발행국의 중앙은행인 연방준비은행은 달러를 발행하여 전 세계의 자원과 상품을 구매한다.

세계에서 통용되는 미 달러화는 두 종류로 나뉘는데, 첫째는 미국 본토에서 유통되는 달러화로 연방준비은행이 직접 통제할 수 있다. 둘째는 전 세계 각지로 흩어져 유통되는 달러다. 연방준비은행 및 관련 학자들이 발표한 바로는, 역외에서 유통되는 달러와 미국 내 유통 달러의 비율이 대략 3 대 2 정도라고 한다. 이렇게 막대한 역외 달러는 연방준비은행이 전혀 통제할 수 없는 범위에 있다.

앞에서도 언급했지만 한 국가의 화폐는 해당 국가의 중앙은행에서 발행된다. 따라서 이론적으로는 중앙은행이 화폐의 유통량을 조절하는 것이 정상이지만 미국 중앙은행인 연방준비은행으로서는 달러량을 조절한다는 것이 현실적으로 불가능하다.

세계적인 조세 피난처로 알려진 케이맨제도Cayman Islands는 영국령 서인도 제도에 있다. 그랜드케이맨Grand Cayman, 리틀케이맨Little Cayman, 케이맨브렉Cayman Brac의 3개 섬으로 이루어져 있는 케이맨제도는 뉴욕, 런던, 도쿄와 홍콩의 뒤를 이어 세계에서 다섯 번째로 큰 금융 중심지다. 2008년 6월, 이미 279곳의 외국 은행이 등록되었으며 정식 등록된 기업만 4만 곳이 넘는다.

자본의 세계화는 세계 금융기관들을 케이맨제도로 불러들였고, 그 결과 연방준비은행은 자금의 흐름을 정확하게 파악하기 어렵게 되었다. 2006년 12월 31일, 케이맨에서 운용중인 자금은 헤지펀드만 1만3870억 달러에 달했다. 당시 세계 최대 외환보유국인 중국이 가지고 있던 달러가 1조663억 달러였다. 케이맨제도 외에도 영국령

버진아일랜드 Virgin Islands 등 바다에 떠 있는 금융센터들이 수억만 달러 이상의 금융자산을 운용중인데, 이렇게 연방준비은행의 감독권 밖에 있는 방대한 자금은 언제든 문제를 일으킬 수 있는 요인이 된다.

미국 정부로부터 구제금융을 받았던 헤지펀드 LTCM Long-Term Capital Management을 기억하고 있을 것이다. 금융계의 엘리트들로 구성되어 한때 '세계 최고의 금융집단'이라는 찬사까지 받았던 LTCM은 케이맨제도에 등록된 펀드로, 시장이 폭발적으로 성장하던 1990년대에는 자산규모가 무려 18조 달러에 달하기도 했다. 정부로부터 구제금융을 받고 JP 모건에 인수된 베어스턴스 Bear Stearns가 설립했던 두 개의 헤지펀드 또한 케이맨에 등록되어 있었고, 전 세계를 뒤흔들었던 BCCI 은행도 케이맨 금융기관 명단에 있다.

애초에 이들이 노린 것은 조세 피난이었을 테지만 당국의 감독에서 벗어난 펀드와 금융기관들은 곧 물 만난 고기처럼 날뛰기 시작했다. 바다 위의 자금 수조 달러가 몰래 시장에 투입되어 아무런 규제도 없이 운용되었으니 금융위기가 발생할 수밖에 없었던 것이다.

오늘날 역외 달러와 본토 달러가 동시에 증가하면서 달러화의 양은 늘어나고 가치는 떨어지는 추세가 점차 굳어지고 있다. 미국 정부가 그럴듯한 거시경제 정책을 내놓든가, 아니면 미 경제가 다시 활력을 되찾는다 해도 달러화가 평가절하되는 데 제한적인 영향밖에 줄 수 없게 되었다.

앞에서도 언급했지만 신용인플레이션은 달러화의 평가절하를 낳는다. 신용인플레이션으로 발생한 금융 거품이 꺼진 후 드러나게 될 엄청난 공간을 메워야 하지만 이미 빚더미에 올라앉은 미 정부가 공간을 메울 방법은 지폐를 대량으로 찍어내는 것과 해외 투자자들을 불러들이는 수밖에 없다. 현재 해외 투자자가 미 국채의 47%를 보유하고 있다. 이들이 채권을 다시 사들이려면 달러가 필요하므로 달러에 대한 수요가 늘어난다. 그러나 미국의 예산 적자 악화와 달러화 자산의 수익 하락이 지속된다면 투자자들은 자산을 다른 통화로 바꾸려 할 것이다. 이렇게 되면 미 달러의 국제적 지위는 더 큰 타격을 입게 된다.

달러의 지속적인 평가절하가 빚어낼 더 큰 문제점은 달러 자산을 보유한 사람들이 잇따라 달러를 처분하게 될 경우 미 달러화의 가치가 완전히 무너진다는 것이다. 이는 지금 겪고 있는 금융위기보다 훨씬 더 심각한 위기다.

2010년 6월, 프랑스 남부 도시 니스의 싱크탱크Think Tank* '유럽정치예측실험실'이 내놓은 예측 보고서를 보면 국가의 채무 불이행과 이로 말미암아 형성된 '채무의 벽'이 이미 이들 채무국의 실질적인 상환 능력을 넘어섰으며, 이것이 서구 은행 시스템에 치명적인 독으로 작용하면서 결국 엄청난 대형 위기를 불러오게 될 것이라고 한다. 이 기구는 2006년에 미국 서브프라임 사태를 정확히 예측해내면서 크게 유명세를 탔다.

이 보고서는 일부 국가의 정부가 고의적으로 "위기는 진정될 것"이라고 발표하거나 일부 개선 상황만을 부각시키는 한편 전체적으

---

* 모든 학문 분야의 전문가 두뇌를 조직적으로 결집하여 조사·분석 및 연구 개발을 행하고, 그 성과를 제공하는 것을 목적으로 하는 집단.

로 악화된 사실을 숨기려 하고 있다고 밝혔다. 오바마 미국 대통령이 한때 "미국 국채를 반드시 삭감할 것"이라고 장담했으나 실제로 1조9000억 달러어치의 국채를 추가 발행하면서 미국 국채 총액은 14조3000억 달러라는 천문학적인 액수로 늘어났다.

앞으로는 유로화와 달러화, 달러화와 위안화의 환율 갈등이 글로벌 경제의 발목을 잡을 것이다.

금융위기 이후로 미국의 국가 채무 위기는 갈수록 심화되어가고 있다. 2009년, 런던에서 열린 G20 정상회담에서 미 의회 회계감사원GAO 책임자를 지낸 후 피터 피터슨 재단 CEO로 자리를 옮긴 데이비드 워커David Walker는 향후 국민에게 지급되어야 할 사회 복지 자금 등 장부에 반영되지 않는 채무까지 합치면 2007년 미국 정부의 실질적인 채무총액은 무려 53조 달러에 달한다고 밝혔다. 이는 전 세계 1년 GDP에 해당하는 규모다. 경제학자들은 미국에서 금융위기가 발생한다 해도 채권국들은 미국이 파산하도록 내버려두지 않을 것이라고 지적했다. 미국이 파산하면 미 국채를 보유한 이들 국가들도 함께 파산하기 때문이다. 다시 말해 달러화와 미 국채가 전 세계를 볼모로 잡고 있는 형국이라고 할 수 있다.

2010년 1월, 하버드 대학의 퍼거슨Niall Ferguson 교수는 미국 CNBC의 경제 프로그램에 출연하여 유럽의 국가채무위기는 아직 끝나지 않았으며, 다음 주자는 미국이 될 것이라고 예언했다. 그리고 다음 위기를 겪게 될 국가는 자국 통화를 차입할 것이냐 아니면 외화를 끌어올 것이냐에 따라 상황이 달라질 것이라고 설명했다. 전자일 경우 인플레이션을, 후자의 경우 채무불이행으로 이어진다는 것이다. 결국은 달러 발행권을 쥐고 있는 미국이 화폐를 대량 발행하는 방식으로 채무 줄이기에 나설 것으로 예상했다. 또한 금융위기 이후 5년 동안 달러화는 위기 이전과 같이 자본 거품을 지속적으로 만들어내 원자재, 금, 석유 가격의 폭등을 유발할 것이라고 내다보았다.

　미국은 현재 화폐 남발과 채무 확대를 통해 경기부양에 나서고 있다. 그러나 경제 붕괴 시기를 늦추는 것이 목표인 이들 조치는 엄청난 부작용을 수반할 것이 자명하다. 산더미 같은 빚 때문에 높은 수준의 사회복지를 유지하기 어려워진 유럽과 미국이 복지예산을 삭감하면서 국민의 소비지출도 대폭 줄어들고 있다. 현재 달러화의 양은 늘어나고 가치는 떨어지는 추세가 점차 굳어지고 있다. 미국 정부의 거시경제정책과 현재 미 경제의 움직임은 더 이상 달러화 평가절하를 막을 수 없게 된 것이다.

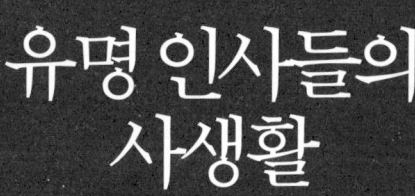

6

유명 인사들의
사생활

[위키리크스 2010년 10월]

소문으로 떠도는 각종 엘리트 클럽은 실제로 존재하는 것도 있지만 순전히 누군가의 상상력에 의해 탄생한 것도 있다. 프리메이슨, 일루미나티, 해골단 등이 그것이다.

사이언톨로지의
비밀 경전

2008년, 위키리크스가 사이언톨로지교 Scientology의 경전을 공개했다. 인류의 정신은 여덟 단계로 나누어져 있으며, 그중 가장 높은 단계인 8단계가 사이언톨로지 신도들이 추구하는 최고의 경지라고 한다. 이때 신도들은 '정화Clear'라는 방법을 이용하는데, 그 과정이 상당히 난해하다. '우선 굉장히 붐비는 장소를 찾고, 그곳의 사람들을 하나의 그룹으로 묶은 다음 유심히 살펴본다. 그리고 거기서 떠오르는 생각을 기록하는 것'이다. 이 정화법은 사이언톨로지의 창시자인 론 허버드Ron Hubbard가 직접 고안해냈다. 이 방법이 과학적이고 선진화된 정신 정화 기술이라고 주장하는 사이언톨로지의 목사들은 교회 내부 정보를 위키리크스에서 삭제해달라고 요구했으나 받아들여지지 않았다.

이렇듯 외부 사람들의 눈에 몹시 신기한 종교로 비춰지는 사이언톨로지는 1952년에 창시되었다. 최초의 교주인 론 허버드는 판타지 소설 작가로, 불경과 노자의 도덕경, 인도의 베다Veda*를 인용하여 소위 '정화' 이론을 만들었다. 유명 판타지 소설인 『배틀필드 어스Battlefield Earth』가 그의 저서다. 영혼에 대한 연구 활동에 심취했던 론 허버드는 인간에게는 영혼이 존재하며, 여러 생을 살 수 있다는 깨우침을 얻었다. 그리고 이것을 종교화하여 사이언톨로지교를 세웠다.

1950년에 허버드는 개인의 심리와 정신 상태를 객관적으로 알 수 있게 해주는 일명 '다이어네틱스'라는 사이언톨로지 정화법을 발표했다. 중국의 싼롄서점三聯書店이 1986년에 수입 판매한 『다이어네틱스, 현대 정신 건강의 과학』은 초판 30만 부를 인쇄했는데, 당시 서점 앞은 책을 사려는 사람들로 장사진을 이루기도 했다.

사이언톨로지 수련자들은 '오디터Auditor'라고 불리는 다이어네틱스 치료사의 도움을 받는다. 이를 통해 '지난 삶의 기억흔적'을 없애고 종교적 눈으로 생명을 새롭게 인식함으로써 정신력과 자신감을 높인다고 한다. 고통과 무의식 상태에서 말에 의해 조종되는 기억흔적은 모든 비이성적 행위 및 심신질환의 근원인데, 이러한 질환을 치료하는 정신분석에는 'E-머신혹은 E-meter'이라는 심리치료기가 사용된다. 약한 전류를 흘려보내 정신분석 대상자의 심리와 정신 상태를 알아내는 것이다. 다이어네틱스 치료사와의 상담과 심리치료기 및 교리서 등은 모두 헌금으로 치른다.

---

* 고대 인도의 종교 지식과 제례규정을 담고 있는 문헌으로, 브라만교의 성전을 총칭하는 말로도 쓰인다.

‘다이어네틱스’는 프로이트의 정신분석학설과 구분된다. 다이어네틱스는 인간의 영혼이 태아 시기에 형성된다고 주장한다. 태아 시기의 기억흔적과 출생 시의 기억흔적이 잠재의식에 영향을 주어 비정상적인 행동을 유발한다는 것이다. 이러한 기억흔적은 모든 사람이 갖고 있다. 따라서 모든 사람은 ‘다이어네틱스’를 통해 기억흔적을 없애야 한다.

치료사인 ‘오디터’를 훈련시켜 그들로 하여금 의뢰자의 정신을 분석하도록 한다는 사이언톨로지식 교리는 전통적인 종교와 큰 차이가 있지만, 교단이 종교적인 목적으로 교도들의 영혼을 구원한다는 관점에서 종교라고 자칭하고 있다.

사이언톨로지는 전통적인 종교와 달리 할리우드의 유명 인사들을 신도로 끌어들이고 있다. 2006년 8월, 매년 열리는 사이언톨로지 파티에는 존 트라볼타, 제니퍼 로페즈 등의 유명 연예계 스타들로 북적였다.

독실하기로 소문난 사이언톨로지 신도인 배우 톰 크루즈는 2006년 11월 18일, 케이티 홈스와 사이언톨로지식으로 결혼식을 올렸다. 예식은 로마에서 약 27킬로미터 떨어진 고성 오데스칼치에서 지인 150명이 참석한 가운데 치러졌고, 온 지역 주민이 이들의 결혼식 파티를 수놓은 불빛을 볼 수 있을 정도로 성대했다고 한다. 식장에는 톰 크루즈와 전처 니콜 키드먼이 입양해서 기른 두 아이도 참석했으며, 사이언톨로지 목사의 주례로 치러졌다는 것을 제외하고는 자세한 예식 절차가 알려진 것이 없다. 결혼식 당일, 오데스칼치 성은 그야말로 경비가 철통같았다. 예식에 참석한 인사들은 개인 경호원을 대동했고, 주인공인 톰 크루즈는 사격수까지 고용했다고 한다. 식이 열린 교회는 사이언톨로지의 창시자 론 허버드가 지은 건물이었고, 이 판타지 소설가의 열성팬인 톰 크루즈는 이날 세 번째 부인과 결혼식을 올렸다. 결혼식 후 톰 크루즈는 베벌리 힐스의 저택에 180센티미터 크기의 포스터를 걸어두는가 하면 부인 케이티 홈스에게 출산 전에 크게 움직이지 말 것과 출산 때 진통제를 투입하지 말아야 한다는 등의 사이언톨로지 교리를 지키도록 했다고 한다. 심지어는 아내가 출산할 때에 "소리를 지르지 말고 몸을 심하게 움직이지 말 것" 등을 요구하기도 했다. 왜냐하면 사이언톨로지 창시자 론 허버드가 아이를 낳을 때는 조용히 해야 산모와 아기의 이성을 보호할 수 있다고 했기 때문이다. 톰 크루즈는 음식도 사이언톨로지가 추천하는 식단에 따라 먹는데, 체내 독성을 배출하는 데 도움이 된다는 이 식단은 화산재 물을 마시고, 우유와 달걀의 섭취를 제한하는 등 독특하게 짜여 있다.

론 허버드는 자신의 판타지 소설에서 '제누Xenu'라는 존재를 설명했다. 7500만 년 전, 은하 연맹Galactic Confederacy의 지배자였던 제누는 지구당시의 이름은 Tegeeack를 포함한 26개의 항성과 76개 행성을 통치하고 있었다. 그는 인구 과잉 문제를 해결하기 위해 수십억의 외계인들을 지구 각지의 화산으로 보냈다. 이들 외계인은 DC-8 여객기와 비슷하게 생긴 우주선을 타고 왔는데, 이때 제누가 핵폭발을 일으켜 그들을 죽여버렸다. 이때 외계인들의 영혼이 지구에 남아 오늘날 인류의 정신을 해치는 주요 원인이 되었다는 것이다.

톰 크루즈와 케이티 홈스

유명 영화배우 톰 크루즈와 그의 아내 케이티 홈스는 사이언톨로지교의 예식대로 결혼식
을 올렸다.

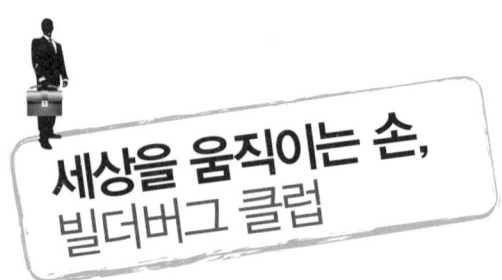

세상을 움직이는 손,
빌더버그 클럽

2009년, 그리스의 수도 아테네에서
열린 빌더버그 회의에서는 금융위기가 주요 의제로 다뤄졌다. 위키
리크스가 공개한 초대인 명단에는 미국 록펠러 가문의 3대 자손인
데이비드 록펠러David Rockfeller, 미국 재무장관 티모시 가이트너Timo-
thy Geithner, 오바마 대통령의 특사 리처드 홀브룩Richard Holbrooke 등이
포함되어 있었다. 회의 참가자들의 배경은 이 회의에 대한 궁금증
을 증폭시켰다.

빌더버그 클럽Bilderberg Club의 영구회원으로는 전 미국 국무장
관 헨리 키신저Henry Kissinger, JP 모건 인터내셔널의 데이비드 록펠
러, 넬슨 록펠러Nelson Rockefeller, 도이체방크 은행장 요셉 아커만Jo-
seph Ackermann, 독일 다임러 크라이슬러 CEO 위르겐 슈렘프Juergen
Schrempp, 영국석유BP 회장 피터 서덜랜드Peter Sutherland 등이 있다.

빌더버그 회의는 1954년, 네덜란드의 베른하르트^{Bernhard} 왕자가 빌더베르크*의 한 호텔에서 비공식 클럽을 만들었다. 당시 클럽에 모인 인사들은 갈수록 심각해지는 서유럽 지역의 반미정서에 대해 중점적으로 논의했는데, '미국 정치가와 서유럽 정치가들이 서로 의견을 교환하여 불필요한 오해가 없도록 한다'는 것이 모임의 주목적이었다. 서유럽 11개국에서 온 50명과 미국에서 온 11명의 주요 인사들이 참석한 이 회의는 성공적으로 마무리되었다.

　　매년 한 차례씩 열리는 이 회의에는 보통 115명이 참여하는데, 그중 80%가 서유럽에서 온 사람들이고, 나머지는 북미 지역의 유력인사들이다. 직업별로는 3분의 1이 정계인사이고, 3분의 2는 산업, 금융, 교육, 통신업계의 엘리트들로 채워진다. 모든 회의참석자는 개인적으로 초청받으며, 특정 국가에서 파견되는 일은 없다. 신분이 확인된 사람들만 회의장에 들어갈 수 있도록 하기 위함이다.

　　빌더버그 클럽이 유럽에서 성립된 이후, 사람들은 '최고 엘리트들이 모여 신세계 질서'를 만들려 한다고 의심하기 시작했다. 실제로 '프랑스·독일 화해·협력 조약', '마스트리흐트 조약' 등이 이 회의에서 나온 결과이다. 빌더버그 회의 참석자들이 매년 만장일치로 동의하는 것이 바로 '세계 정책의 틀'을 잡아야 한다는 것이다. 유럽의 국제적 금융재단인 로스차일드 가문이 여러 차례 이 회의를 주관하기도 했다.

　　소위 엘리트 인사들로 구성되어 막후에서 세계를 움직이는 비밀

---

* 　빌더베르크는 영어 발음인 '빌더버그'로 더 잘 알려져 있다.

엘리트 집단은 빌더버그 클럽뿐만이 아니다. 소문으로 떠도는 각종 엘리트 클럽 중에는 실제로 존재하는 곳도 있지만 순전히 누군가의 상상력에서 탄생한 것도 있다. 프리메이슨Freemason, 일루미나티Illuminati, 해골단Skull and Bones 등이 그것이다. 미국 일부 학자들이 제창한 '그림자 정부' 이론은 비밀리에 활동하는 단체가 사회 유력 인사나 권력자 등을 회원으로 끌어들여 각국 정부 및 세계 권력을 뒤에서 조종한다는 것이다. 케네디 대통령 암살, 베트남 전쟁 패배 등이 모두 이 그림자 정부의 계획이라는 것이다.

중국학자 허신何新은 저서 『누가 세계를 통치하는가誰統治世界』에서 프리메이슨은 미국 최고 엘리트들의 모임이며, 프리메이슨 내부 조직인 해골단에는 미국 최고 권력자들이 모여 있다고 했다.

프리메이슨의 리더는 로스차일드, 모건, 록펠러 가문 등 세계 최고의 권력과 재력을 가진 가문들에 세습된다.

전 세계 금융부터 석유, 금 등의 자연자원까지 모조리 장악한 이들은 가문의 지위와 권력을 유지하기 위해 대통령을 경질시키고 정권을 교체하기도 한다. 막대한 재산과 권력을 유지하려면 국가가 안정적으로 운영되어야 하기 때문이다.

비밀 엘리트 집단에 대해 이야기할 때면 해골단 출신인 조지 부시 전 미국 대통령의 민주선언이 자주 인용된다. 「천만년의 인류 역사에서 가장 귀중한 것은 화려한 과학기술도, 대문호들의 뛰어난 명작도, 정치인들의 현란한 연설도 아니다. 그것은 바로 대중이 권력자를 길들인 것이다. 대중은 마침내 민주주의를 실현하여 그들의 권력을 새장 속에 가두는 데 성공했다. 권력자들이 대중에게 순종

해야 아무도 권력에 의해 다치지 않는다. 나는 지금 새장 안에서 이 연설을 하고 있다.」권력이 새장 안에 갇혀 있다면 미국 대통령도 최고 권력자가 아니라는 의미다. 그렇다면 새장 밖에 있는 자는 누구이며, 누가 권력을 새장에 가두었는가. 또 새장의 열쇠는 누구의 손에 있는가.

허신은 세계 최고 권력자들의 모임인 프리메이슨의 최종 목표는 세습 엘리트들이 지배하는 세계 정부를 세우는 것이라고 주장했다. 프리메이슨에는 정당의 구분도 존재하지 않으며, 미국과 영국의 정치 및 산업계 최고 통치자들로 핵심 멤버를 구성하고 있다.

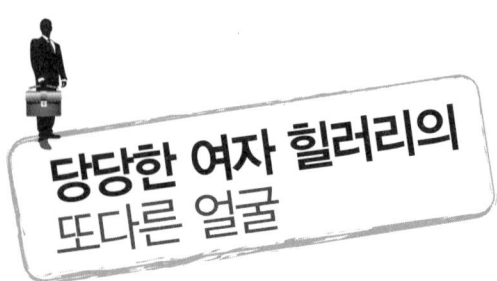

당당한 여자 힐러리의 또다른 얼굴

위키리크스는 미국 외교관들이
각국 정계인사들을 뒤에서 헐뜯는 데 천재적이라며, 미 국무장관
힐러리의 최대 장점이 바로 남의 약점 캐기라고 꼬집었다. 위키리크
스 설립자 줄리언 어산지는 외교관들에게 스파이 노릇을 강요한 힐
러리 클린턴은 국무장관 자리에서 물러나야 한다고 비난했다.

미국 작가 칼 번스타인Carl Bernstein이 쓴 『힐러리의 삶A woman in
charge』은 미 국무장관 힐러리 클린턴이 1947년 9월 26일, 시카고의
한 상인 집안에서 태어났다고 소개했다. 힐러리의 집안 분위기가 늘
팽팽한 긴장감이 감돌았던 것은 무뚝뚝하고 폭력적인 아버지 휴 로
댐의 영향이 컸다. 해병대에서 병사 훈련을 담당했던 교관 출신 휴
로댐은 자신의 가정까지 군대식으로 관리하려 들었다. 응접실 소파
에서 교관처럼 큰 소리로 명령하는가 하면 밥 먹을 때를 제외하고는

일어서는 일이 거의 없었다. 게다가 아이들의 인격을 무시하고 툭하면 면박을 주어 주눅 들게 하였는데, 그는 이것을 '좌절 교육법'이라고 명명했다. 힐러리와 형제들은 그런 아버지의 언행을 견뎌야 했으며, 이런 폭력적인 아버지가 어머니에게 온갖 모욕과 욕설을 퍼부을 때에도 그저 숨을 죽이고 있어야 했다. 아버지는 식구들에게 절대적인 권위를 행사하며 조금이라도 반항하면 곧바로 불호령을 내리는 가장이었다. 힐러리와 동생들이 치약 뚜껑 닫는 것을 깜빡 잊어버리면 그는 즉시 뚜껑을 집어 창문 밖으로 던져버리고는 아이들에게 풀 속을 뒤져 찾아오게 했다. 눈이 펑펑 내리는 한겨울에도 절대 봐주지 않았다. 휴 로댐이 화를 내기 시작하면 겁에 질린 힐러리는 집 안 구석으로 숨었다. 아버지의 인색함 또한 견디기 어려운 부분이었다. 힐러리의 두 삼촌과 두 남동생은 모두 크고 작은 우울증 증세를 보였고, 막냇삼촌은 우울증에 시달리다 결국 자살했다.

좀체 돈을 쓰는 법이 없었던 휴 로댐은 흑인 하인만 한 명 둔 채 옷감 염색과 재단, 재봉까지 스스로 했다. 그런 그가 재테크에는 일가견이 있어 돈을 꽤 모았는데, 돈으로 돈을 버는 재미에 푹 빠져 온종일 그 생각만 하는 사람이었다.

이렇게 힐러리의 아버지 휴 로댐이 차갑고 늘 욕을 달고 사는 사람이었던 데 반해 그의 아내 도로시는 아이들에게 가정이라는 울타리와 사랑에 대한 개념을 확실하게 심어주었다. 방식은 달랐지만 두 사람 모두 아이들에게 구식 가치관과 사고체계를 심어주려 노력했고, 이것이 나중에 힐러리의 가정관에 큰 영향을 미치게 된다.

어린 시절의 양육은 힐러리에게 일생에 걸쳐 영향을 주었다. 아주 어렸을 때는 아버지로부터 인정받고 싶어 했지만 좀 더 성장한 후에는 자신을 대하는 아버지의 태도에 분노하기 시작했다. 그녀의 결혼 생활에도 이러한 어린 시절 가정환경이 반영되었는데, 작가 칼 번스타인은 힐러리가 아버지의 다혈질적 성격과 어머니의 인내심을 동시에 갖고 있다고 평가했다.

1965년, 힐러리는 매사추세츠 주 웰즐리Wellesley 대학에서 정치학을 전공했고, 1969년에는 예일대 로스쿨에 진학했다. 그리고 22살이 되던 해에 같은 학교에 다니던 빌 클린턴을 만났다. 힐러리는 빌 클린턴과 1975년 결혼한 뒤 남편과 자신의 정치적 필요에 의해 민주당에 입당했다. 결혼 초기에 힐러리는 남편의 성을 따르지 않고 처녀적 성인 '힐러리 로댐'을 고수했는데, 이런 행동은 당시 보수적이었던 아칸소 주의 전통적인 가치를 깨는 급진적 행위로 받아들여졌다. 이후 자신의 행동이 남편 빌 클린턴의 정치 활동에 부정적인 영향을 줄 것이라는 계산 끝에 결국 한걸음 물러서 '힐러리 클린턴'으로 성을 바꾸었다.

1998년에 르윈스키 사건이 불거지자 힐러리와 빌 클린턴의 결혼 지속 여부에 모든 미국인의 관심이 모아졌다. 적지 않은 지지자들은 힐러리에게 이혼할 것을 권했지만 그녀는 타협을 선택했고, 이 결정을 통해 자신과 빌 클린턴의 정치적 생명을 이어갈 수 있었으나 한결같이 제창해온 여권주의로부터는 크게 멀어져 버렸다. 클린턴과 힐러리의 측근은 사건 발생 이후 수년간 이들 부부를 관찰한 결과, 사랑과 믿음이 굳건한 이상적인 부부상과는 거리가 멀다는 결론을 얻었다고 한다. 그는 "힐러리는 점점 악처로 변해갔다. 비록 노골적으로 클린턴을 무시하거나 모욕을 주지는 않았으나 사실상 그를 전혀 존중하지 않았다. 이는 주로 클린턴이 과거에 저지른 잘못이나 약점에 대한 불만으로, 그녀는 남편이 점점 자신을 실망시킨다고 비난했다"고 한다.

위키리크스 사건이 터진 후, 힐러리는 그것이 몰고 올 부정적인 영향을 얼버무리기 위해 곧 전 세계를 바쁘게 돌며 중재에 나섰다. 내부 인사의 말로는 원래 규칙적으로 운동하는 습관이 있는 힐러리가 쏟아지는 업무로 눈코 뜰 새 없이 바빠지면서 몇 달 동안이나 운동을 중단했다고 한다. 게다가 엄청난 스트레스 때문에 밤마다 단 음식과 정크푸드를 먹어치우는 바람에 체중이 급속도로 불어났다. 그녀의 몸무게는 한때 최고 기록인 77.5킬로그램까지 치솟아 위풍당당한 '천하장사'를 방불케 했다. 그런데 35년간 함께 생활한 남편 클린턴이 가뜩이나 몸무게 때문에 스트레스를 받는 힐러리에게 "'도를 넘어선 건장함'이오. 지금 당장 다이어트 훈련소에라도 입소해서 집중감량을 해야 할 것 같소"라는 말을 했다. 그러자 화가 머리끝까지 치민 힐러리가 클린턴과 큰 말다툼을 벌였다고 한다.

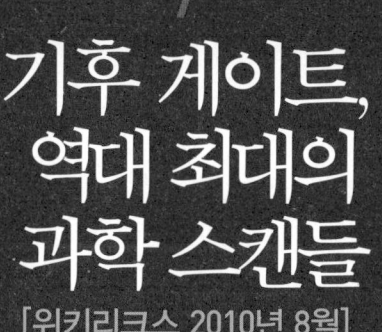

7

기후 게이트,
역대 최대의
과학 스캔들

[위키리크스 2010년 8월]

지구 온난화는 마술 같은 눈속임인가? 2010년, 위키리크스가 영국 이스트 앵글리아 대학 기후변화연구소의 이메일 1000여 건을 공개하면서 10년 만의 가장 큰 과학 사기극인 '지구 온난화' 의혹이 수면 위로 떠올랐다.

지구 온난화는
마술 같은 눈속임인가?

2010년, 위키리크스가 이스트 앵글리아 대학 University of East Anglia 기후변화연구소CRU의 이메일 1000여 건을 공개하면서 10년 만의 가장 큰 과학 사기극인 '지구 온난화' 의혹이 수면 위로 떠올랐다.

세계적으로 가장 큰 영향력을 지닌 과학 전문가 그룹인 유엔 '기후변화에 관한 정부 간 패널IPCC'은 지난 몇 년 동안 전 세계에 지구 온난화에 관한 경고를 해왔다. 그러나 그들이 주고받은 이메일 내용이 공개되면서 이 과학자 조직이 자기네의 이론에 불리한 기상 데이터를 임의로 조작한 사실이 드러났다. 즉 인류활동이 지구 온난화를 불러왔다는 주장을 증명하기 위해 꾸며낸 증거를 제시했던 것이다.

'해커의 데이터 접근'이라는 지구 온난화설 지지 언론의 보도 뒤에는 부정할 수 없는 또 다른 진실이 있었다. 바로 유엔 IPCC의 과학계 최고 권위자들이 고의로 데이터를 조작했다는 사실이다. 그들은 이렇게 만들어낸 자료를 근거로 인류가 자동차를 굴리고 화석연료를 쓰면서 배출해낸 이산화탄소가 지금 거대한 기상재해를 일으키고 있다고 선언했었다.

그런데 실상은 지구 온난화 데이터를 부풀리거나 자신들에게 불리한 자료는 가능한 한 은폐하면서 숫자를 조작한데다 공개적인 발언에 대해 입을 맞추는 등 과학자로서의 양심을 저버리는 행위를 일삼았던 것이다. 사건이 큰 파문을 불러일으키자 세계 언론은 이 스캔들을 1974년 미국의 닉슨 대통령을 물러나게 만들었던 '워터게이트' 사건에 빗대어 '기후게이트'라고 이름 붙였다.

한 이메일에는 '지구 온난화'로 대중의 관심을 끌기 위해 과학 데이터를 조작한 사실을 인정하는 내용이 들어 있었다. 이스트 앵글리아 대학 기후연구소CRU 소장 필 존스Phil Jones 교수가 미국 펜실베이니아 대학교University of Pennsylvania 기상학자 마이클 만Michael Mann 교수*에게 보낸 메일에서 존스 박사는 진짜 정보를 대중에게 공개하지 않은 사실을 솔직히 인정했다. 「방금 마이클의 '자연 마술'을 완성했다. 지난 20년간1981년 이후부터의 기온 기록을 모두 상향 조정했다. 케이스의 1961년 이후 데이터도 모두 바꿨다. 이렇게 하면 기온이 하강한 사실을 숨길 수 있다」라는 내용이었다. 존스와 동료들은 지구기온이 하강했다는 사실을 '은폐'하려 했다. 최근 40년 동안 지구기온이 상승했다는 자료와 하강했다는 근거가 모두 존재하지만

---

* 지구 온난화의 '하키스틱 그래프'를 만든 장본인. 하키스틱 그래프는 평평하던 지구온도가 1970
  년대 이후 치솟는 모습이 마치 하키스틱과 같다고 해서 붙인 이름이다.

존스는 새로운 데이터를 정리하는 과정에서 1981년부터 이후 20년간의 기온기록 수치들을 약간 손질한 것이다.

또 다른 메일에서 존스는 지난 10년간 지구기온이 상당히 안정된 수치를 보였다는 사실을 인정하기도 했다.

「사실 우리는 지금 온난화가 진행되지 않는다는 데이터를 공개할 수가 없소. 우리도 어쩔 수 없는 부분이오. 정말 우습군. 2009년 8월 밤스BAMS 증간호에서 발표되는 2008년 케레스CERES 자료에는 기후 온난화에 대한 더 많은 증거가 제시되어야 하오……」

CRU 소장 필 존스 교수가 담당한 두 가지 주요 데이터가 유엔 IPCC에 보고되었다. 이 위원회와 해들리센터Hadley Center*의 관계 특성상 존스가 작성한 데이터는 유엔 IPCC에서 가장 중요한 기후 자료로 활용되었고, 나아가 전 세계 지구 온난화 재난을 예측하는 근거로 사용되었다는 것은 두말할 것도 없다.

존스는 지구 온난화 이론을 주장하는 영미 과학자 그룹의 내부 인사 중에서도 핵심인물이다. 지구 온난화 이론은 십수 년 전 펜실베이니아 대학교의 기후학자 마이클 만 교수가 '하키스틱 그래프'를 근거로 주장한 이론인데, 그는 1000년 동안의 기온하강 현상이 끝나고 나면 지구 기온은 역사상 최고 수준으로 상승할 것이라고 주장했다. 당시 마이클 만은 논문에서 '그의 이론에 거슬리는' 중세 기온 기록을 쏙 빼놓았다. 이 시기의 기온은 오늘날보다 높았다. 인류가 이산화탄소를 대량으로 배출한 시기는 산업혁명이 시작된 시점

---

* 정부 간 기후변화 위원회에 자료를 제공하는 과학자들은 대부분 여기에서 선발한다.

으로부터 수백 년 전으로 거슬러 올라가야 한다.

마이클 만의 이론은 2007년 유엔 IPCC의 제2차 지구 온난화 보고서의 중심 의제가 되었다. 일찍이 2003년에 캐나다 통계학자 스티븐 매킨타이어Steven McIntire가 이 같은 이론의 근본적 오류를 지적한 바 있었다. 새로 공개된 이메일 또한 만 교수가 십수 년 전에 발표했던 '하키스틱 그래프'는 위조되었다고 밝히고 있다.

유출된 CRU 메일의 발송자와 수신자는 모두 유엔 IPCC 소속의 권위 있는 과학자들인데, 그들은 마이클 만 본인뿐 아니라 존스 박사와 기상연구소의 동료 모두가 큰 논쟁을 불러일으킨 1995년의 IPCC 보고서의 핵심 내용을 조작했다고 밝혔다. 전 미국 부통령 앨 고어의 측근 제임스 핸슨James Hanson은 나사NASA의 GISS에서 지구 표면의 온도 변화를 기록하는 담당자였는데, 이 기록들은 CRU의 데이터에 이어 두 번째로 중요한 자료였다.

그런데 지금껏 CRU의 예측에 지대한 영향을 미치는 기온 변화 추이에 대한 기초 데이터 공개를 거부해왔던 존스가 갑자기 기온 변화의 기초 데이터는 이미 '유실'되었다고 밝혔다. 이들 과학자들은 데이터를 숨기고 조작하여 과거의 기온 기록은 낮추고 최근의 기온은 높여 기온이 빠르게 상승하고 있는 것처럼 보이게 했다. 이러한 조작을 발견한 것은 오스트레일리아와 뉴질랜드의 과학자들이었다. 그간 공식적으로 발표된 기온 기록과 원래 데이터를 비교해온 이들은 기본적으로 안정적인 직선을 그리던 온도 그래프가 상승 곡선으로 바뀌어 있는 것을 알아차린 것이다. 그리고 이렇게 이상한 데이터의 배후에는 CRU가 있었다.

지구 온난화는 지금 전 세계적으로 주목받고 있다. 언론은 매일같이 지구 온난화와 관련된 기사를 내보내고, 어디에서 자연재해가 발생하면 곧장 그 원인을 지구 온난화 탓으로 돌린다. 2008년에 미국 NBC 방송은 미식축구 중계석의 전등을 일부러 끄고 탁자에 촛불을 켜고는 어둠 속에서 경기해설을 진행한 일이 있다. 전등을 꺼 에너지를 절약하여 지구 온난화를 막자는 취지의 이벤트였다.

전 미국 부통령이자 2007년 노벨상 수상자인 앨 고어는 "온실효과가 지구를 파괴할 것이다!"라는 무시무시한 예언을 했었다. 할리우드 SF영화 〈투모로우Tomorrow〉도 관객들에게 지구 종말이 가까이 왔다며 공포를 심어주었다. 주류 언론들도 온실효과에 대해 거의 같은 입장을 보였으며, 그것이 미친 효과는 할리우드 대작과 비슷했다. 수많은 과학자들이 지구 온난화를 기정사실화한데다가 북극의 빙하까지 녹고 있다고 말한다. 이제 많은 사람들이 지구 온난화를 현실로 받아들이고 있다. '지구 온난화의 끝은 인류의 멸망이며, 이것 또한 과학적으로 입증된 것이다…….'

그러나 과연 그럴까.

대기 중의 이산화탄소 함량과 지표 온도는 똑같이 상승하고 있다. 그렇다면 이산화탄소 함량 증가가 지구 온난화를 유발한다는 의미일까, 아니면 그저 우연히 맞아떨어진 현상일까. 미국 MIT의 기후학자 리처드 린젠Richard S. Lindzen은 이러한 학자들의 관점에 대해 회의적인 태도를 보였다. 사실 그는 1991년에 이미 전 미국 부통령이자 노벨상 수상자인 앨 고어와 미국 국회에서 한바탕 설전을 벌인 적이 있다. 당시 젊고 패기 넘치는 상원의원이었던 앨 고어는 기후환경문제 관련 국회 청문회에 표결권 없이 발언권만 갖고 참석했고, 리처드 린젠은 청문회에 출석한 학술 전문가였다. 리처드 린젠은 회의에서 지구환경문제에 대한 인식이 단편적이고 연구 상식마저 부족한 앨 고어를 맹렬히 비난했다.

리처드 린젠은 먼저 지구 기후가 장기적으로 끊임없이 변화하고 있다고 설명했다. 지구의 변화에는 단계마다 여러 가지 복잡한 요인들이 함께 작용하는 것이지 지구 온난화설 지지자들이 주장하는 것처럼 단순히 이산화탄소 배출만이 그 원인은 아니라는 것이다. 지구 온난화 문제에 대해서는 인류활동이 지구기후변화에 어느 정도 영향을 끼쳐왔으나, 이산화탄소의 대기 중 농도로 그 수준을 가늠할 수는 없다. 예를 들어 만약 이산화탄소 농도가 올라가면 식물의 생장을 촉진하게 되어 식물은 더 많은 이산화탄소를 흡수하게 된다. 그런데 지구 온난화 이론은 이 요소를 의도적으로 배제하고 있다. 때문에 지구 온난화는 정치적 이슈일 뿐 엄밀한 의미의 과학연구라고 볼 수 없다는 것이다.

린젠 교수는 연구 목적 따위는 안중에도 없고 자신이 분석한 대로 판단하고 있는 지구 온난화 학설이 거의 종교적 성격을 띠고 있다는 점도 문제로 지적했다. 누군가 의문을 제기하면 '과학자들이 이미 입증한 부분'이라며 단언하는 것이 마치 '모든 것은 신에게로 통한다'고 주장하는 종교와 다를 게 없다는 것이다. 그는 현재 시행되고 있는 온실효과에 대한 홍보도 당시 고어의 주장과 정반대라고 꼬집었다. 그는 국회에서 자신이 몸담고 있는 학계에 대해 자조적으로 말했다.

"이 자리에서 솔직히 말씀드리면, 기후학은 과학계에서도 비인기 학과라 똑똑한 학생들은 거의 지원하지 않습니다. 지금 전 세계적으로 기후연구에 종사하고 있는 과학자도 손에 꼽을 정도이며, 언론에서 자주 언급되는 '수많은 과학자'란 순전히 언론의 오도입니다."

린젠은 또한 〈뉴욕 타임스〉가 교토의정서를 지지하는 70명의 과학자와 관련된 보도를 언급하며 그중 대부분은 기후학자가 아니라고 밝혔다. 언론이 호들갑스럽게 전하는 극지방 빙하 융해 문제 역시 부족한 과학적 지식으로 대중을 기만하는 행위라고 했다. 기후에 대한 연구 자체는 문제될 것이 없고, 실제로도 유익한 결과들을 내놓고 있다. 그러나 이들의 연구 결과가 유명한 정치가들의 입에서 한번 걸러지고, 언론을 거쳐 또 한 번 부풀려지면 지구가 곧 끝장날 것이라는 레퍼토리가 되어버린다.

이산화탄소의 지구 온난화 유발 여부는 여전히 과학적으로 논란의 여지가 많고 정확히 밝혀지지도 않은 문제다. 사실상 이산화탄소가 기후에 미치는 영향은 격렬한 논란을 불러일으키기도 하지만 반대의견도 만만치 않다. 여기서는 지나치게 전문적인 내용은 피하고 두 가지만 언급하겠다.

첫째, 대다수의 학자가 지구가 더워지고 있다는 점을 인정한다 하더라도 온난화를 일으키는 원인에 관해서는 아직 학자들 간의 공감대가 형성되지 않았다. 연구 결과에 의하면, 지구온도는 역사적으로 12~22℃ 범위 내에서 변화하고 있으며, 현재 지구의 평균기온은 13℃로 최저기온에 가깝다. 기온이 오르는 것은 정상적인 현상이므로 이산화탄소가 없어도 기온은 오를 것이다. 미국 해양 대기 관리처NOAA의 그래프를 보면 최근 150년간 지구의 이산화탄소 함량은 분명히 증가해왔으나 이러한 증가세는 1만8000년 전 빙하기가 끝났을 때부터 시작된 것이다. 게다가 장기적인 좌표를 보면 현재 이산화탄소 함량은 오히려 지난 역사와 비교했을 때 낮은 편에 속한다. 또 다른 그래프는 지구의 이산화탄소가 1750년부터 1950년까지 비슷한 비율로 증가해왔다는 사실을 알 수 있다. 그런데 지구의 기온은 지난 100년간 지속적으로 상승해왔고, 대부분의 상승치는 1940년 이전에 이루어졌다. 그리고 인류가 온실가스를 본격적으로 배출하기 시작한 것은 1950년대 이후부터다.

둘째, 이산화탄소 농도는 현시대보다 지난 과거에 훨씬 더 높았으며, 가장 높았을 때는 지금보다 무려 20배나 높기도 했다. 거대한 공룡이 살았던 시대에는 지구의 이산화탄소 농도가 지금보다 5~10배나 높았지만 기온은 12~22℃ 사이였고, 지구 생물도 멸종하지 않았다. 오히려 약 1억 년 전, 이산화탄소 농도가 급격히 떨어지기 시작하자 공룡이 멸종했다. 그 밖에도 교토의정서를 통해 이산화탄소 배출을 제한한다고 해도 줄어든 이산화탄소 함량으로 지구 온난화를 막는다는 것은 현실적으로 불가능하다.

사실상 기상학자들은 지구의 기온상승이나 하락이 태양 복사에너지의 주기적 변화, 지각운동이 빚어내는 대륙붕 및 해양의 분포변화, 지구의 자전축, 지구의 표면 및 해양의 햇빛 흡수 능력 등 여러 요인이 함께 작용하면서 발생하는 것으로 보고 있다. 이는 지극히 자연스러운 현상이며 언론들이 묘사하는 것처럼 '온실효과가 지구 온난화를 유발하는 유일한 원인'은 아니다. 온실효과만 놓고 보더라도 언론은 대중에게 다음과 같은 중요한 정보를 제공하지 않았음을 알 수 있다.

1. 온실효과는 지구에 반드시 필요하다. 만일 온실효과가 없어지면 지구온도는 섭씨 18℃ 내려간다.

2. 온실가스는 대부분 수증기로 이루어져 있으며, 이것이 80~95%* 의 온실효과를 일으킨다.

3. 온실가스 가운데 이산화탄소는 10~14%를 차지하며, 그중에서도 85~97%는 자연적으로 발생한 것이다. 때문에 인류가 만들어내는 이산화탄소가 온실효과에 미치는 영향은 지극히 제한적0.2~0.3%이다. 대기물리학자 프레드 싱어Fred Singer는 교토의정서가 정한 이산화탄소 감축 목표를 달성할 경우, 2050년까지 지구기온에 미칠 수 있는 영향은 0.05℃에 불과할 것으로 전망했다.

---

* 이 수치는 여러 가지 연구 결과에 따른 것이다.

불편한
진실

기후변화로 온 지구가 시끄러운 지금, 자연재해가 발생할 때마다 지구 온난화는 늘 그 주범으로 지목된다. 앨 고어의 영화 〈불편한 진실〉이 그 시작이었다. 미국의 초등학교, 중고등학교, 대학교에서는 많은 교사들이 학생들에게 직간접적으로 지구 온난화가 인류를 위협하고 있다고 가르치고 있다. 일부는 학생들에게 지구 온난화를 다룬 앨 고어의 다큐멘터리를 보여주기도 한다.

이 '다큐멘터리'라는 물건은 대형재난이었던 '허리케인 카트리나'가 지구 온난화의 소행이라고 주장하고 있지만 아직까지 그의 주장에는 신뢰할 만한 과학적 근거를 찾을 수 없다. 역사적으로 카트리나보다 강력했던 허리케인은 많았다. 설사 지구가 정말로 더워지고 있다고 해도 실제로는 평균기온이 0.7℃ 상승하는 데 그쳤으며, 과학적으로 판단했을 때 이것이 허리케인 카트리나의 원인으로 작용했을 가능성은 0에 가깝다. 전 국립과학원NAS 원장 프레더릭 자이츠Frederick Seitz는 '오레곤Oregon 선언'을 제창하며 관련 전문가들의 서명을 모으고 있다. 여기에 서명한 인사들은 온실가스가 지구에 재난성 온도상승을 일으킨다는 주장에 설득력 있는 증거가 없다고 동의했다. 지금까지 3만1072명이 서명했으며, 이 중에는 9021명의 관련 분야 박사학위 소지자들이 포함되어 있다. 또한 현재 세계적으로 가장 뛰어난 물리학자 중 한 사람으로 인정받고 있는 프리먼 다이슨Freeman Dyson도 여기에 서명했다.

한편 '환경지킴이'로 알려진 앨 고어는 세계적인 에너지 소비를 줄이기 위해 직접 '저탄소 라이프스타일'을 선도하고 있다고 밝혔다. 그러나 그의 집 안에는 숨겨두기에는 너무나 '불편한 진실'이 숨어 있었다. 그가 제작한 다큐멘터리 〈불편한 진실〉이 오스카상을 받은 후, 현지 언론이 그를 불편하게 만들 만한 내용을 보도했다. 앨 고어의 집에는 20개의 방과 8개의 욕실이 있으며, 정원으로 난 길을 따라 가스 전등을 죽 늘여 세워두었는데 출입문은 자동문이다. 2010년 한 해 동안 소모한 전기는 대략 19만1000단위전력으로, 매월 평균 전기료가 약 1200달러에 달한다. 이는 내슈빌Nashville 주 일반 가정의 전기사용량을 훌쩍 뛰어넘는 것으로, 일반 가정의 경우 매년 1만5600단위전력이면 충분하다. 앨 고어의 집에서 소모하는 전기량은 미국 일반가정의 10~20배에 달하고, 중국 일반가정과 비교하면 100배나 많은 양이다. 또한 그가 매월 지출하는 천연가스 소비액도 1000달러가 넘는다고 한다. 개발도상국과 저개발국에 사는 수억 명에 달하는 인구가 아직도 전기 사용을 꿈도 꾸지 못하는 형편이다.

미국 소설가 마크 트웨인Mark Twain은 "우리가 기대하는 것은 기후지만, 우리가 직접 겪는 것은 날씨다Climate is what we expect, weather is what we get"라고 했다. 기후는 날씨현상의 장기적이고 평균적인 수준으로, 단기적인 자연변화의 영향을 받는 날씨는 매년 비교적 큰 차이를 보인다. 온난화되고 있는 기후에서도 비교적 추운 날씨가 더러 나타날 수 있다. 다만 빈도수가 더 적고, 추운 정도가 강하지 않을 뿐이다.

지구 온난화는 정말 이산화탄소 때문에 발생하는 것일까. 현재까지도 학계에서는 이 문제에 대해 많은 논쟁이 벌어지고 있다. 2007년 12월, 유엔 IPCC는 인도네시아의 휴양지 발리 섬에서 회의를 열었다. 이 회의에는 전 세계 백여 명의 과학자들이 유엔 사무총장에게 보내는 공개서한을 발표하고 이산화탄소와 지구 온난화의 관계에 대해 공개적으로 의문을 제기했다. 2008년 4월, 국제기후변화 세미나에 참여한 유명 기상학자를 비롯한 수백 명의 참가자들은 '맨해튼 선언문'을 발표하고 유엔기후위원회의 주장에 반박했다.

이산화탄소를 지구 온난화의 주범으로 몰고 가는 것은 결국 이산화탄소 배출을 감축하기 위함이며, 이산화탄소 감축은 곧 제철소, 정유소, 발전소, 가전제품 제조 등 에너지를 많이 사용하는 산업을 줄이자는 것인데, 이것이 세계경제에 미치게 될 악영향은 무려 수십조 달러에 달한다. 경제규모가 대폭 감소하게 되면 대량의 실업자를 양산하게 되는 것은 물론 해당 산업을 주요 성장 동력으로 삼고 있는 개발도상국들이 큰 타격을 입게 된다. 여기서 한 가지 놓치

빙하시대는 올 것인가

영국 애든버러 대학교의 과학자 크롤리가 영국의 과학 잡지 〈네이처〉에 연구 보고서를 발표했다. 그가 이끈 연구팀은 지구가 또다시 새로운 '빙하시대'에 접어들 것이며, 수백만 년만에 맞게 되는 가장 강력한 빙하기가 될 것으로 예측했다.

기 쉬운 부분이 있다. 만약 과도하게 높은 환경보호 기준을 채택할
경우 고에너지 사용 공장들은 문을 닫거나 생산을 중단할 수밖에
없다. 이로 말미암아 수많은 사람들이 일자리를 잃게 되면서 소득
은 줄어들고, 빈곤문제는 더욱 심각해져서 더 큰 사회적 혼란과 재
난이 닥칠 수 있다.

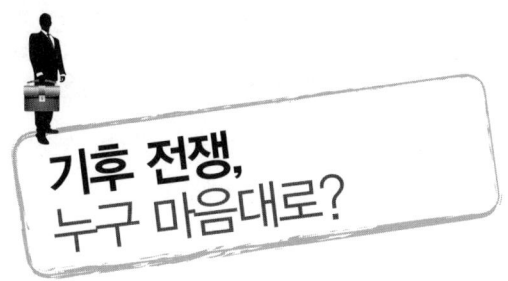

기후 전쟁,
누구 마음대로?

2010년 12월, 위키리크스가
기후변화 협상 테이블에 비친 권력의 그림자를 폭로했다. 이 사건
은 유엔 기후변화협상LCA 회의에서 가장 시선을 끌었고, 멕시코에
서 열린 '칸쿤 회의'에서는 정부대표와 한 자리에 있던 각 단체들이
모두 이 문제에 대해 격렬히 토론했다. 위키리크스가 밝힌 비밀문건
으로 인해 미국의 음모론은 삽시간에 회의장 전체를 들쑤셔놓았다.
덴마크에서 열린 '코펜하겐 회의' 때와는 사뭇 다른 모습이었다.

위키리크스가 새로 공개한 문서는 미국이 코펜하겐 회의를 전후
로 비밀리에 참가국들을 회유한 외교 전문이다. 이 전문에는 미국
이 외교 무대에서 재정적인 부분을 비롯한 각종 원조를 빌미로 어떻
게 정치적 지지를 얻어냈는지, 또 어떤 방식의 외교적 공세를 취해
'코펜하겐 협의'를 이끌어냈는지 등의 내용이 담겨 있다.

비정부기구인 '지구의 친구들FOEI'의 정책분석관 호너Horner는 위키리크스의 이번 폭로로 그동안 많은 개발도상국들이 토로해온 답답한 심정을 이해하게 됐다고 밝혔다. 미국이 빈곤국가에 대한 금융지원을 무기로 이들 국가들이 탐탁지 않게 여기는 세계 기후 협약을 받아들이도록 종용했다는 것이다.

2009년 7월, 협상을 성사시키고 싶었던 미 국무부는 비밀전문을 발송하며 유엔 외교관원들에게 관련 정보를 요구했다. 중앙정보국에서 맨 처음 발송된 이 전문은 외교관들에게 코펜하겐 회의에 대한 각국의 입장, 각 나라들의 유기적 관계 및 기존 유엔 환경 분야 조약의 제약을 '피해 갈 수 있는 방법' 등의 정보 제공을 요구했다.

가능한 많은 나라를 '코펜하겐 협의'에 끌어들여야 미국의 국익을 높일 수 있는 것은 물론 '코펜하겐 협의'의 권위를 높일 수 있었기 때문이다. 이에 미국은 전 세계적인 외교 공세를 펼치면서 외교관들의 움직임은 바빠지기 시작했다. 그리고 같은 시기인 2009년 12월 말부터 2010년 2월 사이 더 많은 외교전문이 빠르게 오갔다.

브뤼셀에서 발송된 2010년 2월 17일자 전문에는 미국이 가장 강력한 맞수인 '베이직BASIC 4개국'*을 상대할 방법을 모색하고 있었음을 보여준다.

본 전문은 베이직 4개국을 분열시켜 '제3국의 방해와 기후협상의 실패 가능성을 효과적으로 피할 수 있도록' 해야 한다는 미국 국가안보 부고문 및 기타 EU 관계자들의 대화 내용을 담고 있다.

---

* 브라질, 중국, 인도, 남아프리카공화국을 말한다.

CRU 이메일 해킹 사건이 인터넷을 통해 전 세계로 확산되면서 '기후변화법안'을 통과시키려던 오바마 미국 대통령의 의도가 치명적인 타격을 입어 꺾이고 말았다. 이 법안만 통과되면 '탄소거래의 상한선과 범위'를 정하는 계획도 실행할 수 있다. 이 법안은 골드만삭스 등의 월가 은행들이 일어설 수 있는 절호의 기회로, 이들 은행들은 이미 새로운 탄소거래 파생상품을 만드는 데 수천 수백만 달러를 투자하고 있다.

산업혁명 이후로 전 세계 대형 사건의 배후에는 대부분 미국의 입김이 작용했다. 미국은 자국이 가진 정치적·경제적 힘을 지렛대 삼아 전 세계 부의 흐름과 분배를 통제해왔다. 오바마 대통령은 최초의 흑인 출신 대통령이자 어린 시절을 아시아에서 보낸 첫 번째 미국 대통령이다. 오바마는 취임 이후 "미국은 신에너지와 환경문제에서 다시 세계의 리더가 되어야 한다. 에너지 공급원을 확보하지 못하는 국가는 미래가 없다"고 성토해왔다. 오바마가 내세운 신에너지정책 구상에 의하면 미국은 재생가능에너지, 절전형 자동차, 고체천연가스, 절전형 건축, 스마트그리드 등의 분야에서 경제적 이익을 극대화할 수 있는 '저탄소 뉴딜'을 창출해내기 위해 안간힘을 쓰지만 이러한 변화가 실현되기는 매우 어렵다. 미국 컨설팅업체 A.T. 커니A.T.Kearney의 마이클 청Michael Cheng 이사는 재생가능에너지가 탄소배출을 줄이고 적정 경제성장을 유지할 수 있는 가장 효과적인 조치라고 설명한다. 미국이 보유한 재생가능에너지 관련 기술이 널리 보급된다면 전 세계 재생가능에너지 시장에 획기적인 영향을 미치게 될 것이다. 오바마 정부가 '저탄소 뉴딜' 홍보에 대대적으로 나서고 있는 이유가 바로 여기에 있다.

이산화탄소 배출에 지구파괴범이라는 꼬리표가 붙은 이후인 2009년 3월 17일, 스티븐 추Steven Chu 미 에너지부 장관이 미국 하원 과학 분과 회의에서 다른 국가들이 온실가스 강제감축조치를 시행하지 않는다면 '탄소세'를 도입하여 공정한 경쟁을 하도록 유도할 수 있다고 했다. 이 노벨상 수상자는 다량의 데이터를 근거로 의원들에게 지구가 직면한 에너지와 기후 문제를 설명하면서, 미국이 세계 최대의 탄소배출국인 만큼 탄소배출기준에 부합하지 않는 외국산 제품에 고액의 수입관세를 매겨 지구보호에 앞장서야 한다고 목소리를 높였다.

이것이 바로 '탄소세'로, 지구와 인류의 생존위기를 외면하는 '고 탄소 배출 국가'들에 벌금을 부과하여 경고 메시지를 준다는 취지에서 만들어졌다. 탄소세 구상이 공개되자 미국의 무역상대국들과 전 세계 여론은 극심한 우려를 나타냈다. 같은 해 6월 26일, '미국 청정에너지 안보 법안'이 미국 하원을 통과했다. 미국은 무역상대국이 탄소세 관련 국제 다자간 협약에 참여하지 않을 시 2020년부터 관련 국가의 철강, 시멘트, 유리, 종이 등의 제품에 '국경세 조정BTA' 조치를 취한다는 법안이었다. 즉 이들 수입품에 '탄소세'를 매기겠다는 것이다.

그렇다면 탄소세란 무엇일까? 예를 들어 철제 냄비를 생산한다고 가정하자. 냄비를 만들기 위한 제철 과정에는 에너지 연소가 필요하다. 즉 석탄을 사용하게 되면 세금 부과 대상에 포함된다. 철판을 냄비로 만드는 데 사용되는 전기 또한 석탄을 태워 생산한 것이

므로 이 역시 세금이 부과된다. 관세를 얼마나 매길 것이냐의 문제
는 미국 마음이다. 환경보호라는 명목으로 이렇게 마음대로 세금을
거두는 것은 수많은 기업의 생존을 위협하는 조치다. 그렇지 않아
도 쥐꼬리만한 이윤을 남기며 수출하고 있는 제3세계 기업들은 생
존마저 위협받게 된다.

미국이 신에너지 관련 기술과 설비 수출을 독점하게 되면 제3세
계는 미국의 '저탄소 뉴딜'의 주요 수입원이 될 것이다. 이것은 미국
이 쥐고 있는 비장의 카드다. 유명 경제학자 판강樊纲이 말했듯 선진
국들로서는 저탄소 경제가 새로운 성장 동력이 될 수 있다. 예를 들
어 건물 한 채의 난방 설계를 친환경 시스템으로 바꿀 경우, 기초 인
프라를 바꾸게 되는 셈이므로 그 자체로 새로운 수요와 일자리를
만들어낼 수 있다. 더욱 중요한 점은 현재 미국에는 신에너지 기초
연구와 응용 연구 분야의 관련 전문 인력이 넘쳐난다는 사실이다.
석유 의존도에서 벗어나기 위해 대체에너지에 눈을 돌린 EU 또한
원자력, 태양에너지, 풍력발전 등의 분야에 풍부한 기술을 보유하
고 있어 미국과 다시 한 번 어깨를 겨룰 수 있는 절호의 찬스다. 인
터넷 정보기술에서 한차례 밀려났던 EU에게는 다시없는 기회라고
할 수 있다. 저탄소 산업의 발전과 경쟁이 향후 미국의 차세대 과학
기술 및 산업 경쟁에 중요한 '무대'가 될 것임을 예측할 수 있는 대목
이다.

2010년 초, 미국 〈타임〉지는 칼럼을 통해 지난 10년을 '미국의 잃
어버린 10년'으로 묘사했다. 2000년의 '닷컴버블' 붕괴를 시작으로
전 세계를 경악케 했던 '911테러' 발생, 그에 뒤이어 아프가니스탄과

이라크 전쟁을 거쳐 허리케인 카트리나로 극심한 손해를 입은 미국의 악몽 같았던 10년은 금융위기로 마무리되었다. 2000년부터 2009년까지 미국경제는 계속 뒷걸음질쳤으며, 민심도 바닥을 쳤다. 이쯤되면 '지옥의 10년'이라고 할 만하다. 미국이 부르짖는 '저탄소 혁명'의 실체는 산업혁명이다. 화석연료 기반의 경제 시스템을 신에너지 중심의 새로운 체제로 개조해 나날이 쇠퇴하고 있는 경제를 한 단계 끌어올리고, 나아가 세계적인 강대국의 지위를 유지한다는 것이 기본적인 목표다.

빙하시대설,
지구는 정말로 더워지고 있는가

약 8200년 전에 작은 변화가
있었던 것을 제외하면 약 1만2000년 전부터 지금까지 지구상에는
이렇다 할 만한 급격한 변화는 없었다. 온도가 갑자기 떨어지는 것
은 전형적인 기온급변 현상으로 보통 수세기 동안, 길게는 1500년까
지 지속된다. 하지만 그러다 급속하게 따뜻해진다. 이런 변화가 생
기는 이유에 대해 논리적으로 설명할 수 있는 사람은 지금까지 아무
도 없었다.

2010년, 독일 기상학자 모집 라티프Mojib Latif는 해수가 더워졌다
식기를 주기적으로 반복하기 시작하는 해수 표면 아래 약 4800킬로
미터 지점에서 측정한 데이터를 토대로 연구한 결과, 최근 북반구에
있는 많은 나라가 '이상' 기온으로 혹한에 시달리고 있다는 사실은
지구 전체 기후 냉각화의 시작에 불과할 수도 있다는 새로운 가설

을 내놓았다.

인류가 대기 속으로 끊임없이 이산화탄소를 배출해 '온실효과'를 일으키는 동안 지구라는 이 행성은 전에 없는 대규모 빙하기에 들어서고 있을 가능성이 크다. 그렇게 되면 온실효과는 지구의 빙하기와 크게 충돌하게 될 것으로 예측했다.

최신 과학 통계를 살펴보면 수천 년 후면 북반구 전체가 현재의 극지방처럼 얼음으로 뒤덮이게 될 것으로 나타났다. 이는 새로운 빙하기가 '대기온난화'와 충돌하지 않는다는 전제 하의 가설이다.

2008년, 영국 에든버러 대학교University of Edinburgh의 과학자 토머스 크롤리Thomas J Crowley 교수가 영국의 과학 잡지 〈네이처〉에 연구 보고서를 발표했다. 그가 이끈 연구팀은 지구가 곧 새로운 '빙하시대'에 접어들 것이며, 수백만 년 만에 가장 강력한 빙하기가 될 것으로 예측했다.

그러나 인류의 활동이 만들어낸 이산화탄소 등의 온실가스가 지속적으로 대기층의 온도를 높여 빙하기의 도래가 늦어질 가능성도 있다고 했다. 대기변화에 대해 회의적인 시각을 가진 측은 '그렇다면 이산화탄소 배출이 인류에게 도움이 되는 것이 아니냐'고 반문할 수도 있다. 하지만 사정은 그렇지 않다. 크롤리는 만약 대기 온난화가 빙하기의 도래를 막거나 늦출 수 있다 해도 그것이 기후 재앙에 대해 안심해도 좋다는 뜻은 아니라고 설명한다. 왜냐하면 인류는 지금 고도이상기온 상황에 들어섰기 때문이다.

앞에서도 언급했지만 크롤리는 이번 빙하기가 전보다 훨씬 강력할 것으로 예측했다. 과거의 기록을 토대로 본다면 캐나다, 유럽, 아시아 등 북반구 지역의 대부분이 1만 년에서 10만 년 후에는 영구적으로 얼음에 뒤덮이게 될 것이라고 했다. 마치 오늘날의 남극처럼 말이다.

약 6억5000만 년 전, 지구가 완전히 얼어붙었던 시절이 있었다. 표면 온도가 급격히 떨어지고 온 지구가 3000미터 두께의 얼음으로 뒤덮였던 이 빙하기는 약 2500년간 이어졌다.

지구는 일정한 주기로 빙하기를 맞는데, 지난 300만 년 동안 수십 차례의 빙하기가 있었다. 빙하기가 오면 극지방의 얼음은 점점 주변 지역으로 확산되고 빙하기가 끝날 때쯤이면 극지방은 다시 천천히 줄어든다. 빙하기는 매번 약 4만1000년간 지속됐으나 최근에는 지구가 얼음에 뒤덮여 있던 시간이 50만 년 중 무려 10만 년에 달했다.

빙하는 또 다른 재난을 연쇄적으로 발생시킬 수 있다. 영화 〈투모로〉의 설정이 바로 온실효과로 따뜻한 해수의 움직임이 바뀌면서 단 몇 주 만에 지구에 빙하기가 찾아온다는 내용이다. 빙하는 85%의 햇빛을 반사시키는 반면 해수면의 반사율은 10%에도 미치지 못하기 때문에 빙하가 늘어날수록 햇빛에 노출되는 해수 면적이 줄어들고, 지구가 흡수하는 태양광 에너지도 줄게 되어 기온이 점점 낮아지는 것이다. 지구가 얼어붙으면 단세포 미생물이 죽거나 퇴화하기 시작한다. 이때 대규모의 화산 폭발이 일어나 수십억, 수백억 톤의 뜨거운 마그마가 분출되지 않는 이상 두꺼운 빙하는 쉽게 녹지 않을 것이다.

지난 50만 년 동안 빙하기와 간빙기의 온도변화는 최저온도와 최고온도의 기록을 계속 갈아치우며 점점 극단적으로 변해왔다. 지구

암석에 남아 있는 기록으로 유추해보건대 이러한 극단적 기후변화는 단시간에 평준화되지 않았으며, 가장 최근에 있었던 두 차례의 빙하기는 역사적으로 기후변화폭이 가장 컸던 기간이었다.

과학자들은 다음 빙하기가 찾아오면 북미 지역의 경우 지난 수십만 년 동안의 빙하기와 비슷하게 두꺼운 얼음으로 덮일 것으로 예측하고 있다. 또한 컴퓨터 시뮬레이션으로 실험한 결과 유럽과 아시아 역시 빙하지역이 되어 잉글랜드부터 시리아에 이르기까지의 드넓은 지역에 3500미터 두께의 얼음층이 생성될 것으로 나타났다. 이는 이전 빙하기에서는 한 번도 나타나지 않았던 현상이다.

새로운 빙하기가 범상치 않다고는 하지만 인류활동이 배출한 이산화탄소로 인한 기후 온난화 또한 범상치 않기는 마찬가지다. 크롤리 교수는 지구 온도가 3℃에서 5℃만 상승해도 지난 5000만 년 동안 한 번도 발생하지 않았던 기후를 경험하게 될 것이라고 설명했다. 그러나 얼음과 열의 충돌로 무슨 일이 벌어질지는 아무도 모른다. 지금 우리를 둘러싸고 있는 지구의 대기는 따뜻하지만 극지방에는 여전히 빙하가 존재한다는 자체가 이해할 수 없는 이상 현상이기 때문이다.

지질학자 로렌 리시에키 Lorraine Lisiecki 는 다음 빙하기는 앞서 100만 년 동안 있었던 어떤 빙하기보다 강력할 것이라고 예상했다. 500만 년 전, 복잡한 구조를 가진 고등동물이 막 진화를 시작했을 시기, 지구의 온도는 지금보다 훨씬 높았고 극지에는 얼음 조각이라곤 없었다. 지금으로부터 약 1억 년에서 5000만 년 전에 '온실 지구'와 비슷한 현상이 나타난 적이 있었다. 당시 남극에는 수풀이 무성했고 아메리카 대륙과 유럽, 아프리카의 대부분이 얕은 바닷물에 잠겨 있었다. 이후 히말라야 산맥이 빠르게 융기하면서 지구 대기 중의 이산화탄소 함량은 천천히 낮아지게 되었고, 지구의 온도도 차츰 내려갔다. 남극은 3000만 년 전에 처음으로 영구적인 얼음이 나타나 면적이 점점 확장되었다. 얼마 후에는 북극도 얼음으로 뒤덮였다.

약 250만 년 전, 지구 대기는 전혀 새로운 단계에 들어서 빙하기와 간빙기가 빠르게 교차하는 현상이 지금까지 계속되고 있다. 이 시기에 북유럽과 북아시아, 북아메리카 대륙을 뒤덮고 있던 얼음층은 두께가 무려 4000미터에 달했고, 해수면은 오늘날보다 120미터 낮았다.

회를 거듭할수록 점점 차가워지던 빙하기는 지난 50만 년 동안 계속해서 지구의 온도를 떨어뜨려 현재의 '인류세Anthropocene, 人類世' 까지 왔다. '인류세'라는 용어는 갓 출현했을 당시 많은 학자들의 공감을 얻었던 지질학적 개념으로, 노벨상 수상자인 대기화학자 폴 크뤼천Paul Crutzen이 처음 사용하기 시작했다. '인류세'에 특정한 시작 시기는 없다. 인류활동이 지구대기와 생태환경에 점점 큰 영향을 미치기 시작한 현재의 시기가 바로 '인류세'이다.

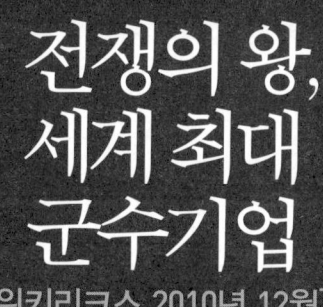

8

전쟁의 왕,
세계 최대
군수기업

[위키리크스 2010년 12월]

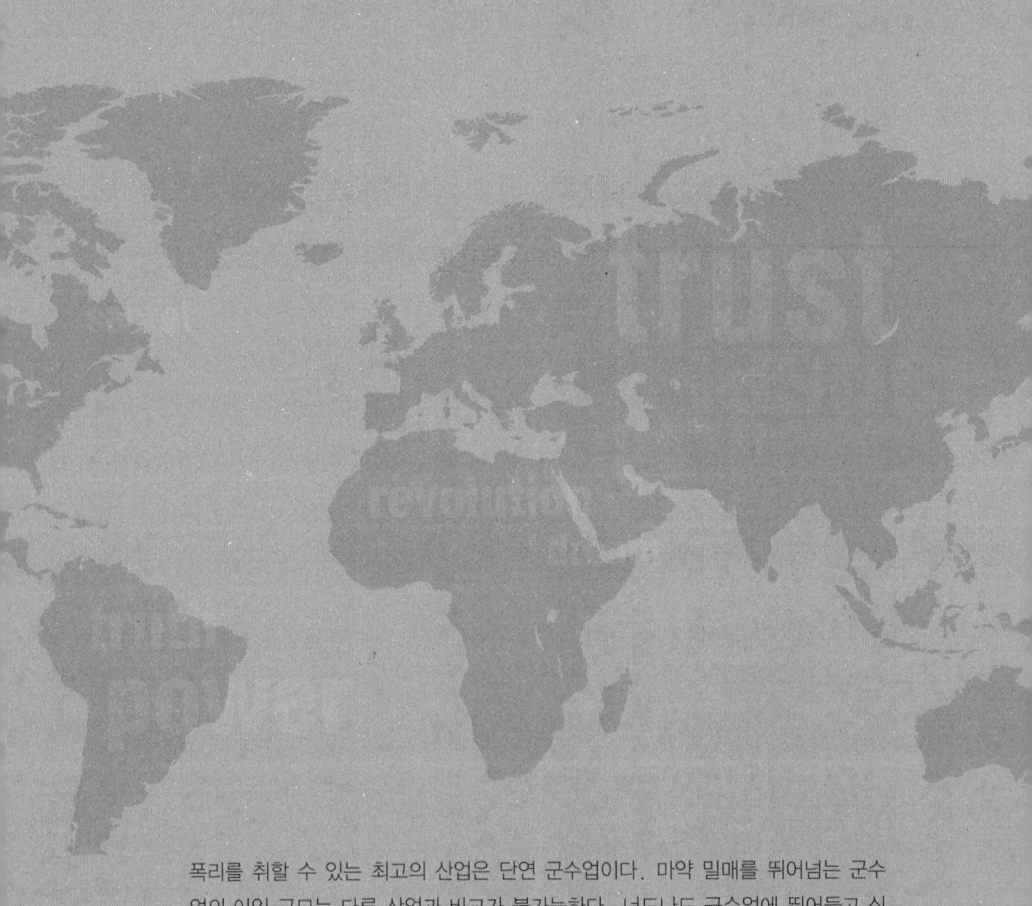

폭리를 취할 수 있는 최고의 산업은 단연 군수업이다. 마약 밀매를 뛰어넘는 군수
업의 이익 규모는 다른 산업과 비교가 불가능하다. 너도나도 군수업에 뛰어들고 싶
어 하는 이유도 바로 여기에 있다.

소말리아
해적 출현

2008년 9월 25일, 케냐 동부의
항구도시 몸바사로 향하던 우크라이나 화물선 '파이나Faina'호가 소
말리아 동부 해협에서 해적에게 납치됐다. 우우 소리를 지르며 화
물선에 올라탄 해적들은 배에 실린 물건을 보고는 '대박'을 맞았다
는 사실을 깨달았다. 비밀리에 군수품을 운반중이던 이 배 안에는
21명의 선원 외에 개량형 T−72탱크 32대, 수류탄 발사기 150개, 방
공포 6대가 실려 있었다. 처음에 3500만 달러의 보상금을 요구하던
해적들은 금액을 500만 달러까지 내렸다. 그러나 결국 그들은 기대
하던 보상금 대신 미국과 유럽 국가들이 보낸 항공모함 세 척과 맞
닥뜨려야 했고, 곧 이어 러시아 해군함정까지 출동했다. 결국 해적
들은 320만 달러의 보상금을 받고 화물선을 넘겼다. 그런데 한 가지
놀랄만한 사실은 악명 높은 해적들이 배에 실린 군수품들을 가리

켜 수단 남부의 반정부 무장 단체를 지원하기 위한 것이라고 했다. 감춰져 있던 무기밀매 경로가 드러난 셈이다.

그러나 우크라이나와 케냐 정부는 이들 해적의 주장을 완강히 부인하며 탱크는 원래 케냐군 측에 제공되기로 했다고 주장했다. 케냐 정부 대변인은 굉장히 안타깝다는 듯 '이는 우리 군의 큰 손실'이라고 말했다.

그러나 위키리크스가 미국 외교비밀전문을 공개하면서 해적의 주장이 옳았음이 밝혀졌다. 조지 부시 대통령 시절, 미국은 수단 남부의 반정부 무장 세력에게 무기가 흘러들어 가는 것을 줄곧 묵인해왔다. 무장 단체가 수단 정부를 공격할 수 있도록 도운 것이다. 소말리아 해적이 우연히 발견한 탱크는 수단 남부로 향하던 대규모 무기의 일부에 지나지 않았다. 배가 해적에게 납치되기 전에 이미 T-72 탱크 67대가 수단 남부 무장 세력에게 넘겨졌다. 그러나 나중에 오바마 정부가 출범하면서 수단에 대한 무기 운반이 금지되었다.

수단 남부의 주민 대부분은 기독교와 애니미즘을 믿는 사람들이다. 수단의 합법정부와 대립해온 이들은 심지어 수단에서 독립해 나가려는 시도까지 했다. 무슬림 인구가 대부분인 북부와 기독교도가 다수를 차지하는 남부는 2005년에 '전면적 평화 협정'을 맺고 22년간 계속된 내전을 마무리지은 것으로 알려졌지만 위키리크스가 공개한 문건에 의하면 수단 남부 무장 세력은 이미 상당수의 무기를 확보한 것으로 드러났다. 2009년 12월에 케냐 주재 미 대사관이 발송한 전문에는 지난 2년에 걸쳐 일부 케냐 정부 관리와 미국이 수단 남부 무장세력인 '수단인민해방운동SPLM'에 협력한 정황이 그대로 드러났다. 게다가 미국은 이 무장 세력의 병사들을 훈련시키기도 했음이 밝혀졌다.

위키리크스에 의하면 오바마 정부가 출범하기 전에 미국은 수단 남부의 반정부 세력을 지지하고 있었다. 2008년 10월 19일, 수도 카르툼Khartoum에 있는 미국 외교대표 앨버트 페르난데스Albert Fernandez는 '미국은 수단 남부에 새로운 무장 세력이 형성되는 것을 원치 않으나 그들의 어쩔 수 없는 입장 또한 이해한다'는 뜻을 수단 남부 반정부 세력 두목에게 전달했다고 미국 정부에 보고했다. 또한 그들에게 다시는 납치되지 않도록 조심하라고 일러두기까지 했다.

2010년 12월, 독일 주간지 〈슈피겔〉은 위키리크스가 폭로한 문서를 소개하면서 미 정부는 '옳지 않은 곳'에 무기가 흘러들어 가지 않도록 최선을 다하고 있다고 밝혔다. 이를 보면 불가리아, 우크라이나, 러시아에서 흘러나오는 무기를 경계하는 미국은 특히 우크라이나가 전 세계 거의 모든 분쟁지역에 탱크, 다연장로켓발사기Multiple Rocket Launcher*, 기관총, 심지어 미사일 기술까지 제공하고 있음을 알고 있다. 구소련 지역의 국가들에 있어 무기 장사는 적은 밑천으로 큰 수익을 얻을 수 있는 사업이다. 2008년 가을, 라이스 미 국무장관은 외교관들에게 아르메니아 대통령 세르즈 사르키샨Serzh Sargsyan을 압박해 '무기 수출'을 중단하도록 하라고 지시했다. 이들 무기가 이라크 전쟁에 참전한 미군을 위협했기 때문이었다.

'해적이 우글대는' 소굴로 새롭게 떠오른 아덴만에는 전 세계 해

---

* 여러 개의 발사통이 하나로 묶여서 한 번의 조작으로 동시에 많은 포탄을 발사할 수 있도록 만들어진 로켓 발사기.

적의 절반이 모여 있다. 1991년에 소말리아 정부가 무너진 후부터, '아프리카 대륙의 꼭짓점'에 있는 소말리아는 군벌 세력들이 대립하는 각축장이 되었다. 각 지역은 여러 파벌과 부족들이 거느린 무장 조직의 전쟁이 끊이지 않았다.

2006년에 소말리아 임시정부가 에티오피아의 도움으로 수도 모가디슈를 장악했지만 반정부 무장조직의 기세는 여전히 사그라지지 않고 있다. 게다가 정부군 또한 여러 군벌세력으로 구성되어 있다. 일부 소말리아 군벌은 '소말리아 해양에 대한 권익을 보호한다'라는 명목으로 무장 세력을 조직하기도 했다. 이들은 권총과 쾌속정을 갖추고 불법으로 조업하거나 바다에 쓰레기를 투하하는 어선들을 단속했다. 그러나 얼마 지나지 않아 그들은 외국 선박과 선원을 납치해 보상금을 뜯어내면 많은 돈을 벌 수 있다는 사실을 알아차렸고, 이때부터 해적들이 급속도로 늘어나기 시작했다.

현재 소말리아 해협에서 활동하는 해적은 크게 네 개파이다.

1. **푼틀랜드 그룹**Puntland Group 소말리아 해협에서 처음으로 조직적인 해적 활동을 벌인 단체이다.
2. **자원 해양 경찰**National Volunteer Coast Guard 규모가 비교적 작은 조직으로, 주로 연안에서 운행중인 소형 선박을 납치한다.
3. **메르카**Merkah 공격 능력을 갖춘 소형 어선을 이용해 활동하는 단체로, 범행 수법이 다양한 것이 특징이다.
4. **소말리아 해군**Somalia Marine 해안선에서 200해리 떨어진 곳까지의 거리에서 활동하는 조직이다.

이 중에서 자칭 '소말리아 해군 사령관'이라는 모하메드 압디 아프웨니에Mohamed Abdi Afweyne의 해적단이 가장 위협적이다. 이들은 해안가의 어촌마을을 근거지로 삼아 육지에서 600킬로미터 떨어진 수역에서 운행하는 선박을 공격한다.

1991년, 소말리아의 바레Barre 정부가 무너지고 나라 전체가 군벌들의 전쟁으로 몹시 혼란스러울 때였다. 당시 12세의 나이에 군벌에 붙잡혀 소년병이 된 아프웨니에는 특유의 근성으로 점차 군대에서 두각을 나타내기 시작했다. 빠른 속도로 소대장에 진급했고, 2년도 채 되지 않아 사령관이 되었다. 그러나 이에 만족할 수 없었던 아프웨니에는 21세가 되던 해에 군벌 두목을 죽이고 군벌 최고의 지휘관 자리에 올랐다.

그러나 얼마 지나지 않아 아프웨니에는 대장 노릇이 얼마나 힘든지 깨달았다. 세계 최빈국 중 하나인 소말리아에서는 아무리 마을을 약탈해봤자 1000명에 가까운 병사들을 먹여 살리기가 어려웠기 때문이다. 세력을 유지하기 위해서 돈을 마련해야 한다는 문제와 맞닥뜨린 것이다. 그러다 아프웨니에는 바다로 눈을 돌렸다. 매년 소말리아 부근의 해협을 오가는 4만8000척의 외국 선박들에게서 돈을 좀 구해볼 생각을 한 것이다. 단숨에 큰돈을 벌고 싶었던 아프웨니에는 군대 조직과 마피아 수법을 결합하여 새로운 형태의 해적단을 만들었다.

아프웨니에는 자신의 군대를 이용해 주변의 소규모 해적들을 한데 모았다. 조직은 금세 1000명가량으로 늘어났다. 그는 '함대 대장', '소장', '재정관리' 등의 직책을 만들어 해적들을 엄격하게 관리하면서 '소말리아 해군'이라고 이름을 붙였다.

아프웨니에는 현지에 불과 몇 척밖에 없던 출항 가능한 대형 어선을 빼앗아 '해적함선'으로 개조한 다음 비싼 값에 사들인 수십 척의 쾌속선을 각 해적함선에 몇 대씩 배치했다. 해적함선은 순서를 정해 날마다 번갈아가며 출항시켰다. 어선으로 위장한 해적함선은 '사냥감'을 발견하면 빠르게 쾌속정을 띄워 사냥감을 포위했다. 그러자 일반 배의 선원들은 전면 무장한 해적들에게 속수무책으로 당할 수밖에 없었다.

아프웨니에의 해적단은 나름대로 '법칙'이 있었다. 일단 선주가 보상금 지급에 동의하면 인질을 해치지 않았고, 납치한 선박의 가치와 선원들의 국적에 따라 보상금을 책정했다. 국제 돈세탁에 능했던 아프웨니에는 약탈한 선박과 보상금으로 일 년에 최소한 3000만 달러의 '수입'을 올렸다.

그는 수입의 일부를 '논공행상'에 쓰는 것도 잊지 않았다. 자신과 수하들을 위해 고급 승용차와 별장을 샀고, 남은 돈은 대부분 더 좋은 쾌속정이나, 최신형 통신설비 및 무기류를 매입하는 데 사용했다. 아프웨니에는 지역 주민들과 관리들의 호감을 살 줄도 알아서 수입의 일부를 현지의 가난한 어민들에게 나누어주기도 하고, 지방 관리들에게 뇌물로 주기도 했다.

소말리아의 어촌마을인 오비아Obbia에서 소말리아 해적활동을 취재한 영국 기자는 낙후되고 보잘것없는 이 작은 마을이 이미 해적 소굴로 변해 있는 것을 발견했다. 사격이 가능한 해적들이 선박을 납치하면 컴퓨터 전문가가 협상에 나섰다. 소말리아 해적 활동은 이렇듯 일정한 시스템을 갖추었을 뿐 아니라 일정 규모의 경제권까지 형성한 마을 전체의 생업이었다.

해적들의 작전은 계획적으로 진행되었다. 그들은 먼저 함선을 평범한 대형 선박처럼 위장하여 해안에서 240킬로미터 떨어진 바다로 나간 뒤 공격할 만한 목표물을 찾기 시작한다.

해적함선은 레이더와 위성위치추적시스템GPS을 갖춰놓아 목표물이 나타날 만한 해역에 들어서면 레이더를 작동시켜 주변을 수색했다. 군사용이 아닌 일반 레이더인 탓에 선박의 속도와 크기 등의 구체적인 데이터는 얻을 수 없었지만 스크린에 나타나는 물체의 이동 방향을 통해 자신들이 노리는 선박인지 아닌지를 판별했다.

적재량이 커 무겁고 운항 속도가 느린 화물선은 해적들이 가장 좋아하는 사냥감이었다. 목표 선박을 발견하면 해적함선이 먼저 이동 방향을 정해 목표물의 뒤를 쫓는다. 목표물에 6~10해리쯤 접근하면 쾌속정을 띄워 목표 선박으로 올라가는 작업을 시작한다. 쾌속정을 바다에 띄우는 방법은 두 가지가 있는데, 보편적으로 쓰이는 방식은 쾌속정을 밧줄로 묶어 바다에 띄우는 것이다. 또다른 방법은 도르래를 이용해 쾌속정을 수면 위에 띄운 다음 엔진을 작동시켜 운행하는 방식이다. 최근 들어 함선의 후갑판에 액압강판을 달아 미끄럼틀처럼 설치하는 방식도 사용되고 있다. 이는 쾌속정을 띄울 때 배 옆쪽의 비스듬한 판을 바다 쪽으로 열고 쾌속정이 미끄러지듯 수면으로 출동하도록 하는 방식이다.

소말리아 해적은 선박 한 척을 약탈할 때마다 보통 3~4척의 쾌속정을 띄워 양쪽에서 목표 선박으로 접근한다. 그러는 한편 점 찍어둔 선박이 함부로 반항할 수 없도록 위협사격도 가한다. 목표 선박에 오르는 단계에서는 한두 척의 다른 쾌속정이 100미터가량 떨어진 곳에서 총을 쏘아 선원들이 반항하지 못하게 하는데, 갑판 위에서 저항하는 선원이 있으면 조준 사격도 가한다.

배에 오른 해적들은 먼저 갑판의 조종석부터 장악한 다음 모든 선원을 지하 선실에 몰아넣거나 갑판 위로 모은다. 그러고는 납치한 선박과 인질들을 항구로 데려와 감시한다.

해적들의 생활은 과거와 현대를 자유롭게 넘나든다. 그들은 선박을 납치하면 전통적 방식대로 제사를 지낸다. 산양을 잡아서 먹고 마시며 승리를 즐긴 다음 오랜 시간 아랍차를 마신다. 아프리카와 아랍 지역에서 생산되는 이 찻잎은 기분을 고양시키는 마취제 성분이 있어 중독성이 있다. 많은 나라에서 마약으로 분류하여 수입이 금지된 찻잎이지만 아프리카에서는 여전히 활발히 거래되고 있다.

해적활동은 밑천이 얼마 들지 않는다. 작은 배 한 척과 총 몇 자루, 통신기기 등 간단한 설비만 갖추면 되는데, 약탈에 성공하기만 하면 엄청난 수입을 올릴 수 있다. 납치된 선박의 선주는 선원들의 안전을 위해 웬만하면 보상금에 합의하는 쪽을 택한다. 선박 한 척을 납치할 때마다 평균적으로 100만 달러에서 200만 달러의 수입을 올리는데, '스텔라 마리스Stella Maris 호'를 납치했을 때는 보상금이 무려 300만 달러에 달하기도 했다. 2008년 한 해 동안 이들 해적이 뜯어낸 보상금은 1800만 달러에서 3000만 달러가량이다. 세계적으로 250억 달러의 손실을 본 셈이다. 거액의 보상금이 오가면서 선박 한 척만 납치해도 벼락부자가 될 수 있게 되자 해적활동은 점점 더 강도가 높아졌다. 성공한 해적이 되면 가난한 생활에서 벗어나 고급 자동차와 별장을 구입할 수 있는데다가 수많은 여자를 거느릴 수 있다는 유혹 때문에 너도나도 목숨을 걸고 해적단에 가담했다. 해적들은 밀수, 마약거래, 무기거래, 밀입국 등의 또다른 부가가치를 만들어내 수익을 극대화할 수 있었다.

피해를 본 많은 어선과 화물선은 대부분 그저 운이 나빠서 해적을 만난 경우였지만, 적지 않은 수의 선박들은 출항할 때부터 해적의 목표물이 되었다. 해적활동을 막기 힘든 것은 그들이 '한 건 성공할 때마다' 큰돈이 들어오는데다 국제 해상운송도 상당히 활발하게 이루어지고 있기 때문이다. 감자를 가득 실은 화물선이나 석유를 가득 실은 유조선이나 납치하는 데 드는 공은 별반 다를 게 없다 보니 해적들도 이왕 시작한 일, 최대한 큰 수익을 얻을 수 있는 방법으로 배를 납치해야겠다고 생각하게 되었다. 그래서 소말리아 해적단은 정찰요원을 수에즈 운하 등으로 보내 전화와 인터넷 등으로 운하의 상황을 생생하게 전하며 가장 먹음직스러운 사냥감을 찾기 시작했다. 정찰요원뿐만 아니라 인터넷 검색도 해적들에게는 유용하게 쓰였는데, 인터넷 서버를 이용해 선박의 이름을 검색하면 출항일과 관련 자료를 손쉽게 얻을 수 있었다. 이렇게 하여 최상의 목표물을 미리 점찍어둔 다음 출동하면 손쉽게 거액을 만질 수 있다.

아덴만
해적 사건

　　　　　　　　미 펜타곤은 보안이 요구되는
정보가 일반 웹 사이트에 공개되는 것을 막기 위해 미 해군은 위키
리크스 사이트의 방문을 삼가라고 지시했다.

　미군의 각 부서는 관련 내용을 담은 문서를 하달했는데, 재미있
는 것은 이들 문서까지도 이미 유출되어 웹 사이트에 공개되었다는
사실이다. 미 해군 해병대가 발송한 문서의 내용은 다음과 같다.

　「미 해병대의 모든 직원*은 개인 컴퓨터, 공공 컴퓨터, 미국 정부
의 컴퓨터 시스템을 통해 위키리크스 사이트를 절대 방문할 수 없
다. 이 사이트에서 기밀자료를 검색하는 행위는 허용된 권한을 넘어
선 기밀정보의 처리, 공개, 접근일 뿐만 아니라 저장이 허락되지 않

---

* 해병대원, 사무직원, 협력업체 직원을 모두 아우른다.

은 컴퓨터로 다운로드를 하는 행위이다. 이는 안보규정 위반에 해당한다.」

「직원들은 본 웹 사이트에 게재된 정보에 대해 인정하거나 부정할 수 없다. 또한 직원들은 데이터 유출 방지를 위해 정부 컴퓨터 시스템을 이용하여 본 웹 사이트에 접근할 수 없다.」

지도상에서 아프리카 대륙 꼭짓점에 있는 예멘과 소말리아 사이에는 좁고 긴 아덴만Gulf of Aden이 자리하고 있다. 아랍 해에 속한 아덴만은 만다브Mandab 해협을 지나 북쪽의 홍해까지 이어진다. 아덴만은 수에즈 운하처럼 지중해와 인도양으로 통하는 지름길이며, 페르시아 만에서 유럽과 북미로 석유를 운반하는 중요한 항로이기도 하다.

남아프리카공화국 월드컵 주제가 '휘날리는 깃발Waving Flag'을 부른 소말리아 출신 케이난Knaan은 자신의 또 다른 곡 '소말리아'에서 조국을 이렇게 노래한다.

초라한 거리는 이름도 없고 하수도 시설조차 없다네
그대는 소년의 몸에서 자라나는 분노를 볼 수 있으리
어떤 이는 콜라와 화약을 섞어 마시고
모델이나 의사가 됐어야 했을 소녀의 손에는 총이 들려 있네
해적들이 날뛰는 것이 뭐 어떻단 말인가
어차피 폭력과 상처뿐인 인생인걸
이 속에서 살아가는 사람 그 누구도 멀쩡할 수 없다네

해적에게 납치되었다 풀려난 한 선원의 증언에 의하면 소말리아

해적의 주요 무기는 어깨에 메는 로켓포, AK-47 자동보병총과 중기관총이라고 한다. 해적은 여러 파벌로 나뉘어 있어 서로 싸우는 경우도 허다하다.

해적들은 자신들의 감정을 잘 다스리지 못한다. 아랍차를 제외하고 해적들이 가장 좋아하는 것은 설탕인데, 찻잔에 절반 정도의 설탕을 넣어 마신다. 그래서 그들의 식당 바닥은 설탕이 지천에 흩어져 있어 온통 끈적끈적하다고 한다.

해적들의 위생상태도 끔찍할 정도라고 증언했다. 그들은 음식을 손으로 집어 먹고, 식수는 공동으로 쓰는 물 두 통에 직접 바가지를 넣어 떠 마신다. 배 위에서는 으레 설사하는 선원이 나오기 마련이지만 약은 일찌감치 바닥나버려 쉴 새 없이 화장실을 들락거리는 수밖에 없다. 납치된 지 불과 며칠 만에 배 안의 모든 화장실이 막혀버리고, 선창은 온통 해적들의 배설물로 뒤범벅이 되어 악취가 코를 찌른다고 한다.

납치된 선원들에게는 해적들의 끔찍한 위생습관보다도 그들의 감당하기 어려운 성격이 훨씬 더 위협적이다. 해적들은 대부분 나이가 어리기 때문에 치기어린 청춘의 감정을 억제하지 못하고 툭하면 흥분하곤 한다. 그래서 배에서는 시도 때도 없이 총소리가 들린다. 어떤 날은 음식물을 빼앗았다는 이유로 뒤에서 총을 쏘아 죽인 적도 있고, 마실 물을 차지하기 위해 서로 총을 쏘아대기도 한다. 납치 선원이든 해적이든 그들에게 사람 목숨이란 감자 한 톨이나 물 한 바가지보다도 못하다.

해적들의 모양새는 손에 들린 무기만 없다면 영락없는 난민이다.

신발을 신은 경우가 드물고, 옷은 달랑 치마 한 장 두른 것이 전부다. 녹이 슬대로 슨 AK-47을 가진 그들은 콩과 오래된 곡식으로 배를 채운다. 해적활동으로 얻어낸 보상금은 대부분 현지의 군벌이 가져가고, 맨발로 총을 쏘는 '난민'의 수중에는 잔돈 몇 푼 떨어지는 것이 전부다.

미 해군이 파견한 최신식 항공모함이 소말리아에 도착했을 때 해적은 여전히 남아 있었고, 육지에 있는 해적소굴도 여전했다. 그렇다면 선박을 보호하겠다는 미군의 정체는 무엇인가. 해적을 감시하는 것 외에 다른 목적이 있는 것이 분명해 보인다. 미국 언론은 아덴만에 군사기지를 건설하고 선박 보호 활동을 '장기화'한다는 내용을 발표했다. 미국이 합법적으로 소말리아 해역에 영향력을 행사할 수 있는 좋은 구실이 생겼으니 미국에게 있어 해적은 은인 같은 존재라고 할 수 있다.

미국이 아덴만에 군사기지를 건설하는 데는 네 가지 이유가 있다. 첫 번째로 미군 제5함대가 수에즈 운하 및 홍해에서 인도양으로 통하는 길목을 지킨다는 정당한 명분을 얻을 수 있다. 두 번째로는 미국의 아프리카 전략에 도움이 된다. 세 번째로 미국 국가정보위원회의 예측에 의하면 2015년까지 아프리카산 석유가 미국 석유 총수입량의 25%를 차지하게 될 것이라고 하므로 지금 당장 이 지역에 대한 활동을 개시하는 것은 당연하다. 마지막으로 미국의 무역이익을 보호하는 '장기화' 전략도 필요하다. 소말리아 해적은 이미 미국 국무부의 국익 위협 세력 중 하나가 되었기 때문이다.

세계의
군수업자들

                    영국 〈가디언〉지는 2010년 12월에
위키리크스가 공개한 미국 기밀외교전문을 바탕으로 영국 보수당
정치가들이 선거 전 '친미 정책'을 펼칠 것을 약속했다는 내용을 보
도했다. 집권당이 당선되면 미국에서 더 많은 무기를 구매하겠다는
것이었다.

    세상에서 폭리를 취하기에 가장 좋은 산업은 단연 군수업이다.
마약밀매를 뛰어넘는 군수업의 이익 규모는 다른 산업과 비교조차
할 수 없을 정도다. 너도나도 군수업에 뛰어들고 싶어 하는 이유가
바로 여기에 있다. 제2차 세계대전 후, 세계 군수시장은 공급이 부
족한 상황이었다. 그래서 생산 규모를 늘리는 것에만 급급했던 미
군수업체들은 판로 문제는 생각할 겨를이 없었다. 이제 군수업은
미국의 국민산업이다.

제2차 세계대전이 끝나고 국제정세가 안정을 찾아가면서 수많은 군수업체가 생산을 줄이거나 업종 전환을 해야 했다. 그와 함께 소수의 대형 기업만이 살아남으면서 미국 군수업계는 집중과 독점현상이 심화되었다. 전체 산업이 몇 개의 기업에 집중되자 국민산업이던 군수업이 순식간에 소수 민간기업의 차지가 되어버렸다.

제2차 세계대전 이후로 미국 군수업은 폭약과 탄환 같은 재래식 무기를 생산하던 방식에서 항공, 우주, 해군 무기 및 대규모 살상무기를 제조하는 방식으로 전환했다. 군용기나 정찰위성, 항공모함, 순항미사일 등은 과거에 생산한 총기류나 대포, 탄환보다 부가가치가 훨씬 높다. 군수업의 규모는 줄었지만 전체 산업생산량 가운데 생산총액은 여전히 높은 비중을 차지하는 이유가 바로 여기에 있다.

또한 첨단무기는 고도의 기술력으로 제작하는 만큼 최첨단 생산 설비와 기술을 요하기 때문에 많은 인력과 설비, 자본이 들어간다. 일례로 1950~60년대에 미국이 F-4 전투기를 제작하는 데 총 3억 3400만 달러가 투입되었으나 1970~80년대에 F-15, F-18 전투기를 제작하는 데 소요된 비용은 무려 21억4000만 달러로 다섯 배 이상 늘어났다. 투자비용이 높아지면, 가격 또한 높아진다. 미국 전투기 가격은 제2차 세계대전 말의 10만 달러에서 60년대에는 100만 달러로 올랐다가 80년대 초에는 1000만 달러로 치솟았다. 또한 걸프전에서 사용된 F-15A-D는 2100만 달러, F-15E는 4350만 달러, F-117A 스텔스 전투기는 1억1000만 달러, E-3 조기 경보기는 1억1000만~2억 달러, B1-B전략 폭격기는 2억5000만 달러였다. 주력 탱크 가격도 제2차 세계대전 말의 5만 달러에서 60년대 초의 10만~20만 달러를 거쳐 80년대 초에는 100만 달러를 넘어섰다. 걸프전에서 사용된 M-1 탱크는 150만~200만 달러, M1A1 탱크는 350만~500만 달러였다. 걸프전에 투입되었던 '패트리엇미사일MIM-104Patriot'과 '토마호크미사일Tomahawk Missile'*의 가격은 각각 130만 달러와 160만 달러에 달했다. 순양함, 구축함의 가격은 3억 달러 이상이며, 항공모함 한 대를 제대로 갖추는 데 드는 비용은 90억 달러로 일반인의 상상을 초월하는 가격이다.

세계적으로 연간생산총액이 1억 달러가 넘는 대기업이 드문 상황에서 전투기 1대나 탱크 30대, 혹은 미사일 100대의 가격이 1억 달러다. 미국 군수업체 입장에서는 전투기 1대, 탱크 30대, 미사일 100대가 팔리지 않고 창고에 쌓여 있으면 그야말로 1억 달러 이상의 재고가 발생하는 셈이다. 하나의 항공모함 전투팀이 재고로 남게 되면 그 액수가 무려 90억 달러가 되는데, 90억 달러를 은행에 넣어두면 매일 붙는 이자만 100만 달러 이상이다. 제2차 세계대전 후반, 해군 함정을 만드는 군수업체는 매일 중급 함선 한 대를 생산할 수 있었고, 전투기 제작 업체에서는 시간당 평균 B-24전투기 한 대를 생산해냈다. 반세기 동안 미국의 군사기술은 급속히 발전했고, 생산효율 또한 하루가 다르게 증가하면서 이제 단 하루 만에 산더미 같은 무기를 생산해낼 수 있게 되었다. 그런데 고금리 시대에 높은 비용을 들여 만든 제품들이 창고에 쌓여 있을 경우 시간당 돈으로 환산하면 헤아리기조차 어려운 금액의 손해를 보게 된다.

---

* 함정 및 잠수함에서 발사하는 터보팬기관 추진 순항미사일.

그러나 먹을 수도, 입을 수도 없는 무기는 일상생활에서는 전혀 쓸모가 없는 물건이다. 무기를 소비할 수 있는 곳은 오직 하나, 전쟁 뿐이다. 무기는 '집단소비재'에 속하는 만큼 주로 정부가 구매하는데, 애당초 미국 정부의 많은 부분이 민영화되어 있어 군수물자의 투자, 생산, 무역도 정부가 주도하지 않고 민간 기업에 맡긴다. 전쟁 중에 미군이 사용하는 무기는 모두 국방 예산에서 나오는 것으로, 국고에서 나온 돈을 민간 군수업체에 지급하고 군수물자를 구매하는 시스템이다. 미국의 무기 수출은 일반적으로 미국 정부가 국외 군사 지원이라는 명목으로 수행한다. 미국 정부와 무기 수입국 측(수입국의 정부 또는 군사조직)이 협의를 맺으면 미국 정부가 수입국 측을 대신해 군수업체에서 무기를 구매한다. 어떤 종류의 전투기, 이를테면 함선, 차량, 탱크, 총과 대포, 탄약을 어느 회사에서 구매할지는 펜타곤의 관리들이 결정한다. 미군에 들어가는 무기의 경우, 구매량과 비용 모두 국회를 통해 결정된다. 정부가 책정한 군비 예산은 반드시 국회의 심의를 거쳐야 하는데 비준을 받지 못하면 예산을 얻을 수 없다.

그렇다면 생산 효율은 낮고 생산 비용은 많이 드는데다 은행 금리까지 높은 온갖 어려움을 미국 군수업체들은 어떻게 대처하고 있을까. 그러나 바로 이런 이유로 미국 군수업체들은 비용을 아끼지 않고 정부 쪽에 대리인을 심거나 정치인의 선거 자금을 대며 정부를 움직이려 하는 것이다. 세계 최대 군수업체인 록히드마틴사를 예로 들어보자. 조지 부시 정부 시절, 국방장관이었던 도널드 럼즈펠드Donald Rumsfeld는 재임 전 마틴사의 싱크탱크로 통했던 랜드연구소RAND Corporation의 회장이었다. 딕 체니 부통령의 부인 린 체니와 공군 부참모총장 스미스도 록히드마틴사의 간부였다. 1994년에서 2008년까지, 마틴사는 미국에서 2년마다 치르는 중간 선거^{Off-year} ^{Election}를 위한 정치후원금 50% 이상을 공화당에 제공했다. 그러나 민주당 출신의 오바마가 대통령에 당선되자 록히드마틴사의 회장 겸 CEO 로버트 스티븐스^{Robert Stevens}는 얼른 태도를 바꿔 공화당에 정치후원금으로 내놓던 112만 달러 중 55%를 민주당에 제공했다.

세계 20대 군수기업 가운데 14개 업체가 미국 기업이다. 미합중국의 군비 지출은 2010년 약 7000억 달러로, 현지의 군수업체들로서는 그야말로 군침 도는 시장이다.

스위스에 있는 스톡홀름 국제평화연구소^{SIPRI}는 군축과 군비 문제를 연구하는 국제기구로 매년 6월경에 발표하는 세계군비군축변화 연례보고서로 유명하다. 구매 계약 후 최종 투입까지의 주기가 긴 군수물자의 특성상 1년간의 데이터 변화로는 정확한 비교가 어렵기 때문에 스톡홀름 국제평화연구소에서는 5년을 주기로 각국의 군비 및 군축 상황의 변화를 비교·분석한다.

미국은 무기판매 '1인자'의 자리를 오랫동안 유지해왔다. 통계에 의하면 세계적으로 다섯 건의 무장 충돌 중 네 건이 미국산 무기를 사용한다고 한다.

무기 거래가 활발하다는 것은 불안정한 현실을 의미한다. 그러나 무기로 평화와 안전을 얻을 수 있을까? 이 질문에 대한 답을 우리는 이미 오래전에 얻었다. 무기 수출은 단순한 사업이 아니다. '일석이조', 혹은 '일석삼조' 이상을 노리는 검은 손이 조종하는 군수업의 뒤에는 정치, 경제 그리고 군사적 의미가 숨어 있다.

군수업은 시국 변화의 영향에 굉장히 민감하게 반응한다. 무기 주문이 납부 기한에 맞춰 제대로 이행되는가의 여부는 군수업체의 생산능력이 아닌 양국 관계, 혹은 지역 형세의 변화에 따라 좌우된다. 국제적 지위가 높고 강력한 영향력을 가진 강대국은 외부의 압력에서 자유로울 수 있으므로 주문한 무기를 편안하게 제때 받을 수 있는 반면, 그렇지 않은 나라들은 여러 가지 불이익을 당할 수밖에 없다. 또한 무기를 생산할 여력이 있는 나라라 해도 국제적 지위가 낮으면 외부의 압력을 받기 쉽다. 패트리엇미사일, 토마호크미사일, F-16 전투기……. 일반 사람들에게 이 무기들은 미군의 대명사로 비춰진다. 아프가니스탄 전쟁과 이라크 전쟁에서 미군은 이들 무기를 앞세워 전장을 초토화시켰고, 이들 무기 덕분에 세계를 호령할 수 있었다. 이렇듯 강력한 군사력 앞에 그 누가 감히 무기를 들이밀 수 있겠는가. 군사전문가들은 미국 군사력의 핵심멤버는 백악관과 펜타곤에 있는 것이 아니라 미국 5대 군수업체에 있다고 지적한다.

미국의 5대 군수업체

록히드마틴사 Lockheed Martin Corporation 세계 최대 군수기업
대표작 P-3C 대잠수함 해상초계기*

세계 최대의 군수기업으로 세계 방위시장의 40%를 점유하고 있다. 매년 펜타곤의 예산 3분의 1이 이 회사로 흘러 들어가는데, 미국 군용위성 생산 및 발사업무를 도맡다시피 하고 있는 명실상부한 세계 최대 군수업체

---

* 잠수함 공격으로 특화된 전투기로, P-3C의 경우 세계에서 가장 널리 사용되는 해상초계기이다.

다. 2008년 록히드마틴사의 군수품 판매액은 395억 달러로 여전히 타의 추종을 불허하는 1위 군수업체다. 현재 주로 미 해군 잠수함 발사 탄도 미사일SLBM*, 전구 고고도 지역방어THAAD 시스템, 통신위성 시스템, F-16, F-22, F-35 등의 전투기종, U-2 스파이 정찰기, 대잠초계기 P-3 시리즈, C-130시리즈, 군용 수송기 등을 생산하고 있다.

보잉사The Boeing Company 세계 2대 항공기 제조업체
대표작 아파치 헬기

미 항공우주국의 최대 외주 제작사로, 1997년 미국 최대의 군용기 생산업체 맥도넬더글러스McDonnell Douglas와 합병하여 군용기, 위성, 미사일 방어, 우주비행 및 로켓발사 분야의 1인자가 되었다. 주로 F/4-18전투기, 아파치 무장헬기, AGM-84 하푼, 합동정밀직격탄JDAM 등의 무기를 공급하고 있다.
2008년의 판매액은 311억 달러로, 세계에서 세 번째로 큰 군수기업에 이름을 올렸다.

노스롭그루먼사Northrop Grumman 세계 2대 군수기업
대표작 E-2T 조기 경보기

미국 주요 항공우주비행기 제조업체 중 하나로, 전자 시스템 결합 군용 폭격기, 전투기, 정찰기, 군용 및 민간 항공기 부품, 정밀무기, 정보시스템 등의 분야에서 놀라운 실력을 쌓아왔다. 주요 제품은 B-2 스텔스 폭격기, EA-6B 전자 전투기(프라울러), E-2C 호크아이 2000 조기 경보기, F-16 기와 F-22기의 화력제어레이더, 아파치 헬기에 쓰이는 화력제어레이더와 미사일 등이 있다.

---

* 대륙간 탄도 미사일을 전략 핵 잠수함에서 발사가 가능하도록 개량한 탄도 미사일이다.

록히드마틴사가 제작한 스텔스 전투기

F-117은 미국 록히드마틴사가 제작한 스텔스 전투기로, 세계 최초로 스텔스 기능과 전투 기능을 완전히 갖춘 모델이다. 1981년 6월 15일 시범 비행을 한 후, 1989년 4월에 미국 네바다 주의 넬리스 공군기지에서 정식으로 선보였다. F-117의 스텔스 기능은 당시 최첨단 기술이었지만 유지 및 관리가 굉장히 까다로웠다. 이 전투기종은 2008년에 현역에서 완전히 물러났는데, 그 이유는 후에 미국 B-2, F-22, JASSM 등 더욱 강력한 모델이 등장하면서 세대 교체되었기 때문이다.

제너럴다이내믹스사 General Dynamics 세계 5대 군수기업
대표작 키드Kidd급 구축함

미국의 주요 군수품 공급상 중 하나로, 주로 시울프Seawolf급 핵잠수함, 로스앤젤레스급 핵잠수함, 오하이오급 핵잠수함, 플로리다급 핵잠수함, 알레이버크Arleigh Burke급 구축함 등 다양한 전투기와 각종 공격용 무기류를 제작하고 있다.

2008년의 판매액은 229억 달러로 세계에서 다섯 번째로 큰 군수기업이다.

레이시언사 Raytheon Company 세계 6대 군수기업
대표작 패트리엇미사일

2008년 판매액이 216억 달러로, 세계 군수기업 순위에서 6위를 기록했다. 영업 부문의 90% 이상이 국방성의 주문으로 이루어져 미국의 지대공, 공대공 미사일의 생산을 거의 독점하다시피 하고 있다.

레이시언사는 레이더, 광센서 및 기타 육해공군이 사용하는 첨단 전자 시스템 설비 방면에서 세계 최고 수준의 기술을 보유하고 있다. 레이시언사는 유도탄 미사일과 유도탄 미사일 방어시스템 관련 기술도 다량 보유하고 있는데, AGM-65 매버릭 미사일, AIM-9 사이드와인더 미사일, AGM-154 JSOW, AIM-120 첨단 중거리공대공미사일 등을 생산한다.

걸프만을 덮친
강대국의 음모

위키리크스가 공개한 외교 기밀

보고서에 의하면 미국 정보부처는 이란이 이미 러시아 기술로 설계한 첨단 미사일을 확보했음을 알아냈다. 이는 미국이 앞서 인정한 이란의 군사력 수준에서 훨씬 발전한 것이다. 러시아 R27이 개발한 이 BM25 탄도미사일의 최대 사정거리는 약 1950킬로미터로, 일반 미사일보다 길이가 더 길고 무겁다. 그런데 이 미사일에 연료를 최대한으로 실을 경우 무려 3200킬로미터 이상 날아갈 수 있다고 한다. 만약 이란이 이 미사일을 발사하게 되면 서유럽까지 닿을 수 있고, 서북부 지역에서 발사할 경우 모스크바 공격도 가능하다는 이야기다.

위키리크스를 통해 밝혀진 문건 중 가장 눈길을 끄는 부분은 이란의 핵문제다. 이 문건에 의하면 사우디아라비아 국왕이 미국 쪽에 이란을 공격해서 핵 프로그램을 막아야 한다고 여러 차례 권고했다는 사실이 드러났다. 또 다른 문건에는 이란이 이라크 선거 조작 등에 관여한 내용도 들어 있다.

현재 중동 지역이 몹시 혼란스러운 상황에 처해 있다 보니 많은 아랍 국가들이 자국민을 안심시키기 위해 미국으로부터 무기를 사들이고 있다. 자국의 안보를 미국에 완전히 의존하고 있는 것이다. 위키리크스가 공개한 문서에 의하면 걸프지역 국가들의 지배 세력 중에는 '우리가 어떻게 해결해야 할지 모르는 문제들은 미국이 해결해 줄 것'이라고 이야기하는 사람들도 있다고 한다.

심지어 몇몇 아랍 국가들은 미국이 이란의 핵 프로그램도 막아 줄 것으로 기대하고 있다. 그렇다고 해서 자국 영토 근처에서 전쟁이 일어나기를 바라는 것은 아니다. 물론 문제를 해결하기 위해 미국에 의존하는 것 외에도 다른 해결 방법이 있다. 바로 시리아, 레바논, 요르단 등 다른 걸프지역 국가들도 핵무기를 확보해서 이란이 해당 지역에서 유일하게 핵무기를 보유하게 되는 위험을 막는 것이다.

오래전부터 서아시아 지역을 근거지로 삼아온 무슬림들은 크게 아랍인, 터키인, 쿠르드인, 페르시아인 등 네 개의 민족으로 구성되어 있다.

이 네 민족 중 아랍인과 터키인, 페르시아인은 자신들의 국가아랍. 터키, 이란를 건설했다.

터키인은 터키에서만 거주하고, 페르시아인은 이란에서만 살고 있다. 반면 아랍인들은 이라크, 사우디아라비아, 쿠웨이트, 시리아, 요르단, 예멘, 암만, 이집트, 카타르, 바레인 등 여러 나라에 흩어져 살고 있다.

아랍민족의 영웅 살라딘의 직계 후손인 약 3000만 명의 쿠르드인은 여러 나라에 흩어져서 살고 있는데, 터키에 1800만 명, 이란에 700만 명, 이라크에 500만 명, 시리아에 100만 명, 레바논에 100만 명, 아제르바이잔과 아르메니아에 각각 10만 명씩 거주하고 있다.

인구의 대부분이 이슬람교 수니파인 국가들로는 이집트, 사우디아라비아, 카타르, 아랍에미리트, 쿠웨이트, 예멘, 시리아, 요르단, 팔레스타인, 리비아, 수단, 튀니지, 알제리, 모로코, 모리타니, 소말리아, 지부티, 코모로, 터키, 아프가니스탄 등이 있다.

이슬람교 시아파 나라로는 이란, 이라크, 바레인 등이다. 이 중 이란에는 시아파 인구가 대다수를 차지하고 있으며, 이라크는 사담 후세인 시절 수니파가 정권을 쥐기도 했다.

레바논의 상황은 비교적 복잡하다. 레바논 전체 인구 중 무슬림이 약 60%, 기독교도가 약 40%를 차지하고 있는데, 무슬림은 또다시 시아파, 수니파, 드루즈파 등 여러 교파들로 나뉜다.

이렇게 복잡한 계보를 갖게 된 원인은 그들의 역사에서 찾을 수 있다. 중동 아랍인의 건국 이상은 통일된 이슬람 국가 건설로 매우 힘겨운 과정을 거쳤다. 시작은 20세기 초, 터키의 오스만튀르크 제국의 지배에서 벗어나려던 아랍인들이 아시리아에 아랍 국가를 건설하면서부터였다. (이때부터 시리아, 요르단, 레바논, 팔레스타인이 한 집단으로 인식되기 시작했다.) 그러나 제1차 세계대전 이후, 시리아는 서방 대국의 영향으로 네 개의 국가로 나뉘었다.

그리고 19세기 말엽, 세계 각지에서 시오니즘 운동이 일어나면서 흩어져 살고 있던 유대인들이 팔레스타인으로 대거 유입되기 시작했다. 이후 세 차례의 대학살이 일어났고, 이때 사망한 유대인 숫자는 무려 150여 만 명에 달했다. 간신히 살아남은 사람들은 대부분 팔레스타인에서 쫓겨났다. 그 후 20세기 초반까지 유대인들은 정치·경제적으로 팔레스타인과는 아무런 관계가 없다.

아시아 서부의 아라비아 반도와 이란고원 사이에는 약 24만 제곱킬로미터 면적의 좁고 긴 형태를 한 수역이 있다. 이란에서는 페르시아만, 아랍 국가들은 아라비아만이라고 부르나 국제적 명칭은 걸프만이다. 걸프 지역은 세계에서 가장 중요한 에너지 생산지로, 전 세계 석유 비축량의 약 67%, 천연가스 비축량의 31%가 밀집되어 있다. 미국 석유 수입의 60%, 일본의 65%, 서유럽 지역의 52%가 이곳에서 생산된다. 그래서 지난 100년 동안 강대국들의 세력다툼의 주 무대가 될 수밖에 없었다.

1980년, 이란과 이라크 사이에서 전쟁의 불길이 솟아올랐다. 이후 이 전쟁은 8년 동안 이어졌으며, 양측에서 100여 만 명의 희생자와 300여 만 명 이상의 난민이 발생했고, 석유 사업도 1조 달러에 가까운 손해를 입었다. 두 나라의 경제 발전 또한 최소 20~30년 이상 미뤄졌다. 이란-이라크 전쟁이 끝난 직후, 이라크는 1990년 8월에 갑자기 이웃 나라인 쿠웨이트를 침공하여 아랍 세계에 다시없을 거대한 분열을 일으켰다. 이는 일부 강대국, 특히 미국에 크나큰 호재로 작용했다. 걸프 지역에 비집고 들어갈 수 있는 기회를 제공한 꼴이 된 것이다.

제2차 세계대전 종전 후, 초강대국이 된 미국은 소련의 남하를 막기 위해 전략적 요충지인 걸프만에 군대를 주둔시킬 방법을 찾기 시작했다. 그러나 각종 중동 문제, 특히 이스라엘 문제에 대한 미국의 편파적인 정책이 아랍 세계의 강한 불만을 산데다 전통적으로 서구에 적대적인 걸프 지역의 이슬람 세력까지 걸림돌로 작용하여 적당한 기회를 찾지 못하고 있었다.

따라서 이라크의 쿠웨이트 침공은 미국으로서는 천금과 같은 기회였다. 유엔을 앞세운 미국은 '침략자에 대한 정의 구현'이라는 명분으로 걸프만에 입성하면서 드디어 냉전 시기에 못다 이룬 꿈을 이루게 된다.

걸프 전쟁이 끝난 후에도 미국은 걸프 지역 동맹국들을 보호한다는 명분으로 계속해서 해당 지역에 군대를 주둔시켰다.

군대를 들이기는 쉬웠지만 내보내는 것은 쉽지 않았다. 외국 군대의 힘을 빌린 걸프지역 국가들은 미군의 경비를 분담해야 했을 뿐만 아니라 전후 재건 과정에서 '감 놔라 배 놔라' 하는 미국인들의 참견까지 받아야 했다. 워싱턴의 친구가 되는 것은 영 불편한 일이었다.

이라크 전쟁 후, 아랍 세계는 여러 가지 요인으로 단결을 이루지 못했다. 먼저 각국이 믿는 이슬람교의 교파가 달랐다. 게다가 국가 내에서도 서로 다른 교파 간의 분쟁이 끊이지 않아 많은 나라가 혼란에 빠졌다. 이러한 교파 간의 충돌은 국가 간의 관계에도 영향을 미쳤다.

정치적으로 시아파가 다수를 차지하고 있는 이란은 정교일치 국가로, 국가의 최고 지도자가 종교 지도자의 역할을 겸임하며, 주요 민족은 페르시아인이다. 반면 수니파가 인구의 대부분인 사우디아라비아, 쿠웨이트, 시리아는 주로 아랍인 아라비아인으로 이루어져 있다.

이란은 줄곧 핵 프로그램을 도입하는 목적이 에너지 공급이라고 주장하고 있으나 위키리크스가 공개한 미국 외교 비밀 전문 내용은 조금 달랐다. 중동 국가에 주재하는 미국 대사관이 발송한 전문에 의하면 미국, 이스라엘, 일부 아랍 국가들은 이란이 이미 핵무기 확보에 근접한 것으로 보고 이를 무력으로라도 막아야 한다고 생각하고 있다.

앞에서도 언급했지만 사우디아라비아의 압둘라 국왕은 "미국 쪽에 이란을 공격하여 핵 프로그램을 중지시킬 것을 여러 차례 권고"하기도 했다. 비밀 전문에는 또한 이스라엘이 해당 지역의 유일한 핵무기 보유국의 지위를 유지하길 원하고 있으며, 단독으로 이란을 상대할 준비도 마쳤다고 강조했다. 위키리크스가 폭로한 전문에는 사우디아라비아, 아랍에미리트, 이집트의 지도자들은 사악한 이란을 '현존하는 가장 위협적인 국가이자 앞으로 전쟁을 일으킬 가능성이 가장 높은 위험 국가'로 간주하고 있다. 바레인의 하마드 국왕은 미국 외교관과의 회담 중 "필요한 모든 조치를 취해서라도 이란의 핵 프로그램을 막아줄 것을 강력히 요구"했으며, "중단시키는 데 따르는 위험보다 계속 두었을 때 발생할 위험이 훨씬 클 것"이라고 말했다. 당시 요르단 상원 의장 알 리파이 Al-Rifai는 미국의 한 고위관리에게 "이란을 폭파시키지 않으면 이란의 핵무기를 받아들여야 할 것이라며 제재와 회유는 아무런 소용이 없다"고 밝혔다.

또한 아랍에미리트 아부다비의 자이드 국왕은 이란에 대한 군사적 공격에 찬성하며, 시기는 빠를수록 좋다고 했다. 그는 서신에서 덧붙이길 "이란이 우리를 전쟁으로 이끌 것이다……. 이는 단지 시간 문제일 뿐이다. 개인적으로 아마디네자드 같은 대통령과는 상대하고 싶지 않다. 그는 젊은데다 침략적 성향을 갖고 있다"고 덧붙였다.

9

UFO의
지구 습격

[위키리크스 2010년 12월]

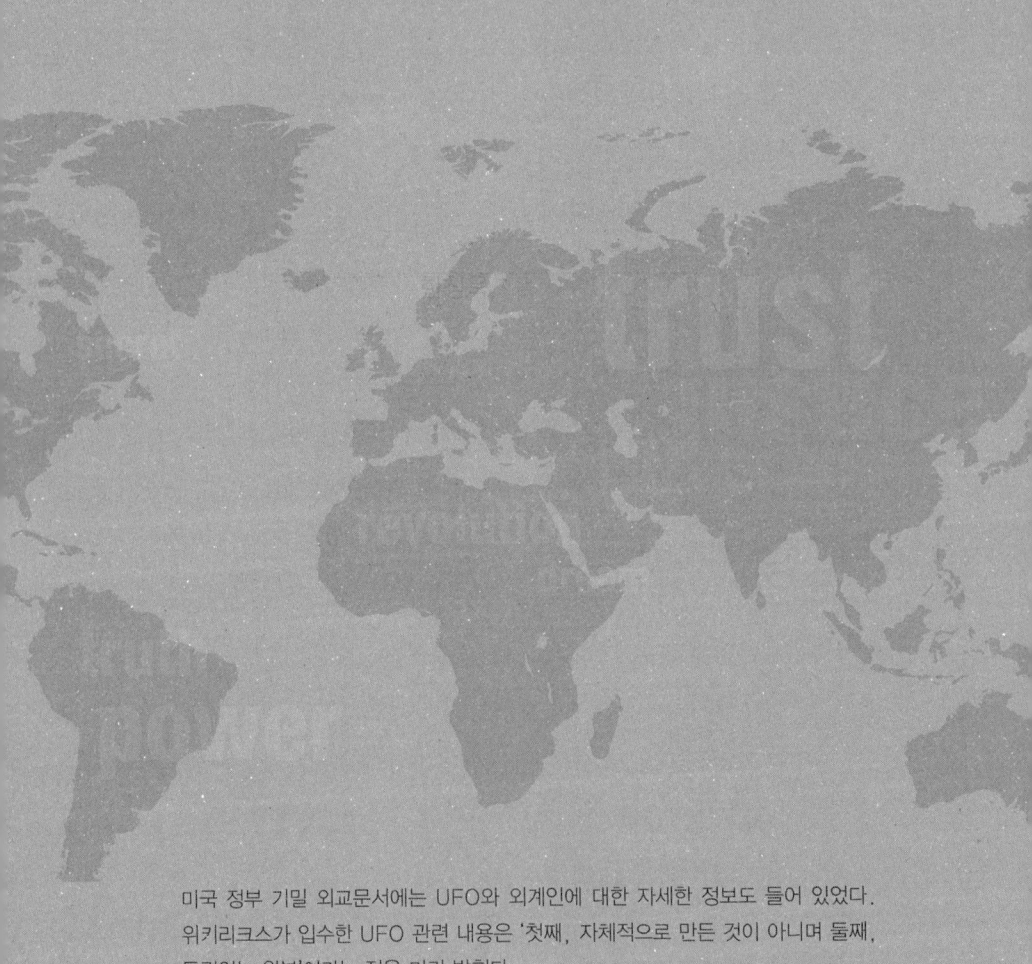

미국 정부 기밀 외교문서에는 UFO와 외계인에 대한 자세한 정보도 들어 있었다.
위키리크스가 입수한 UFO 관련 내용은 '첫째, 자체적으로 만든 것이 아니며 둘째,
틀림없는 원본'이라는 점을 미리 밝힌다.

UFO
비밀 보고서

위키리크스 설립자 줄리언 어산지는
미 정부의 외교 기밀문서 가운데 UFO와 외계인에 관한 정보가 있
었다고 밝혔다. 그리고 위키리크스가 입수한 UFO 관련 내용에 대
해 '첫째, 자체적으로 만든 것이 아니며 둘째, 틀림없는 원본'이라고
했다.

2009년, 영국 국방성에 접수된 UFO 목격 사례는 400건 이상으
로 2008년보다 세 배 가까이 늘어난 숫자이다. 최근 미국 항공기 조
종사들은 지구에 착륙한 외계인이 영국 핵탄두 기지에 침입해 핵무
기를 발사하지 못하게 만들었다고 주장하기도 했다.

영국 국방성 고급 기밀인 UFO 연구 파일도 웹상에 공개되었다.
그중 가장 눈길을 끄는 것은 지금까지 유일하게 권위를 인정받고 있
는 영국 국방성의 UFO 사건 보고서에 기록된 1980년 12월 25일 영

국 서퍽Suffolk 렌들섬 숲 상공 UFO 출현이다.

증인인 찰스 홀트 중령은 UFO 사건의 진상을 처음으로 발표한 사람이다. 홀트 중령은 현재 퇴역했지만 당시 영국 서퍽 주 공군기지 사령관으로 있었다. 그가 발표한 내용은 다음과 같다.

1980년 12월 25일 저녁, 서퍽 렌들섬 숲 상공에 알 수 없는 빛이 나타났다. 렌들섬 숲은 벤트워터스와 우드브리지 왕실 공군 기지가 있는 곳으로 미국 공군도 주둔하고 있었다. 영국에서 가장 경비가 삼엄했던 이 영미 합동 기지에 돌연 미확인비행물체가 나타나자 모든 병사가 촉각을 곤두세웠다.

그리고 12월 26일 새벽, 홀트 중령은 미 공군 사병들로부터 렌들섬 숲에 기이한 빛이 강하게 나타나는 것으로 보아 항공기 추락이 의심된다는 보고를 받았다. 조사 허가를 받고 현장에 도착한 그들은 추락한 항공기 대신 UFO 한 대를 발견했다.

정찰병 세 명은 작은 금속 비행물체가 숲 상공으로 다가와 공터 위에 멈춰 서는 것을 보았다. 조심스럽게 그쪽으로 다가가자 UFO 측면에 새겨진 이집트 상형문자 같은 것을 볼 수 있었다. 정찰병은 재빨리 노트를 꺼내 둥근 모양의 UFO를 스케치했고, 그렇게 잠시 머물러 있던 UFO는 이내 상공으로 솟아올라 사라져버렸다.

영국 군사기지에 주둔하고 있던 미군 사병들은 법적인 권한이 없었던 까닭에 서퍽 주 경찰이 사건을 넘겨받아 UFO 출현 지점을 조사했다. UFO 착륙지점에는 선명한 정삼각형 흔적이 남아 있었고 방사선 수치 또한 매우 높은 것으로 확인되었다. 이 사건에 관심이 생긴 홀트 중령은 미심쩍어하면서도 조사요원들에게 보고서를 써서

올리도록 했다.

이튿날 저녁, 젊은 공군 사병 하나가 홀트 중령의 방에 헐레벌떡 뛰어 들어왔다. 제대로 말을 잇지 못할 정도로 다급한 모습이었다.

"중령님, 돌아왔습니다."

홀트 중령은 고개를 갸웃했다.

"돌아오다니? 누가 돌아왔다는 말인가?"

사병이 대답했다.

"UFO가, UFO가 돌아왔습니다!"

그 말을 들은 홀트 중령은 즉시 정찰대를 꾸려 렌들섬 숲으로 향했다. 사실 그는 미확인비행물체 따위는 믿지도 않았고 마주칠 거라는 기대도 하지 않았다. 홀트 중령은 후에 이때를 회고하며 자신은 다만 UFO와 관련된 소문을 잠재우겠다는 생각뿐이었다고 털어놓았다. 설마 UFO를 목격한 영국 장교 명단에 자신의 이름을 올리게 될 줄은 꿈에도 몰랐던 것이다.

미확인비행물체는 이 세상에서 벌어지고 있는 각종 신비한 현상 중에서 가장 많은 사람이 믿고 있는 분야다.

2010년 7월, 미국 핵물리학자이자 국제적으로 잘 알려진 UFO 전문가인 스탠턴 프리드먼Stanton Friedman은 언론과의 인터뷰에서 외계인은 존재할지도 모르는 것이 아니라 정말로 존재한다고 밝혔다. 정부의 정치적 계산이 UFO 연구를 가로막는 가장 큰 장애물이라는 것이다. 그는 1급 기밀을 숨기는 것은 어렵지 않으며 '워터게이트' 사건 당시와 마찬가지로 정부 내부에서 함께 입을 모아 진실을 은폐하는 것이 진짜 문제라고 설명했다.

프리드먼은 또한 외계인, 비행접시, UFO는 필연적인 연관이 없으며, 이는 과학계의 보편적인 공식이기도 하다고 지적했다. 사람들이 일반적으로 말하는 '비행접시'란 하늘에서 발견되거나 지면에 접근하는 기이한 비행체다. 외관상 인류가 제작한 항공기와는 큰 차이가 있으며, 비행 능력 또한 사람들이 만든 교통수단과는 차원이 다른데, 공중을 빙빙 돌거나 직각 회전, 정지 상태에서 곧바로 수직 상승이 가능하고, 특별한 소음이나 배기가스 배출이나 번쩍이는 불빛 등도 없다. 이는 비행접시가 지구에서 제작된 것이 아니라 외계에서 온 것이 틀림없다는 주장에 힘을 실어준다. 다만 우리가 그곳이 어디인지, 왜 지구에 왔으며, 어떻게 왔는지 알지 못할 뿐이다. 그리고 'UFO'라는 단어는 매우 보편적으로 쓰이며, 사람들이 하늘에서 관찰할 수는 있으나 대체 무슨 물체인지 명확하게 설명을 하지 못할 경우 '미확인비행물체'라고 명명하게 되었다. 통상적으로 전문적인 지식과 장비가 있어야 이들 물체의 정체를 밝힐 수 있다고 여겨진다.

여하튼 프리드먼은 조사 결과 정확히 밝혀지지 않은 물체에 큰 흥미를 느꼈다. 사실 모든 비행접시가 미확인비행물체이긴 하지만 보고된 것 중 진짜는 10~30%뿐이다. 그렇다면 어째서 사람들이 목격한 미확인비행물체 중 대부분이 정상적인 현상으로 판명되는 것일까? 이는 인류가 관찰력에 비해 표현할 수 있는 능력이 몹시 떨어지기 때문이다. 이러한 한계 때문에 사람들은 대부분 자신이 직접 본 것도 제대로 전달하지 못한다. 게다가 금광석 한 개에 함유된 금이 1%에 지나지 않는 것처럼 진짜 UFO를 발견할 확률 역시 쉽지 않다.

지금껏 세계 각지에서 보고된 미확인비행물체 목격 사례들에 대해 전문가들은 다음과 같은 가능성을 내놓고 있다.

역사적으로 UFO에 관해 가장 대대적으로 펼친 연구였던 '블루 북 프로젝트Project Blue Book'*에 의하면 미확인비행물체는 풍선, 헬기, 금성, 구름에 비친 탐조등 불빛, 새, 대기층으로 귀환하는 우주비행선, 오로라, 외계인 비행선 등일 수 있다.

블루 북은 자료가 불충분한 9.5%의 사례 중 21.5%는 정확한 판단을 내릴 수 없다고 밝혔다. 한편 '콘던 보고서Condon Report'**에서는 정밀조사를 거친 117건 중 원인을 명확히 설명할 수 없는 경우가 30%라고 주장했다.

프리드먼은 사람들이 지난 60년 동안 비행접시에 대해 저마다 다른 견해를 보여왔다고 말했다. 실제로 그간 비행접시의 존재를 믿는 사람들이 믿지 않는 사람보다 많았고, 교육 수준이 높을수록 믿는 비율도 높았다. 또한 많은 사람들이 정부가 고의적으로 정보를 은닉할 수도 있다는 사실을 알고 있다. 1940~50년대까지만 해도 우주여행이 불가능하다고 주장한 과학자들이 많았지만 이제 그렇게 생각하는 사람이 그다지 없는 것과 마찬가지다.

다양한 자료를 수집해 조사한 결과, 많은 사람들이 비행선***을

---

* 미 공군이 UFO에 대한 정보를 체계적으로 정리하려는 목적으로 추진한 프로젝트. 1952년부터 1970년까지 진행되었다.

** 미국 콜로라도 대학이 1968년 미 공군과 함께 발간한 UFO 관련 보고서로 에드워드 콘던 박사를 주축으로 진행되었다.

*** 보도에 의하면 현재까지 70개 국가의 5000명 이상의 사람들이 비행선의 실제 흔적을 목격했다는 사례가 있다

목격했으며, 무엇보다 1000여 명이 넘는 비행기 조종사들이 직접 증언*하기도 했다는 사실을 확인할 수 있었다. 이들 비행선의 이동 방식과 비행 수준은 어떤 나라도 확보하지 못해 안달이 난 기술로, 현재까지 그 누구도 개발해내지 못했다. 그러니 그것은 지구에서 만든 것이 아니라 지구 밖의 생명체가 만든 것이라는 주장 외에는 설명할 방도가 없다. 게다가 비행선이 지면에 착륙하는 장면을 목격한 사례 중에서 무려 6분의 1이 생물체와 비행선을 함께 보았다고 증언했다. 이 사례들과 1000건 이상의 외계인 사건들은 지구 밖에 또 다른 인류가 존재한다는 틀림없는 사실을 증명했다. 지구에 온 이들이 무슨 생물체인지는 모르지만 확실한 사실은 이들이 우리보다 앞선 과학기술을 보유하고 있으며, 아직 한 번도 사람들을 해치지 않았다는 것이다. 이밖에도 풀리지 않는 의문은 여전히 남아 있다. 가령 대기층에서 비행하는 비행접시가 짧은 시간에 별다른 소음도 없이 엄청난 가속도를 낸다는 것이다. 어떻게 그런 게 가능한지 현재의 우리로서는 이해할 수 없는 것투성이다.

수많은 미확인비행물체의 목격 사례 중에서 가장 유명한 것은 1947년 7월에 미국 뉴멕시코 주에서 있었던 '로즈웰Roswell 사건'이다. 외계인의 비행접시가 이곳에 추락한 후 미 공군이 비행접시의 파편을 주웠을 뿐만 아니라 외계인의 시신까지 비밀리에 해부했다는 사실이 알려졌다.

로즈웰 사건이 미국 사회에 센세이션을 불러일으키면서 뉴멕시

---

* 직접 육안으로 목격했거나 레이더에 포착된 신호를 발견한 사람들의 증언이다.

코에 있는 이 작은 도시에는 UFO 박물관 두 곳이 들어섰고, 매년 UFO 축제를 벌이는 관광명소가 되었다. 그로부터 40년이 지난 후에도 한 미국 의원의 요구로 미 공군이 1994년과 1996년 두 차례에 걸쳐 '로즈웰 보고서'를 작성하기도 했다.

그러나 로즈웰 사건이 처음부터 중요한 이슈였던 것은 아니다. 이 사건은 30년이 지난 후부터 기록되기 시작하여 1978년부터 1980년 사이에 충격적인 이슈로 급부상했다. 당시 로즈웰 현지 신문인 〈로즈웰 데일리 리코드Roswell Daily Record〉가 1947년 7월 8일과 9일에 세 건의 관련 기사를 발표했는데 8일자 신문에는 로즈웰 육군 항공기지의 공보담당 장교의 말을 인용한 기사가 실렸다.

제시 마셀Jesse Marcel 소장은 어느 방목장 농부로부터 비행접시 조각을 받아 공군 제8군 본부로 보내면서 현지의 한 부부가 7월 4일에 거대한 미확인비행물체를 목격했다는 사실을 보고했다. 9일자 보도에서 공군 제8군 본부 사령관 로저 레미Roger Ramey 준장은 마셀 소장이 입수한 것이 기상관측용 풍선기구의 잔해라고 밝혔다. 같은 날짜의 다른 신문에서는 방목장 농부의 이름이 윌리엄 브래즐이며, 그는 비행접시를 보지 못했고 폭발음도 듣지 못했다고 보도했다.

브래즐과 그의 여덟 살 난 아들은 6월 14일 양 방목장 부근에서 은박지, 종이, 고무, 테이프, 막대기 등으로 이루어진 조각을 발견했지만 당시 일에 바빴던 터라 별다른 관심을 기울이지 않았다. 그는 1947년 7월 4일에야 아내와 아들, 14세 된 딸과 함께 널려 있는 잔해들을 모으기 시작했는데, 대략 2킬로그램이 넘는 양이었다. 이튿날 UFO와 관련된 소식을 들은 브래즐은 자신이 주운 조각들이 비행접시의 잔해가 아닐까 하는 생각에 곧장 경찰에 신고했다. 로저 준장은 당시 기자회견을 열고 브래즐이 주운 조각들을 공개했다. 기자회견에서 브래즐 본인의 증언으로 진실이 밝혀진 것 같았다. 이후 1978년까지 로즈웰 사건은 UFO과 아무런 관련이 없는 것으로 여겨져 거의 잊혀졌다. 미 공군은 1948년부터 1969년까지 미확인비행물체 현상을 본격적으로 조사한 후 '블루 북 프로젝트'를 발표할 때까지 이 사건에 대해 어떤 언급도 하지 않았다.

로즈웰 사건은 미확인비행물체를 목격했을 뿐만 아니라 비행접시의 잔해를 주웠고, 외계인의 사체를 보았다는 점에서 매우 독특하다. 1978년 이미 퇴역한 장교 제시 마셀이 1947년에 로즈웰 부근에서 미확인비행물체의 잔해를 발견했노라 주장했고, 이를 〈내셔널 인콰이어러National Inquirer〉가 보도하면서 이 사건은 다시 한 번 대중의 주목을 받게 되었다. 이후 찰스 베리츠와 윌리엄 무어가 쓴 베스트셀러 『로즈웰 사건The Roswell Incident』 덕분에 이 사건은 널리 알려지게 되었다.

로즈웰 사건 이후로 외계인을 만난 사례가 여러 차례 보도되었는데, 그중 1964년에 일어난 소코로Socorro 사건은 한때 큰 파문을 불러일으켰다. 그해 4월 24일 저녁, 미국 뉴멕시코 주의 로니 자모라Lonnie Zamora 경관이 소코로 남쪽에 있는 폭약 창고 부근 상공에서 솟아오르는 연기를 보고 황급히 그쪽으로 차를 몰았다. 그는 창고 근처에서 50미터 떨어진 골짜기에 두 생명체가 타원형 물체를 앞에 두고 서 있는 것을 목격했다. 두 생명체는 사람과 비슷한 형상이었으나 키가 매우 작고 흰옷을 입고 있었다. 두 명 중 한 명이 자모라를 보고는 깜짝 놀라더니 일행과 함께 타원형 물체 안으로 들어가 버렸고, 곧 고막이 찢어질 듯한 소리와 함께 날아갔다. 잠시 후 뒤따라 도착한 경관들은 당시 자모라의 안색이 창백했으며, 온몸이 땀에 젖어 있었다고 진술했다. 또한 비행물체가 사라지고 난 뒤 그 자리에 있던 관목이 불타는 것을 사람들과 함께 목격했다. 땅에는 '사각형 모양의 자국 네 개가 사다리꼴 형태'로 남아 있었는데 비행물체의 흔적으로 추정되었다. 이에 대해 일부에서는 이렇게 일관성 없는 진술만으로는 외계인설을 사실로 인정할 수 없다고 주장했다. 반면 어떤 사람들은 이들 보도에 뭔가 신빙성이 떨어지는 부분도 있으나 믿을 만한 부분도 분명히 있다고 했다.

그러나 최근 들어 일부 전문가들도 민간에 떠도는 외계인설에 대해 높은 관심을 갖게 되었다. 수년 전, 로즈웰 사건 당시 비행접시 잔해를 수거했던 미 공군 제시 마셀 소장이 언론과의 인터뷰에서 사건의 일부는 진실이며, 비행접시는 추락하기 사흘 전에 이미 레이더에 잡혔다고 밝힌 바 있다. 그의 증언에 의하면 비행접시는 불규칙적으로 비행하고 있었는데, 그 속도가 유성보다 빨랐다고 한다. 마셀은 미군 측이 외부 행성에서 온 비행접시를 발견했다는 사실을 감출 수밖에 없었을 것이라 믿고 있다.

이후 1998년, 미국에서 〈X파일〉이라는 제목의 영화가 제작되어 로즈웰 사건과 외계인 사체 해부의 정황을 폭로했다.

현재 미국에는 약 수십 곳에 이르는 대학들에 UFO 학과가 개설되어 있다. 오벌린 대학 Oberlin College 인문학부, 필라델피아의 템플대학Temple University, 텍사스의 알링턴 대학 University of Texas-Arlington, 영스타운 대학Youngstown State University, 이스트 미시건 대학Eastern Michigan University 등에는 UFO 관측, UFO와 미국 사회 등 UFO를 주제로 한 강의과정이 있다.

또다른 인류의 방문
X파일

1948년, 미국 정부는 공군에
'사인 프로젝트Project Sign' 전담반을 설치하면서 UFO 현상 조사에
본격적으로 착수했다. 이 프로젝트는 1년 후 '그러지 프로젝트Project
Grudge'로 개명되었다가 나중에 다시 '블루 북 프로젝트'로 바뀌었다.
1966년, 과학자들의 분석을 거친 결과 UFO 목격 사례 1만2600여
건 중 대부분이 오인으로 판명되었으나 701건은 여전히 설명할 수
없다는 결론이 나왔다.

그리고 1969년 미 공군은 심도 있는 연구가 불가능하다는 이유
를 들어 블루 북 프로젝트를 중지했다. 그러나 'X파일'이라 불리는
일부 문서는 여전히 공개되지 않은 상태다. 비록 정부 측의 공식적
인 연구는 중단되었지만 여러 국가에서 민간 연구단체가 속속 생겨
나기 시작했다. 그중 미국 노스웨스턴 대학 천문학과 주임교수이자

저명한 천문학자인 앨런 하이넥J.Allen Hynek이 이끄는 UFO 연구센터CUFOS가 가장 공신력 있는 연구기관으로 꼽힌다. 미 공군 블루 북 프로젝트의 고문을 역임한 하이넥 교수는 원래 UFO에 대해 부정적인 입장이었다. 그러나 조사와 연구를 거듭하면서 보고된 UFO 목격 사례 중 20%가 현대의 과학으로 설명할 수 없다는 사실을 인정하고 1973년에 UFO 연구센터CUFOS를 세우게 된다.

사실 UFO에 대한 최초의 기록은 고대 이집트의 파라오 시대로 거슬러 올라간다. 투트모세 3세가 통치하던 기원전 1504~1450년경, 파피루스에 상형문자로 적힌 기록에는 다음과 같은 내용이 있다. 「22년 겨울 세 번째 달 6시…… 기록관이 하늘에 불고리가 날아다니는 것을 보았다. 불고리는 길이가 1장약 5미터, 너비가 1장으로 아무런 소리도 내지 않았다. 몹시 놀란 기록관은 황급히 바닥에 엎드렸다…….」

이때부터 20세기에 이르기까지 동서양 각국에서는 미확인비행물체와 관련된 기록이 수시로 등장한다. 1883년 멕시코 사카테카스 천문대의 호세 보닐라 Jose Bonila 대장은 태양 흑점을 관측하던 중 미확인비행물체가 태양 표면을 스치는 것을 발견하고 즉시 사진을 찍었다. 아마도 이것이 인류 최초로 UFO를 촬영한 사진일 것이다. 제2차 세계대전 중에는 미국 전투기 조종사와 독일인 조종사가 동시에 미확인비행물체를 목격하고는 그것을 상대편의 새로운 무기로 오인한 사건도 있었다. 이들은 전쟁이 끝나고 '비행접시'를 발견했다는 사례들이 알려지기 시작하면서 당시 자신들이 보았던 것이 비행접시였다는 사실을 깨달았다고 한다. 이렇게 UFO에 대한 기록이 끊임없이 늘어나면서 일부는 신빙성이 있는 것으로 판명되기도 했다.

1969년, 미국의 지미 카터 대통령이 조지아 주의 주지사를 지낼 때의 일이다. 그해 1월 6일 오후 7시 15분, 그는 조지아 주의 리어리Leary에서 야외연설을 준비하고 있었다. 그때 갑자기 하늘에서 UFO가 나타났고, 당시 현장에 있던 약 20여 명의 사람들이 UFO가 날아가는 것을 목격했다. 지미 카터 대통령은 후에 미확인비행물체의 존재를 확신하며 이렇게 진술했다. "내가 UFO의 존재를 확신하는 이유는 직접 보았기 때문이다……. 약 스무 명 정도 되는 사람들도 같은 것을 보았는데 매우 이상한 모양을 하고 있었다……. 나는 그때까지 그렇게 이상한 것을 본 적이 없었다. 그것은 굉장히 큰데다 밝은 빛을 냈고, 색깔도 변했다. 거의 달만 한 크기였다. 나는 10분 동안 멍하니 그것을 바라보았지만 대체 무엇인지는 알 수가 없었다"라고 했다. 1973년 10월, 지미 카터는 이 사건에 대한 보고서를 작성하여 전미대기현상조사위원회NICAP에 제출했다. 그는 보고서에서 그 물체가 둥근 모양이었으며, 푸른빛을 내다가 다시 붉은빛으로 바뀌었다고 했다.

이후 또 다른 사례도 보고되었다. 1978년 12월 30일, 해가 질 무렵이었다. 오스트레일리아 멜버른 방송국 촬영기사 세 명이 화물기로 뉴질랜드 웰링턴과 크라이스트 처치 사이의 항로를 순항하고 있었다. 31일 새벽 2시 15분, 항공기가 뉴질랜드 남섬 동쪽 상공 가까이 왔을 때였다. 촬영기사들은 '바닥 부분이 밝게 빛나고 윗부분은 원 모양의 투명한 무언가로 덮인' 물체를 발견했다. 그것은 항공기에서 16킬로미터 정도 떨어져 있었다. 촬영기사들은 서둘러 카메라를 집어 들었고, 16밀리미터 필름에 물체를 촬영했다. 이 UFO는 항공기의 앞쪽과 왼쪽으로 다가왔다가 순식간에 사라졌다. 이 미확인비행물체는 지상 레이더에도 잡혔다. 이날 촬영된 필름은 모두 미 해군부의 광학물리학자인 맥케이브McCabe에게 보내져 상세히 분석되었다. 맥케이브는 UFO의 지름이 20~30미터 사이이며 밝기는 10만 와트 백열등 수준이고, 8자를 그리며 비행할 때의 속력은 시속 4500킬로미터라고 분석했다. 인류가 최초로 UFO를 촬영하고 현장 녹음에 레이더 탐지까지 성공한 사례이다. 이 필름과 문건은 나중에 미국 광학, 생물물리학, 광학생리학, 천문학 및 레이더 전문가 20여 명에게 보내졌는데, 이들 전문가들은 필름에 찍힌 물체가 행성, 항성, 유성, 풍선기구, 경로를 이탈한 항공기, 인공위성, 대기 변화로 말미암은 착시현상, 반사광 등이 아니며 조작된 것도 아니라고 입을 모았다.

지금까지 세계 각지에 흩어져 있는 최소 133개 국가에서 UFO 목격 사례가 보고되었다. 그리고 이러한 목격 사례는 항상 대중의 추측과 논쟁을 불러일으켰다. 일부 과학자들은 UFO를 외부 행성의 지능생물이 보낸 우주비행선이라고 믿고 있고, 또 일부는 사람들의 환각일 뿐이라고 주장한다. 그 외 몇몇 소수의 사람들은 지구의 초자연적 존재가 UFO로 나타나는 것이라고 주장하기도 한다. 아직 우리는 UFO의 존재를 확실히 증명해내지 못하고 있다. 그러나 그 존재를 부정할 만한 증거 역시 없기는 마찬가지다.

미 공군의 '블루 북 프로젝트'의 고문을 역임했던 천문학자 앨런 하이넥Allen Hynek 박사는 미확인비행물체와 접촉한 사례를 크게 세 그룹으로 나누었다. 첫 번째는 미확인비행물체가 주변 사물에 아무런 영향을 미치지 않은 경우, 두 번째는 미확인비행물체가 주변 사물에 영향을 미친 경우(지면에 남은 불에 탄 흔적 등), 세 번째는 비행물체 안에 있는 외계생물체를 보거나 그들과 직접 접촉한 경우이다. 그중 세 번째 그룹에 속하는 미국인 힐 부부Betty and Barney Hill의 목격담은 한때 엄청난 파문을 불러일으켰다.

보스턴 우체국에서 근무하는 바니 힐과 뉴햄프셔 주의 안보부에서 일하는 아내 베티 힐은 모두 고등교육을 받은 지식인이었다. 1961년 9월 19일, 캐나다에서 휴가를 보낸 부부는 차를 타고 뉴햄프셔 주 포츠머스의 집으로 돌아가고 있었다. 자정 무렵, 랭커스터를 지날 때였다. 하늘에서 밝은 빛이 이동하는 것이 보였다. 바니는 인공위성이라고 생각하고 예사로 넘기려 했지만 그 물체는 점점 가까이 다가왔다. 그러더니 그들의 자동차와 함께 움직이는 것 같았다. 인디언 산 근처에 도착했을 때 바니는 망원경을 집어 들고 차에서 내렸다. 자신들을 따라오는 물체가 대체 무엇인지 확인하기 위해서였다. 그 물체는 부부로부터 30미터쯤 떨어진 곳에 멈췄다. 바니는 물체 안에 사람 형상을 한 생물체들이 최소한 다섯 명에서 열한 명가량 있는 것을 보았다. 그들은 광택이 나는 검은 옷을 몸에 걸치고 있었는데, 마치 가죽으로 만든 옷 같았다. 그리고 머리에는 검은색 챙모자를 쓰고 굉장히 절제된 몸놀림으로 딱딱하게 움직였다. 놀란 바니는 얼른 몸을 돌려 차 쪽으로 달려가서 아내를 차에 밀어넣고 액셀러레이터를 밟았다. 어떻게든 도망치고 싶었으나 그 비행체는 계속 차 위에 떠 있는 것 같았다. 그때 두 사람의 귀에 갑자기 윙윙 대는 이상한 소리가 들리는가 싶더니 곧 정신이 까마득해졌다. 그렇게 약 두어 시간 기절했다 깨어난 부부는 주위를 돌아보았다. 여전히 차 안이었다. 그들이 급히 차를 몰아 집으로 돌아왔을 때는 이미 새벽 5시경이었다. 그날 이후, 부부는 몸에서 뭔가 '끈적끈적한' 느낌을 지울 수 없었고, 자동차에서도 여러 차례 자성*을 느꼈다. 이후 베티는 열흘간 악몽에 시달렸다. 극심한 스트레스로 더는 견딜 수 없었던 두 사람은 결국 보스턴의 유명한 신경정신과 의사인 벤자민 시몬Benjamin Simon을 찾아갔다. 부부는 최면 상태에서 외계인에게 납치되었던 정황을 진술했다. 외계인의 생김새와 행동에 대한 두 사람의 진술은 거의 일치했다. 일부 UFO 학자들은 이들 부부의 진술이 상당히 신빙성이 있다고 판단했다. 신문기자인 존 풀러John Fuller 는 이 사건을 토대로 쓴 책 『중단된 여행The Interrupted Journey』에서 당시의 자세한 정황을 묘사하기도 했다. 의사인 시몬은 의학전문가의 시각으로 볼 때, 두 사람이 최면 상태에서 진술한 내용이 실제 상황이 아닐 수도 있다고 지적했다. 실제라고 믿고 있는 상황이 최면을 통해 표출되었을 수도 있다는 것이다. 부부의 진술이 딱 맞아떨어지는 것은 베티가 꿈에서 본 것을 남편에게 말해주어 특정 장면이 그의 '잠재의식' 속에 저장되었기 때문이라는 것이 시몬의 주장이다.

또 한 가지 화제가 되었던 사건이 1977년에 일어났다. 매사추세츠 주에 살고 있던 베티 앤드리슨Betty Andreasson이라는 여성이 최면

---

* 자기를 띤 물체가 나타내는 여러 가지 성질.

상태에서 자신의 이상한 경험에 대해 이야기했다. 그녀의 주장은 다음과 같다.

1967년 1월 25일 밤, 1미터가량의 키에 서양 배 같은 머리를 한 사람 형상의 생물체 다섯 명이 그녀의 집에 들어왔다. 손쉽게 문을 열고 들어온 그들은 베티를 한 비행체로 데려가 그녀의 전신을 스캔하고 머리에 침을 꽂아 검사까지 한 다음 지구 밖의 세계로 데려갔다는 것이다. 독실한 기독교도였던 베티는 일곱 명의 아이를 둔 어머니였고 평소 거짓말을 하는 법이 없는 사람이었다. 정신과 검사에서도 '정신착란이나 신경정신과 질환의 징후를 전혀 발견할 수 없다'는 결과가 나왔다. 이 때문에 평소 이런 일들에 회의적인 태도를 보이던 사람들도 그녀의 사례만큼은 상당한 관심을 보였다. 베티의 진술이 그녀가 정말로 겪었던 일인지, 아니면 최면상태에서 빚어진 환각인지는 아직도 정확하게 단정을 내릴 수 없다.

UFO와 접촉한 세 번째 그룹 중에서 목격자가 가장 많았던 사례가 있다.

1959년 파푸아뉴기니에서 일어난 사건으로, 현장에 있던 38명이 함께 목격했다. 그해 7월 26일 저녁, 어느 성공회 전도소에서 오스트레일리아의 전도사 윌리엄 부스 질William Booth Gill과 그의 조수들이 거대한 타원형 비행물체가 상공 100미터가량 지점에서 선회하는 것을 목격했다. 비행물체 안에는 사람 형상의 물체 네 명이 있었다. 질은 '넷 중 둘은 계속 몸을 굽혔다 폈다, 두 팔을 들었다 놓았다 하고 있었는데, 마치 잘 보이지 않는 무언가를 보기 위해 이리저리 움직이는 것 같았다'고 당시 상황을 진술했다. 질과 그의 조수들은 비행물체를 향해 손을 흔들기도 했다고 털어놓았다. "안에 있던 넷도 우리를 향해 답례하듯이 손을 흔들었다. 이를 보고 전도소의 사람들이 모두 깊은 숨을 내쉬었는데, 넷은 곧 비행접시 안으로 사라졌다"고 주장했다. 평소 비행접시의 존재를 믿지 않았던 질은 그것에 관심을 보이는 사람들에게 "내 단순한 머리는 과학적인 증거가 있어야 믿을 수 있다"라고 이야기해왔다고 한다. 그런데 바로 그가 이런 일을 겪은 것이다.

세 번째 그룹의 이야기를 믿지 않는 사람들은 이들이 지어낸 이야기이거나 환각, 또는 사람들의 이목을 끌려는 상술이라고 생각한다. 실제로 그러한 사건들은 종종 발생했다. 한데 사건 당사자들은 대부분 사회적으로나 정신적으로 특별한 문제가 없을뿐더러 거짓 진술을 하거나 사실을 조작할 만한 어떠한 동기도 갖고 있지 않은 사람들이었다. 이런 일을 겪은 사람들 대부분은 자신의 경험을 이용해 유명해질 생각이 없으며, 오히려 대중의 관심을 꺼렸다. 물론 한 사람이 목격한 일이라면 개인적인 환각일 수 있다. 그러나 파푸아뉴기니 사례 같은 경우를 단체 환각으로 판단한다는 것은 어거지라고 할 수 있다.

'UFO'의 개념을 가장 처음 도입한 국가인 미국은 UFO 연구 단체가 가장 많은 국가이기도 하다. 현재 연방정부에 정식으로 등록된 UFO 기구는 모두 세 곳으로, 그중 가장 규모가 큰 단체인 미국 UFO 연합회에는 군사, 과학, 대학교 등에서 일하는 전문가들이 가입되어 있다. 그리고 가장 권위 있는 UFO 단체는 저명 UFO 전문가인 하이넥 박사를 발기인으로 한 미국 하이넥 UFO 연구센터로, 약

1000명에 가까운 회원을 보유하고 있다. 회원의 절대다수가 각 분야의 전문가들이다.

외계 문명을
찾아서

위키리크스가 2011년 초에
공개한 문건에는 미확인비행물체에 대한 미 항공우주국과 미 정부
고급관리들의 전략적 대응이 드러나 있다. 이들은 수십 년 동안이
나 관련 정보를 대중에게 공개하지 않았지만 위키리크스가 정보를
통해 '외계 지적생명체 탐색SETI' 계획의 실체를 확인했다. '오즈마 프
로젝트Project Ozma'라는 단체에서는 예전부터 줄곧 제기되었던 외계
인 침략설이 곧 증명될 것이라고 밝히기도 했다.

과거 나사에서 실험실 데이터와 사진 자료를 관리했던 켄 존스턴
Ken Johnston 박사는 미국 우주인들이 달에서 인공유적과 흡사한 흔
적을 발견해 촬영했다고 증언했다.

'SETI' 프로젝트를 진행한 연구원들은 이미 50년이 넘는 세월 동
안 우주를 관찰해왔다. 연구원인 마리 교수는 "우리는 앞으로 개발

될 이 거대한 세계에 이제 막 발을 들여놓았을 뿐"이라고 말했고, 다른 전문가들도 우주 어딘가에 우리와 같은 문명이 존재할 것이라고 믿고 있다.

태양계에는 모두 아홉 개의 행성이 있는데 그중 수성, 금성, 화성, 목성, 토성이 가장 먼저 발견되었고, 천왕성은 1787년에 발견되었다. 그리고 1840년, 프랑스 천문학자 위르벵 르베리에Urbain Le Ver-rier와 영국의 존 코치 애덤스John Couch Adams가 천왕성의 불규칙한 궤도로 미루어볼 때 다른 행성이 존재한다는 연구 결과를 내놓았고, 1846년에 다른 행성이 발견되어 해왕성이라는 이름이 붙여졌다. 그로부터 84년 후에는 비슷한 연구를 통해 명왕성의 존재도 알려지게 되었다.

1859년 프랑스의 시골 의사이자 천문학 애호가인 레스카르보Lescarbault가 수성보다 태양에 가까이 있는 행성을 관측했다. 이 발견에 주목한 르베리에는 자체적인 연구를 통해 수성이 예상 궤도에서 약간 벗어나 있다는 사실을 확인하고 이것이 열 번째 행성의 인력 때문이라고 주장했다. 그는 이 행성에 벌컨Vulcan이라는 이름을 붙인 다음, 벌컨의 궤도가 태양으로부터 약 2000만 킬로미터 떨어져 있으며, 1년이 지구의 22일과 같다고 계산했다.

당시 르베리에는 벌컨을 관측할 수 있는 최적의 날짜로 1877년 3월 22일을 꼽았다. 과거 해왕성의 존재를 예언한데다 프랑스에서 가장 권위 있는 천문학자였던 그의 주장은 상당히 신빙성 있는 것으로 받아들여졌다. 그러나 1877년 3월 22일, 벌컨을 보기 위해 만반의 준비를 마친 각지의 천문학자들은 이 행성을 관측할 수 없었다. 게다가 이후에도 이렇다 할 만한 물체가 나타나지 않아서 오늘날의 대다수 학자들은 르베리에의 계산이 틀린 것으로 보고 있다.

한편, 벌컨 행성 이후 많은 논쟁과 의혹을 낳고 있는 것으로 행성 X가 있다. 목성과 화성 사이에 있는 소행성대는 수많은 소행성이 모여 있는 곳으로 잘 알려져 있지만, 21세기 초에 한 천문학자가 소행성대의 인력이 여러 행성 인력의 합이 아닌 완전히 독립적인 한 개의 행성 인력이라는 결론을 내렸다. 이것이 바로 행성 X다. 그렇다면 행성 X가 어떻게 작은 소행성들로 나뉜 것일까. 이에 대해 학자들은 다양한 가설을 내놓고 있다.

일부 미국 학자들은 아주 오래전 광물 채취를 위해 태양계를 방문한 다른 행성계의 외계인이 행성 X를 기지로 삼았다는 가설을 세웠다. 당시 일부는 지구에 와서 탐사활동을 벌였는데 채굴에 실패하면서 행성 X는 60만~70만 년 전에 폭발했고, 외계인들이 타고 온 비행선도 파괴되었다. 그래서 지구에 남겨진 외계인들이 지구의 고등생물과 결합할 수밖에 없었다는 것이다.

또 어떤 학자는 이들 외계인이 광물 채취를 위해 온 것이 아니라 외계인 간의 전쟁에서 패배하여 쫓겨온 것이라고 주장했다. 당시 전쟁에서 이긴 측이 태양계로 뒤따라왔는데, 패배한 측이 미리 행성 X에 만들어둔 가짜 흔적을 보고 행성을 폭파시켰다는 가설이다. 이렇듯 행성 X에 대한 여러 가지 가설들은 외계 생명체와 관련된 것들이 대부분인데, 그 진위는 아직도 베일에 싸여 있다.

독일의 고대 문명 학자 에리히 폰 다니켄Erich von Daniken은 지구촌의 불가사의한 분야 연구에서 가장 권위 있는 작가로, 지금까지 22

권의 저서들이 전 세계 29개 언어로 번역되었고, 발행부수도 5600만 권에 달한다. 다니켄은 외계인이 인류 고대문명에 남긴 흔적을 찾는 데 굉장히 큰 관심을 보여 사하라 사막 벽화 속 인물의 둥근 가면, 이스터 섬과 남미의 거석 구조물 및 피라미드 등 설명이 불가능한 고대 유적들이 모두 외계인과 관련이 있다고 주장했다. 또 일부에서는 인류가 외계인의 후예라거나 인류의 일부 민족(마야인 등)이 외계인과 지구인 사이의 자손이라는 등 각양각색의 주장이 쏟아지고 있으나 대부분 뒷받침이 될 만한 증거가 부족한 형편이라 아직은 추측과 가설에 지나지 않는다.

아프리카 서부의 주요 강줄기 중 하나인 니제르Niger 강은 말리 공화국을 지나면서 크게 굽이쳐 돈다. 이로 인해 형성된 하만河灣에 도곤족Dogon이라는 아프리카 흑인 부족이 살고 있는데, 농사와 유목으로 생계를 이어 생활수준이 매우 낙후되어 있고, 대다수가 아직도 동굴에서 살고 있다. 문자가 없어 부족의 지식을 구전으로 전수하기 때문에 도곤족은 언뜻 보기에는 다른 원시부족과 별다른 차이가 없어 보인다.

1930년대, 프랑스 인류학자 그리올과 디테르런은 원시 종교 연구를 위해 서아프리카에 갔다가 도곤족과 10년 동안 함께 생활했다. 두 학자는 도곤족과 오랜 시간을 함께 보내며 서서히 신임을 얻었고 마침내 부족 최고 제사장으로부터 놀라운 이야기를 듣게 되었다. 도곤족 사이에서 400년간 구전으로 전해 내려온 종교에는 지구에서 멀리 떨어진 한 행성에 대한 자세한 정보가 들어 있었는데, 그것은 시리우스Sirius 별이었다. 시리우스는 육안으로 관측할 수도 없고, 망원경을 사용해도 발견하기 어려운 별로, 도곤족은 '포토로^{Po Tolo}'라고 불렀다. 도곤족 언어로 '포'는 작은 씨앗을, '토로'는 별을 뜻하는데, 그들은 이것이 '가장 무거운 행성'이며 흰색이라고 표현했다.

즉 도곤족은 작고, 무거우며, 흰색이라는 시리우스의 세 가지 특징을 400년 전부터 이미 알고 있었던 셈이다. 실제로 시리우스는 백색왜성^{White Dwarf}* 이다. 천문학계는 1844년에 시리우스의 존재를 처음으로 관측했고, 1928년에 이르러 고배율 천체 망원경 등 첨단기기의 힘을 빌려 이 별이 크기는 매우 작으면서 밀도가 굉장히 높은 백색왜성이라는 사실을 확인했다.

그 후 1970년에 처음으로 시리우스를 촬영하는 데 성공했다. 전문가들도 이렇게 어렵사리 이 별을 관측해낸 마당에 천체 망원경은 커녕 일반 망원경도 없는 도곤족이 시리우스를 발견했다는 것은 그야말로 어불성설이다. 한데 미스터리한 사실은 이것뿐만이 아니었다. 도곤족이 모래 위에 그려 보인 시리우스 반성^{시리우스 B}의 궤도는 천문학자들이 관측한 궤도와 매우 흡사했으며, 이들은 시리우스^{시리우스 A} 주위를 타원형 궤도로 도는 시리우스 반성의 궤도주기가 50년이라는 것**과 자전축을 중심으로 자전하고 있다는 것도 알고 있었다. 게다가 이들은 시리우스 행성계에는 '엠메야^{Emme Ya}'라는 세 번째 행성이 있으며, 위성 하나가 엠메야 주위를 돌고 있다고 말했는데, 엠메야는 오늘날까지도 발견되지 않고 있다.

도곤족은 시리우스는 신이 가장 먼저 창조한 별이자 우주의 중

---

* 밀도가 높고 흰빛을 내는 작은 별.

** 실제 정확한 수치는 50.04±0.9년.

심이라고 했다. 게다가 그들은 행성들이 태양을 중심으로 돈다는 것과 토성에는 고리가 있고 목성에는 네 개의 주요 위성이 있다는 것도 오래전부터 알고 있었다. 도곤족은 태양, 달, 시리우스, 금성의 주기를 바탕으로 하는 네 개의 역법을 사용했는데, 이들의 이러한 천문학적 지식은 오래전에 시리우스 행성계에서 온 지능생물들로부터 전수받은 것이라고 했다. 그들은 이 외계인들을 '놈모Nommo'라고 불렀다. 도곤족의 전설에 의하면 놈모는 현재 고향의 북동쪽에서 지구로 왔다고 한다. 그들이 타고 온 비행선은 빙글빙글 돌며 엄청난 소리와 큰 바람을 일으키며 착륙한 후에는 땅에 깊은 자국을 남긴다고 했다. 놈모는 절반은 물고기, 절반은 사람 형상을 한 양서류 생물이어서 반드시 물에서 생활해야 했는데, 도곤족의 그림과 춤에서 놈모 전설의 흔적을 찾아볼 수 있다. 그렇다면 원시부족인 도곤족이 가진 천문학 지식은 정말로 시리우스 행성계에서 온 지능생물이 가르쳐준 것일까. 시리우스에서 온 비행선이 과연 고대의 지구를 방문했던 것일까. 만약 아니라면 도곤족은 어떻게 시리우스에 대한 정보를 알고 있었던 걸까.

미국 코넬 대학의 천문학자 칼 세이건Carl Sagan은 은하계 전체에 거의 2000억 개에 가까운 항성이 있으며, 이들 항성 중 상당수가 행성을 거느리고 있는데다 지구환경과 비슷한 행성도 어림잡아 100만 개에 달한다고 한다. 지구에서 생명이 탄생하고 진화했다면 다른 별에서도 같은 과정을 거친 생물체가 출현하여 지능생물로 발전했을 가능성이 있다는 것이다. 게다가 그중 일부는 지금의 우리 인류보다 더 발달한 문명을 누리고 있을 것이기 때문에 천문학자들은 지구

밖 다른 별에 지능생물이 살고 있을 가능성이 100%라고 보고 있다. 그러나 세이건은 외계인을 만났다는 이야기들이 세계 각지에서 자주 보도되는 것에는 회의적인 태도를 보였다. 이들 보도에 등장하는 외계인들은 모두 인류의 과학기술과 생물학적 특징을 두루 갖추고 있기 때문이다.

다른 별에서 생명이 진화했다면 그 과정은 천차만별일 것이고, 그것이 외계 지능생물이었다면 인류와는 완전히 다른 방향으로 진화했을 것이다. 그들의 과학기술 또한 인류의 것과 완전히 다른 종류일 가능성이 크다. 게다가 이들 지능생물들이 사는 행성은 지구에서 수천 혹은 수만 광년 떨어져 있을 텐데 매년, 심지어 매일 외계인을 보았다는 목격담이 나오는 것은 있을 수 없다는 것이다. 세이건의 이 같은 의견은 대부분의 주류 과학자들을 대변한다고 할 수 있다. 그리고 동시에 외계 생명체가 이론적으로 존재하는 것이 가능하다는 뜻이기도 하다. 그렇다면 과학계에서도 뚜렷하게 설명하지 못하는 일부 목격담이나 상식적으로 이해할 수 없는 고대 유적들은 정말로 외계 생명체와 관련이 있는 것일까. 이 부분은 아직도 미스터리로 남아 있다.

1908년 6월 30일 새벽, 러시아 시베리아 숲의 퉁구스카Tunguska에서 갑자기 엄청난 폭발음이 울렸다. 거대한 버섯모양 구름이 치솟고 공중에는 강렬한 백색 빛이 번쩍였으며, 기온은 화상을 입을 만큼 치솟아 폭발이 일어난 중심부의 수풀에 불이 붙었다. 이 불로 70킬로미터 밖의 사람들도 심각한 화상을 입었고, 일부는 폭발음 때문에 청각을 잃었다. 갑작스러운 폭발은 부근 주민들을 깜짝 놀라게

했을 뿐 아니라 주변 국가에까지 영향을 미쳤다. 영국 런던에서는 전등이 갑자기 꺼져 도시가 어둠에 잠겼고, 유럽인들은 한밤중에 여명 같은 빛을 보았는가 하면, 태평양 건너편에 있는 미국에서도 땅이 부르르 떨리는 진동을 느낄 정도였다. 그러나 당시 극심한 혼란에 빠져 있던 러시아 차르 정부는 대폭발을 조직적으로 조사할 수 있는 형편이 못 되었다. 그래서 사람들은 이 의문의 폭발을 그저 '퉁구스카 폭발'이라고 불렀다.

그러다 러시아 10월 혁명 후, 새로 들어선 소비에트 정부가 1921년에 물리학자 레오니드 쿨릭Leonid Kulik을 중심으로 조사팀을 꾸려 퉁구스카 지역에 보냈다. 조사팀은 퉁구스카 폭발은 거대한 운석이 일으킨 사건이라는 결론을 내렸지만 현장에는 지면에 얕게 파인 수십 개의 흔적만이 남아 있었을 뿐 운석이 떨어지면서 생긴 구덩이도, 운석도 발견되지 않았다. 운석설은 추측일 뿐이었으며 증거도 부족했다.

그 후 쿨릭은 조사팀을 이끌고 두 차례 더 퉁구스카로 향했고, 공중에서 내려다본 결과 폭발로 인한 파괴 면적이 2만여 제곱킬로미터에 달한다는 사실을 발견했다. 아울러 여러 가지 이상한 현상도 관찰할 수 있었는데, 폭발 중심부의 나무들이 쓰러지지 않고 잎사귀만 불에 탔다든가, 폭발 지역 나무들의 생장속도가 빨라져 0.4~2센티미터였던 나이테 두께가 5센티미터 이상으로 늘어난 것, 폭발지역 순록들이 알 수 없는 피부병에 걸린 것을 알 수 있었다. 그러나 얼마 뒤 제2차 세계대전이 발발하면서 퉁쿠스카 폭발에 대한 조사도 중단되고 만다.

그리고 제2차 세계대전 이후 소련 생물학자인 카사예프가 일본을 방문하면서 다시 그 사건이 조명을 받게 되었다. 그는 1945년 12월, 그러니까 4개월 전에 미국이 원자폭탄을 투하했던 히로시마에 도착했는데, 폐허가 된 그곳의 모습을 보고 퉁구스카를 연상했다. 실제로 둘 사이에는 공통점이 많았다. 폭발 중심지가 많이 훼손되지 않았고 나무들도 쓰러지지 않고 똑바로 서 있었다. 반면 사람과 가축은 핵 방사능에 의한 화상으로 희생되었다. 폭발로 인한 버섯 모양 구름도 비슷했는데, 퉁구스카의 것이 훨씬 컸으며, 특히 마른 나무들이 서 있던 퉁구스카의 촬영 사진은 히로시마의 풍경과 매우 흡사했다. 이런 근거들을 통해 카사예프는 굉장히 파격적인 주장을 내놓았다. 그 주장이란 외계인이 탄 핵 동력 우주선이 착륙 과정에서 기기 고장으로 핵폭발을 일으킨 것이 퉁구스카 폭발의 원인이라는 것이었다.

이 가설은 곧바로 학계에 엄청난 반향을 불러일으켰으며, 찬성 측과 반대 측이 팽팽히 맞섰다. 수로토프 등은 한 발 더 나아가 추락한 외계인 우주선의 목적지가 바이칼 호수일 것이라는 견해를 내놓았다. 또 일각에서는 퉁구스카 지역의 순록들에서 발생한 피부병이 1945년 미국 뉴멕시코에서 핵실험 후 방사능에 노출된 현지의 소가 걸렸던 피부병과 유사하며, 퉁구스카 지역 나무의 생장이 빨라지고 식물과 곤충의 유전성 변이 등의 현상 역시 미국이 태평양 군도에서 핵실험을 한 후 나타난 현상과 비슷하다고 분석했다.

그리고 1973년, 미국의 일부 과학자들이 이 문제에 대해 새로운 견해를 내놓았다. 퉁구스카 폭발이 블랙홀에 의한 것이라는 주장으로, 소형 블랙홀이 아이슬란드와 뉴펀들랜드 사이의 태평양 상공에 나타났을 때 폭발이 일어났다는 것이었다. 그러나 블랙홀의 성질과 특성에 대해서는 알려진 정보가 극히 드물어 '소형 블랙홀'의 존재 여부 자체가 불확실한 상황이었다. 결국 수많은 가설 중 어느 하나도 충분한 증거를 제시하지 못했다.

중국 학자들은 2002년부터 이 사건에 대한 연구보고서를 발표하기 시작했다. 중국과학원 지질 및 지구물리연구소의 학자 허우촨린侯泉林과 시에리에윈謝烈文은 폭발지역 토양의 백금족 원소 분석 담당으로 퉁구스카 폭발 연구에 합류했다. 백금족 원소의 이상은 탄소성 소행성이나 혜성의 혜핵彗核*으로 발생할 수도 있지만 이때 동위원소의 이상도 함께 나타났다는 사실을 대입하면 탄소성 소행성일 가능성은 희박해진다. 중국 학자들은 퉁구스카 폭발은 우주에서 날아온 운석 같은 소형 물질이 지구와 충돌하면서 발생했으며, 6,500만 년 전 공룡 멸종을 초래한 운석 충돌이 바로 비슷한 원리로 발생한 최악의 충돌이었다고 설명했다. 당시 멕시코에는 지름 약 10킬로미터의 물질이 지구와 충돌하면서 폭발한 적이 있어 이러한 가설에 신빙성을 더했다. 소행성은 대부분 돌, 금속, 먼지로 이루어져 있지만 질량이 낮아 큰 행성의 인력에 쉽게 끌리며, 원래의 궤도를 벗어나는 일이 잦다. 일부 과학자들의 주장에 의하면 직경이 1킬로미터 이상인 소행성이 지구와 충돌할 확률은 10만 년에 한 차례 정도인데, 이때의 충격은 지구를 파괴할 수 있을 만큼 위력적이라고

---

* 혜성의 핵을 말한다.

한다. 한편 직경 10미터가량의 운석이 지구에 부딪힐 확률은 3000년에 한 차례 정도라고 한다.

여하튼 여러 가설이 제기되고 있는 가운데, 퉁구스카 폭발 사건은 아직도 풀리지 않은 수수께끼로 남아 있다.

네안데르탈인은
식인종이었다?

위키리크스가 또다시

새로운 정보를 공개했다. 이번에는 과학자들이 2010년 말에 발표한 연구 보고서에 실린 '네안데르탈인Neanderthal 게놈지도 프로젝트'의 첫 번째 결과물이었다. 10년 전이었다면 아마도 SF 소설 속에서나 나올 법한 이야기였을 것이다.

연구결과에 의하면 네안데르탈인은 약 50만 년 전에 출현하여 다른 종족과의 결합이 거의 이루어지지 않은 채 2만8000년 전 알 수 없는 이유로 갑자기 멸종됐다.

소수의 고생물학자들은 그동안 네안데르탈인과 인류의 조상이 유럽에서 함께 살면서 활발하게 결합했다고 주장해왔지만 새로운 연구결과가 등장하자 이러한 가설은 큰 타격을 입게 되었다.

독일과 미국의 연구팀은 서로 독자적인 DNA 배열기술을 이용해 동일한 네안데르탈인 DNA 샘플을 만들어 분석했다. 이 샘플은 크로아티아의 동굴에서 발견된 3만8000년 전의 네안데르탈인 화석에서 채취한 것으로 원시의 DNA가 충분히 남아 있었다. 이 화석은 현대 인류의 DNA에 오염되지 않은 유일한 네안데르탈인 화석으로 꼽힌다.

미국 캘리포니아 주 로렌스버클리 국립연구소Lawrence Berkeley National Laboratory에서 프로젝트를 이끈 에드워드 루빈은 '두 종족이 결합하지 않았다고 단정할 수는 없다. 하지만 일정 수준의 종족 결합이 이루어졌을 가능성 역시 매우 낮다'고 이번 네안데르탈인 DNA 분석을 통해 밝혔다.

이러한 1차적 연구결과는 〈사이언스〉지와 〈네이처〉지를 통해 동시에 발표되었다. 이들은 30억 개에 이르는 네안데르탈인 게놈지도의 '화학적 성분' 가운데 100만 개를 밝혀냈다. 전체의 1000분의 1에도 미치지 못하는 양이지만 현대 인류 및 침팬지의 유전자와 비교한 1차적인 결론을 내리기에는 충분했다.

DNA 기술이 본격적으로 발달하기 시작한 것은 불과 20여 년 전의 일이다. 그런데 1994년 이후, 많은 과학자들이 DNA의 신빙성에 의문을 품기 시작했다. 원인은 고생물의 DNA와 현대인의 DNA의 유사성이었다. 이 둘이 흡사하다는 사실을 발견하고 뭔가 잘못되었다고 생각한 것이다. 그러나 1994년 한 학자가 공룡 뼛조각에서 얻은 '고대 DNA' 배열은 사실 인류 미토콘드리아mitochondria*의 일부였

---

* 미토콘드리아는 세포의 세포질에 있는 소기관으로, 우리말로 사립체라고 하며 생김새가 실타래를 닮았다.

다. 고생물 화석이 과학자의 DNA에 오염되었던 것이다. 살아 있는 사람은 늘 사방에 자신의 DNA를 뿌리고 다니기 마련이라 과학자도 신체 접촉이나 호흡을 통해 자기도 모르게 고생물의 표면을 오염시킬 수 있다.

이때부터 DNA 채취 기술은 한층 체계화되기 시작했고, 채취 절차와 규정도 엄격해졌다. 예를 들어 남성의 유골은 여성 연구원이 다루며, 피부와의 직접적인 접촉을 막기 위해 장갑과 마스크는 기본적으로 착용해야 한다. 또한 모든 연구원은 사전에 자신의 DNA 분석 데이터를 작성하여 조사 대상이 오염되었을 경우 식별해낼 수 있도록 했다.

고대 DNA는 기술적 용어다. 고대의 생물에서 DNA를 채취하는 방법은 먼저 유골을 갈아 특수한 화학용액을 투입하여 DNA를 채취한다. DNA는 일종의 화학물질로, 생명력 없는 물질이 다양한 방식으로 조합되어 유전 정보를 갖게 되는 것이다. 사람이 죽어도 몸속의 DNA는 단번에 사라져버리지 않지만, 살아 있는 세포활동의 보호를 받지 못하므로 외부 물체에 침식된다. 이것이 DNA가 유실되는 과정이다. 반면 보존에 유리한 환경, 이를테면 습하지 않고 온도도 비교적 낮은 곳에 있는 DNA는 채취해 사용할 수 있다.

국제 고대 DNA 학계는 고대 DNA의 이론적 보존기한은 10만 년에 불과하지만 만약 샘플이 시베리아 동토에서 보존되어 있었다면 수십만 년까지도 분석이 가능하다고 보고 있다.

현대인류가 지구에 출현하기 전 지구상에는 다양한 조기 인류가 살고 있었다.

1856년 8월, 독일 뒤셀도르프 시 교외의 한 석회암 동굴에서 채석장 노동자 두 명이 돌조각을 정리하던 중 눈두덩 부분이 튀어나온 두개골을 발견했다. 그들은 이 유골을 반장에게 전했는데 반장은 이것을 곰의 뼈라고 생각하여 박물학 애호가인 현지의 한 교사에게 보냈다. 나중에 이것이 현존 인류의 것과 다른 고대 인류의 유골이라는 사실이 밝혀지면서 네안데르탈인이라는 이름을 얻었다.

네안데르탈인이 발견된 지 3년 후인 1859년, 영국 생물학자 다윈이 『종의 기원』을 통해 파격적인 학설을 발표하면서 학계를 놀라게 했다. 다윈은 인류가 전능한 신에 의해 창조된 것이 아니라 오래전에 출현한 고대 생물체로부터 진화되어 탄생한 것일 수 있다고 주장했는데, 여기서 말하는 고대 생물체란 아마도 동굴에서 생활했던 원시인류가 포함된 개념일 것이다. 격렬한 논쟁 끝에 학계는 결국 '인류는 원숭이가 진화하여 탄생했다'는 이론을 받아들이게 되었지만 인류의 기원이 정확히 어디에서 시작되었느냐는 문제는 여전히 논란의 여지로 남아 있다. 다윈은 1871년 출판한 저서 『인간의 유래 및 성에 관한 선택』에서 인류의 요람으로 아프리카를 지목했고, 또 다른 진화론자인 헤켈Haeckel은 저서 『자연창조사』에서 인류가 남아시아에서 기원했다고 주장하면서 각 인종이 남아시아 중심부에서 바깥쪽으로 이동한 경로를 소개하기도 했다. 그리고 현재 인류의 기원을 연구하는 고고학자들은 원숭이와 인간 사이의 차이에 주목하고 있다.

네안데르탈인이 유럽인의 조상으로 여겨지고 있을 시기, 정확히는 네안데르탈인이 발견된 지 12년이 지난 1868년에 프랑스 북서부에서 고대 인류 화석이 출토되었다. 몸체가 길고 가는 이 고대 인류는 두개골이 비교적 길고 둥근데다 팔다리가 길고 약 180센티미터의 키였다. 학자들은 이러한 신체적 특징으로 미루어보아 화석의 주인이 기온이 따뜻한 지역에서 살았던 것으로 판단하고 크로마뇽인이라고 이름 붙였다. 방사능탄소연대측정 결과 크로마뇽인은 4만 년에서 3만5000년 전에 살았던 것으로 분석되었다. 그리고 네안데르탈인은 크로마뇽인이 나타난 직후 지구상에서 사라져버린 것으로 추정되었다.

그렇다면 크로마뇽인은 누구였으며, 네안데르탈인과는 어떤 관계였을까.

학자들의 연구에 의하면 지금 지구상에 살고 있는 호모 사피엔스 사피엔스Homo Sapiens Sapiens*는 아프리카에서 처음 출현해 세계 각지로 퍼져 나갔고, 그중 유럽으로 건너간 그룹이 오늘날 유럽의 원시인이 되었다. 지금의 유럽인이 보편적으로 가진 M173이라는 Y염색체는 지금으로부터 3만 년 전에 생겨난 것이다. 그렇다면 대다수 유럽인의 조상이 3만 년 전에 유럽으로 왔다고 유추할 수 있는데, 이 시기가 바로 크로마뇽인이 출현한 시기와 일치한다. 학자들은 이 것을 근거로 네안데르탈인이 아닌 크로마뇽인이 유럽인의 조상이라는 결론을 얻었다.

그러나 사실 이들 '아프리카인'들이 3만 년 전에 처음으로 유럽 땅을 밟은 것은 아니었다. 분자인류학자에 의하면 약 10만 년 전에

---

* '지혜로운 사람'이라는 뜻의 호모 사피엔스보다 더 진화한 후기 호모 사피엔스로 오늘날 현대 인류의 조상으로 여겨진다.

호모 사피엔스 사피엔스의 조상이 중동을 지나 유럽으로 향했는데, 이들은 뇌 용량이 네안데르탈인과 비슷했으나 체력이 약해 약 8만 년 전쯤 멸종한 것으로 추정했다. 그 후 수천 년 동안 유럽 대륙을 독차지했던 네안데르탈인은 4만5000년 전에 중동에서 출현한 호모 사피엔스 사피엔스에게 밀려나게 되었다.

1994년에 영국 과학자 브라이언 사익스Bryan Sykes는 미토콘드리아 DNA 조직을 분석한 결과 본토 혈통을 가진 유럽인 대부분이 일명 '하와의 일곱 딸'이라고 불리는 약 4만5000년 전 유럽에 들어온 여성 조상 일곱 명의 후손이라는 결론을 얻었다.

2005년에 시작된 대규모 국제 공동 프로젝트 '인류 이동 지도 프로젝트The Genographic Project'는 미국 지리학협회National Geographic Society, IBM, 웨이트 가족 재단Waitt Family Foundation이 4000만 달러를 공동 출자하고 전 세계 10개 연구기관이 연구에 참여했다. 프로젝트의 목적은 2010년 전까지 전 세계 10만 명의 DNA를 수집하여 인류의 이동 과정을 지도로 작성하는 것이었다. 연구팀은 인류의 기원을 오늘날의 케냐와 탄자니아 일대에 해당하는 동아프리카라고 보았으나 지구상에서 가장 오래된 인종은 아프리카 남서부에 거주하는 원주민 부시맨 족이라는 결론을 내렸다.

그렇다면 아프리카에서 출현한 현대 인류가 세계 각지로 이동한 후, 더 유리한 신체조건을 지니게 되었던 동굴 인류인 네안데르탈인은 어디로 간 것일까. 과학자들은 출토된 화석 연구를 통해 고대 인류와 현대 인류 사이에 존재하는 화석단층은 결코 우연히 생긴 것이 아니라는 사실을 발견했다. 왜냐하면 이 시기에 동아시아 대륙에 살았던 대다수의 생물종들이 알 수 없는 이유로 멸종했기 때문이다. 5만~10만 년 전은 플라이스토세 빙하기로, 이 시기에는 중국, 동아시아 및 기타 지역의 고대 인류를 포함한 각종 생물종의 생존이 어려웠다. 하지만 적도 가까이 있는 아프리카에 살던 고대 인류는 비교적 높은 온도 덕분에 생존할 수 있었다. 빙하기의 적도 지역의 평균 온도는 지금보다 1~2℃가량 낮았는데, 지구 양극으로 가까워질수록 온도는 크게 떨어졌다. 빙하기에 적도 부근에 살았던 아프리카 인들은 생존했고, 다른 지역에 살았던 고대 인류는 사라졌을 가능성이 크다.

지금까지 발견된 고대 유적을 유추해보면 성격이 온순했던 네안데르탈인은 얇고 날카로운 석기를 제작했을 것으로 짐작된다. 이들은 서로 도우며 집단적인 생활을 했다. 또한 불을 사용하고 불씨 보관법도 알고 있었다. 게다가 석기로 가죽옷을 만들고, 원시적인 미술 장식까지 한데다 원시 종교까지 있었다. 아프거나 다친 동료를 보살폈고 사람이 죽으면 꽃과 제기 등의 순장품을 만들어 함께 묻었다. 고고학자들은 네안데르탈인의 문화를 가리켜 '무스테리안Mousterian'이라고 일컫는다. 10만~20만 년 전, 네안데르탈인은 아시아, 아프리카, 유럽 세 개 대륙의 드넓은 지역에 흩어져 살았는데, 중국 남부에서 이들의 유골이 발견되기도 했다.

과거의 학자들은 네안데르탈인이 유럽, 아시아, 아프리카 3개 대륙에 거주했으며, 그 수가 상당했던 것으로 보았다. 그리고 수적으로 열세였던 현대 인류가 전 세계에 흩어진 네안데르탈인을 모두 없앴을 리는 없으므로 두 인종이 결합하여 더욱 진화한 혼혈 인종이 출현했을 가능성에 무게를 두고 있다.

만약 이들의 주장대로 네안데르탈인의 유전자를 물려받았다면 현대 인류의 몸에서 네안데르탈인의 유전자가 발견되어야 한다. 하지만 위키리크스가 공개한 내용을 보면 과학자들이 분석한 현대 인류와 네안데르탈인의 DNA 배열에서 DNA가 전이되었다는 유전학적 기록은 발견되지 않았다. 이는 네안데르탈인과 호모 사피엔스 사이에 결합이 이루어지지 않았다는 것을 의미한다. 즉 네안데르탈인이 현대 인류로 진화한 것이 아니라는 것이다.

그렇다면 네안데르탈인은 어떻게 사라졌을까. 일부는 자연 선택의 법칙으로 나중에 출현한 호모 사피엔스에 의해 멸종했다고 주장하며, 그 원인으로 네안데르탈인의 의사소통 능력을 꼽는다. 네안데르탈인의 발성체계는 침팬지와 비슷하여 단순한 소리의 울림만이 가능했을 뿐 발음 능력이 없어 집단 생존력이 불가능했을 것으로 보인다. 그래서 신체적으로 더 유리한 조건을 지닌 호모 사피엔스와의 경쟁에서 도태되었을 것이라고 했다. 그러나 독일 막스플랑크 진화인류학연구소Max Planck Institute for Evolutionary Anthropology의 요하네스 크라우제Johannes Krause가 이끄는 연구팀은 이러한 학설에 의문을 제기하면서 DNA 분석을 통해 네안데르탈인이 현대 인류의 언어 유전자 FOXP2를 갖고 있었다는 사실을 증명했다.

프랑스의 화석전문가이자 파리 국가과학 연구원인 페르난도 로치Fernando Rozzi는 네안데르탈인이 자신들보다 진화한 인류였던 호모 사피엔스에게 '잡아먹히는' 끔찍한 최후를 맞이했다고 주장했다. 언뜻 이해하기 어려운 이 가설은 레루아Les Rois가 네안데르탈인의 턱

뼈 화석을 연구한 결과를 토대로 제기되었다. 레루아는 턱뼈의 상처가 석기 시대 인류가 사슴 등의 동물을 사냥하면서 남긴 상처와 비슷하다는 것을 발견했다. 레루아의 연구를 토대로 로치는 "네안데르탈인은 현대 인류에게 잡아먹혀서 멸종되었을 것이다. 실로 무시무시한 비극이지만 안타깝게도 그럴 가능성은 상당히 크다. 그간 인류는 동족을 잡아먹었다는 증거를 부정해왔으나 이제는 사실을 받아들여야 한다. 턱뼈의 상처로 추측하건대 싸움에서 승리한 쪽은 상대편의 시신을 동굴로 가져와 먹은 다음 치아와 뼈를 전리품으로 삼은 것으로 보인다"고 설명했다. 그러나 이러한 가설에 이의를 제기하는 학자들도 있다. 그들은 호모 사피엔스가 갓 출현했을 당시 지능과 체력 면에서 네안데르탈인보다 다소 앞서 있었다고는 해도 도구 제작과 사용 등의 방면에서 크게 뛰어나지는 않았음을 지적한다. 그러므로 수적으로 열세였던 호모 사피엔스가 압도적으로 많았던 네안데르탈인을 멸종시켰다는 것은 불가능하다는 것이다. 그러나 호모 사피엔스가 네안데르탈인에게 동화되었다는 주장 역시 설득력이 떨어지기는 매한가지이다. 만약 그랬다면 호모 사피엔스가 일방적으로 흡수되었을 것이고, 당시 사회적 분위기 역시 서로 다른 종족 간의 결합에 방해로 작용했을 것이기 때문이다.

영국 런던 대학 지구물리학과의 빌 맥과이어Bill McGuire 교수는 저서 『세계 종말에 대한 가이드A Guide to the End of the World』에서 "약 7만 3500년 전, 인도네시아 수마트라 섬 부근에서 상상할 수 없을 정도의 초대형 화산 폭발이 일어났는데 그 결과 약 19미터 길이의 동굴이 생겨나 아직도 남아 있다. 그뿐만 아니라 화산 폭발로 인해 엄청난 황산 물질이 분출되어 지구 전체를 가리면서 수년 동안 햇빛을 볼 수 없었다. 당시 많은 화산재가 분출되었던 것으로 추정되며, 이는 미국 전체에 0.6미터 높이로 쌓을 수 있는 양이다. 만약 아직 알려지지 않은 비밀이 있는 것이 아니라면, 수마트라 섬의 토바 화산 폭발에서 지구 생명체가 살아남았다는 사실은 기적"이라고 서술했다.

수만 년 전의 인류 이동은 상호 교류가 가능한 노선상에서 매우 느린 속도로 이루어졌을 것이다. 특정한 노선을 거친 그룹은 공통적인 유전학적 정보를 공유했는데, 과학자들은 알파벳과 숫자를 이용해 이들 유전자 그룹을 기호화했으며, 그 기록은 다음과 같다.

약 10만여 년 전에 아프리카의 사람들이 외부로 이동하기 시작했다. 아프리카 이외의 지역에서 처음으로 발견된 인류는 10만 년 전에 살았던 남성으로, 과학자들은 이 남성을 M168이라고 이름 붙였다.

약 9만 년 전, M168에서 M130이라는 새로운 그룹이 갈라져 나와 함께 발견된 미토콘드리아 M과 함께 이동하기 시작했다. 구석기와 나무작살을 사용한 이들은 물고기 등의 단백질을 함유한 사냥감을 쉽게 얻을 수 있는 해안가를 따라 북아프리카를 지나고 중동을 거쳐 인도양 해안을 따라 동쪽으로 이동한 것으로 추정된다. 아프리카 동부의 에리트레아Eritrea에서 석기와 함께 발견된 12만 년 전의 조개와 굴 껍데기 화석이 바로 인류가 이곳의 해양 자원을 이용해 생존했다는 사실을 증명한다.

당시 해수면은 지금보다 훨씬 낮아 오스트레일리아와 인도네시아 이리안Irian 섬, 남태평양의 멜라네시아Melanesia 섬을 비롯한 여러 섬이 연결되어 있었다. M130은 해안을 따라 사냥을 하면서 뗏목을 사용할 줄 알게 되었고, 뗏목을 이용해 아프리카에서 인도네시아 반도로 이동한 다음 다시 오스트레일리아와 뉴기니 등의 지역으로 옮겨갔다. 이때 이동한 인류가 오늘날의 오스트레일리아 인종 Australoids*으로 약 6만 년 전에 오스트레일리아에 도착했다. 이들이 동아시아 대륙으로 퍼지기 시작한 것은 4만여 년 전으로, 초기 아시아인이라고 부른다.

오스트레일리아 인종이 아메리카 대륙으로 이동했다는 유전학적 증거는 없지만 고대 인류 화석과 유적에 이동 흔적이 남아 있다. 당시 베링육교Bering Landbridge**는 얼음에 뒤덮여 있어 지날 수 없었기 때문에 만약 이들이 아메리카 대륙으로 옮겨갔다면 뗏목을 이용해 바다를 건너 이동했을 것이다.

이들 오스트레일리아 인종은 비교적 문명 수준이 낮아 정교한 사냥기술을 터득하지는 못했을 것이다. 그래서 먹을 수 있는 것은 최대한 활용해야 했다. 현재 인도령인 안다만Andaman 섬과 이리안 섬의 오스트레일리아 인종이 죽은 사람의 시신을 먹는 풍습이 있는 이유를 여기에서 찾을 수 있다. 이는 야만적이거나 비상식적인 행위라기보다 부족 생존을 위해 고대부터 전해 내려온 불가피한 선택이었다.

M130과 거의 동시에 출현한 그룹인 M89는 북아프리카를 지나

---

* 키는 중키이며 머리카락은 물결 모양으로 감겨 있고, 피부 빛깔은 어두운 갈색 또는 검은색이다. 현생 인류로서는 가장 오래된 형에 속한다.

** 현재의 베링 해협 부근, 플라이스토세 빙하기에 육지화되었음. 베링지어라고도 한다.

육로를 이용해 유라시아 대륙으로 건너갔고, 얼마 후 M89에서 갈라져 나온 M9가 유라시아인의 조상이 되었다. 이들은 오스트레일리아 인종보다 옅은 피부색을 지니고 있었다. 수십만 년 전에 고대 인류의 체모가 점점 퇴화하기 시작하면서 피부색이 점차 진해졌는데, 이는 멜라닌 색소 침착을 통해 유해한 자외선으로부터 피부를 보호하기 위한 것이었다. 그러다 나중에 인류가 추운 북쪽으로 이동하면서 환경에 적응하기 위해 피부가 자연스럽게 진화했다. 일조량이 적은 지역에서는 멜라닌 색소가 비타민D 합성과 같은 화학작용을 막기 때문에 고위도의 추운 지역에서 백인종이 탄생했다. 북유럽의 한랭한 지역의 경우 일조량이 적고 구름이 잦아 강한 햇빛이 적기 때문에 체내에서 신체를 보호하기 위한 색소를 만들 수 없어 피부색이 퇴화했다. 옅은 색깔의 피부로 자외선을 흡수하는 것이 발육에 유리하기 때문이다. 콧대가 높아지고 비강鼻腔이 길어진 것은 차가운 공기가 체내에 들어오기 전에 먼저 '체온으로 데우기' 위해서였다.

M9의 후손은 구석기 말기에 동쪽으로 이동하면서 변이되어 M20, M45, M175로 분화되었다. M20은 주로 인도에 정착했고, M45는 동쪽으로 향하던 중 산맥에 가로막혀 북서쪽의 중국으로 진입하지 못하고 중앙아시아와 일부 인도인의 조상이 되었다.

한편 M45의 후손인 M242는 약 3만~4만 년 전에 중앙아시아와 남시베리아에 출현했는데, 여기에서 갈라져 나온 M3은 아메리카 대륙으로 이동했다. 이들의 이동은 최소한 세 차례에 걸쳐 진행되었으며, 제각기 다른 시기에 아메리카 대륙에 도착했다. 3만 년 전 중앙아시아에 살던 일부가 베링육교를 걸어서 아메리카 대륙에 도착한 후 남하하여 남미와 북미 남부의 인디언이 된 것이 첫 번째 그룹이고, 두 번째 그룹은 2만 년 전에 중국 동북부를 지나 베링육교를 통과해 북미대륙 북부에 정착했다. 마지막 그룹은 약 3000년 전, 에스키모인과 알류트족*이 베링해협을 건너 아메리카 대륙에 진입했다.

한편 M175는 히말라야 산맥 남쪽 기슭을 따라 동쪽과 북쪽으로 이동했다. 인도차이나 반도를 돌아 중국에 도착한 이들이 동아프리카에서 출발해 두 번째로 동아시아에 도착한 인종으로, 몽골 인종인 이들 후기 아시아인은 다수의 오스트레일리아 인종에 맞설 능력이 없었다. 남아시아에서는 인도 반도 남부에 많은 오스트레일리아 인종이 살고 있었는데, 수가 적었던 몽골 인종은 이들을 피해 히말라야 산맥을 따라 인도차이나 반도를 지나서 중국으로 들어와 중국 티베트 부락을 형성했다. 이들의 확산은 매우 빠른 속도로 이루어졌다. 서아시아에서 인더스 강 유역으로 진출했을 뿐만 아니라 남아시아대륙 북단을 지나 약 3만~4만 년 전에 동남아 지역에 도착했다. 이는 오스트레일리아 인종이 이동하는 데 걸린 시간의 5분의 1 수준인데, 몽골 인종은 2만 년 전의 뷔름Wurm 빙하기** 때 중국에 들어와 남쪽에서 북쪽으로 퍼졌다.

아시아 대륙에 갓 들어온 몽골 인종은 먼저 정착한 오스트레일리아 인종을 당해낼 수가 없었지만 시간이 갈수록 힘을 갖추기 시

---

* 알래스카 서해안 및 알류샨 열도에 사는 종족. 형질적으로는 에스키모와 매우 가깝다. 미국령에 약 5000명, 러시아령 코만도르스키예 제도에 약 300명 정도가 살고 있다.

** 지구상의 네 번째 빙하기로 1만 년 전에 끝났다.

작해 거의 대등한 수준이 되었다. 그러다 먼저 신석기 시대에 들어선 몽골 인종이 기술력과 체력에서 앞서기 시작하면서 점차 오스트레일리아 인종을 밀어내기 시작했다. 지금으로부터 매우 오래전에 벌어진 일이지만 고고학적 연구와 역사적 기록을 통해 밝혀진 사실들이 놀랍게도 DNA 분석 결과와 일치한다. 중국 상나라商代 시기의 유골에서 오스트레일리아 인종의 유전자 성분이 발견되었고, 은허 殷墟 의 제사갱祭祀坑에서 출토된 대량의 이민족 포로 유골 중에서도 오스트레일리아 인종이 상당수를 차지하는 것이 그 증거다. 현재 동아시아인의 유전자에서 오스트레일리아 인종의 유전자인 M130을 거의 찾아볼 수 없는 것은 이 시기에 몽골 인종이 그들을 대량 학살하고 쫓아냈기 때문이다. 그러나 오늘날 필리핀 루손Luzon 섬 중부, 말레이 반도 북부의 산지, 안다만 군도의 원시부족, 인도 반도의 드라비다인Dravidian 등의 유전자에 남아 있는 오스트레일리아 인종 DNA가 그들이 한때 아시아 대륙에 정착했었다는 사실을 보여주고 있다.

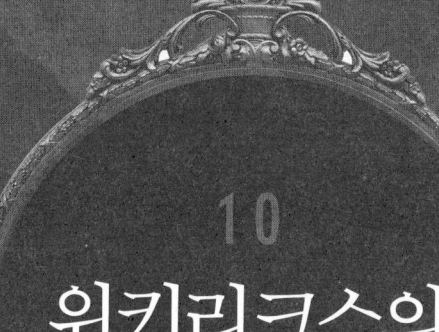

10

위키리크스의
배후

[위키리크스 2010년 10월]

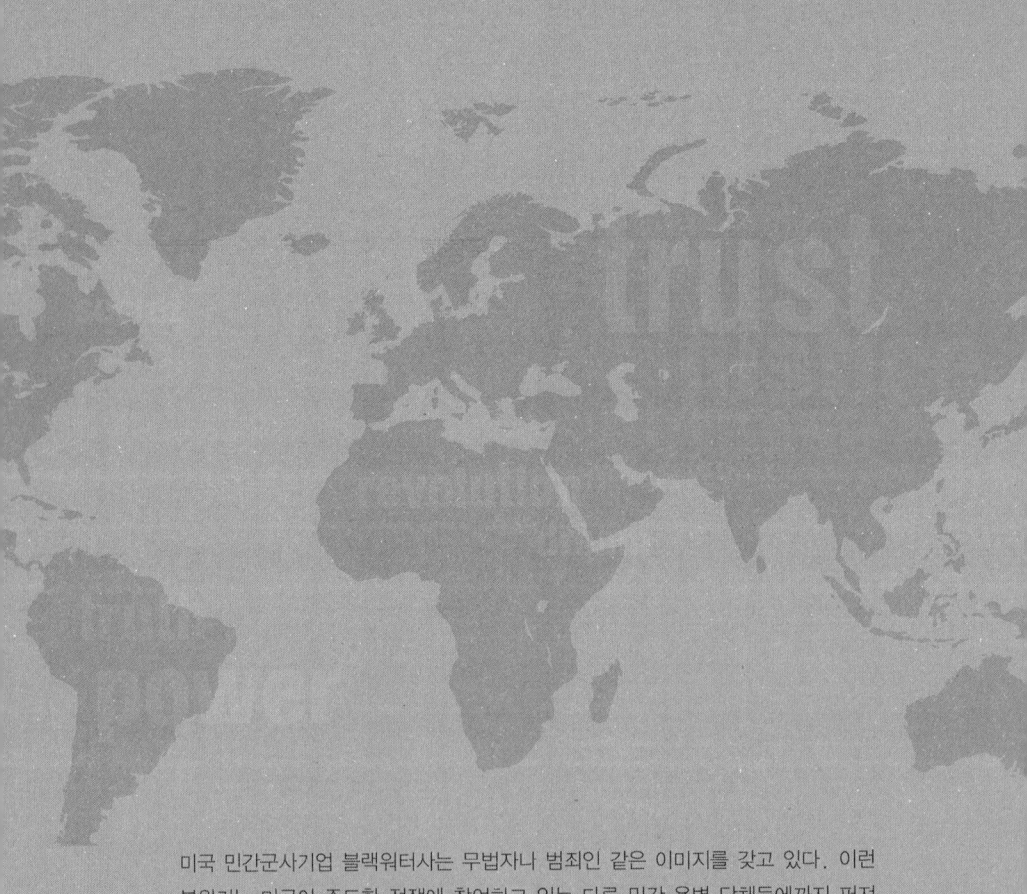

미국 민간군사기업 블랙워터사는 무법자나 범죄인 같은 이미지를 갖고 있다. 이런 분위기는 미국이 주도한 전쟁에 참여하고 있는 다른 민간 용병 단체들에까지 퍼져 나갔다.

세계 최강 민간군사기업
블랙워터

　　　　　　위키리크스가 미군의 이라크 전쟁 관련 기밀 문건을 대량 공개했다. 이들 문건에는 전쟁에서 희생된 수많은 이라크 민간인과 관련된 내용 외에도 이라크 안보요원들이 포로에게 가혹행위를 하는 것을 미군이 못 본 체한 사실이 드러나 있다. 미국의 종용을 받은 이라크 안보기구가 이라크 수감자로부터 자백을 받아내기 위해 잔인하게 고문했고, 이 과정에서 수백 명의 이라크인이 미국 민간보안업체인 블랙워터Blackwater 요원의 손에 희생되었다. 7년간 지속된 전쟁에서 극심한 혼란에 빠진 이라크의 현실은 위키리크스가 폭로한 10만 건의 관련 보고서를 통해 외부에 드러났다.

　　위키리크스가 공개한 외교 전문에는 소속 요원들이 이라크와 아프가니스탄에서 문제를 일으켜 많은 비난을 받았던 블랙워터사가

2008년 하반기에 약 55미터 길이의 해양 관측함을 해적 공격을 목적으로 한 전투함으로 개조하기로 한 사실이 있다. 이는 소말리아 해적 때문에 골머리를 앓고 있는 운수업계를 겨냥한 것이었다.

2009년 2월 전문에는 블랙워터사가 '맥아더호'라는 전투함을 확보했다는 내용이 들어 있다. 이 전투함은 완전무장한 보안요원 40명을 태울 수 있는 규모이고, 자체 내에 전투용 헬기를 위한 헬기장도 마련되어 있다. 뿐만 아니라 블랙워터사는 비슷한 규모의 전투함 3~4척을 증원할 계획도 갖고 있다. 이렇게 되면 어엿한 민간 해군부대 하나를 확보하는 셈이다.

블랙워터사는 '본사의 행동강령은 해적 체포가 아니다. 그러나 필요시에는 무기를 사용한다'라는 해적 공격 매뉴얼까지 제작했다. 이 회사는 2001년부터 이라크와 아프가니스탄 전쟁을 통해 10억 달러 이상의 보안 서비스 계약을 따냈으며, 현재 'Xe 서비스Xe Services LLC'로 이름을 바꿨다. 2010년 초에는 아프가니스탄에 있는 CIA 정보기지를 보호한다는 명분으로 미국 CIA와 1억 달러 규모의 계약을 체결했다.

911테러 이후 미국이 치른 전쟁에서 시작된 외주 군사 서비스의 민영화 움직임은 크게 주목받지 못했다. 조지 부시 정부가 출범하면서 펜타곤은 군사이론가들*과 대기업(특히 대형 군수업체)의 고위 간부 출신인 전 국방성 피트 올드리지Pete Aldridge 차관**, 전 육군장관

---

* 군사이론가로는 폴 울포위츠Paul Wolfowitz, 잘메이 칼릴자드Zalmay Khalilzad, 스테판 캠본 Stephen Cambon이 대표적이다.

** 피트 올드리지 차관 : 에어로스페이스 소속.

제시 화이트Jesse White*, 전 해군장관 고든 잉글랜드Gordon England**, 전** 공군장관 제임스 로치James Roach*** 등으로 채워졌다. 펜타곤의 새로운 지도그룹은 출범 직후 국가 정권을 전략적으로 교체하고, 미국 역사상 최대 규모의 군사 민영화와 외주 확대를 시행한다는 두 가지 목표를 세웠다. 군사 분야의 혁명이라고 할 수 있을 만큼 엄청난 움직임이었다.

펜타곤은 본격적인 전쟁을 시작하기 전부터 정부에 민간 외주업체의 참여를 의뢰했다. 미 정부는 전쟁 직전까지 외교적 루트를 통해 이 문제를 해결할 것처럼 제스처를 취했지만 실은 에너지 개발 기업인 핼리버턴Halliburton Company과 당사 최대 규모의 외주 계약 협상을 끝낸 상태였다. 2003년 3월 바그다드로 진격했을 당시 미군은 전쟁 역사상 최대 규모의 민간 외주기업에서 보낸 용병단을 거느리고 있었다. 도널드 럼즈펠드Donald Rumsfeld의 임기가 끝났을 때 이라크에는 이미 10만 명의 민간군사기업 요원이 배치되어 있었는데, 현역 미군과의 비율이 거의 1 대 1에 달했다. 이 시기 럼즈펠드는 임기를 마치고 물러나기 직전에 외주기업들의 미국 전쟁 참여를 정식으로 허락했다. 미국 민간군사업계로서는 굉장한 희소식이었다.

민간군사기업 블랙워터PMC사는 무법자나 범죄인 같은 이미지를 갖고 있는데, 이런 분위기는 미국 전쟁에 참가하고 있는 다른 민간 용병 단체들에게까지 퍼져 나갔다. 블랙워터사의 요원들이 이라크

---

* 제시 화이트 : 엔론 소속.

** 고든 잉글랜드 : 제너럴 다이내믹스 소속.

*** 제임스 로치 : 노스롭그루만 소속.

와 아프가니스탄에서 수많은 민간인을 사살하는 등 문제를 일으키자 민간 군사기업 소속 병력 전체가 비난에 휩싸였다. 이런저런 법적 처벌을 가한다지만 지금까지 블랙워터사에 이렇다 할 만한 타격을 입힌 조치는 단 한 건도 없었다. 〈뉴욕 타임스〉는 2009년 11월자 보도를 통해 이라크인들이 블랙워터사의 추방을 선언한 후에도 이 회사는 2년 동안이나 계속 이라크에 머무르며 임무를 수행했는데, 이것이 이라크인들의 분노를 샀다고 밝혔다.

2006년 크리스마스이브에 블랙워터사 소속 요원 한 명이 술에 취해 바그다드 심장부인 '그린 존 Green Zone'에서 이라크의 아델 압둘 마디 부통령의 경호원을 사살했다. 주이라크 미국 대사는 사건 발생 직후 블랙워터사에 25만 달러를 지급하도록 권고했지만 이 회사는 보상금이 과하다고 주장했다. 회사 측은 다른 이라크인들이 "가족을 위해 보상금을 노리고 계획적으로 살해하는 문제가 생길 수 있다"고 반박했다. 결국 국무부와 블랙워터사는 1만5000달러를 지급하는 데 합의했다. 2007년 10월, 미 국회 청문회에 출석한 블랙워터사 대표이사 에릭 프린스 Eric Prince는 당시 지급한 보상금 액수는 2만 달러였다고 정정하기도 했다. 또 다른 비슷한 사건도 있었다. 역시 블랙워터사 소속 요원이 2005년 힐라 Hillah에서 무고한 민간인으로 확신되는 이라크인을 살해했고, 미 국무부는 블랙워터사에 희생자 가족에게 5000달러를 지급할 것을 명했다.

구미 국가들의 민간보안외주기업은 크게 두 종류가 있다. 하나는 민간보안기업 PSC이고, 또 다른 하나는 민간군사기업 PMC이다. 무장 및 비무장 보안 관련 서비스를 제공하는 민간보안외주기업은 대부분이 전쟁 지역뿐만 아니라 일반지역에서도 다수의 보안업무를 시행하고 있다. 예를 들어 미국 우주선 발사장에서의 보안 업무도 바로 PSC와의 계약으로 이루어진다. 일부 PSC는 군사들의 보안 업무도 맡는데, 노스캐롤라이나 주 포트 브래그에 있는 미국 델타포스Delta Force* 기지의 보안도 초기에는 민간업체가 맡았다.

PMC는 두 가지 의미가 있다. 하나는 민간군사기업Private Military Companies이고, 또 하나는 민간군사외주계약자Private Military Contractor 이다. 전자와 후자 모두 넓은 의미에서 군사기업을 의미하지만 후자의 경우 기업 내의 요원 개인을 지칭하는 것일 수도 있다. PMC 기업은 국가 방위 업무, 군사 훈련, 보안 등의 서비스를 제공하며 공개석상에서의 보안 업무뿐만 아니라 비밀리에 전개되는 군사 작전도 맡는다. PMC 기업에 소속된 일부 요원은 갓 안정을 되찾은 전쟁지역에서 유엔 식량기구의 원조센터, 적십자 및 기타 국제원조기구가 안전하게 활동할 수 있도록 보안경비 서비스를 제공하지만 일부 요원은 다른 전쟁지역에서 군사교관, 전략고문, 전술지도, 전쟁지휘 등의 임무를 맡는데 때로는 직접 전투에 참가하기도 한다.

PMC는 미국 정부와 펜타곤이 직접 나서기 껄끄러운 지역에 인력을 파견하여 미국 군사 및 외교적 영향력을 전 세계로 실어 나르는 역할을 한다. 따라서 엄밀히 말하면 이들 PMC 기업들은 미국 정부의 비밀부대라고 할 수 있다.

민간군사기업과 민간보안기업은 뚜렷하게 경계를 구분 짓지 않는

---

* 정규군이 투입되기 어려운 상황에 뛰어들어 요인 암살, 인질 구출, 적 기지 파괴 등의 특수임무를 수행하는 미 육군의 특수부대이다.

데다가 다수의 기업이 여러 분야의 서비스를 취급하고 있어 업무가 겹치기도 한다. 그래서 업계 관계자들은 서로 다른 유형의 업무를 구분하기 위해 전문용어를 사용한다. 이들은 전쟁 지역에서 업무 의뢰를 받으면 보통 '슛 잡Shoot Job'인가, '프로텍트 잡Protect job'인가부터 묻는다. 전자의 경우 직접 전투에 나서야 하고, 후자는 특정 목표*를 보호하는 것이 임무다. 일반인이 볼 때는 별다른 차이가 없어 보이지만 업계에서는 완전히 다른 종류의 업무로 취급되며, 특히 급여의 차이가 크다. 프로텍트 잡의 경우 최고 연봉이 약 12만 파운드 선이지만 슛 잡은 프로텍트 잡의 3배 혹은 그 이상을 받는다. 직접 전투에 나서거나 포로 생포, 정탐 활동 등을 해야 하는 업무 특성상 위험성이 높기 때문이다. 반면 프로텍트 잡은 대부분 차량 수송, 노역, 송유관 보호 및 주요인물 호송 등을 맡기 때문에 상대적으로 위험도가 낮다. 수년 전, 아프가니스탄의 상황이 이라크에 비해 안정적이 되면서 아프가니스탄에 파견된 민간요원들의 수당이 이라크보다 약간 낮게 책정되기도 했다. 그러나 2010년 말부터 탈레반의 활동이 다시 활발해지기 시작했으므로 아프가니스탄의 민간 보안 요원들의 수당도 올랐을 것이다.

이라크와 아프가니스탄에서 활동하는 민간보안업체 요원들은 보통 1년 기한으로 계약하고, 계약이 끝나면 다른 요원이 파견된다. 스트레스가 높은 환경에서 오랜 기간 일할 경우 정신적 문제가 발생할 수 있기 때문이다. 개인적 사유로 계약기간을 마치지 못하게 되

---

* 인물, 사물 혹은 지역을 말한다.

최강의 '용병'

민간군사기업과 민간보안기업은 뚜렷하게 구분하는 선이 없는데다 다수의 기업이 여러 분야 서비스를 함께 취급하고 있어 업무가 겹치기도 한다. 그래서 업계 관계자들은 서로 다른 유형의 업무를 구분하기 위해 전문용어를 사용한다.

면 받기로 한 급여의 일부가 삭감되나 다른 요인으로 임무를 중단할 경우 6개월분 급여에 해당하는 보상금을 받을 수 있다. 그 밖에도 몇몇 기업은 '외부 요원'을 모집하기도 하고, 또 몇몇 기업들에서는 비용 절감을 위해 수주 후 저렴한 다른 민간보안업체에 계약분 일부를 맡기거나 저렴한 노동력을 고용하기도 한다. 최근 동유럽, 남미, 중미 지역의 퇴역군인들이 이라크와 아프가니스탄에서 보안요원으로 활동하고 있는 이유는 노동력이 저렴하기 때문이다.

보안외주기업 요원의 장비는 회사에서 제공하기도 하나 개인이 구매해야 하는 곳도 있다. 후방에서 항상 보급을 받는 군인들은 일반적으로 탄약이나 식량 공급을 걱정할 필요가 없지만 보안외주기업에서 일하는 요원들의 사정은 좀 다르다. 게다가 대부분 직접 차량을 몰고 다니며 임무를 수행하는 이들 요원은 적으로부터 공격이라도 당하게 되면 혼자 총을 쏘면서 도망쳐야 한다. 상대방을 제대로 볼 수 없는 상황의 전투에서는 마구잡이로 총을 쏘기 때문에 요원들은 대부분 최대한 많은 탄환을 휴대할 수밖에 없는데, 한 사람이 평균적으로 1000발 이상을 지니고 다닌다. 총알 및 기타 물건들을 넉넉히 넣을 수 있는 전투 조끼가 민간 요원들 사이에서 인기가 있는 것은 이런 이유 때문이다.

민간 요원들의 작업 환경은 굉장히 위험하다. 일부 요원들은 극도로 허술한 자동차와 장비에 의존해야 한다. 물론 몇몇 요원들, 특히 블랙워터사 소속 요원의 경우 최첨단 장비가 갖춰진 대형 지프를 타고 '완전무장'을 하고 작업에 나선다. 이들 요원은 자살폭탄테러 차량의 공격을 피하기 위해 지름이 30미터에 달하는 원 형태로 대열을 만들어 함께 이동하며, 이 원 형태를 유지하려 길가에 있는 다른 차를 마음대로 들이받아 도로 밖으로 밀어내버린다. 그래서 이라크인들은 일반적으로 민간 요원들의 차량에서 멀리 떨어져서 다닌다. 이에 대해 민간 요원들은 테러리스트들의 공격을 피하기 위해서는 어쩔 수 없다고 주장한다.

블랙워터사는 유명한 미국 민간군사기업으로, 에릭 프린스와 그 가족들이 소유하고 있다. 이 회사는 미국 정부에서 일했던 관리 영입에 열을 올리고 있는데, 전 CIA 대테러 담당 부장이었던 코퍼 블랙Cofer Black, 전 펜타곤 검찰장 조지프 스미츠Joseph Schmitz 등이 이 회사 소속이다. 1997년에 설립되어 이듬해인 1998년에 정식으로 문을 열었다. 연상되는 이미지가 썩 좋지 않은 블랙워터는 디즈멀 대습지Great Dismal Swamp*의 검은색 물에서 따온 것이다. 회사는 미국 노스캐롤라이나 북동부 소나무 숲 속의 약 28제곱킬로미터에 달하는 부지에 있어 외부에서는 잘 눈에 띄지 않는다. 내부에는 사격장, 인질 처리 훈련을 위한 모의 수용소, 무장 요원들이 머무르는 벙커 등의 첨단 훈련 시설이 들어서 있다. 미 해병대와 연방 조사국 요원들도 종종 이곳에서 훈련할 정도로 시설이 잘 갖춰져 있다.

블랙워터사는 2002년부터 본격적으로 이름을 알리며 돈을 벌기 시작했다. 이 해에 블랙워터 보안자문회사를 세워 용병파견업무를 시작했기 때문이다. 새로운 사업 아이디어는 CIA 특수요원 출신인 제이미 스미스Jamie Smith의 머리에서 나왔다.

---

* 약 4.5 헥타르에 달하는 대형 습지이다.

제이미 스미스는 인터뷰를 통해 1991년 걸프 전쟁에서 CIA 특수요원으로 활동하던 시절 민간 군사기업을 세울 생각을 했다고 밝혔다.

"제가 10년 전에 선견지명이 있었기 때문이라고 말할 수는 없습니다. 1차적인 아이디어였는데 마침 민영화 추세와도 맞아떨어졌지요. 당시 이미 딘코퍼 인터내셔널DynCorp. International 같은 회사들이 비슷한 종류의 사업을 하고 있었지만 대중에게 알려지진 않았죠."

스미스는 군대가 군사시설 보안을 위해 민간 용병을 고용하는 것이 일종의 추세가 되고 있다는 것을 알아챘다. 군대가 미군 지원병으로 이루어져 있는 이상 이러한 변화는 막을 수 없었다. 입대를 자원한 병사들은 문 앞에서 경비를 서기보다 뭔가 가치 있는 임무를 맡고 싶어 하기 때문이다.

블랙워터사는 빠른 시간 안에 현장 투입이 가능한 퇴역 군인들과 경찰을 집중적으로 고용했으며, 현역에 있는 특수부대 교관과 군관도 스카우트했다. 일반적으로 연령대가 30~40대에 속하는 이들은 경험이 풍부하고 신체적 조건도 좋은 편이다. 블랙워터사 소속 요원들은 현역 미군들보다 연봉이 10만 달러 이상 높다. 이 회사 책임자인 프린스는 블랙워터사는 현재 미군의 급격한 조직 전환 과정에서 중요한 역할을 맡고 있다고 했다. 군사회의에 참가한 그는 이렇게 말했다.

"익일 특급배송을 할 때 우체국과 페덱스 중 어느 쪽을 이용하십니까? 우리 회사의 목표는 국가 안보 기구를 보조하는 역할을 수행하는 것입니다. 페덱스사가 우체국을 보조하는 것과 마찬가지로 말이죠."

프린스는 또한 외주 용병부대가 미군 부대를 보조하여 얻을 수 있는 이득을 설명했다.

"국방성은 군대의 규모 확대를 걱정하고 있습니다. 3만 명을 늘릴 경우 약 36억~40억 달러가 필요하다고 하더군요. 제 계산으로는 병사 한 명당 매년 13만5000달러가 쓰이는 셈입니다……. 그렇게 많은 돈을 군대 규모 확장에 쓸 수는 없는 일입니다."

블랙워터사는 2004년 5월, 미국 정부에 새로운 자회사인 그레이스톤Graystone을 몰래 등록시켰다. 그러나 그레이스톤사는 블랙워터의 다른 자회사들과 달리 국내 주소가 아닌 카리브해의 작은 나라 바베이도스Barbados에 소재하는 것으로 등록되어 면세 기업에 속한다.

그레이스톤은 요원을 모집하면서 몇 가지 조건을 내걸었다. 지원자는 각종 무기*의 사용능력을 갖춰야 하며 조준사격, 헬기 기관총 사격, 폭탄 투하, 게릴라 공격 방어 등의 능력도 갖추어야 한다고 되어 있다.

블랙워터가 이라크에 배치한 칠레 출신 요원 100명 중에는 잔인하기로 이름을 떨쳤던 피노체Pinochet 정권의 군인 출신도 있다. 블랙워터의 간부 게리 잭슨Gary Jackson은 '우리는 세계 각지에서 전문 인력을 찾을 수 있다. 만약 외국 정부가 참전을 원치 않을 경우, 미국은 외주대행사의 요원을 고용하면 된다. 이들 요원들 중에는 반미

---

* Ak-47 보병총, glock 19총, M-16 시리즈 보병총, M-4 기병총, 기관총, 박격포, 개인 로켓탄 발사기, NLAW 보병용 미사일.

블랙워터 소속 요원

미국 민간군사기업 블랙워터사는 무법자와 범죄자의 이미지가 강하게 풍긴다. 이런 분위기는 미국 전쟁에 참가하고 있는 다른 민간 용병 단체들에까지 퍼져나갔다.

전쟁을 일으킨 국가 출신도 적지 않다'고 설명했다. 한 전문가는 이 같은 방식이 국가 존립과 주권 및 자기선택의 원칙을 무너뜨릴 수 있다고 지적한다.

2006년 5월, 요르단 수도 암만에서 열린 특수부대 전시행사에서 블랙워터 측은 "용병 부대는 세계 어디에서나 임무를 수행할 수 있다"라고 밝혔다. 현재 블랙워터 소속 요원 2300명은 전 세계 9개 국에 흩어져 있으며, 2만 명의 대기요원과 20대의 전투기가 명령을 기다리고 있다.

위키리크스가 전 세계에 해커 바람을
몰고 오면서 웹상에서는 다시 한 번 해커들의 전쟁이 시작될 조짐을
보이고 있다.

이전에 일어났던 해커 전쟁은 새로운 해커들을 탄생시켰다. 유명
해지고 싶어 하는 신세대 해커들은 혼자서 조용히 해킹기술을 연마
하기보다는 테크닉 자체를 놀이로 삼는다. 나이 어린 해커들은 다른
사람의 메신저 비밀번호를 해킹하며 즐거워할지 모르지만, 사실 그
들이 존경하는 1세대 해커들은 결코 다른 사람의 컴퓨터를 공격하
는 법이 없었다. 어떤 자세로 접근하느냐에 따라 기술은 과학으로
발전할 수도, 범죄로 변질될 수도 있다.

2009년 4월, 미국 ABC 웹진은 미국 사법부, 미국 화이트칼라 범
죄센터 및 여러 유명 과학자문기관의 자문을 토대로 영향력, 경제적

손실, 영향 범위 등에 따라 세계 5대 해커를 선발했다.

프레드 코헨Fred Cohen

1983년 11월 3일, 미국 남가주 대학의 대학원생 프레드 코헨은 UNIX 프로그램에서 자동으로 복제되고 컴퓨터 사이로 전염되어 시스템을 다운시키는 소형 프로그램을 만들었다. 이후 코헨은 자신의 이론을 논증한 관련 논문을 발표하며 큰 반향을 불러일으켰다. 그전부터 많은 전문가들이 컴퓨터 바이러스의 출현을 예고해왔지만 컴퓨터에 대한 바이러스의 파괴력을 실제로 증명하고 개념을 구체화한 사람은 코헨이다. 그의 교수는 코헨이 만든 프로그램을 정식으로 '바이러스Virus'라고 명명했다.

케빈 미트닉Kevin Mitnick

어떤 의미에서 케빈 미트닉은 해커의 대명사라고도 할 수 있을 것이다. 미국 사법부는 미트닉을 '미국 역사상 최초의 컴퓨터 범죄자'라고 불렀고, 할리우드는 그에 대한 이야기를 스크린으로 옮겨 영화 〈테이크다운Takedown〉과 〈프리덤 다운타임Freedom Downtime〉을 제작했다.

미트닉의 '비즈니스'는 공짜로 버스를 타기 위해 LA 시내버스의 요금 결제 시스템을 해킹한 것으로 시작되었다. 15세가 된 해에는 북미 공군 지휘센터의 전산망에 침입하기도 했다. 미 FBI는 해커 최초로 수사대상에 오른 미트닉 때문에 한바탕 소동을 벌여야 했으니, 그야말로 소년 해커 제1호였다고 할 수 있다. 그렇게 전산망을 누비며 해킹을 일삼던 미트닉은 컴퓨터 보안 전문가이자 과거 해커였던 쯔토무 시모무라Tsutomu Shimomura의 전산망에 들어갔다가 덜미를 잡혔다. 미트닉은 전화도청과 컴퓨터를 이용한 사기행각, 기관 전산망에 몰래 들어가 불법으로 자료를 빼낸 혐의 등을 시인하고 5년 8개월간 수감되었다가 2001년 1월에 보호감찰 하에 석방되었다. 그는 감찰기간이 끝날 때까지 컴퓨터, 휴대전화 및 기타 인터넷 접속이 가능한 기기들에 접근이 금지되었고, 캘리포니아 중부를 벗어날 수 없었으며, 여행도 금지됐다. 또한 최소 7년 동안은 해킹기술에 대해 타인에게 이야기할 수 없었고, 해킹을 통해 얻은 어떠한 이득도 발설할 수 없었다. 현재 미트닉은 컴퓨터 보안 전문가이자 고문 및 강사로 활동하고 있다.

로버트 모리스 Robert Tappan Morris

로버트 모리스는 미 안보국NSA 소속 컴퓨터보안센터 수석 연구원의 아들이다. 1988년, 코넬대 대학원생이었던 그는 역사상 최초로 인터넷을 통해 전파되는 인터넷 웜 바이러스를 만들었다. 모리스는 당시 인터넷에 몇 대의 컴퓨터가 접속해 있었는지 궁금해서 바이러스를 만들었다고 설명했다. 그러나 이 실험이 그의 통제를 벗어나면서 인터넷 웜 바이러스는 전 세계 6000대 이상의 컴퓨터를 한꺼번에 마비시켜 엄청난 파문을 일으켰다. 모리스는 집행유예 3년과 사회봉사 400시간 및 1만500달러의 벌금형에 처해졌고, 미국 사법부가 1986년에 제정한 컴퓨터 사기 및 남용 법안을 적용시킨 첫 번째 인물로 기록되었다. 이후 그가 동료들과 설립한 소프트웨어 개발 회사가 3년 후 4800만 달러에 야후에 인수되어 '야후 스토어'로 합병되었다. 모리스는 현재 미국 MIT 컴퓨터 과학과 인공지능 연구실의 교수로 재직중이다.

케빈 폴센 Kevin Poulsen

케빈 폴센은 해킹 수법으로 LA 라디오 방송국 KIIS-FM의 전화선에 침투했다는 사실만으로 유명세를 탔다. 당시 LA 라디오는 102번째로 전화를 건 사람에게 포르셰 스포츠카를 경품으로 주는 행사를 진행하고 있었다. 폴센은 방송국 전화선을 해킹하여 손쉽게 포르셰를 차지하는 '행운의 애청자'가 될 수 있었다.

이후 그는 FBI의 전산망에 침투했다. 유선전화선에 침투해 통신망 전체를 장악하는 것이 폴센의 최대 무기였다. 기상천외한 방법으로 수사관들을 따돌리며 애태우던 폴센은 결국 한 마트에서 체포되어 5년형을 선고받았다. 감옥에서 기자로 활동하던 그는 미국 잡지 〈와이어드〉의 편집장으로 추천받기도 했다. 마이스페이스의 파일을 일일이 대조하는 방법으로 성범죄자 744명을 알아내는 공을 세웠다.

숀 패닝Shawn Fanning

숀 패닝은 모든 해커가 꿈꾸는 변화를 이루어낸 장본인이다. 패닝은 P2P 음악공유 소프트웨어 냅스터Napster의 제작자다. 이 프로그램이 개발되면서 전통 음반업계의 구도가 뒤바뀌기 시작했다. 음반가게에서 CD를 사지 않고 인터넷을 통해 음악을 내려받는 사람들이 늘어났다. 그러다 음반업계의 소송으로 냅스터는 소프트웨어업체 록시오Roxio사에 매입되어 합법적인 유료 사이트로 새롭게 태어났다. 2006년 12월, 패닝은 게이머용 소셜 네트워크인 럽처Rupture를 만들었다.

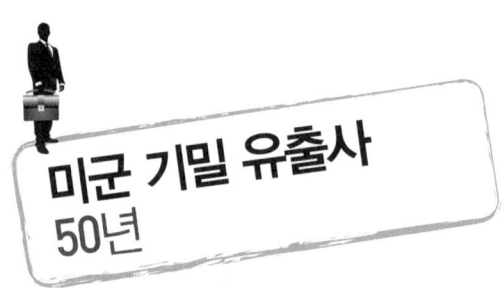

미군 기밀 유출사 50년

구글어스 사건

2010년 2월, 구글어스가 지원하는 위성사진을 통해 미군의 예비 함대 기지 세 곳이 드러났다. 각종 함선 170대가 주둔한 이들 지점은 각각 버지니아 주의 제임스 강, 텍사스 주 보몬트Beaumont 및 캘리포니아 주의 수이순 만Suisun Bay이었다. '국가비상예비함대The National Defense Reserve Fleet'라고 불리는 이 함대는 전시나 국가가 긴급 상황에 부닥쳤을 때 미군을 지원하는 것이 주요 임무다. 함선은 크게 두 부류로 나누어지는데, 하나는 10일에서 120일 사이에 해군에 투입될 수 있는 '예비함대'이고, 다른 하나는 이미 복역을 마치고 처리되고 있거나 처리를 기다리는 퇴역 함선이다.

'맥크리스털' 전쟁 계획

2009년 11월 29일, 오바마 미 대통령이 취임한 지 8개월 후 아프가니스탄에 새로 임명된 사령관 스탠리 맥크리스털Stanley McChrystal 장군은 전쟁지역 전체의 상황을 파악했다. 그리고 대통령에게 올리는 보고서에서 더 많은 부대를 투입하는 대대적인 조정 없이는 이번 전쟁에서 여지없이 패하게 될 것이라고 보고했다.

워터게이트 사건을 보도했던 〈워싱턴포스트〉의 기자 밥 우드워드가 관련 인사로부터 66페이지에 달하는 이 아프가니스탄 전략보고서를 입수하여 〈워싱턴포스트〉 웹 사이트를 통해 공개했다.

로널드레이건호 동영상 유출사건

2007년 8월, 미 해군이 한 동영상의 방영을 금지하도록 명령했다. 바로 로널드레이건호의 모습이 담긴 동영상이었다. 니미츠급 핵동력 항공모함 로널드레이건호는 미국이 보유한 최고급 항공모함이다. 전투기 85대를 착륙시킬 수 있는 최첨단 기술이 집약되어 있는데, 무려 45억 달러의 예산을 들여 제작한 것이다. 길이 333미터인 선체에 탑재된 핵 원자로 2기 덕분에 원료 공급 없이 20년간 바다에 떠 있을 수 있다. 작은 도시 같은 이 항공모함은 콜로라도 주의 아스펜Aspen 시 주민 전체가 배 위에 올라가도 넉넉할 정도의 크기로, 50년 동안 복역할 목적으로 설계되었다. 심지어 항공모함의 자체적인 우편번호도 있다. 3개월분의 식량을 비축할 수 있고, 전등 3만 개와 전화기 1400대가 설치되어 있으며 닻줄의 길이를 모두 합치면 2100킬로미터에 달한다.

그런데 미 해군 샌디에이고 기지의 로널드레이건호가 유튜브YouTube에 등장했다. 방사능 보호복을 입은 해군 병사가 춤추는 모습을 담은 이 동영상에는 항공모함의 핵 원자로가 고스란히 촬영되어 있었다. 미 해군 규정에 의하면 항공모함의 핵 원자로 사진은 고급 군사 기밀에 해당한다.

해군 '10만 명' 기밀 유출 사건

2006년 7월 9일, 10만 명 이상의 미 해군 장병과 해병대 소속 전투기 조종사 및 기타 인력의 자료가 유출되어 웹상에서 무려 6개월 동안 유포되었다. 그동안 1만 명이 넘는 사람들이 해당 자료를 열람하거나 내려받았다. 미 군사 전문가는 이 기밀 유출 사건은 장병 10만 명의 정보라는 점에서 규모가 엄청날 뿐 아니라 내용도 기밀에 해당하는 부분인 미 해군의 작전 배치 상황까지 엿볼 수 있어 논란의 소지가 크다고 설명했다.

바이만 노트북 컴퓨터 사건

2005년 10월 19일, 오스트리아 수도 빈에서 미 해군 바이만Weimann 하사가 연락·운송·전달하는 과정에서 국방 관련 기밀자료와 정보를 외국 정부 관계자에게 넘겼다. 미 해군 대변인은 2006년 12월 6일, 노트북 컴퓨터로 군사기밀을 유출한 혐의로 바이만에게 12년형을 선고했다고 밝혔다.

F-117A 모형 완구 사건

1986년, 시카고에서 열린 완구 박람회에서 비행기와 항공모함 모형을 전문적으로 제작하는 한 완구회사가 실물 비율 1 대 48의 스텔스 전투기 모형을 내놓았다. 그런데 이 장난감 비행기가 당시 철저히 비밀에 부쳐져 있던 F-117A 스텔스 전투기의 실제 구조와 80% 이상 비슷해 당시 미국에 있던 소련인들이 앞 다투어 이 제품을 사들이는 사태가 발생했다. 미군 측은 F-117A의 제조를 맡았던 록히드사에 책임을 물었다.

대니얼 엘즈버그와 펜타곤

1971년, 하버드 대학을 졸업한 후 미국 펜타곤에서 일했던 대니얼 엘즈버그Daniel Ellsberg는 소문난 냉전 정책 찬양자였다. 이후 베트남 전쟁에 대한 미군 특급 기밀문서에 접근할 수 있는 몇 안 되는 인사 중 한 명이 되었다. 어느 날, 그는 평생 감옥에 갇히게 될지도 모르는 위험을 무릅쓰고 몰래 복사한 베트남 전쟁 기밀문서를 각 신문사에 보냈다. 이것이 바로 전 세계를 충격에 빠뜨린 '펜타곤 문서'다. 1971년 6월 13일, 당시 국가 안보 고문이었던 헨리 키신저가 부하 직원들에게 대니얼 엘즈버그는 미국에서 가장 위험한 인물이라고 말하기도 했다.

공개된 문서에는 미국이 베트남 전쟁에 개입하기 위해 사건을 조작한 사실이 상세히 드러나 있었고, 국민을 농락한 미국은 세계인의 비난을 받았다. 이 기밀 유출 사건으로 미군은 베트남에서 전면 철수했으며, 닉슨 대통령은 불명예스럽게 사임해야 했다. 엘즈버그는 이 일로 '반전영웅'이 된 동시에 '가장 위험한 미국인'으로 불리기도 했다. 2010년, 이 사건을 각색한 영화 〈가장 위험한 미국인-대니얼 엘즈버그와 펜타곤 문서The Most Dangerous Man in America〉는 2010년 오스카상 다큐멘터리 부문에 노미네이트되기도 했다.

'폴라리스' 유출 사건

1960년 4월, 미국이 극비리에 제작한 '폴라리스' 핵잠수함은 잠수함 발사탄도미사일SLBM로 원자력 잠수함이다. 어느 날, 미 정보기관이 한 완구 제작회사가 폴라리스 핵잠수함의 모형을 생산하고 있다는 정보를 입수했다. 모형 폴라리스는 실제 핵잠수함과 상당히 유사하게 제작되어 '실력 있는 함선 설계사라면 한 시간 만에 수백만 달러 이상의 가치가 있는 폴라리스 관련 정보를 알아낼 수 있을 정도'였다. 게다가 이 2달러98센트짜리 완구에는 이렇게 적혀 있었다. '이 핵 잠수함은 미 해군 도안의 규격에 맞추어 정교하게 제작되었습니다. 흔쾌히 핵심 정보를 제공해준 제너럴 다이내믹스사의 함선담당부에 지면을 빌려 감사의 말씀을 전합니다. 그들의 도움이 없었다면 이토록 정교한 모형은 제작하지 못했을 것입니다.'

이 잠수함 모형은 실물과의 비율이 약 1 대 300으로 원자로 시설, 제어실, 해군선실 및 2기의 폴라리스 미사일 등 실제 핵잠수함의 모든 내부 시설을 갖추고 있다.

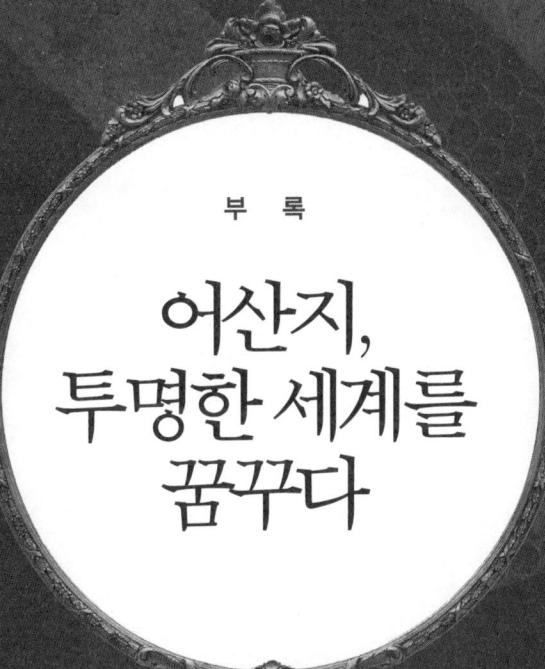

부 록

어산지,
투명한 세계를
꿈꾸다

I. 지구에 떨어진 낯선 생명체, 줄리언 어산지

여기 평범한 것과는 거리가 먼 한 오스트레일리아인이 있다. 그는 웹 사이트 '오케이큐피드OKCupid 데이트 및 결혼 정보 사이트'에 프로필 정보를 등록했다. 해리 해리슨이라는 이름이었다. 약 188센티미터의 키에 36세인 그는 웹 사이트 테스트 결과 자유로운 영혼의 기질이 87%인 것으로 나왔다. 해리 해리슨은 다음과 같이 자신을 소개했다.

경고: 정상적이고 평범한 남자를 원하는 분은 사양합니다. 나는 당신이 찾는 로봇이 아니니 더 늦기 전에 그냥 돌아가십시오. 열정이 넘치지만 바보 같은 짓도 종종 저지르는 똑똑한 남자가 사랑의 '사이렌'을 울릴 여성을 찾습니다. 정규 교육을 받지 않았어도 IQ가 높은 여성, 가슴속에 강렬한 에너지를 품은 용감한 여성, 신경 거슬리는 사람들의 세계를 상대할 똑똑한 작전을 세울 줄 아는 여성을 원합니다.

사건이 끊이지 않고, 사회적으로 불안정한 나라 출신의 여성을 선호합니다. 서구 문화는 여자들을 무가치한 빈껍데기로 만들어버리니까요. 사실 뭐 이런 것은 여자들에게만 해당되는 건 아니죠. 나는 머리도 좋고 싸움도 좋아하지만, 여자와 아이들은 확실히 보호하는 사람입니다.

위험한 남자이니 조심하시길!

1. 폭로

런던의 어느 날 저녁, 아직 어둠이 짙게 깔리지는 않았을 때였다. 누군가의 그림자가 빠르게 지나갔다. 언뜻 비치는 모습이 노부인이다. 그녀는 조심스럽게 문을 열고 나와 빨간색 낡은 차량에 올라탔다. 차 안에는 북유럽 출신으로 보이는 뚱한 표정의 남자 한 명과 꾀죄죄한 청년이 타고 있었다. 그들 가운데 한 명이 입고 있던 외투를 벗어 노부인에게 건네는 것 같았다. 차는 베딩턴 도로의 신호등 불빛을 뚫고 케임브리지를 향해 북쪽으로 달렸다. M11번 고속도로로 들어서자 고개를 돌려 뒤를 확인했다. 뒤따라오는 차는 없었다. 안심해도 좋겠다고 판단한 그들은 갓길에 차를 세우고 헤드라이트를 끈 채 잠시 어둠 속에 몸을 숨겼다. 주위에 아무도 없다는 것이 다시 한 번 확인되자 이들은 A143번 도로를 따라 동쪽으로 차를 몰았다. 그렇게 동앵글리아East Anglia 평원에 도착한 시각은 밤 10시였다.

특별할 것 없어 보이는 엘링엄Ellingham으로 24킬로미터가량 들어온 그들은 좌회전 후 미끄러지듯 도로를 달려 곧 조지 왕조 시대 건축 양식으로 지어진 저택 문앞에 다다랐다. 문 가까이서 선명하게 드러난 노부인의 얼굴은 다름 아닌 줄리언 어산지였다. 은백색 머리카락을 가발 속에 감추어두었던 것이다. 위키리크스의 멤버 제임스 볼은 "얼마나 우스웠는지 모른다. 그는 두 시간이 넘도록 할머니로 변장하고 있었다"고 당시를 회상했다. 어산지가 여자로 변장한 것은 혹시 있을지 모를 추적을 따돌리기 위한 것이었다. 그와 함께 있던 동료 둘은 사라 해리슨Sarah Harrison과 아일랜드계 기자 크리스틴 라픈손Kristinn Hrafnsson이었다. 어산지가 '폭로 사이트'인 위키리크스를 설립한 것이 4년 전의 일이었고, 이날 밤 차 안에 있던 사람들은 위키리크스의 핵심 멤버였다.

위키리크스는 놀라울 정도로 짧은 시간에 일약 유명세를 탔다. 누구도 거들떠보지 않았던 실험적인 웹 사이트가 하루아침에 전 세계적으로 유명한 인터넷 뉴스 사이트가 된 것이다. 어산지는 미군 헬기 조종사가 바그다드에서 로이터 통신 소속 기자 두 명을 살해하는 장면을 공개했다. 동영상 속의 그들은 흡사 컴퓨터 게임을 즐기고 있는 것 같았다. 수많은 진실을 잇달아 폭로한 어산지는 곧 좀 더 큰 파문을 일으킬 행동을 시작했다. 영국 〈가디언〉지에 아프가니스탄과 이라크 전쟁 관련 수만 건의 미군 내부 보고서를 제공하기로 한 것이다. 이 중 다수가 미국에 불리한 내용이었다.

2. 마그네틱 아일랜드와 서른일곱 번의 이사

세계적인 천재 컴퓨터 프로그래머들은 어째서 대부분 비정상적인 가정 출신일까. 위키리크스의 전 대변인이자 컴퓨터 프로그래머인 제이콥 아펠바움Jakob Appelbaum은 자신을 정신분열증을 앓고 있는 어머니와 헤로인 중독자인 아버지 사이에서 태어났다고 소개했다. 어린 시절의 대부분을 아동 보호소에서 보낸 그는 한 여자가 욕실에서 아버지에게 주사기를 찌르는 광경을 목격하기도 했다. 아펠바움은 〈롤링스톤〉지와의 인터뷰를 통해 컴퓨터 프로그래밍과 해커 활동이 그를 버티게 했다고 밝혔다. "이 세상이 완전히 절망적이지만은 않다는 사실을 느끼게 해준 인터넷! 인터넷은 지금까지 나를 버티게 한 단 하나의 이유였습니다."

줄리언 어산지는 몇 년 후면 할리우드 블록버스터의 주연이 될 것이다. 큰 키에 은발, 그리고 낮은 목소리를 가진 이 39세의 오스트레일리아인은 오늘날 거의 모든 세계 주요 언론의 1면을 장식하고 있다. 사람들은 묻는다. '어산지는 누구이며, 어디에서 왔고, 또 어디로 가려 하는가. 진정 그가 세상을 바꿀 사람인가?'

어산지는 할리우드 감독들이 좋아할 만한 특징을 모조리 갖추고 있

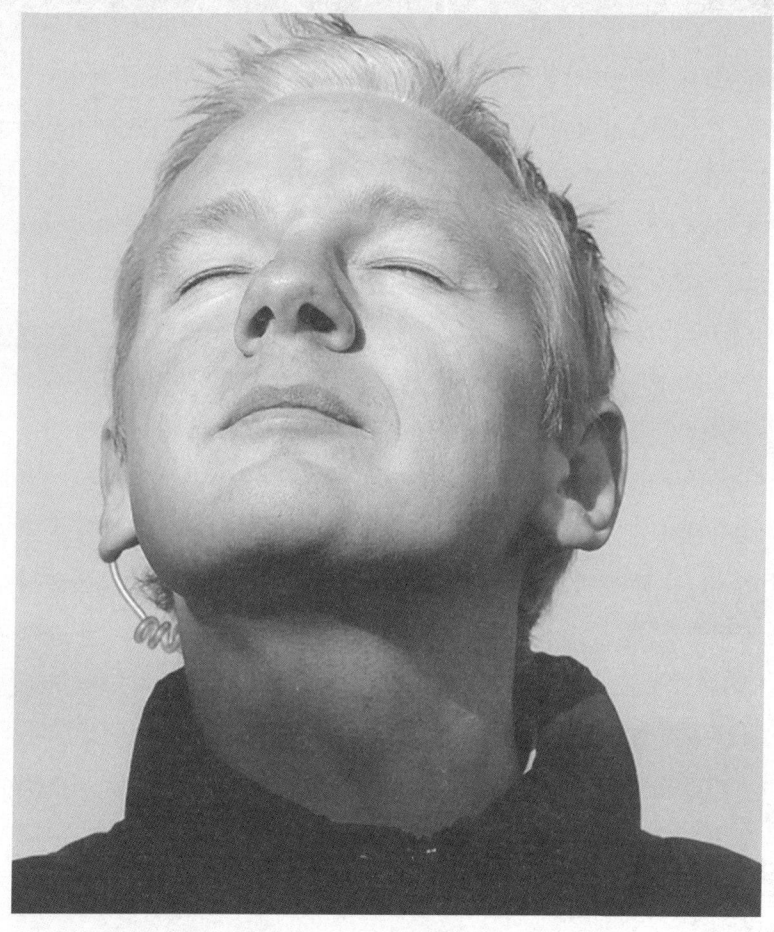

위험한 남자 어산지

어산지의 초등학교 동창은 머리를 길게 기르고 다녔던 어린 어산지가 '남들과 달라서' 친구들의 괴롭힘을 받았다고 말했다. 당시 어산지를 흠씬 두들겨 패주었던 학우들도 '좀처럼 친구들과 어울릴 줄 모르던' 어산지가 수학 실력만큼은 뛰어났다는 사실을 기억하고 있다. 어산지의 어머니 역시 "한창 친구가 필요했을 나이였지만 그의 주변에 있는 사람이라곤 매일같이 비키니를 입고 섬에서 유목생활을 하던 어머니뿐이었다"고 말했다. 이런 경험들이 어산지의 반항적 성격에 간접적인 영향을 주었는지도 모른다.

다. 수없이 떠돌아다닌 유랑자의 삶, 천재적인 두뇌, 고집스러운 성격, 돈키호테 같은 호전적 성향 등이 그렇다. 세계 각지의 언론은 어산지에게 '언론 자유의 투사'에서부터 '반사회적인 폭로자', 심지어는 '거만하기 짝이 없는 기밀 장사꾼'까지 다양한 수식어를 붙여주었다.

그렇다면 오스트레일리아 변두리의 작은 마을에서 태어난 이 소년이 어떻게 오늘날의 어산지로 자라나게 되었을까.

1971년 오스트레일리아 북동 해안의 타운즈빌Townsville에서 태어난 어산지는 매우 복잡한 성장 과정을 거쳤다. 그의 어머니 크리스틴 어산지는 그가 갓 돌이 지났을 때 한 감독과 결혼했는데, 어렸을 때의 가정 환경은 끊임없이 변화하는 소용돌이 한가운데에 있었다. 어머니는 그가 여덟 살이 되던 해에 이혼하고 난폭한 성격의 음악가와 재혼했다가 얼마 지나지 않아 헤어졌다. 그녀의 새로운 남편이 소속된 사이비 종교 단체가 입교한 가정의 어머니로 하여금 자신의 아이를 교주에게 바치도록 강요했기 때문이었다. 이에 뭔가 심상치 않음을 느낀 크리스틴 어산지는 아들을 데리고 떠나버렸다.

1975년 여름, 이들 모자가 애들레이드Adelaide에 잠시 머무르고 있을 때였다. 어산지의 어머니는 영국군이 호주 남부 마라링가Maralinga 사막에서 비밀리에 핵실험을 한 사실을 규탄하는 시위에 참가했다. 어느 날 밤, 몰래 실험장으로 들어가 증거를 수집하던 그녀는 아무런 표시도, 번호판도 없는 차량 한 대가 자신을 따라오고 있다는 것을 알아차렸다. 다음날 아침, 경찰이 들이닥쳐 그들이 머물고 있던 집을 수색했고, 한창 단꿈에 빠져 있던 어산지는 후들짝 놀라 잠에서 깨어났다. ……그리고 그의 어린 시절은 그렇게 끝났다.

그의 어머니 크리스틴 어산지는 주위에서 '자유분방한 히피' 같다는 말을 자주 듣던 사람이었다. 어린 줄리언은 어머니를 따라 히피족들이 모여 있던 퀸즐랜드^{Queensland} 북부의 마그네틱 아일랜드^{Magnetic Island}에서 살았다. 크리스틴은 아들과 함께 월세가 싼 집을 빌려 매일같이 초록색 비키니를 입고 나무 아래에서 그림을 그렸다. 그런 그녀의 옆에서 혼자 놀던 어산지는 조용하고 수줍음이 많으며 사람들과 이야기하는 것도 좋아하지 않는 아이였다.

어산지의 친구들은 그가 사람들과 대화하는 것보다 컴퓨터 앞에 앉아 있는 것을 더 좋아했다고 말한다. 이런 그의 성격은 불안정했던 어린 시절과 관련이 있을지도 모른다. 어산지는 14세가 될 때까지 어머니를 따라 37차례나 이사했다. 계속되는 전학과 휴학 끝에 크리스틴은 결국 어산지를 학교에 보내지 않기로 결정한다. '학교 교육은 권력에 대한 잘못된 존중을 가르쳐 아이가 자유롭게 생각하며 성장하는 것을 가로막기 때문'이라는 것이 그 이유였다. 떠돌이 생활로 인해 정규 교육을 받지 못한 어산지는 결국 '독학'을 할 수밖에 없었다. 졸업증서나 학위를 받은 적이 없으며, 단 한 번도 학교를 제대로 마치지 않았던 그가 어느 정도의 학문을 독학했는지는 알려지지 않았다.

어산지의 초등학교 동창은 사우스오스트레일리아 〈선데이메일〉지와의 인터뷰에서 어린 시절 어산지는 머리를 길게 기르고 다녔으며 '남들과 달라서' 친구들의 괴롭힘을 받았다고 말했다.

당시 어산지를 흠씬 두들겨 패주었던 학우들도 '좀처럼 친구들과 어울릴 줄 모르던' 어산지가 수학 실력만큼은 뛰어났다는 사실을 기억하고 있다. 어산지의 어머니 역시 "한창 친구가 필요했을 나이였지만 그에게는 매일 같이 비키니를 입고 섬에서 유목생활을 하던 어머니뿐이었다"고 말했다. 이런 경험들이 어산지의 반항적 성격에 간접적인 영향을 주었던 것인지도 모른다.

어산지 모자가 전자제품 상점 앞에 살던 때의 일이었다. 어산지는 자주 그곳에 들어가 코모도어64^{Commodore64*}를 만지작거리곤 했다. 대다수의 해커 소년들이 그랬듯 어산지는 또래 친구들과 어울리는 것보다 컴퓨터 모니터 앞에 앉아 있는 것을 더 좋아했다. 1987년, 16세의 어산지는 모뎀을 한 대 장만했다. 인터넷이 없던 시절이었으나 컴퓨터 네트워크와 통신 시스템은 이미 초기 모습을 갖추고 있었다. 그곳은 호기심 많은 소수 컴퓨터 천재들만 접속할 수 있는 작은 사이버 세계로, 일반인은 접근하기조차 어려웠다. 어산지는 멘덱스^{Mendax}라는 아이디로 활동했는데, 이는 고대 로마의 시인 호라티우스의 시구인 'slendide mendax'에서 따온 것으로, '고결한 거짓'이라는 뜻이 있다. 학교와 가정에 전혀 흥미를 느끼지 못한 어산지는 컴퓨터 네트워크 안에서는 자유롭게 돌아다니며 엿보고 파헤친 끝에 비로소 어떤 소속감 비슷한 감정을 느낄 수 있었다. 어산지는 그곳에서 서서히 명성을 쌓기 시작하면서 '가장 탄탄한 보안 네트워크도 뚫을 정도로 실력을 갖춘 프로그래머'로 불리게 되었다.

1988년 즈음, 어산지는 16세의 한 소녀와 사랑에 빠져 동거를 시작했다. 가벼운 자폐증과 불안장애를 지니고 있었던 그녀는 멜버른 정부가 만든 영재반 프로그램에서 어산지와 처음 만났다. 그녀가 임신하자 두 사람은 간단한 결혼식을 올렸고, 곧 아들 대니얼 어산지가 태어나면서 줄리언은 18세의 나이에 아버지가 되었다. 몇 명 되지 않는 어산지의 친구들은 모두 유명 해커 동호회 BBS$^{Bulletin Board System}$에서 활동하는 인물들이었다. 해가 지면 엑스터시를 삼키고 멜버른의 클럽에서 밤을 지새우는 젊은이들과는 달리 어산지는 몇 가지 루트가 전부인 네트워크에서 해커들과 교류하며 거의 외부에 모습을 드러내지 않았다.

오스트레일리아 국영 통신업체인 텔스트라^{Telstra}의 전신인 OTC^{the}

---

* 코모도어 인터내셔널이 1982년 8월에 내놓은 8비트 가정용 컴퓨터이다.

Overseas Telecommunications Commission의 시드니 컴퓨터 네트워크 '미네르바'
는 총 세 대의 공업용 컴퓨터로 서비스를 하고 있었다. 어산지는 미네르
바 시스템에 들어가 치밀한 계산을 통해 자신이 만든 프로그램으로 업
그레이드시키는 것에 굉장한 흥분을 느꼈다. 1991년 9월, 20세의 어산지
는 멜버른에 있는 캐나다 통신 기업 노텔Nortel의 메인 단말기에 침입했
다. 'NMELH1'이라는 낯선 이름을 가진 시스템을 발견한 그는 재빨리
추측하기 시작했다. 곧 N은 노텔을, MEL은 멜버른을 의미하며 H1은 1
번 서버의 약칭이라는 결론이 나왔다.

어산지는 다른 해커들처럼 아무렇게나 추측한 명령어와 프로그램을
함부로 서버에 집어넣지 않았다. 잘못했다가는 멜버른 시 전체의 통신이
마비될 수 있었기 때문이다. 어산지의 목표는 오리지널 프로그램의 코
드를 알아낸 다음 서버를 통해 수백만 대의 전화를 통제하는 것이었다.
그 결과 도시에 살고 있는 사람들 모두가 특정한 날에 마음껏 무료통화
를 사용할 수 있도록 서버를 조작할 수 있었다. 결국 그는 자신이 제작한
'시커팬트Sycophant' 프로그램을 이용해 목표를 이루고 말았다. 매일 오전
2시에 그는 자신의 비밀번호로 'NMELH1' 서버에 접속해 블로그 일지
를 읽은 다음 관심 있는 정보를 마음대로 빼냈다. 이때의 어산지는 영화
〈시계태엽 오렌지A Clockwork Orange〉의 주인공 알렉스처럼 제멋대로였다.

1991년, 그는 전 세계 해커들의 최고 도전과제로 통하는 미 국방성 인
터넷 정보 센터NIC 해킹에 나섰다. BBS에서 알게 된 두 명의 동료 해커와
팀을 짜서 '경쟁적인 협력'을 통해 해킹을 시도해본 다음, 동료 한 명의 제
의로 NIC와 밀접하게 연결되어 있는 미 국방성 서버에 침입하여 백 도어
프로그램Back Door Program*을 깔았다.

---

* 프로그램 개발이나 유지·보수를 하고, 유사시 문제 해결을 위해 시스템 관리자나 개발자가 정상
  적인 절차를 우회하여 시스템에 출입할 수 있도록 임시로 만들어둔 비밀 출입문. 트랩도어라고도
  한다.

이들은 가치를 환산할 수 없을 정도의 중요 기밀 정보에 접근했지만 상업적 해커들처럼 기밀을 내다 팔지는 않았다. 대부분의 해커활동은 멜버른 대학의 공개 컴퓨터실이나 집에서 이루어졌으며, 두 명의 동료들도 학자금을 대출받아 어렵게 생활하고 있었다.

몇 년 후, 법정에 선 수석 검찰은 어산지가 거의 아무런 제재를 받지 않고 이들 시스템에 들어왔다는 사실을 발표하면서 "당신은 전능한 신처럼 마음껏 헤집고 다니며 하고 싶은 일은 뭐든지 했다"고 말했다.

어느 날 밤, 시스템에 침입한 어산지는 관리자가 로그인되어 있는 것을 발견하고는 그에게 말을 걸었다.

'이 시스템은 내가 이미 접수했어.'

그러나 상대방이 아무런 대답이 없자, 어산지는 그에게 메시지를 남겼다.

'나는 당신들 시스템에서 아주 재미있게 놀고 있어. 시스템에는 어떤 피해도 입히지 않았고 오히려 몇 군데 업그레이드를 해두었지. 오스트레일리아 연방 경찰에는 알리지 말아주시길.'

얼마 후, 오스트레일리아 연방 경찰이 전화 감청을 통해 이들 해커 팀 추적에 나섰다. 그들이 어산지를 비롯한 해커 팀 일당을 체포했을 때, 어산지는 개인적으로 인생 최대의 위기를 맞고 있었다. 아내가 아이를 데리고 집을 떠나버린 것이다.

1991년 10월 29일 밤 11시, 오스트레일리아 연방 경찰의 남부 컴퓨터 범죄 반장이 수하 경찰들과 함께 어산지의 집 문을 두드렸다. 며칠 동안 먹지도 자지도 못한 어산지는 소파 위에서 정신을 놓은 채 『솔레다드 형제-조지 잭슨이 감옥에서 보낸 편지』를 읽고 있었다. 해커 프로그램과 각종 비밀번호 자료가 가득한 플로피 디스켓 13장이 700달러짜리 아미가500^{Amiga500} 구형 컴퓨터 옆에 널브러져 있었다. 평소 이들 자료를 벌

집이나 벽 사이에 숨겨두었던 그가 이렇게 무방비 상태로 있다는 것은 매우 수상한 행동이었다.

어산지를 본 반장은 이 소년 해커가 마약을 복용했다고 판단했다. 그러자 경찰관 한 명은 침실에 놓여 있던 형광 풀을 약물로 오인하기도 했다. 어산지는 한 지인에게 이 1975년 여름밤 이후로 경찰이 쳐들어오는 악몽에 시달리기 시작했다고 고백했다.

사법부는 3년간 공을 들인 끝에 드디어 어산지와 해커 팀 일당을 기소할 수 있었다. 1995년 5월, 세 명의 젊은 해커들 앞에 63개 항의 죄목이 줄줄이 나열되었다. 어산지는 자신 앞으로 걸린 해킹 관련 소송 31건 중 25건을 인정했고, 나머지 6건은 소송이 취하되었다. 이들 해커 팀이 그저 재미를 위해 활동했으며, 뛰어난 해킹 실력을 갖추고도 아무런 부당이익을 취하지 않았다는 사실이 참작되어 어산지는 오스트레일리아 정부에 5000달러의 보상금을 3개월간 나누어 지급하라는 처벌만 받게 되었다. 그리고 이때부터 몇 년 동안 아내와 아들의 양육권을 두고 힘겨운 법정싸움을 벌였다. 어떻게 보면 해커 소송보다 더 고통스러운 과정이었는지도 모른다. 이 두 차례의 소송은 어산지를 거세게 흔들어놓았다. 흑갈색이었던 머리카락이 불과 몇 년 사이에 하얗게 변해버렸으니 말이다.

영국 〈가디언〉지는 '양육권 싸움을 겪은 그는 정부를 미워하게 되었다'고 보도하면서, 권력을 싫어하는 음모론자인 그가 뛰어난 컴퓨터 프로그래머의 능력까지 가졌으니 위키리크스를 세운 것이 당연한 일인지 모른다고 평가했다.

소송이 일단락지어진 후, 어산지는 의기소침하고 피폐해졌다. 그는 아들의 양육비를 벌기 위해 컴퓨터 보안요원을 비롯한 각종 직업을 전전했다. 여러 해 동안 수없이 직장을 옮기고 많은 사람과 이런저런 일을 겪으면서 카프카, 케스틀러, 솔제니친의 추종자가 되었다. 어산지는 인류가 치러야 할 가장 중요한 싸움은 좌파와 우파, 신앙과 이성과의 싸움이 아닌 개인과 조직의 싸움이라는 것을 깨달았다. 조직은 진리와 창조력, 사랑과 동정심을 부패시키는데, 소위 '엘리트 관계'*에 의해 심각하게 왜곡된다고 생각했다.

어산지는 '음모가 곧 정치'라는 선언문 비슷한 문서를 만들었다. 자신이 알고 있는 어둠속 지식을 정치 분야에 활용하기 위한 것이었다. 그는 정권 내부의 소통 루트가 막히면 소위 '엘리트'들이 뒤에서 교환하는 정보의 양은 줄어들 것이며, 이 비밀 정보가 제로에 가까워질 때 음모도 사라진다고 설명했다. 폭로는 정보 전쟁을 위한 도구인 것이다.

3. 도무지 상식적이지 않은 남자

어산지는 자서전에서 "사람은 맨얼굴로 있을 때는 솔직하게 말하지 않는다. 가면을 씌워주면 진실을 말할 것이다"라는 오스카 와일드의 말을 인용했다.

어산지는 최초의 무료 포트 스캐너Port Scanner**인 '스트로브Strobe'를 개발했다. 1997년, 그는 공동 저술한 『지하 사회−해커들의 이야기』를 통해 해커로서의 경험담을 풀어놓기도 했다. 1997년을 즈음하여 그는 동료들과 함께 '러버호즈 디나이어블Rubberhose Deniable'이라는 보안 시스템을 발명했다. 인권운동가들이 민감한 데이터 자료를 안전하게 보관할 수 있도록 하려는 취지였다.

2006년, 어산지의 구상으로 위키리크스가 창립되었다. 어산지는 어

---

* 어산지가 가장 좋아하는 표현 중 하나다.
** 대표적인 취약점 검사 프로그램으로, 이를 사용하면 해당 시스템에 접근할 수 있는 네트워크 통신 포트를 알아낼 수 있다.

느 대학교 부근의 방에 틀어박혀 일하기 시작했다. 웹 사이트는 PRQ라는 인터넷 서비스 제공업체를 통해 만들어졌다. 보내진 자료는 PRQ의 상위 사이트를 거쳐 벨기에에 있는 위키리크스 서버로 전송된 다음, 다시 '비교적 우호적인 법률 구조를 가진 국가'로 옮겨진다. 이러한 루트를 통해 전송되는 모든 자료들은 보안 프로그램으로 보호된다. 일부 취약한 부분이 있기는 하지만 '그 보안성은 여느 은행 시스템을 훨씬 뛰어넘는 수준'이다.

어산지는 정보의 자유로운 교류와 투명성이 기득권층의 위법행위를 막을 수 있다고 생각했다. 그가 신분을 공개한 후, 미국 중앙정보국에서는 이 설립자를 주시하기 시작했다. 어산지는 영국 〈가디언〉 웹 사이트 네티즌들과의 대화에서 미국과 유럽의 '언론자유'를 비웃었다. 소위 언론자유라는 것은 자본주의의 거짓말에 지나지 않는다는 것이었다. 그는 스스로 '사회의 나팔'이 되어 누군가가 숨겨둔 정보를 대중에게 공개하겠다고 말했다.

어산지가 처음으로 공개한 미국과 관련된 정보는 어느 여성의 메일함이었다. 누군가가 미국 공화당의 부통령 후보였던 세라 페일린Sarah Palin의 이메일함에서 은밀한 메일들을 빼내어 그에게 넘겼고, 어산지가 그 정보를 위키리크스에 공개한 것이다. 나중에 페일린은 어산지를 '테러리스트'라며 분개했다.

2006년 12월, 위키리크스가 첫 번째 문건을 공개했다. 소말리아 반정부 무장 세력 '이슬람법정연맹Islamic Courts Union, ICU'의 지도자 셰이크 하산 다히르 아웨이스가 서명한 '비밀협정'과 관련된 이 내용은 토Tor* 프

---

* 분산형 네트워크 기반의 익명 인터넷 통신 시스템. 익명 인터넷 통신을 위해 오가는 데이터 소스를 추적하기 어렵게 발신자에게서 수신자에게로 가는 도중 랜덤 서버를 통과하도록 해 트래픽을 3회에 걸쳐 전송하는 방식이다.

로그램을 통해 전달된 내용 중에서 고른 것이었다. 이 문건에 대한 신뢰 여부는 확인되지 않았지만 공개된 정보보다 위키리크스 자체가 주목받기 시작했다.

그 후 케냐 정부의 부패부터 미군 관타나모 수용소의 숨겨진 속사정까지, 어산지와 동료들은 각국 정부의 미공개 정보를 잇달아 폭로했다.

2007년 케냐의 대선 시기에 정부 부패 상황을 공개한 후 어산지는 위험에 빠지게 된다. 어느 날 저녁, 집에 침입한 괴한들이 잠들어 있던 어산지를 깨워 바닥에 엎드리게 한 것이다. 경보기가 제때 작동하지 않았다면 무슨 일이 일어났을지 모를 상황이었다.

독일 언론과의 인터뷰에서 어산지는 '전쟁을 주도하는 사람들이 가장 위험하다. 우리는 그들의 위험한 행동을 막아야 한다. 그들이 나를 위험인물로 간주한다고 해도 어쩔 수 없는 일'이라며 전쟁에 반대하는 자신의 생각을 숨기지 않았다.

위키리크스가 인기를 끌수록 어산지는 점점 더 깊숙이 숨어들었다. 그는 전화나 인터넷을 통해 수시로 친구들과 연락했지만 단 한 번도 모습을 드러내지 않았다. 위키리크스를 고발하겠다며 펄쩍 뛰는 사람들에게도 눈길 한번 주지 않았다. 무표정한 얼굴로 유머와 기지를 발휘하는 어산지는 분명히 매력적이다. 냉정하고 극단적인데다 벌컥 화를 내기도 하며, 누군가를 비난할 때는 신랄하고 거침없다. 이렇듯 복잡하기 그지없는 어산지의 성격을 옆에서 겪은 사람들은 그의 친구가 되기도 하고 적으로 돌아서기도 한다. 지지자들이 있는가 하면 그를 저주하는 자도 있다.

2008년, 위키리크스가 사이언톨로지의 비밀 수첩을 공개하자 이 교단의 변호사가 관련 내용을 삭제할 것을 요구했다. 그러나 어산지는 사이언톨로지의 내부 자료를 더 많이 공개하는 것으로 대답을 대신했다.

위키리크스는 '스위스 은행이나 러시아의 해외 줄기세포센터, 아프리카의 집권당, 미 펜타곤도 비슷한 요구를 해왔었다'며, '사이언톨로지 측의 요구를 받아들이지 않을 것'을 공식적으로 선언했다. 인터넷 공간, 특히 트위터에서의 어산지는 자신을 향한 '음모'에 대해 가차 없이 비난했다. 위키리크스 설립자라는 직함과 텔레비전을 통해 보이는 냉정한 모습을 떼놓고 본다면 평소의 어산지는 온몸에 에너지가 넘치다 못해 덜렁대기까지 하는 남자다. 오랜 시간 동안 한 가지 일에 온 정신을 쏟을 때도 있지만 비행기표 예약하는 것을 깜빡 잊거나, 예약만 하고 계산을 하지 않거나, 아니면 표를 사놓고 공항으로 가는 것을 잊어버리는 사람 말이다. 그래서 주변 사람들은 늘 그를 챙겨주려고 한다. 그들은 어산지에게 다음 목적지가 어디인지 일러두거나, 출발하기 전에 건조기 안에 넣어둔 옷은 없는지 확인시킨다. 이럴 때의 그에게서는 세계적으로 영향력 있는 유명 인사의 모습을 찾아보기 어렵다.

어산지는 정보화가 반드시 모든 것이 투명하게 공개된 사회를 만드는 것은 아니라고 주장한다. 정보는 늘어나지만 편리한 인터넷이 그것들을 '비밀'로 만들어버리기 때문이다. 실제로 인터넷 기술이 발달되고 보급률이 높은 국가일수록 이러한 '비밀'이 더욱 안전하게 지켜지는 경우가 많다.

2009년, 재정난에 빠진 위키리크스는 '잔돈 기부'를 펼쳤다. 그러나 나름의 목적을 가진 일부 인사들의 거액 기부금은 받지 않았다. 이때 위키리크스가 받은 기부금 중 최고 액수는 500달러였다고 한다.

현재 마흔이 가까운 어산지에게는 정해진 거처가 없다. 그는 케냐, 탄자니아, 오스트레일리아, 미국, 유럽 국가 등 세계 각지를 쉼 없이 떠돌아다닌다. 때로는 공항에서 며칠씩 지내기도 한다. 어산지가 가진 것이라고는 가방 안에 든 옷가지들과 노트북 컴퓨터가 전부다. 주변 사람들은 그의 억양을 듣고도 오스트레일리아 출신인 것을 눈치 채지 못할 정도로 조심스럽다.

4. 라모와의 대화

위키리크스를 통해 공개되는 정보의 출처는 아직도 베일에 싸여 있다. 세계 각지의 해커들이 매일같이 1000건 이상의 '비밀 정보'를 위키리크스에 전달하고 있다는 설도 있다.

그러나 이 웹 사이트에 기밀 정보를 제공한 이들이 곤란한 상황에 처하는 일이 많다. 2010년, 22세의 미군 정보 분석병 브래들리 매닝Bradley Manning은 미군 내부 전산망에서 내려받은 수십만 건의 기밀문서와 동영상 자료를 어산지에게 제공했다. 영국 언론에 의하면 브래들리 매닝은 2010년 5월에 미군 측에 체포되어 징역 52년형을 선고받았다. 위키리크스에 기밀문건을 제공했다는 죄명이었다. 어산지는 매닝이 법률적 보호를 받을 수 있도록 변호사 선임비를 제공하겠다고 밝혔다.

미군 아파치 헬기 동영상이 위키리크스를 통해 공개된 후, 땀이 비 오듯 흐르는 이라크 사막 한가운데 위치한 미군 기지에 있던 브래들리 매닝은 몇 주 동안 엄청난 압박에 시달렸다. 인터넷 채팅을 통해 그는 '극도로 불안한 가운데 세 차례가량 정신분열이 일어나 미친 듯이 약을 집어 삼키기도 했다'고 털어놓았다. 그는 또한 '오랫동안 외부 세계와 접촉하지 못했다……. 나는 자제력을 잃었다……. 완전히 무너졌다'고도 했다. 5월 5일, 매닝은 페이스북에 '아무것도 남지 않았으며, 마음은 갈수록 무거워진다'고 자신의 심경을 밝혔다.

이러한 정서적 붕괴는 그가 같은 시기에 연인과 이별한 것과도 관련이 있을 것이다. 매닝은 보스턴에 돌아온 후 동성연인인 테일러 와킨스Tyler Watkins와 헤어졌다. 이후 그는 위키리크스에 기밀을 제공한 사실이 드러날까 봐 두려움에 휩싸여 지냈다. 매닝은 '아무도 이 일을 의심하지 않고 있다……. 누구도 의심하지 않는다는 것이 이상하다'고 말하기도 했으나 다른 한편으로는 감옥에서 남은 생을 보내거나 사형에 처해질지도 모른다는 생각을 하기도 했다.

그는 웹상에서 미국 출신 해커 아드리안 라모$^{Adrian Lamo}$에게 '나는 엄청난 사고를 쳤다……아마 당신보다 먼저 유명해질 것 같다'고 털어놓았다. 당시 라모는 〈뉴욕 타임스〉 등의 수많은 기업 전산망을 해킹한 혐의로 2년의 징역형을 선고 받은 상태였다. 연인 와킨스와 헤어진 후 고통스러운 나날을 보내던 매닝은 언제 들이닥칠지 모르는 경찰에 대한 공포까지 겹쳐 상당히 초조해했는데, 라모에게 자신의 과오를 털어놓기 시작했을 때는 이미 일등병에서 이등병으로 강등된 상태였다. 다른 병사의 얼굴에 주먹을 날린 것에 대한 처벌이었다고 한다.

2010년 3월 15일, 어산지는 위키리크스에 대한 장편의 자체 보고서를 발표했다. 작성자는 미군의 '어느 반反정보 분석 요원'이었다. 2008년에 작성된 〈미 정보기구가 위키리크스를 없애려 하고 있다〉는 제목의 이 보고서에는 위키리크스가 확보한 미군의 무기 설비 목록이 포함되어 있었다. 32개 항으로 구성된 보고서의 내용은 모호한 곳이라고는 한 군데 없이 명확했는데, 위키리크스의 위협을 막기 위한 가장 좋은 방법은 정보 제공자를 찾아 처벌하는 것이라는 내용도 들어 있었다. 이렇게 대담한 제목의 보고서는 기자들을 통해 언론에 퍼지면서 기부금으로 이어졌다. 그리고 2주 후, 어산지는 또다시 미 외교 업무와 관련된 자료를 폭로해 이번에는 아이슬란드를 한바탕 휘저어놓았다.

매닝은 어산지가 펼친 예방조치들이 상당히 효과적이었음에도 불구하고 여전히 불안에 떨었다. 물론 이는 전혀 이상한 일이 아니다.

어산지의 채팅 기록에 의하면 매닝과 처음 접촉했을 당시 어산지는 상당히 신중한 태도를 보이다가 서서히 그를 믿기 시작했다. 컴퓨터에 미친 젊은 병사는 2009년 11월 말에 처음으로 웹상에서 '광기의 은발남'을 만났지만 그때는 서로 탐색하는 단계였다. 매닝은 위키리크스가 과연 엄청난 파문을 몰고 올 이 자료들을 받고도 자신의 신분을 감출 수 있을지 확실히 해두어야 했다. 그때 매닝은 그를 믿지 않았다. 이 사람은 자신이 줄리안 어산지라지만 과연 진짜 어산지일까? 이라크 사막의 작업실에 앉아 있는 매닝으로서는 확인할 방도가 없었다. 그렇게 신분을 확인하는 데만 4개월이 걸렸다. 매닝은 어산지와 정보를 교환하면서 그가 오스트레일리아인이며, 미국 당국은 어떻게 그를 추적하고 있는지 자세히 물었다. 그리고 대화 내용과 뉴스에서 본 어산지 관련 소식을 비교해보았다. 둘은 거의 맞아 떨어졌다.

그렇게 충분한 검증을 거친 후 매닝은 상대방이 안전한 시스템을 확보하고 있을 뿐만 아니라 자신이 건넨 정보를 효과적으로 대중에게 공개할 수 있을 거라는 확신이 섰다. 그렇게 서로에 대한 신뢰가 쌓이자 매닝은 자신이 확보한 엄청난 정보를 위키리크스에 계속 넘기기로 마음먹었다. 그렇다면 이 두 남자는 구체적으로 어떤 거래를 한 것일까? 매닝은 이에 대해 '어산지와의 관계라…… 아는 건 별로 없어요. 그는 말을 많이 하지 않거든요'라고 라모에게 털어놓았다.

매닝은 또한 보안 비밀번호가 걸린 인터넷 회의를 통해 어산지와 직접 접촉했으며, 그와 실제로 만난 적은 없지만 어산지는 어떤 데이터들을 어떻게 전송해야 하는지 자발적으로 '지도'해주었다고 이야기했다. 이런 내용은 모두 라모 한 사람의 증언이며, 신빙성을 입증할 수 있는 객관적인 증거는 없다. 여하튼 위키리크스 멤버들이 전용 보안 연결망을 사용한다는 것과 매닝을 위한 특별 루트를 만들어 암호가 걸린 문건과 동영상을 전송받았다는 주장은 꽤 믿을 만한 것으로 확인됐다. 라모와의 대화에서 매닝은 그가 사용한 테크닉에 대한 이야기도 했다. 미군 전산망에서 자료 파일을 빼내면 파일은 전산망에서 삭제된다. 매닝은 가장 안전한 방식인 AES-256*을 이용하여 암호를 설정한다. 이어서 그는 보안 FTP^{File Transfer Protocol}**를 통해 자료를 특정 웹 사이트 주소의 서버로 전송한다. 마지막으로 매닝이 설정해놓은 암호를 토 소프트웨어를 통해 따로 전달하면 전송이 모두 끝난다. 이러한 루트로 전송된 파일은 최초 발송지를 찾아내기가 매우 어렵다.

펜실베이니아 대학교 컴퓨터 공학과의 매트 블레이즈^{Matt Blaze} 부교수는 암호기술 전문가다. 그는 매닝이 만든 시스템은 상당히 직접적인 전송 기술이라고 설명했다. "컴퓨터 보안의 각도에서 보면, 직접적인 방식이 더 효과적이다. 복잡한 방식은 오류가 발생할 수 있다"고 했다.

〈와이어드^{Wired}〉지를 통해 보도된 라모의 증언에 의하면, 그는 매닝과 처음 접촉한 날, 그가 사용한 아이디 'Bradass87'을 통해 그에 대한 실제 정보를 쉽게 알 수 있었다.

"군 정보 분석원으로 바그다드 동부에 파견되었다가 지금은 적응장애로 이동 명령을 기다리고 있어요. 당신이 만약 8개월 동안 매일 14시간씩 기밀이 가득한 전산망에 접촉할 수 있다면 어떻게 하겠어요?"

이튿날, 매닝은 마음속 이야기를 털어놓기 시작했다. 힘든 시간을 보내고 있던 이 스물두 살짜리 병사는 미군 역사상 유례가 없는 규모의 기밀을 이야기해주었다. 비밀과 절망, 군인으로서의 정의감이 뒤섞여 있었다. 매닝은 자신이 어느 정도는 옳은 일을 하고 있다고 믿고 있었다.

"당신이 만약 보안 시스템을 오랫동안 마음대로 관리할 수 있다고 가

---

* 256자리로 이루어진 고급 암호체계.
** 인터넷을 통해 하나의 컴퓨터에서 다른 컴퓨터로 파일을 전송할 수 있도록 하는 방법과 관련된 프로그램을 모두 일컫는 말이다.

정해봐요. 8개월에서 9개월 정도 되는 기간 동안 도저히 이해할 수 없거나 무서운 일들이 워싱턴 어딘가의 골방에 틀어박힌 서버가 아니라 공공 전산망에 들어 있다면 어떻게 하겠어요? 67억 인구에게 영향을 줄 수 있는 일들, 이를테면 2004년부터 2009년까지의 이라크 전쟁 기간에 작성된 50만 건의 데이터베이스와 보고서, 예정된 병력의 규모, 위도, 경도, 방위, 사망자 수까지 다 볼 수 있다면? 아니면 세계 각지의 미 대사와 참사관이 국무부에 보낸 전문 26만 건은 어때요? 선진국들이 어떻게 제3세계를 착취하는지를 정부 내부 사람들이 자세히 설명한 문서가 있다면 어떻게 할래요?"

매닝은 다음과 같은 말도 했다.

"전 세계 어느 곳에나 미군이 주둔해 있다는 사실은 곧 공개될 외교 스캔들이죠. 아이슬란드, 스페인, 브라질, 마다가스카르같이 미국이 인정한 국가만 국가가 될 수 있는데, 이건 아주 지저분한 수단을 쓴 거예요. CSV^comma separated value* 파일에 들어 있는 내용은 공개적인 외교, 즉 전 세계적인 무정부 상태를 의미해요. 여기엔 글로벌 기후 게이트도 있는데, 깜짝 놀랄 정도로 자세한 정보죠. 멋지고도 무서운 일이에요. 말도 안 되는 이유로도 뭔가를 바꿀 수 있는 것 같아요. 난 그중의 한 사람이 되고 싶지 않아요. 적어도 지금은요……. 난 아직 준비가 안됐어요. 감옥에서 평생을 보낼 생각이나 사형 당한다는 생각은 해보지 않았거든요. 지금 나는 스스로를 전혀 통제할 수가 없어요. 아무런 의미도 없네요……. 난 그저 내가 누군지 생각해볼 시간이 필요할 뿐이에요……. 다른 사람의 기대를 만족시키기 위해 하루 종일 뛰어다니고 싶지 않아요."

매닝은 군대와 미국 외교정책에 대해서도 갈수록 큰 실망을 느끼고

---

* 쉼표를 기준으로 항목을 구분하여 저장한 데이터. 데이터베이스나 표 계산 소프트웨어 데이터를 보존하기 위해 이런 형식을 사용한다.

있었다.

"더 이상 착한 측과 악한 측의 전쟁 따위는 믿지 않아요. 많은 나라가 자국의 이익을 위해 행동하고 있거든요. 물론 그들도 나름대로 민족의식과 도덕 기준은 있겠지만 전부 자기들의 잇속을 채우기에 바쁘죠. 그러니까 내 말은, 우리가 어떤 측면에서 상대보다 조금 우월하거나 치밀한 부분을 이용하기도 하고, 더 많은 단어와 법률적 수단을 동원해서 모든 것을 합법화했다는 거예요. 이런 일들 때문에 국가가 바른길을 가지 못하는 거죠. 제가 너무 이상주의자 같군요."

"그때 이후로 제 머릿속에 있던 모든 이미지들이 무너져 내리기 시작했어요. 이제는 모든 게 달라 보여요. 지금껏 군대에 몸담고 있는 동안 저도 모르게 그 일들에 참여하게 되었어요. 제가 절대적으로 반대하는 일에 스스로 참여한 거죠."

라모의 고발로 곧 체포된 매닝은 이라크에서 쿠웨이트의 미군기지인 '아리프잔Camp Arifjan'의 군사 감옥으로 옮겨졌다가 다시 미국으로 압송되어 수도 워싱턴에서 남서쪽으로 약 50킬로미터 떨어진 버지니아 주의 한 기지에 갇혔다. 매닝은 하루 중 23시간을 좁은 독방에서 보내야 했으며, 나머지 한 시간은 여덟 명을 수용할 수 있는 방에서 걷기 운동을 할 수 있었다. 그의 변호사는 매닝은 매일 오전 5시에 일어난 후 다시 잠들 수 없으며, 도저히 졸음을 참지 못할 경우 교도관이 그를 일으켜 세우거나 의자에 앉힌다고 밝혔다. 이들 교도관은 매닝과 대화할 수 없고, 독방에서 혼자 물구나무를 서거나 운동을 하는 것까지 엄격히 금지되어 있다.

교도관은 5분마다 한 번씩 매닝에게 아무 문제가 없는지 질문을 하면서 상태를 체크한다. 매닝은 담요로 얼굴을 덮거나 벽 쪽을 향해 돌아누울 수 없다. 만약 그럴 경우 교도관이 즉시 그를 깨워 아무 문제가 없는지 다시 확인한다. 매닝의 식사는 그의 방으로 제공되나 베개와 침대커버의 사용은 허락되지 않는다. 단, 담요 두 장이 제공되며, 얼마 전에는 베개가 딸린 침대 매트리스가 새로 들어갔다. 개인물품 사용은 일체 금지됐다.

한편 너무 많은 기밀 문건을 공개한 어산지도 '삼십육계 줄행랑' 작전을 쓸 수밖에 없는 상황에 내몰렸다. 게다가 적당한 도피 국가를 찾는 일도 쉽지는 않았다. 그는 언론자유가 잘 보장되어 있는 스웨덴에 체류 신청을 냈다.

영국 런던 패딩턴Paddington 역 근처에는 '프론트라인 클럽Frontline Club' 이 있다. 1989년, 루마니아에서 혁명이 일어났을 당시 기자활동을 했던 종군 촬영기사들이 '프론트라인 TVFrontline Television News를 설립했다. 그 후, 이 방송국의 멤버들 중 운 좋게 살아남은 사람들이 모여 만든 프론트라인 클럽은 언론독립주의자들의 모임이 되었다. 2010년 7월, 〈아프가니스탄 전쟁일지〉를 공개한 후, 어산지는 프론트라인 클럽이 제공한 거처에서 머물렀다. 당시 어산지의 상황을 안타깝게 여긴 클럽 창설자 보한 스미스Vaughan Smith는 어산지와 위키리크스 팀을 동앵글리아 구석에 있는 엘링엄 저택으로 초대했다.

스미스는 영국 육군 소속의 왕실 근위대 척탄병대에서 근무한 인물로, 현재 프론트라인 TV에 동영상 자료를 제공하는 기자로 활동하고 있다. 대대로 영국 군대를 위해 일해온 가문에서 태어난 그는 무정부주의자가 아니었다. 그가 선택한 신문사도 영국에서 상당히 보수적인 〈데일리 텔레그래프The Daily Telegraph〉였다. 스미스는 굉장히 용감한 사람이다. 코소보에 있을 때에는 어디선가 날아온 탄환이 무전기에 박히는 바람에 가슴을 쓸어내렸던 적도 있다.

스미스는 다른 우파 자유주의자들처럼 공평한 경쟁과 약자에 대한 지원을 주장했다. 미국 전쟁주의자들은 어산지를 잡아들이려 사람을 풀었고, 일부는 심지어 암살 작전을 펼쳐야 한다고 목소리를 높이기도 했지만 스미스는 언론의 투명성에 도전하는 어산지를 전폭적으로 지지하는 입장이다. 언론이 스스로의 힘으로는 정부에 다가가기 어려운 것은 물론 공공의 홍보 도구로 전락할 위험성까지 있다는 사실을 경험으로 알고 있기 때문이다.

어산지가 엘링엄 저택에 들어가 작업에 착수했을 때, 이 화려한 저택에는 스미스의 코소보 출신 아내 프랜베라 셰마Pranvera Shema와 다섯 살, 두 살짜리 아이들이 살고 있었다. 아이들의 자전거는 응접실 밖 차량 통행로 입구에 놓여 있었다.

이곳에 온 위키리크스 멤버들 중에는 24세의 제임스 볼도 포함되어 있다. 그는 어산지가 채용한 몇 명 안 되는 고용 멤버 중 하나로, 대량의 데이터를 처리하는 능력을 가진 냉정한 청년이다. 그의 실력은 눈이 부실 정도이며, 한창 상승곡선을 타고 있는 중이다. 몇 개월 사이 무역잡지인 〈그로서Grocer〉지 기자에서 위키리크스의 대변인으로 변신한 그는 전세계로 방영되는 BBC의 〈하드토크Hardtalk〉라는 프로그램에 출연해 미국 외교관인 존 네그로폰테John Negroponte와 논쟁을 벌이기도 했다. 이들 팀은 익명의 인터넷 단체를 조직하고 있다. 어산지가 일하는 응접실에는 벽난로에서 불이 활활 타오르고, 그 너머의 벽에는 스미스 가문 조상들의 초상화가 걸려 있다. 그는 매일 거의 16시간에서 18시간 동안 노트북 컴퓨터 앞에 앉아 일하고, 어떤 때는 48시간 동안 쉬지 않고 일한 뒤 작업이 끝나면 곧바로 바닥에 쓰러져 잠들기도 한다. 이럴 때마다 다른 위키리크스 멤버들이 그를 깨워 위층의 침실에 밀어 넣는데, 그렇게 몇 시간 자고 일어나 또다시 일을 시작하곤 한다. 어산지는 '밤고양이' 같은 사람이라서, 보통 새벽 서너 시쯤에 가장 쉽게 발견할 수 있다. 또 다른 위키리크스 멤버 사라 해리슨과 조지프 페렐Joseph Farrell은 인턴 기자들로, 어산지의 이메일과 일지를 관리한다.

어산지는 자신을 CEO라고 생각한다. 위키리크스가 인터넷에 퍼트린 흔적들을 감독하고 다른 지역의 협력자들과 연락하는 것이 그의 주요 업무이다.

벽난로 오른쪽에는 눈에 확 띄는 스미스의 증조부 '호랑이 스미스'의 초상화가 걸려 있다. 생전에 총 99마리의 호랑이를 사냥한 그는 잡은 호랑이를 저택으로 가져와 '호랑이 스미스'라는 별명을 얻었다. 그중 두 마리는 유리 상자 안에 넣어두었다.

위키리크스 팀은 곧 영국 농장식 생활 방식에 적응했다. 엘링엄 저택에는 집사가 한 명 있고, 주방에 있는 커다란 테이블에서 식사를 할 수 있으며, 잘 손질된 고기와 소시지는 종이 상자 안에 보관한다. 저택에는 유기농 농장도 딸려 있다. 스미스는 멋진 와인 창고를 만들었는데, 저장고에 있는 술은 〈가디언〉지의 와인 평론가 말콤 글럭Malcolm Gluck이 고른 것들이다. 식사 시간이 되면 어산지와 동료들은 스미스 집안의 오래된 둥근 식탁에서 식사를 한다. 평소 인터넷을 누비며 개혁적인 성향을 마음껏 드러내던 위키리크스 멤버들은 영국 전통에 따라 왼쪽에서 오른쪽으로 포트와인을 돌린다. 저녁에는 술을 한 잔 이상 마시지 않는 어산지는 동료들과 요리사들에게 이런 사실을 미리 일러두었다.

어산지는 수도승 같은 면이 있다. 먹는 것에 별다른 관심이 없고, 옷이라고는 몇 벌 되지도 않는다. 위키리크스 멤버들이 어산지가 컴퓨터만 들여다보지 말고 운동도 좀 해야 한다고 말할 정도였다. 한번은 멤버들이 어산지에게 빨간색 아디다스 운동화를 사주었다. 그걸 신고 공원에서 조깅을 하자 흙과 나무로 가득한 공간에 선명한 빨간색 운동화가 번쩍거렸다. 그것을 본 스미스는 곧바로 그를 얌전한 시골 신사로 바꿔놓았다. 어산지는 스미스의 녹색 코트와 호주머니가 비대칭으로 달린 트위드 재킷을 빌려 입었다. 그 재킷은 스미스가 열아홉 살 때 입던 것이었다. 그리고 어산지는 그 차림으로 낚시를 하러 갔다.

밖에서 보면 엘링엄 저택의 높은 담장 너머에서 무슨 일이 벌어지고 있는지 알 수 없지만 어산지는 〈가디언〉지 등의 대형 글로벌 신문사 네 곳과 접촉하고 있었다. 출판 역사상 최대 규모의 폭로 사건을 맡길 생각이다. 엘링엄 저택의 장원에는 사냥꾼이 종종 개를 데리고 스피온 캅 Spion Kop 숲을 돌아다니곤 한다. 사냥꾼과 사냥감의 쫓고 쫓기는 추격전을 보던 어산지는 자신이 그 사냥감이 된 것 같은 기분이 들었다. 검찰과 미국 정보기관들은 빨간색 옷을 입은 사냥꾼이고, 자신은 붙잡힌 동물이 아닐까 하는. 그들이 요란한 경찰차 사이렌을 울리며 점점 가까이 몰려오는 것 같다.

5. 성추행 고발 사건

2010년 12월 1일, 인터폴이 강간 및 성희롱 혐의로 줄리언 어산지에 대한 적색수배령 Red notice 을 내렸다. 이 사건은 어산지가 2010년 8월에 스웨덴에서 만난 두 여성의 신고로 시작되었다.

스웨덴 경찰은 2010년 여름 북유럽에서 일어난 사건을 가지고 어산지를 기소하면서 그는 영국에서 스웨덴으로 송환되었다. 아무도 예상치 못한 일이었다.

줄리언 어산지가 강간 혐의로 기소되었다는 소식이 알려지면서 전 세계에 커다란 반향을 불러일으켰다. 관련 내용을 보도하는 해외 언론들은 성적 충동이 빚어낸 비극으로 묘사했다.

그러나 그동안 밝혀진 증거들에 의하면 어산지는 많은 사람들이 생각하는 종류의 강간범이 아니었고 폭력도 행사하지 않았으며, 또한 누군가의 계략에 의해 억지로 누명을 쓴 것도 아니었다.

런던에 머무르는 동안, 어산지는 분명 지칠 틈도 없이 여성들과의 데이트에 매달렸다. 국가 기밀을 폭로하는 작업에서 보여준 냉정한 일처리 스타일과는 확연히 다른 모습이었다. 어산지는 FSIFiners Stephens Innocent 법률 사무소 소속의 금발 여변호사 제니퍼 로빈슨Jennifer Robinson의 얼굴을 달아오르게 만들기도 했다. 기자들을 만난 어산지는 그의 변호인단과 함께 〈가디언〉지 본사 건물의 엘리베이터 앞에서 식사로 무엇을 먹을 것인지에 대해 이야기를 나누고 있었다. 한 기자가 물었다.

"변호사분들도 함께 가시나요?"

그러자 어산지는 로빈슨을 바라보며 말했다.

"그럼 예쁜 변호사로 데려가지."

위키리크스의 직원은 '우리도 어산지에게 적절치 않은 성적 발언은 삼가야 한다고 일러두었다'며 그에게 확실히 이러한 부분의 문제가 있음을 인정했다. 그로 인해 불쾌감을 느꼈던 여성들 중 하나인 아이슬란드 의원 버기타 존스도티르Birgitta Jonsdottir는 어산지의 출신 배경과 성장 과정을 기억해야 한다고 강조한다. 존스도티르는 유명 평론 사이트 '데일리 비스트Daily Beast'에서 "줄리언은 많은 면에서 대단히 똑똑한 사람이지만 사교 방식에는 문제가 있다. 전형적인 유럽 사내인 것이다. 어떤 의미에서 그는 남성 우월주의적 성향이 있다고도 할 수 있다"고 평가했다.

어산지 같은 유형의 남자는 '미인'이라는 칭호를 자주 쓰고, 외눈박이 뱀이 바지를 입었다는 등의 저질 농담*도 던진다. 여성 권익에 대한 의식이 높고 냉정한 스웨덴 사람들의 입장에서는 이해할 수 없는 행동이다.

실제로 이 부분에 대한 스웨덴인들과 어산지의 생각 차이가 성추행 고소로 이어지며 논란을 불러일으켰다.

8월 11일 수요일, 어산지는 런던발 스웨덴행 비행기에 올랐다. 그리고

---

* '외눈박이 뱀'은 남성의 성기를 비유한 것이다.

그날 저녁, 다섯 명의 사람들이 스톡홀름 북부에서 함께 저녁 식사를 했다. 레바논인이 경영하는 레스토랑이었다. 위키리크스의 스웨덴 지부 담당자인 56세의 기자 도널드 보스트롬Donald Bostrom은 아내와 함께 왔고, 은발의 미국 기자 러스 베이커Russ Baker는 스웨덴에 살고 있는 친구라며 한 여성을 데리고 왔다. 베이커는 1년 전, 부시 가문에 대한 책을 출판해 관심을 모으기도 했다. 당시 자리에 있던 사람들은 어산지가 베이커의 친구에게 체면도 벗어버리고 수작을 걸었지만 실패한 것을 기억하고 있었다. 내부 사정을 잘 아는 어느 인사는 "어산지와 베이커가 결국 레스토랑 밖에서 주먹질까지 할 뻔했다"고 당시 상황을 묘사했다. 보스트롬은 어산지에게 그런 행동이 스스로를 위험에 빠지게 할 수 있다고 충고하기도 했다. 미인에 약한 영웅이 줄리언 어산지 한 사람만은 아니니까 말이다. 보스트롬은 또한 "국가 기밀을 폭로하여 희대의 악당으로 이름을 알린 어산지의 남다른 용기는 많은 여성들에게 어필하는 면이 있다"고 덧붙였다. "일종의 록스타 같은 이미지라고 볼 수 있다. 세계에서 가장 유명한 남자인 만큼 매력적으로 비치는 것이다. 미 국방성에까지 도전한 어산지는 확실히 사람들에게 깊은 인상을 남겼다. 한 가지 말해두고 싶은 것은 많은 여성들이 실제로 그를 만나면 마법에 걸린 것처럼 빠져들곤 한다는 사실이다."

공교롭게도 그날은 13일의 금요일이었다. 어산지와 동료들은 소더맘 Sodermalm 교외의 어느 아파트에 머물렀다. 소냐 브라운 소유의 이 아파트는 당시 비어 있었다. 31세의 브라운은 정치적으로 진보 성향을 가진 여성으로, 사회민주당 내의 천주교 조직인 '브라더후드 무브먼트 Broth-erhood Movement'를 관리하고 있었다. 호리호리한 몸매에 검은 머리카락을 가진 그녀는 영어를 할 줄 알았으며, 스웨덴의 어느 명문대에서 근무하던 재원이었다. 스웨덴에서 열린 세미나에 어산지를 초청한 그녀는 그를 자신의 아파트에 머무르도록 배려한 것이다. 어산지의 변호사가 밝힌 내용에 의하면 침실 하나가 딸린 그 아파트에는 침대도 딱 하나밖에 없었다.

어산지가 도착하기 전 브라운은 보스트롬에게 전화를 걸었다. 보스트롬은 당시 상황을 이렇게 말했다.

"우리는 단 한 번도 만난 적이 없었어요. 그녀는 전화에서 '안녕하세요, 이번 세미나를 기획한 소냐 브라운이에요. 제가 곧 출장을 가는데, 그동안 줄리언이 제 아파트에 머무르면 어떨까 해서요. 그에게 전해주시겠어요?'라고 말했어요. 브라더후드 무브먼트 입장에서도 긍정적으로 생각했고, 줄리언도 호텔에 묵는 것보단 그쪽을 원했지요. 그래서 제가 중간에서 그녀의 의견을 전했어요. 세미나는 토요일에 열리니까 줄리언은 금요일까지 그 아파트에 지낼 수 있겠다고요. 저는 토요일에 돌아올 예정이었고요."

그러나 브라운 본인이 경찰 측에 진술한 내용은 이와 완전히 달랐다. 그녀는 그날 밤을 일방적으로 이루어진 최악의 성경험으로 묘사했다. 경찰이 작성한 진술서는 다음과 같았다.

「두 사람은 함께 앉아 차를 마시고 있었다. 어산지가 브라운의 다리를 어루만졌다. 브라운은 그럴 뜻이 전혀 없음을 밝혔으나 어산지는 계속 그녀에게 접촉하려 했다. 그 후 모든 것은 '순식간에 벌어졌다.' 참지 못한 어산지는 자신의 옷을 벗어던진 다음 그녀의 목걸이를 끊어버렸다. 브라운이 옷을 힘껏 여몄지만 어산지는 그녀의 옷을 찢어버렸다. 브라운은 더 이상의 접촉을 원하지 않는다고 말했으나 그런 방식으로 어산지를 막기에는 너무 늦어버렸다. 모든 것이 그의 행동을 받아준 자신의 탓이라고 생각한 브라운은 결국 어산지가 자신의 옷을 벗기도록 허락했다.」

이런 강압적인 방식은 어산지의 원래 성격과도 크게 다르지 않아 보인다. 런던에서 어산지와 관계를 가졌던 또 다른 여성도 비슷한 시기에 기자를 만나 어산지에 대해 말해주었다.

"내가 그에게 키스하자 그는 곧바로 달려들어 내 치마를 찢어버렸죠. 그게 어산지의 스타일이에요."

그녀는 정신을 차려보니 어산지와 자신이 아무런 피임조치도 취하지 않은 채 관계를 가지고 있었다고 증언했다.

그녀는 몸을 틀려고 애쓰며 다리를 꼬았다. 어산지를 멈추게 할 생각이었다. 브라운은 몇 차례나 콘돔을 찾으려 했다. 그러나 어산지는 그녀의 팔을 잡고 다리를 눌러 꼼짝 못하게 만들었다. 울고 싶은 심정이었다. 큰일 났다는 생각이 들었다.

브라운은 덧붙여 어산지가 콘돔을 '만지작거리더니' 찢어버렸다고 말했다.

스톡홀름 경찰로부터 조사받은 어산지는 이 같은 일이 있었다는 사실은 인정했으나 콘돔은 찢지 않았다고 주장했다. 또한 그 일이 있은 후에도 그는 일주일 동안 브라운의 침대 위에서 잠을 잤으며, 그녀는 단 한 번도 콘돔에 대한 말을 꺼내지 않았다는 것이다.

어산지 측의 진술에 의하면 사건 이틀날 아침 9시 30분, 한 기자가 세미나에 참석해야 한다는 것을 전하려 어산지에게 전화를 걸었다가 브라운이 아파트에 있다는 사실을 알고는 깜짝 놀랐다. 굉장히 불편해 보였던 그녀는 어산지와 아무 일도 없었다고 했지만 얼마 후 보스트롬에게 어산지와 밤을 보낸 사실을 순순히 인정했다. 보스트롬은 브라운이 "세상에서 가장 유명한 남자와 잠을 자고 내 아파트에 머무르게 하다니 정말이지 믿을 수 없다"고 말했다고 증언했다.

오전 11시에 열린 세미나에서 어산지는 위키리크스를 주제로 '진실은 전쟁의 첫 번째 희생자'라는 연설을 했다. 사무실에 있었던 모양인지 녹

화자료에서는 소냐 브라운의 모습이 보이지 않았다. 세미나를 마친 후, 점심 식사 자리에서 브라운과 어산지는 다정하게 이야기를 나누었다.

이날 있었던 일에 대해 보스트롬은 다음과 같이 말했다.

"그녀는 내게 웃는 얼굴로 어산지는 이상한 사람이라고 했어요. 자다가 한밤중에 일어나 노트북 컴퓨터를 두드리는 게 우습다고요. 그러고는 어산지의 옆에 앉았다가 몸을 일으켰어요……. 잠시 후 그녀가 '어젯밤에 안 잤어요?' 하고 묻더니 '일어나보니까 옆에 없었어. 꼭 버려진 것 같은 기분이었어요'라고 말했죠. 흥미로운 대화였어요. 만약 두 사람 사이에 아무 일도 없었다면, 어째서 브라운이 버려진 것 같은 기분이 들었겠어요……."

브라운은 오후 2시쯤 "줄리언이 로브스터 파티에 참석하고 싶다는데, 남는 의자 있나요?"하고 큰 소리로 말했다. 파티는 저녁 7시에 그녀의 아파트에서 열렸다.

그러나 어산지는 그때 다른 여자를 만나고 있었다. 그는 미리 파티에 조금 늦을 것이라고 말해둔 다음, 점심 식사 후 브라운이 아닌 그의 팬 한 사람과 함께 자리를 떴다. 25세의 카트린 바이스Katrin Weiss는 핑크색 셔츠를 입고 긴 금발을 허리까지 늘어뜨린 젊은 여성이었다. 그녀는 현지의 한 박물관에서 일하고 있었는데, 브라운의 말을 빌리자면 '몸가짐이 그리 단정치는 않은' 여자였다.

바이스는 몇 주 전 텔레비전에서 어산지를 보고 위키리크스 관련 뉴스를 모조리 찾았다. 어산지가 '재미있는 사람인데다 존경스러울 정도로 용감하다'고 생각한 바이스는 구글에서 그의 이름을 검색하던 중 그가 곧 스웨덴에서 연설을 한다는 소식을 접했다. 그러고는 곧장 세미나 참가 신청을 했다.

당시 브라운은 바이스 앞을 지나면서 어산지의 컴퓨터에 선을 연결해

줄 수 있겠느냐고 물었다. 그 말을 들은 바이스가 곧장 일어나 연결선 두 개를 사왔지만 어산지는 그녀에게 고맙다는 말 한마디 하지 않았다.

그러나 바이스는 이 일을 자신이 동경하는 스타와 가까워질 수 있는 절호의 기회로 이용했다.

어산지가 사람들과 식사를 하러 간다는 말을 들은 그녀는 자신도 세미나 진행을 도왔으니 함께 가도 괜찮겠냐고 물었다. 그러고는 브라운과 어산지를 비롯한 몇몇 사람들과 함께 레스토랑으로 갔다. 레스토랑에 도착한 바이스는 흥분에 겨워 두 친구에게 문자메시지를 보냈다. 지금 아주 유명한 오스트레일리아인과 함께 있다는 내용이었다. '그 사람이 나를 보고 있어!'라고 써 보내기도 했다. 그러던 중 바이스는 어산지와 이야기를 나눌 기회를 얻었다. 그녀가 치즈 맛이 어떠냐고 묻자 어산지는 팔을 뻗어 치즈 한 조각을 집어서 바이스의 입에 넣어주었다. 잠시 후 그는 노트북을 충전해야 한다고 말했다. 인터넷선을 연결해주었던 바이스가 이번에도 나섰다. 그러자 어산지는 그녀의 허리를 감싸 안으며 "맞아, 네가 인터넷선을 가져다줬지"라고 말했다. 바이스는 어산지가 자신에게 수작을 걸고 있다는 것을 직감했다.

그러나 어산지 측 변호사의 주장은 좀 달랐다. 바이스가 어산지를 먼저 유혹했다는 것이다.

보스트롬은 '기자들이 모두 돌아가고 난 뒤, 웬 낯선 여자가 혼자 남아 있었다. 아마도 어산지에게 매료된 팬들 중 하나인 것 같았다. 그녀는 내게 브라운의 연락처만 물었을 뿐 별다른 말은 하지 않았다. 흥미로운 여자라고 생각했지만 그뿐이었다. 그녀는 곧 어산지와 마주 보고 앉아서 대화를 나누었다…… 어산지에게 완전히 빠져버린 것 같았다'고 당시를 회상했다.

점심 식사 후, 바이스는 어산지의 컴퓨터를 자신의 업무용 컴퓨터에 연결시켰다. 어산지는 그녀가 일하는 박물관 컴퓨터를 통해 인터넷에 접속해서 자신에 대한 정보를 검색했다. 그리고 두 사람은 함께 영화를 보러 갔다. 길을 걷던 어산지는 멈춰 서서 개를 쓰다듬기도 했는데 바이스의 눈에는 그것마저 매력적으로 비쳤다. 어산지는 그녀의 손을 잡고 키스했다. 그리고 영화관 뒷줄의 어두운 자리에 앉아 그녀를 애무했다. 브라운의 로브스터 파티에 가기 직전, 두 사람은 휴대전화 번호를 교환했다. 어산지는 바이스를 품에 안은 채 가기 싫다고 말했다.

그날 저녁, 브라운의 아파트에서 열린 파티에는 미묘한 분위기가 감돌았다. 파티에 참석했던 한 여성은 '브라운에게 어산지와 잤냐고 물어보았다……. 그렇다고 대답하는 그녀는 조금 자랑스러운 눈치였다'고 경찰이 증언했다. 브라운은 쉼 없이 큰소리로 떠들며 매우 즐거워보였다. 또 다른 여성의 말에 의하면, 당시 어산지는 바이스와도 가까이 어울렸다고 한다. 브라운은 딱히 기분이 좋아 보이지는 않았다.

바이스는 브라운과 줄리언의 미묘한 관계에 호기심을 느꼈다. 이때 줄리언은 바이스 외에 또 다른 젊은 여성과 시시덕거리고 있었다. 바이스가 브라운에게 줄리언과 함께 밤을 보냈는지 묻자 브라운은 고개를 끄덕이면서 지금껏 경험했던 것 중 최악이었다고 덧붙였다. 그러면서 바이스에게 줄리언을 가져도 좋다고 말했다. 그리고 덧붙여 말하기를 관계를 가질 때 줄리언이 폭력적으로 거칠게 자신의 두 손을 움켜쥐어 기분이 나빴다고 했다.

바이스의 말로는 새벽 3시경에 줄리언이 자신과 함께 밖으로 나가자고 했으나 거절했다고 한다.

한편 어산지 측은 다른 진술을 했다. 브라운이 어산지에게 '굉장히 친절'했으며, 어산지가 아파트에서 나갔으면 좋겠냐고 묻자 그녀는 기어코 그를 계속 그곳에 머물게 했다는 것이다. 이때 브라운은 "아뇨, 전혀 문제될 게 없죠. 이곳에 계속 묵어도 좋아요"라고 말했다.

한편 도날드 보스트롬은 당시 그 자리에 있었으나 정황을 파악하는 데 도움이 될 만한 어떤 증언도 하지 못했다. 파티에 차려진 해산물에 온통 정신이 팔려 있었기 때문이다.

"저는 로브스터 파티에 참석해 있는 동안 대부분의 시간을 먹는 데 보냈어요. 음식이 굉장히 맛있었거든요. 어산지는 여기저기 돌아다니며 사람들과 이야기를 나누고 있었는데, 왠지 브라운과 한 쌍으로 묶여 있는 것 같은 느낌이었어요."

브라운은 그날 저녁 어산지와 잠자리를 가졌다. 그러나 그녀는 주말에 친구를 만나 어산지를 비난했다. 경찰 측의 경위서에는 「두 사람은 두 번 다시 관계를 갖지 않았다. 브라운이 줄리언의 행동을 더 이상 참을 수 없었기 때문이다. ……그녀는 두려움에 휩싸였다……. 줄리언이 폭력적으로 그녀의 목걸이를 끊어버렸기 때문이다. 브라운은 그가 일부러 콘돔을 찢었다고 생각한다」라고 기록되어 있었다. 또한 브라운은 친구에게 어산지가 샤워를 하지 않고, 화장실을 사용한 뒤 물도 내리지 않는다는 사소한 이야기도 해주었다.

이에 대해 어산지의 변호인단은 다른 주장을 펼쳤다. 브라운이 일요일에 어산지를 위해 파티를 열어주며 그를 높이 평가했으며, 어산지에게 다른 숙소를 제공하자는 제의를 다시 한 번 거절했다는 것이다. 이튿날, 그녀는 보스트롬에게 전화를 걸었다. 두 사람은 아쉽다는 듯한 말투로 농담을 주고받았는데, '어산지가 그의 양아들 같다'는 느낌을 받았다는 것이다. 브라운은 자신이 마치 엄마처럼 그의 옷을 세탁해주고, 식사를 챙겨주고 있다고 말했다. 어산지는 이렇게 그녀의 마음을 얻었지만, 더 이상 성적인 관계는 갖지 않았다.

한편, 바이스는 어산지와 한동안 연락을 하지 못하고 있었다. 그의 휴대전화가 자주 꺼져 있었기 때문이다. 사실 당시의 어산지는 스위스 거주권과 기자 신분을 획득하는 데 온 신경을 쏟고 있었다. 그래서 8월 17일 화요일이 되어서야 두 사람은 만나게 되었다. 바이스가 경찰 측에 진술한 바에 의하면 그날은 유쾌하지 않은 밤이었다.

당시 그녀는 퇴근 후 어산지의 연락을 기다리며 시내를 돌아다니고 있었다. 아홉 시가 되어서야 그에게서 전화가 왔다. 파티에 가야 하니 그쪽으로 오라는 것이었다. 드디어 만난 두 사람은 기차를 타고 약 80킬로미터가량 떨어져 있는 작은 도시로 장소를 옮기자는 데 동의했다. 어산지는 자신의 신용카드를 사용하는 것은 위험하다며 바이스에게 기차표를 사게 했다. 바이스는 기차 안에서 어산지가 로브스터 파티가 끝나고 브라운과 잠자리를 가진 이야기를 해주었다고 경찰에서 진술했다. 그런데 한 가지 이상한 것은 그가 "브라운은 여자만 좋아해. 레즈비언이거든"이라고 말했다는 것이다.

바이스의 집으로 돌아왔을 때는 밤이 깊어 있었다.

두 사람의 감정도 이미 식어 있었다. 열정도 흥분도 없었다……. 함께 이를 닦은 그들은 덤덤한 기분이었다. 그때 어산지가 자신이 남자임을 보여주려는 듯 그녀를 힘껏 침대 위로 밀었다.

그러나 그녀의 증언에 의하면 당시 어산지의 마음은 이미 그녀에게서 떠나 있었다. 그는 곧바로 몸을 돌리고는 코를 골기 시작했다. 이런 상황이 놀랍고도 후회스러워 잠을 이룰 수 없었던 바이스는 친구에게 문자 메시지를 보냈다. 그녀의 친구 마리아는 "바이스의 문자를 받고 깜짝 놀라 잠에서 깼다. 그녀는 굉장히 난처한 상황이었는데 줄리언이 나빴다. 바이스는 줄리언이 자신을 시험하기 위해 그토록 오랫동안 뜸을 들였다고 생각했다"고 당시 상황을 묘사했다. 그날 밤 일어난 일들 중 일부는 어떤 의미에서 확실한 증거가 되었다. 잠에서 깬 줄리언은 콘돔 사용을 고집하는 바이스에게 불평을 늘어놓았다. 그는 "실리콘막보다 네가 더 좋은데"라고 중얼거렸다고 한다. 아침이 되자 어산지는 바이스에게 이것 저것 시키기 시작했다. 물이며 오렌지 주스를 가져오라더니 나중에는 밖에 나가서 아침 식사를 사오라고 했다. 자신의 아파트에 어산지 혼자 남겨두는 것이 못마땅했던 바이스는 문을 나서며 "얌전히 있어야 해요"라고 말했다. 그러자 알몸으로 침대에 왕처럼 드러누워 있던 어산지는 휴대전화를 만지작거리며 "난 얌전히 있었던 적이 없는데"라고 대꾸했다.

바이스는 상점에서 아침 식사를 사는 동안 친구 마리아에게 전화를 걸었다.

"하나부터 열까지 치다꺼리를 해야 하다니 정말 미치겠어."

바이스는 집으로 돌아와 그에게 수프를 만들어준 다음 침대에 누워 다시 잠이 들었다. 잠에서 깬 그녀는 어산지가 이미 성관계를 시작했다는 사실을 깨달았지만 조치를 취하기엔 너무 늦어 있었다. 그녀가 물었다.

"임신하면 어쩌려고 그래요?"

그러자 어산지가 대답했다.

"스웨덴은 아이 키우기 좋은 곳이야."

이 말에 바이스는 그를 바라보며 입을 딱 벌렸다.

그녀의 증언에 의하면 어산지는 한술 더 떠 아이의 이름을 '아프가니스탄'으로 짓자고 말했다고 한다. 바이스는 덧붙여 '그는 자신이 가지고 다니는 피임약은 사실 사탕이라고 말해주었다'고 진술했다. 어산지는 대체 무슨 의도로 그런 말을 한 걸일까. 그는 일반인이 이해하기 어려운 부분에 대해 이상한 자부심을 갖고 있었는데, 예전에 파리에서 만나 임신시킨 한국 여자가 곧 자신의 아이를 낳을 것이라고 말하기도 했다.

어산지와 바이스가 함께 보낸 이 날의 사건은 강간 혐의가 적용될 수 있는 부분이다. 잠들어 있거나 의식이 없는 상태의 여성과의 성행위는 범죄로 간주되기 때문이다. 이 같은 법은 스웨덴이나 영국이나 크게 다르지 않다. 바이스의 전 남자친구는 그녀가 피임조치를 하지 않은 상태에서는 절대 성관계를 갖지 않았다고 진술했다. 어산지가 스톡홀름으로 돌아간 후(바이스는 이번에도 그에게 기차표를 사주어야 했다), 그녀는 '역겨울 정도로' 더러워진 침대커버를 바꾸고 피임약을 먹은 다음 날이 밝는 대로 의사를 찾았다. 친구들에게 그 이야기를 하면서 자신이 범죄의 피해자라는 사실을 깨닫게 된 그녀는 단데뤼드 대학 병원Danderyd University Hospital에서 소위 '성폭행 증거 채취' 검사를 받았다.

바이스가 당일 아침에 연락한 친구 한나는 '그녀가 기분이 좋지 않았으며, 어산지를 돌려보내고 싶은 생각뿐이라고 했다……. 그녀의 아파트에서 어산지는 돌변했고, 바이스는 그를 그곳에 남겨둔 것을 후회했다……. 문제는 어산지가 그녀가 자고 있을 때 아무런 피임조치 없이 성관계를 가진 것이다'라고 진술했다. 한나는 성관계 사실을 알았을 때 어째서 그를 밀쳐내지 않았느냐고 물었다. 그러자 바이스는 당시에 너무 놀라 몸이 움직이지 않았으며, 무슨 일이 벌어지고 있는지 전혀 몰랐다고 한다. 그러나 어산지가 유명인이기 때문에 그를 그냥 내버려두었을 것이라는 게 한나의 의견이었다. 바이스는 한나에게 어산지가 성병 검사를 받아보았으면 좋겠다고 말했다.

스톡홀름에 돌아와 딱히 갈 곳이 없었던 어산지는 소냐 브라운의 집으로 돌아가 다시 그곳에 머물렀다. 브라운의 말에 의하면 그는 다른 여자와 밤을 보내고 온 것이 확실해보였는데, 그렇게 미묘한 상황에 대처하는 방식이 굉장히 독특했다고 한다. 어산지는 갑자기 바지를 벗고 하반신을 드러냈고, 브라운은 그에게 그런 이상한 행동은 몹시 불쾌하다고 말했다고 한다. 더 이상 그를 자신의 아파트에 있게 하고 싶지 않았지만 어산지는 이러한 상황을 알아차리지 못했다.

이 일로 어산지는 스웨덴 법원에 성폭행 혐의로 기소되었다. 영국 법에서는 이를 '강제 추행'으로 해석하거나 널리 알려진 대로 '성적 접촉'이라고 정의한다. 브라운은 그날 밤 매트 위에서 잠을 잤고, 다음 날 저녁은 친구 집에서 보냈다.

당일 저녁, 스웨덴 신문 〈익스프레센Expressen〉지는 위키리크스의 설립자가 기소되었다는 소식을 보도했다. 그리고 2010년 8월 21일, 정신없는 금요일을 보낸 경찰이 다음 날 새벽에 어산지가 '강간 혐의'로 기소된 사실을 발표했다.

컴퓨터와 인터넷이 있는 곳이라면 누구든 15분 안에 유명인사가 될 수 있는 세상이다. 생각지 못한 일로 궁지에 몰린 어산지는 자신이 '강간'을 저지르지 않았다는 사실은 누구든 이해할 수 있을 것이라고 주장했다. 그러나 국제적 유명인사이며 '세계적으로 가장 유명한 남자'라는 위치는 양날의 칼이었다.

스웨덴 신문 〈아프톤블라데트Aftonbladet〉지가 그를 고소한 두 명의 여성과 성관계를 가졌는지 묻자 어산지는 "실명을 밝히지 않아 누구인지조차 모른다"고 대답했다. 덧붙여 "미 국방성이 비열한 사기수법으로 우리를 상대할 것이란 경고"라고도 했다. 그런데 이 발언이 두 여성을 자극했다. 보도를 접한 바이스의 친구 마리아는 경찰 측에 "바이스가 이런 혼란스러운 상황에 대해 울분을 터뜨렸다. 어산지에게 화가 많이 나 있는 상태"라고 전했다. 브라운 역시 〈아프톤블라데트〉에 "성폭행 기소는 미 국방성이 나선 것도 거짓말도 아니다. 우리 두 사람은 비정상적인 태도로 여성을 대한 한 남자를 고발한 것이며, 문제는 그가 그 사실을 부인하고 있다는 것"이라고 말했다. 그녀는 또한 "어산지는 폭력을 휘두르거나 하는 사람은 아니며, 나 또한 그로부터 위협을 받고 있다는 생각은 들지 않는다"고 덧붙였다.

어산지는 사건 발생 후 열흘 뒤인 8월 30일에 정식으로 경찰에 출두해 자신이 브라운의 손님이었다고 주장하며 사건 발생 경위를 진술했다.

체포되기 몇 시간 전, 어산지는 〈더오스트레일리언The Austrilian〉지에 장문의 글을 보내어 '과학적인 뉴스Scientific News'라는 개념에 대해 언급했다. 기자의 편집과 가공을 거친 뉴스를 보았다면 위키리크스 웹 사이트에 방문하여 그 기자가 참고한 자료의 원본을 검색해봐야 해당 보도의 실제 사실 여부를 판단할 수 있다는 논리였다.

정부와 대형기관은 너무 많은 비밀을 갖고 있다. 어산지는 어떤 방법으로도 국익에 반하는 행동은 하고 싶지 않다고 말했다. 언론과의 인터뷰에서 그는 자신이 주변으로부터 빌린 돈으로 생활하고 있으며, 현재 생활비 부담이 적지 않다고 밝혔다. 또한 남은 생을 감옥에서 보낼 수도 있다는 생각이 들 때면 마음이 무거워진다며 심경을 고백하기도 했다.

6. 음모론과 위키리크스

사람들에게 위키리크스는 신비스러운 조직이다. 이 조직은 특정한 본부 없이 런던의 지하실들을 사무실로 꾸며놓았다. 핵심멤버는 어산지를 비롯해 그와 뜻을 같이 하는 몇몇 동료로 구성되었으며, 전 세계 각지에 800명의 겸임 직원이 있다. 위키리크스의 정보를 수집하기 위한 컴퓨터는 세계 곳곳에 숨어 있다. 이 조직이 그 어떤 국가에서도 법률적 구속을 받지 않는 이유가 바로 여기에 있다.

쉼 없이 기밀을 폭로하는 위키리크스지만 정작 당사자는 베일에 싸여 있다. 웹 사이트에는 사무실 주소나 전화번호가 없고, 사이트 운영자의 이름이나 공식 이메일 주소도 없다. 외부에서는 그들의 본부가 어디인지, 어떤 사람들이 일하고 있는지 아무것도 알지 못한다. 미국 정보부처에서는 줄리언 어산지의 위키리크스가 'ISTS International Seven Three

Society'의 지시를 받고 있으며, 어산지가 2010에 있었던 백악관 기밀유출 사건에 관여한 것 같다고 주장했으나 ISTS 측에서는 이러한 추측을 부인했다.

위키리크스는 전 세계 각지에 서버를 운영하고 있다. 만약 한 군데 이상이 생기면 시스템은 자동으로 다른 곳의 서버로 옮겨진다. 기밀자료들은 스웨덴, 아이슬란드, 벨기에 등 정보보호법이 비교적 잘 갖춰진 국가를 거쳐 전송되며, 자료를 입수한 기록은 서버에 남지 않는다. 이는 정부가 정보의 출처를 알아낼 수 없도록 만들어 위키리크스 멤버는 물론 정보제공자의 신변을 보호하기 위한 조치로, 설립자인 어산지가 심혈을 기울여 만든 것이다.

이 웹 사이트의 운영 자금은 여전히 자발적 기부와 멤버들의 사비로 충당되고 있다. 매년 약 30만 달러의 자금이 소요되며, 그 돈은 대부분 서버와 기술 지원 비용으로 쓰인다고 한다. 위키리크스의 인기가 높아지면서 새로운 기부자나 재단의 후원도 모색하고 있다.

위키리크스의 서버를 지원하는 메인프레임은 스웨덴의 버려진 지하 핵 벙커에 설치되어 있다. 스파이 영화에 나오는 것처럼 단단한 철문으로 막혀 있고, 핵 공격에도 끄떡없는 이 벙커는 냉전 시기에 지어진 것으로, 현재 비밀 데이터 센터로 개조되어 있다. 바노프AB[Bahnhof AB]사의 카론 총재는 한때 이 벙커를 스톡홀름 민방위의 '심장'으로 묘사하기도 했다.

위키리크스는 원래 바노프AB사의 서버를 지원받았으나 해커의 공격을 받는 바람에 다른 회사의 서버로 옮기게 되었다.

위키리크스 도메인 등록을 지원하는 도메인 네임 서버[Domain Name Server]* 제공업체는 '에브리DNS[EveryDNS]'라는 미국 회사이고, 메인프레

---

* 숫자로 구성된 IP주소를 기억하기 쉬운 도메인으로 연결해주는 전환 시스템. DNS라고 줄여 말하기도 한다.

임 서버는 미국 아마존사가 제공했지만 위키리크스의 활동이 활발해지면서 이들 두 기업도 적잖은 압박을 받았다. 미국의 조지프 리버만Joseph Lieberman 상원의원은 아마존사에 서한을 보내 위키리크스에 제공하는 서버를 차단할 것을 촉구했다. 이에 위키리크스는 파리에 있는 서버 제공기업 OVH에 지원을 요청했으나 실패하고 스웨덴 기업의 서버로 옮겼다. 게다가 2010년 말에는 EveryDNS까지 위키리크스에 도메인 네임 서비스를 하지 않겠다고 선언했다. 이 사이트를 노린 해커들이 끊임없이 DDoS* 공격을 해오면서 다른 사이트의 정상적인 운영에까지 영향을 준다는 이유였다. 이 때문에 위키리크스는 할 수 없이 스위스 도메인으로 옮겨야 했다.

한편 위키리크스가 잇따른 기밀 폭로로 전 세계를 휘젓기 시작하자 여기서 모티브를 얻은 미국의 한 게임업체는 기발한 게임을 내놓았다. 네티즌이 위키리크스 설립자 어산지가 되어 백악관에 몰래 들어가 오바마 대통령의 컴퓨터에서 기밀을 빼낸다는 내용으로 설정된 이 게임은 2011년 초에 출시된 후 큰 인기를 모으며 불과 며칠 만에 100만 명이 접속하는 기록을 세웠다.

게이머들은 게임Wikileaks:The Game 속에서 백악관의 타원형 집무실에 들어간다. 컴퓨터 마우스를 이용해 탁자 아래 숨어 있는 어산지를 움직여 오바마가 집무책상에 앉아 졸고 있는 동안 오바마의 컴퓨터에 USB를 꽂고 기밀을 빼내는 것이다. 졸다 깨다를 반복하는 오바마에게 발각되면 지는 것이고, 모든 자료를 안전하게 빼내면 게임에서 이기게 된다.

21세의 게임 개발자 모이스Sebastiaan Moeys는 '위키리크스와 관련된 뉴스는 온통 딱딱한 것들뿐인데, 이것을 이용해 게임을 만들면 사람들

---

* 해킹 방식의 하나로, 여러 대의 공격자를 분산 배치하여 동시에 서비스 거부 공격을 함으로써 시스템이 더 이상 정상적 서비스를 제공할 수 없도록 만드는 것을 말한다.

이 좋아할 것 같았다'고 말했다. 현재 여러 종류의 인터넷 게임을 제공하는 웹 사이트를 운영 중인 모이스는 일주일 만에 이 게임을 완성했다고 한다.

'뉴스'가 출현한 이후로 정보전달의 기본적인 형태는 '언론'을 통한 '대중'으로의 전달이었다. 이 과정에서 '언론'은 뉴스 소재를 선별하고 잘라낸 다음 대중에 공개한다. 그런데 뉴미디어의 출현은 이러한 '뉴스'의 생산과 전달 시스템을 통째로 변화시키기 시작했다. 이러한 변화를 가장 획기적으로 실천한 형태가 바로 위키리크스다.

기밀 정보들의 유혹은 과연 어느 정도일까. 한 미국 기자는 이에 대해 "한 사람의 기자로서 어산지가 가진 기밀 자료들이 눈앞에 있다면 과연 참을 수 있을 것인가. 누구보다 먼저 그 기밀을 열어볼 수 있는데도 그 충동을 참아낼 수 있을까. 〈뉴욕 타임스〉, 〈가디언〉 등의 대형 신문사를 포함한 언론계는 적어도 지금까지는 위키리크스가 확보한 기밀 정보들을 장황하게 보도해왔다"고 밝혔다.

한 미국 평론가는 "문명이 고안해낸 제도 중 가장 오래되고 훌륭한 것은 모든 국가가 수도에 다른 나라를 위한 조그만 '땅=대사관'을 내어주고, 문제를 평화적으로 해결할 수 있는 그 '땅'이 어떤 것에도 구속받지 않도록 특별한 권리를 부여한 것"이라고 말했다. 그러나 미국의 수만 건에 달하는 기밀 외교 전문들을 폭로한 위키리크스는 이러한 전통적 외교에 도전장을 내밀었다. 만약 외교관들이 자신들의 발언과 일거수일투족이 언젠가 한 웹 사이트를 통해 드러날 것을 알았다면, 그들의 외교가 오늘날과 같았을까.

마지막으로 어산지가 열어버린 이 마법 상자가 앞으로 수천 수만 개 웹 사이트의 모델이 될 수 있을까? 우리는 인터넷 세계에서 복제와 벤치마킹이 얼마나 빠른 속도로 이루어지는지 잘 알고 있다. 그렇다면 앞으로 위키리크스보다 한걸음 더 앞서가는 웹 사이트의 등장도 기대할 수 있지 않을까. 그들의 한계는 어디일까. 또한 이러한 폭로 행위는 충분한 정당성을 갖고 있을까.

어산지가 이미 그 첫발을 내디뎠다. 이야기는 이제부터 시작이다.

II. 제2차 세계대전 이후의 미국 전쟁 기밀

제1, 2차 세계대전 이후 미국이 치른 전쟁들

미국은 강력한 산업경쟁력과 기술력으로 1903년에 비행기를 발명한 이래로 지난 100년간 세계의 군사 흐름을 주도해왔다. 20세기 말부터 해군과 육군에 공군력이 투입되면서 전쟁을 치르는 국가들은 하늘에서도 싸워야 했다.

제2차 세계대전 이후, 미국은 세계 어느 나라보다 많은 대외 전쟁을 치렀다. 어째서 전쟁이 이렇게 잦은 것일까. 그동안 여러 국가와 지역에서 발생한 각종 전쟁들이 과연 충분한 명분을 갖고 있었는지 묻는다면 미국인들도 고개를 갸우뚱할지 모른다.

미국의 정치는 군사정치다. 건국 이래 재임한 40여 명의 대통령은 대부분 군인 출신이다. 짧은 미국 역사는 전쟁사, 그것도 세계 전쟁사다. 스웨덴 스톡홀름의 국제평화연구소 통계에 의하면 냉전 이전 미국은 평균 2.4년마다 한 차례의 전쟁을 치른 반면, 냉전 후의 전쟁 주기는 오히려 1.4년으로 줄어들었다. 1991년 걸프 전쟁을 시작으로 미군은 언제나 전쟁터에 있었다. 최근에는 동시에 두 국가와 전쟁을 치르기도 했다. 이렇게 쉴 새 없이 전쟁을 치른 것이 벌써 20년이다.

오랫동안 전쟁을 치르면서 미국은 자국만의 독특한 전쟁 문화를 형성했다. 미국에게 전쟁은 곧 '외교이자 무역'이다. 이는 미국의 경제구조에서도 그대로 나타난다. 미국 기업 가운데 3분의 1이 군수산업에 종사한다. 경제구조가 이런 형태이니 끊임없이 전쟁을 치러 군수품을 소모하고 무기를 사들여야 생산이 촉진되고, 나아가 경제를 활성화시킬 수 있다.

미국의 역사학자인 터너Turner 교수는 미국인의 가장 독특한 재능은 새로운 땅을 개척한 데서 비롯되었다고 말했다. 새로운 땅은 늘 새로운 기회를 품고 있다. 과거를 벗어날 수 있는 출구인 것이다. 오늘날의 미국은 이미 아메리카 대륙의 국가가 아니다. 전 세계에 국경을 초월한 수백 개의 군사기지와 해외영토를 보유한 대국이다. 미국은 압도적인 정보기술을 바탕으로 이미 세계 유일의 초강대국이 된 것이다.

오늘날 미국의 군사력은 사실상 전 세계 공용 공간을 지배하고 있다. 여기서 말하는 공용 공간이란 바다, 하늘, 우주이다. 군사용어로 말하면 전 세계의 제해권, 제공권 및 제우주권을 장악하고 있다는 것이다.

[한국 전쟁]
발생 시기 1950년 6월 25일–1953년 7월 27일
주요 인물

평더화이彭德怀 / 더글라스 맥아더Douglas MacArthur

| 지 형 |
한반도는 국토 전체가 높은 산과 깊은 계곡으로 이루어져 있다. 산지와 고원이 국가 면적의 80%를 차지한다. 북부는 함경 산맥, 낭림 산맥과 개마고원 등 해발 2000미터 이상의 산봉우리가 60개 이상이다. 남부에는 태백 산맥과 묘령 산맥, 남서부에는 차령 산맥이 있다. 산이 많을 뿐 아니라 나무도 많아 삼림과 관목림이 4분의 3에 달한다. 산지 지형은 군대가 나아가는 데 방해가 되는데다 사각지대까지 만들어져 있으며, 무성한 수목들은 매복이나 돌발적인 공격에 유리하다.

연합군 사령관 리지웨이Matthew Ridgway는 미 제8군 사령관으로 한반도 땅을 밟았다. 그는 「일대의 지형을 살펴보니 기계화 부대에는 적합하지 않아 보인다. 암벽 산봉우리가 1800미터 높이로 솟아 있고 깎아지른 듯한데다 좁은 계곡이 뱀처럼 구불구불 엉켜 있다. 도로는 골목길처럼 좁은데다 관목과 소나무로 덮인 낮은 구릉들이 있다. 병사들이 몸을 숨기기에는 최적의 환경이다. 게릴라전을 펼치기에도 좋다. 그러나 두 발로 걸어서 행군하는 중국 보병들에게는 유리하겠지만 우리처럼 바퀴로 이동하는 경우에는 그야말로 이만저만 골치 아픈 지형이 아닐 수 없다」고 당시의 상황을 설명했다.

리지웨이는 퇴역 후 회고록에서 다섯 가지 요소를 통해 한국을 이해했다고 밝혔는데, 그중 첫 번째가 바로 지리였다.

한국 전쟁에서 가장 까다로웠던 부분에 대해 미 제2사단 제23연대장 조지 러셀George Russell 중령은 '바로 한국 자체'였다고 기록했다. 공업기술을 앞세운 미군이 힘을 제대로 발휘하기 위해서는 첨단무기, 특히 탱크가 필수적이었지만 한국의 지형에서는 자유롭게 움직일 수가 없었기 때문이다. 스페인과 스위스 같은 나라도 산이 많고 길이 좁은 지형이지만 산지를 벗어나기만 하면 금방 평원이 펼쳐져 탱크를 몰고 들어갈 수 있다. 그러나 미국인의 눈에 비친 한국은 국토 전체에 산이 분포되어 있어 그야말로 '산 넘어 산'이었다.

| 전쟁 상황 |

한국 전쟁은 남북한의 정치적 대립으로 인해 벌어졌지만 미국, 중국, 소련 등 18개 국가가 참여했다. 1953년 7월 27일 '한반도 휴전 협정'이 체결되면서 전쟁은 끝났다. 그러나 양측은 평화 협정이 아닌 휴전 협정을 맺었기 때문에 이론적으로 전쟁은 아직 진행중이다.

1950년 6월 25일, 북한 조선인민군 7개 최정예 사단이 경계선을 넘어 남한으로 진격했다*. 여기서 한 가지 짚고 넘어갈 것은 당시 북한이 중국 정부에 상세한 작전 계획이나 구체적인 전쟁 개시 일자에 대한 사전 통보 없이 단독으로 공격을 감행했다는 사실이다. 때문에 중국도 미국과 마찬가지로 전쟁이 터지고 난 뒤에야 뒤늦게 소식을 접하게 되었다.

전쟁이 일어나기 약 6개월 전, 미국 딘 애치슨Dean Acheson 국무장관은 아시아 지역에서 한반도의 중요성을 과소평가하는 실수를 범했다. 당시 한국에 주둔해 있던 미군은 숫자도 굉장히 적었을 뿐 아니라 군사고문단조차도 힘이 약해 북한의 공격에 속수무책이었다. 전쟁이 시작되고 몇 주 동안 파죽지세로 남한을 공격해온 조선인민군은 벌이는 전투마다 승리를 거두었다. 그러자 미군의 귀에 들려오는 것은 온통 기운 빠지는 소식뿐이었다. 이에 미 정부는 긴급히 군사를 파병했고, 뒤이어 조직된 유엔군도 잇달아 한국으로 향했다.

그러나 한국 전쟁은 무려 3년 동안이나 끌었다. 한반도는 지형이 험준할 뿐 아니라 기후까지 까다로웠다. 군사역사학자인 S.L.A 마셜은 이 전쟁을 '20세기 최악의 국부 전쟁'이라고 칭하기도 했다. 쉼 없이 이어지는 높은 산과 언덕들 때문에 미군 및 연합군의 기계화군단 (특히 장갑차)은 제 힘을 발휘하지 못한 반면 적군은 울창한 나무와 암벽 뒤에 몸

---

* 일각에서는 남한이 먼저 공격을 시작했다는 주장도 있다.

을 숨겨 효과적으로 전투를 치를 수 있었다. 전쟁이 끝나고 몇 년 후, 애치슨 국무장관은 "세계에서 가장 뛰어난 군사 전문가에게 전쟁이 일어나면 정치적·군사적으로 가장 곤란해질 지역, 그래서 전쟁을 피해야 할 지역을 묻는다면 아마 모두가 한국을 꼽을 것"이라고 말하기도 했다.

한국 전쟁에 미국이 개입하자 중국도 가만히 있을 수 없었다. 두 열강이 대립하기 시작하면서 양측 사이에는 팽팽한 긴장이 조성되었다. 서로 한 발짝도 물러설 수 없는 상황이었다. 그러던 1950년 10월 19일 저녁, 펑더화이 사령관이 이끄는 중국인민지원군中國人民志願軍이 여러 지점에서 동시에 압록강을 건너 10월 25일에 첫 전투를 치렀다. 첫 전투가 미군의 참패로 끝났지만 맥아더 사령관은 여전히 중국의 개입이 상징적인 정치적 행동에 불과하다고 믿고 있었다. 그리고 한편으로 '유엔군이 전멸할 위험에 처해 있다'면서 중국 동북지역에 대대적인 공격을 가해야 한다고 주장했다. 그러나 제2차 세계대전이 막 끝난 시점에서 중국과의 충돌은 곧바로 제3차 세계대전으로 이어질 수 있다고 판단한 트루먼 정부는 전쟁범위를 한반도로 제한했다.

1950년 12월 31일, 세 번째 전투를 일으킨 인민지원군 제50군과 조선인민군 제1군이 38선을 넘어 남쪽으로 80킬로미터가량 내려와 서울을 점령했다.

한편 트루먼 정부는 자신들이 임명한 사령관 때문에 골머리를 앓고 있었다. 맥아더 장군은 미 정부의 승낙도 없이 작전을 펼치기 일쑤였고, 심지어 워싱턴의 뜻에 반하는 군사행동을 감행하기도 했다. 그는 정치적인 요소는 고려하지 않은 채 오직 군사적 이익만을 좇았다. 이러한 충동적 성향은 언제든지 세계대전으로 번질 수 있는 불씨가 될 가능성이 있었는데, 특히 핵무기 시대에는 더욱 위험한 행동이었다. 맥아더는 중국 동북지역에 대규모 공습을 퍼붓든지 대량살상무기를 사용하자는 등 중국을 직접 공격할 것을 여러 차례 건의했으나 번번이 트루먼 대통령의 반대의견에 부딪혔다. 그러다 4월 11일, 트루먼은 결국 맥아더의 최고사령관 직위를 해제하고 리지웨이를 새로운 사령관으로 임명했다.

당시 많은 미군은 한국전 참전에 불만을 품고 있었다. 일부 병사들은 제2차 세계대전에 참전 후 제대하자마자 또다시 전쟁터로 끌려온 터라 사기가 높을 리 없었다.

1952년부터 1953년까지 양측의 방어선에는 200만 명 이상의 대군이 밀도 있게 배치되어 있었다. 이는 세계 전쟁 역사상 가장 길고, 가장 복잡하며, 가장 견고한 방어 작전이었다. 유엔연합군의 각 방어선은 대포, 탱크 및 보병부대로 촘촘히 짜여 있었고, 일회성이 아닌 영구적으로 사용가능한 참호 등의 방어시설도 만들었다. 당시 공군의 지원까지 받아 지상과 공중에서 입체적인 방어망을 형성하고 있던 각각의 방어선을 일컬어 '건널 수 없는 죽음의 심연'이라고 불렀다. 중국군대의 방어선에는 수십만의 병사들이 세계에서 가장 방대한 방어벽을 쌓고 있었는데, 여기에는 수에즈 운하 여러 개를 건설할 수 있을 정도의 흙과 바위가 사용되었다. 상대의 방어선과 대치하며 서에서 동으로 뻗은 수백 킬로미터의 방어선 밑에는 지하에 파놓은 견고한 땅굴이 복잡하게 얽혀 있어 전방의 중국 군사 수십만 명이 시설을 갖춘 지하에서 생활하고 있었다. 또한 함정을 설치해놓고 진격해 들어오는 적군을 궤멸시키기도 했는데, 이렇게 땅 밑에 몸을 숨겼다가 공격하는 중국군을 '동굴에 숨어 있는 용'이라고 불렀다.

1951년 후반, 중국과 소련공군의 미그-15기가 여러 차례 연합군의 전투기와 교전을 벌였다. '미그 골목MiG Alley'이라고 불린 압록강 남쪽 평원 일대는 한국 전쟁 동안 엄청난 공중전이 펼쳐진 지역이었다. 당시 미 공군참모총장 반덴버그Hoyl S. Vandenverg는 처음에 '미그 골목'의 전투기를 중국 공군으로 오인하여 '중국이 하루아침에 공군강국이 되었다'며 매우 놀랐다. 미그 골목의 가장 특이한 점은 소련과 동유럽 지역의 조종사들이었다. 스탈린이 국방장관 바실리예프스키에게 중국으로 공군 사단을 파견할 것을 명령하면서 한국에 온 소련 참전군은 중국 인민지원군의 군복을 입어야 했으며, 엄격하게 제한된 지역에서의 전투만이 허용되었다.

스탈린은 이러한 사실을 철저히 비밀에 부쳤지만 연합군은 무선통신 감청을 통해 소련이 공중전에 개입했다는 사실을 알아차렸다. 그러나 전쟁이 확대되는 것을 우려한 연합군은 한국 전쟁이 끝날 때까지 아무것도 모르는 척 어떤 말도 하지 않았다.

결국 휴전협정이 맺어지고 난 후, 양측은 모두 아군이 전쟁에서 승리를 거두었다고 자평했지만 사실상 한반도 상황은 전쟁 전과 비교하여 아무것도 달라진 것이 없었다. 오히려 미국의 상황이 심상치 않게 돌아갔다. 아시아를 바라보는 전략적 시각이 달라진데다 미국 국내의 정치적 균형도 깨졌기 때문이다.

한편 한국 전쟁에 참전했던 미군 병사들은 전쟁을 마치고 조국에 돌아왔으나 아무런 환영도 받지 못했다. 미국 내에서 한국 전쟁을 중요하다고 생각하는 사람이 없었기 때문에 참전용사들의 귀환은 별다른 반응을 이끌어내지 못했고 희생도 금세 잊혀졌다. 1950년 11월 말에 중국이 참전하면서 미군이 한국 전쟁에서 고난을 헤치고 나올 수 있을 가능성은 더욱 멀어졌고, 전쟁에서 승리를 거둔다는 것은 더더욱 어려워졌다. 당시 군인들 사이에서는 이런 상황을 풍자하며 '비기기 위해 죽어야 하나Die for a Tie'라는 탄식이 나돌았다.

그들이 얼마나 숭고한 목적을 위해, 또 얼마나 용감하게 싸웠는지는 중요치 않았다. 전쟁터에서 목숨을 마쳤던 참전 미군은 희생을 종용하는 미 정부와 전쟁의 목적을 이해하지 못하는 본토 미국인들과의 사이에서 뭐라 형용할 수 없는 허무함과 상실감에 빠졌다. 예전에 다른 전투에 참여했던 미군과는 사뭇 다른 모습이었다.

양측의 군사투입 상황

유엔연합군:1,205,605명

한국 590,911명, 미국 480,000명, 영국 63000명, 캐나다 26,791명, 오스트레일리아 17000명, 필리핀 7000명, 터키 5,455명, 네덜란드 3,972명, 프랑스 3,421명, 뉴질랜드 1,389명, 태국 1,294명, 에티오피아 1,271명, 그리스 1,263명, 콜롬비아 1,068명, 벨기에 900명, 남아프리카공화국 826명, 룩셈부르크 44명.

인민지원군:1,066000명

북한 260,000명, 중국 780,000명, 소련 26000명(주로 전투기 조종사).

60년 동안 한국 전쟁에 대한 미국의 정책은 '잊어버리되 적시한다' 정도로 요약할 수 있다. 미국 군사 역사상 한국 전쟁은 '잊혀진 전쟁'이었다. 미국 대형출판사들이 내놓은 베트남 전쟁 관련 출판물은 넘치도록 많은 반면 한국 전쟁에 관한 서적은 찾아보기 어렵다. 1972년에 베트남 전쟁의 정책 실패를 폭로한 『더 베스트 앤드 더 브라이티스트The Best and Brightest』로 유명세를 탄 작가 데이비드 할버스탬David Halberstam이 한국 전쟁의 내막과 당시 국제 정세에 대해 기술한 작품 『콜디스트 윈터The Coldest Winter: 한국 전쟁의 감추어진 역사』는 그가 사망한 지 수개월이 지난 2007년에야 출판되었다.

할리우드도 마찬가지였다. 수많은 영화에서 제2차 세계대전과 베트남 전쟁은 볼 수 있지만 유독 한국 전쟁을 배경으로 한 작품은 몹시 희귀하다. 그러다 2009년 말이 되어서야 한국 전쟁을 기념하는 법안이 미국회를 통과했고, 할리우드도 이 같은 대세를 따라 한국 전쟁을 묘사한 작품 〈혹한의 17일17days of winter〉이 촬영에 돌입했다.

| 결 과 |

유엔연합군은 현재까지 한국에서 철수하지 않고 있다. 1953년 정전협약이 체결되었지만 전쟁을 일으킨 문제들 가운데 해결된 것은 아무것도 없으며, 남은 것은 증오와 분열뿐이다. 지금까지 천만 명의 한국인들이 번갈아가며 비무장지대를 사이에 두고 대치한 채 통일을 이루지 못하고 있다.

[베트남 전쟁]
발생 시기 1961년–1973년
주요 인물

보응우옌잡武元甲 / 웨스트모얼랜드William C. Westmoreland

| 지 형 |

구릉과 밀림이 많은 지형인 베트남은 국토의 총면적이 32.9만 제곱킬로미터이다. 그중 평지 면적은 20% 이하인 반면 산지와 구릉이 각각 40%를 차지하고 있으며, 국토 전체의 75%가 숲으로 뒤덮여 있다. 베트남 전쟁에 참전한 미군 대부분은 작전을 펼치는 내내 애를 먹인 베트남의 지형을 잊을 수 없다고 말한다. 전쟁의 성패란 각 지역 또는 나라의 독특한 지형을 어떻게 잘 활용하느냐에 달려 있다. 전장의 지형은 무기의 위력을 배가되게 할 수도, 반감시킬 수도 있기 때문이다.

당시 가난한 국가였던 베트남에 비만큼은 유독 넉넉히 내렸다.

"어느 날 비가 내리기 시작하더니 4개월이나 왔죠. 여러 가지 비를 맞았어요. 깡마른 비, 띵띵한 비, 옆으로 내리는 비, 위로 튀어 오르는 비도 맞아 봤죠."

영화 속 주인공 포레스트 검프의 말처럼 사병들은 비를 맞으며 언제 시작될지 모를 전투를 기다려야 했다. 베트남은 한국처럼 산과 나무가 많지는 않지만 빽빽한 열대림과 열대지방 특유의 질병이 끊임없이 미군을 괴롭혔다. 베트남 북부는 깊은 협곡을 사이에 두고 갈라진 해발 1500~3000미터의 평행 산맥이 자리하고 있고, 남부는 해발 500~1500미터의 고원으로 이루어져 있다. 산과 산 사이에는 계곡이 굉장히 많은데, 계곡은 깊고 물살이 빠른데다 우기가 되면 강이 범람하기 일쑤여서 많은 지역이 호수처럼 물에 잠겨 있다. 게다가 열대림이 전 국토 면적의 40%에 걸쳐 분포해 있다.

미 공군은 쉬지 않고 내리는 베트남의 장맛비 때문에 제대로 군사 실력을 발휘하기 어려웠다. 또한 길이 좁고 도처에 열대밀림과 늪이 널려 있는데다 강줄기까지 엉켜 있어 무거운 무기를 끌고 이동해야 하는 육군 부대는 그야말로 죽을 맛이었다. 게다가 울창한 숲이 시야를 가로막아 공군과 육군 모두 정탐에 애를 먹어야 했다. 있는 힘도 발휘하기 힘든 지경이었던 탱크 부대는 주력 탱크인 M-60이 베트남의 지형에서는 아예 사용조차 불가능하여 차선책으로 M-48을 투입했으나 그마저도 사용할 수 있는 지역이 그다지 없었다. 이런 상황에서 미군은 결국 주요 공격 수단으로 헬기를 택했다. 덥고 습한 기후 때문에 무기가 쉽게 녹슬어버린 것이 문제였다. 유럽에서 10년은 사용할 수 있는 장비들이 베트남에서는 1년도 채 쓸 수 없었다. 게다가 밤마다 모기에 뜯기느라 제대로 잠을 이룰 수 없었던 병사들이 열대성 질병에 걸리는 불상사까지 생겨나면서 부대의 전투력도 무너졌다.

| 전 쟁 상 황 |

베트남 전쟁은 냉전 시대에 빚어진 첫 번째 전쟁이다. 제2차 세계대전 기간에 일본에 점령당했던 베트남은 세계대전이 끝난 후, 1945년에 호치민에 의해 베트남 북쪽의 하노이를 수도로 베트남민주공화국^{북베트남}이 설립되었다. 그런데 프랑스가 황제를 앞세운 남방의 베트남국을 지지하면서 북베트남과 프랑스는 서로 베트남 전역을 차지하기 위해 장장 9년 동안 프랑스-베트남 전쟁을 치렀다. 그러다 1954년, 중국으로부터 군사 지원을 받은 북베트남이 디엔비엔푸 전투에서 결정적인 승리를 거두자 프랑스는 베트남 남부에서 철수해야 했다. 제네바회의^{1954년}의 결과에 따라 남북베트남은 북위 17도를 분계선으로 잠시 분리되어 호치민이 북베트남을, 바오 다이 황제가 남베트남을 각각 통치하기 시작했다. 그러던 1955년에 응오딘지엠^{吳庭艶}이 미국의 지원을 받아 베트남국에서 쿠데타를 일으켜 베트남공화국^{남베트남}을 세웠다.

1959년, 베트남공화국 중앙위원회가 무력으로 베트남을 통일하기로 결정했으며, 1961년 6월, 미국의 케네디 대통령과 소련의 흐루쇼프가 오스트리아 빈에서 회담을 가졌다. 흐루쇼프는 핵심적 쟁점을 논의하는 가운데 미국의 양보를 얻어내기 위해 케네디를 위협하는 방법을 택했다. 상황이 심상치 않다는 것을 눈치 챈 케네디는 '미국이 아시아에서 철수한다면 전 세계의 질서가 무너질 수도 있다'고 생각했다. 당시로서는 세계에서 유일하게 포성이 오가던 지역이 바로 인도차이나반도였다.

미국 군사전문가들은 북베트남의 배후에는 핵으로 무장한 소련과 어마어마한 숫자의 군대를 가진 중국이 있을 것으로 판단했다. 그러나 이들이 어느 정도로 밀접한 관계를 맺고 있었는지, 혹은 북베트남과 그 동맹국들이 미국에 대해 어느 정도로 반감을 갖고 있었는지는 확실히 알 수 없는 상황이었다. 이렇게 복잡한 상황에서 미국은 자국의 강점을 이용해서 상대국에 대응하려 했다. 즉 천천히 전쟁을 확대시키자는 계산이었다. 케네디와 그의 고문들은 베트남을 통해 소련에 확실한 경고를 보내기로 마음먹었다. 단, 재래식 무기만을 사용한다는 조건이었다.

　1961년 5월, 케네디는 응오딘지엠 정부를 돕기 위해 암호명 '녹색 베레모Green Berets'의 특수부대를 베트남에 투입시켰다. 이때부터 미군은 베트남으로 향하기 시작했다. 그것이 베트남 전쟁의 시작을 알리는 상징적인 사건으로 평가되고 있다.

　1965년 2월, 미 국방군 제1군사기지가 공격을 받자 미 공군은 곧장 첫 번째 보복성 공격을 시작한다. 3월 8일, 3500명의 미 해군 해병대원들이 베트남 다낭에 상륙하기 시작했다. 린든 존슨 대통령은 베트남에 주둔하고 있는 미군의 숫자를 12만 명으로 늘렸고, 곧 미 국방군 제101 공수사단의 4000명이 베트남에 도착했다. 11월 27일, 미 국방성은 대규모 소탕작전을 위해 미군의 수를 40만 명으로 늘릴 것을 요청했다. 그렇게 연말까지 베트남에 들어온 미군은 무려 18만 명이었고, 1966년 8월이 되자 그 숫자는 40여 만 명까지 늘어났다.

　한편 미국은 전쟁을 치를 때마다 매번 동맹국을 끌어들였다. 이 전쟁 역시 남베트남 군대 이외에도 한국의 청룡해병대 제2여단, 백호제9보병사단, 맹호수도사단 등 전투부대 5만 명, 오스트레일리아 7000명, 태국 5000명, 뉴질랜드 500명이 베트남의 밀림과 늪을 헤치며 전투를 치렀다.

　북베트남의 게릴라 전술에 맞서기 위해 미군은 첨단 무기를 폭넓게 활용했다. 1965년, AGM—45 쉬라이크Shrike 미사일이 투입되어 베트남 북방의 방공레이더와 공격레이더를 파괴했다. 다리와 터널 등의 견고한 목표물에는 AGM—65 매버릭Maverick 공대지 미사일과 레이저유도포탄도 사용되었다.

이와 동시에 각종 첨단 센서도 베트남 전쟁에서 중요하게 활약했다. 미군은 울창한 밀림에 숨어서 활동하는 적군을 찾아내기 위해 '인간 사냥꾼People Sniffers'이라는 센서를 사용했다. 이 센서는 헬기에 매달려 공기 중의 암모니아를 측정했는데, 사람이 근처에 있으면 공기 중의 암모니아 농도가 10~20% 증가하기 때문에 이것을 감지한 센서가 경보를 울리는 원리였다.

베트남 인민군의 보급로를 끊어놓기 위해 1969년 11월부터 1970년 4월까지 미 공군은 매일 300~400여 차례 전투기를 띄워 라오스의 '호치민 루트Ho Chi Minh Trail'를 집중 폭격했는데, 여기에는 '하얀 집'이라고 불리는 원격센서장치가 투입되었다. 깡통처럼 생긴 센서는 주변의 자동차 움직임으로 인한 진동을 감지해 무선신호를 보내면 공중에서 비행하는 AC-130E 무인정찰기에서 신호를 받아 곧바로 차량의 정확한 위치를 파악하여 유도미사일 등의 무기로 공격을 하는 방식이다. 이 센서는 베트남 인민군에게 엄청난 피해를 안겨주었다.

미군 UH-1헬기는 베트남 전쟁의 상징과도 같았다. 산지와 밀림, 복잡한 수로로 뒤덮인 베트남의 지형 때문에 미군은 각종 헬기를 대량 투입하여 지상 부대와 공동으로 작전을 펼쳤는데, 게릴라 부대와 마주치면 순식간에 공격을 하거나 빠른 속도로 후퇴해야 했다. 한편 베트남의 저격수를 만나면 즉시 공군이 달려와 처리했다. 전쟁을 치르는 동안 미군은 베트남에 800만 톤의 폭약을 투하했는데, 이는 제2차 세계대전에서 사용한 것보다 더 많은 양이었다. 그 결과 160여 만 명의 베트남 국민이 사망하고 천만 명 이상의 난민이 발생했다.

전쟁이 치러지는 동안 중국은 북베트남에 30여만 명의 방공, 철도 및 후방보급 부대를 지원했고 무기와 탄약부터 식량, 의복 등 거액의 무상 원조를 제공했다. 베트남 전쟁 기간, 사회주의 진영 국가들이 북베트남에 제공한 물자는 모두 240만 톤에 달했다. 그중 중국이 160만 톤, 소련이 51만 톤을 보냈고 기타 국가*들이 25만4000톤을 내놓았다. 이런 분위기 속에서 전쟁을 치러야 했던 미국은 감정적 대응을 자제할 수밖에 없었다. 1964년 8월부터 1973년 1월까지 8년간 북베트남에 대한 공습이 이루어졌으나 북베트남 분리선 40킬로미터 안으로는 단 한 번도 들어가지 못했다. 폭격 목표는 늘 전방 지휘관이 아닌 백악관이 결정했는데, 존슨 대통령은 '내 명령 없이는 화장실 하나도 폭격하지 못한다'며 자조 섞인 말을 하기도 했다. 한국 전쟁에서 톡톡히 당한 경험이 있는 미군은 중국과 맞서는 걸 극도로 싫어했다.

1964년부터 1965년까지, 베트남 민족해방군과 게릴라 부대는 숲과 산지에서 기동작전을 펼쳤다. 전쟁이 지나간 수많은 지역에는 미군의 시신이 즐비했고, 시체 썩는 냄새가 진동했다. 미군 종군기자인 에드거는 1964년에 베트남 근처의 구찌Cuchi 현을 취재하던 중 강물에 떠다니는 미군 시신 한 구를 발견했다. 핏물과 섞인 강물은 햇빛을 받아 끔찍한 검푸른 색을 띠었다. 가끔 아이들이 지나가다 기다란 막대기로 시신을 뒤적여 값나가는 물건이 있는지 살펴보았다. 전장의 미군 야전병원에서는 폭격으로 팔과 다리를 잃은 병사들이 누워 있는 모습을 쉽게 볼 수 있었다. 간호사였던 허스는 잘린 팔다리가 매일같이 네댓 자루씩 나왔다고 당시를 회상했다.

---

* 여기서 말하는 기타 국가란 체코슬로바키아, 폴란드, 헝가리, 불가리아, 루마니아, 동독, 북한, 쿠바 등을 말한다.

1968년 1월 말, 북베트남 군대가 다섯 개 사단을 투입한 구정 공세Tet Offensive를 감행했을 때 아무런 대비도 하지 않고 있던 남베트남은 한 개 대대의 병력만 남겨 후에Hue를 지키고 있었다. 그러나 6000명 규모의 미 해병대가 마침 주변 숲속에 매복해 있어 북베트남 군대는 도시로 들어오는 데 꼬박 일주일이 걸렸고, 미군의 포탄에 6만여 명의 병사 중 5만 명을 잃는 심각한 피해를 입었다. 그래서 구정 공세 중 북베트남은 2개 사단만 보내 남쪽의 부대를 지원했다. 북베트남 군대가 후에에 겨우 도착하자 해병대 제1사단이 반격에 나섰다. 단단한 물체가 있는 곳은 어디든 북베트남 병사들의 보루가 되었다. 그들은 민가에 침입하여 지붕 위로 기어오르는가 하면 도랑이나 벽 뒤에 숨기도 했다. 후에 도시 전체가 거대한 보루였다. 얼마 후 미군이 도시에 진입하자 사방에서 포탄과 총알이 비 오듯 쏟아졌다. 한 걸음 전진하기가 유독 힘든 전투를 치르던 미군은 강력한 무기를 갖고도 도시 주변만 맴돌아야 했다.

전세는 북베트남군 쪽으로 기울어 있었으나 낡은 무기로는 많은 적을 살상하지 못했다. 그러던 중 알프레도 곤잘레스Alfredo Gonzalez라는 멕시코계 미국 병사가 온몸에 상처를 입고도 기관총을 들고 북베트남 군대의 보루에 뛰어들어 전사하는 사건이 벌어지면서 미군의 사기를 자극했다. (미군은 1996년에 만든 새로운 구축함에 그의 이름을 붙이기도 했다.) 전쟁이 격렬해지면서 도시 전체는 곧 수천 구의 북베트남 병사 시신으로 가득 찼다. 전투는 3주간 이어졌고, 계속 밀리기만 하던 미군은 3월부터 해상 전투함을 후에에 보내 8000개의 포탄을 퍼부어 도시 전체를 파괴했다. 북베트남 부대는 제3사단 하나만 겨우 살아남았다.

당시 미군 군사력은 첨단 무기와 기술적 우위로 상대와 비교할 수조차 없을 만큼 앞서 있었다. 미 정부와 군대에서는 '베트남을 철저히 파괴해 석기시대로 되돌려버릴 것'이라는 말이 유행처럼 번졌다. 그러나 미군은 뜻밖에도 구정 공세를 기점으로 후퇴하게 되는데, 이러한 전환점은 미국 국내에서 시작되었다. 베트남 전쟁에 반대하는 움직임이 크게 일기 시작하면서 얼마 후에는 베트남 전쟁에 대한 책임 문제로 존슨 대통령까지 사퇴하는 일이 벌어졌다. 후임이었던 닉슨 대통령은 베트남에서 미군을 철수시키기 시작했다.

베트남 전쟁은 미국이 비교적 큰 규모*로 치른 전쟁으로, 기간도 길었을뿐 아니라** 무엇보다 참전 병사들에게는 헤아릴 수없는 고통을 안겨주었다. 베트남 전쟁 동안 약 160만 명의 미국 청년이 참전했다. 평생 부족한 것 없이 자란 이들은 고향을 떠나 동남아의 열대 밀림을 누벼야 했고, 그중 30여 만 명이 다치고 6만 명이 전사했다. 그제야 정부의 전쟁 정책에 회의를 품기 시작한 미국인들은 더 이상 정부가 선전하는 평화 수호의 사명과 애국주의 구호를 믿지 않았고, 그것으로 미국은 처음으로 아무런 소득 없이 전장에서 물러나야 했다.

귀국한 장병들은 이때에도 대대적인 환영을 받지 못했다. 미국의 전 국민은 영원히 살아 돌아올 수 없는 병사들과 전쟁에 관련된 모든 것을 최대한 빨리 잊으려 했다. 그러나 안타깝게도 베트남 전쟁은 여전히 악령처럼 미국인들을 옭아매고 있다.

참전 군인이었던 랜돌프 벅Randolph Buck 은 〈뉴욕 타임스〉와의 인터뷰에서 "정부는 우리에게 자유와 이상을 위해 베트남 전쟁에서 싸우라고 했지만 나는 전쟁 때문에 영원히 자유를 잃어버렸다. 아직도 내가 어떤 이상과 자유를 위해 싸운 것인지 모르겠다. 매년 전우들과 한자리에 모여 눈물을 흘릴 때면 고통과 외로움만이 내 인생의 전부인 것 같은 기분이 든다"고 털어놓았다.

---

* 1973년에 약 54만 명의 미군이 참전했다.

** 베트남 전쟁은 총 12년으로 미국 역사상 가장 긴 대외 전쟁이었다.

| 결 과 |

베트남 전쟁은 미국 역사상 가장 오랫동안 치러진 전쟁으로, 미 정부는 10여 년의 전쟁 기간 동안 최소한 2500억 달러를 썼다. 이 전쟁이 군사적으로는 실패하지는 않았지만 미국 냉전 정책의 중대한 실수를 보여 준다. 베트남 전쟁 이후로 급격히 세력을 잃고 소련에 밀리기 시작한 미국은 중국과 손을 잡기 위해 적극적으로 나서기 시작했다.

한편 베트남은 독립을 위해 엄청난 대가를 치렀다. 프랑스—베트남 전쟁을 포함한 30년이란 전쟁 기간 동안 500만 명의 민간인이 목숨을 잃었다. 1975년에 베트남 전쟁이 끝난 후, 남은 것은 황량한 국토와 고아 88만 명, 미망인 100만 명, 그리고 20만 명의 장애인들이었다. 장기간 치러진 전쟁과 서구와의 경제력 격차로 인해 경제가 붕괴되면서 물가는 무섭게 치솟았다. 1970년대 후반에는 150만 명의 베트남 난민이 배를 타고 베트남을 탈출하기도 했다.

[걸프 전쟁]

발생 시기 1991년 1월 17일–2월 28일

주요 인물

콜린 파월Colin Luther Powell / 사담 후세인Saddam Hussein

| 지 형 |

걸프 전쟁의 지형적 특색은 첫째 평탄하다는 것이다. 국토 면적 1만

7800제곱킬로미터의 쿠웨이트는 심하게 경사진 황무지에 위치해 있는 반면, 이라크는 국토의 40%가 사막인 것을 제외하면 나머지는 대부분 평원으로 이루어져 있다. 두 번째는 시야를 가릴만한 수풀이 없는 것으로, 이라크의 삼림면적은 국토의 3%, 쿠웨이트는 0.1%에 불과했다. 세 번째로 비가 잘 내리지 않는 건조기후이다. 이라크는 북부 지방의 연간 강수량이 500밀리미터지만 대부분의 전쟁이 치러진 남부 지방에는 1년에 100밀리미터 이하의 비가 내렸다.

서양 군사이론의 창시자인 클라우제비츠Carl Von Clausewitz는 '지형은 통행, 시야, 무기 방어의 세 가지 방면에 영향을 미친다'고 했다. 걸프 전쟁은 통행이 어려운 산지와 협곡도 없었고, 시야를 막거나 상대방이 매복할 위험성이 있는 밀림도 없는 데다 둘을 합쳐놓은 숲은 더더욱 찾아볼 수 없었다. 미군은 아무것도 걸릴 것 없는 평지를 마음 놓고 지켜볼 수 있었던 것이다. 아무런 특징이 없는 사막 지형에서는 참호 깊숙이 숨은 이라크 탱크도 정밀 공격이 가능한 무기로 충분히 공격할 수 있었다. 이러한 지형에서 미군의 최첨단 무기는 그 위력을 십분 발휘했다.

| 전 쟁 상 황 |

1990년 8월 2일 새벽 1시 쿠웨이트 시각 공군, 육군, 해병대와 각종 특수부대의 지원 하에 이라크 공화군 Republican Guard 3개 사단이 쿠웨이트 국경을 넘어 기습적으로 공격했다. 기계화 보병 사단 1개와 장갑차 사단 1개가 주력군으로 편성되었고, 350여 대의 탱크를 앞세워 남쪽의 산지를 점령한 다음 쿠웨이트 시가 있는 동쪽으로 방향을 바꾸었다. 5시 30분, 주력부대와 특수부대가 쿠웨이트 시에서 합류했다. 14시간의 시가전 끝에 오후 7시, 이라크군은 쿠웨이트 수도를 완전히 점령했다. 그렇게 계속 진격해 나가는 동안 후속부대가 끊임없이 쿠웨이트로 들어왔다. 8월 6일까지 쿠웨이트에 들어온 이라크군은 약 20만 명에 달했고, 탱크는 2000여 대였다. 8월 8일, 이라크 대통령 사담 후세인은 쿠웨이트가 이라크의 '19번째 주州'로 흡수되었다고 공식선언했으며, '영원히 이라크의 일부분이 될 것'이라고 못 박았다.

한편 약 2만 명의 쿠웨이트군은 겨우 5000여 명만이 사우디아라비아로 탈출했을 뿐 나머지는 흩어지거나 항복했다. 걸프지역은 미국을 비롯한 여러 국가들에게 굉장히 예민한 지역이었는데, 그 이유는 풍부한 석유와 천연가스 자원 때문이었다. 중동 5대 산유국*이 모두 걸프지역에 걸쳐 있고 세계 20개의 초대형 유전 가운데 11개가 걸프만에 모여 있다.

미국을 중심으로 한 연합군은 유엔의 허가를 받아 작전명을 '사막의 방패Desert Shield'로 정한 후, 1990년 11월 8일부터 11월 말까지 두 단계의 작전을 마쳤다. 당시 걸프지역에는 육군 26만 명, 해군 5만 명, 공군 4만 명, 해병대 8만 명 등 모두 43만 명의 미군이 탱크 1200대, 장갑차 2000대, 공군기 1300대, 헬기 1500대, 군함 100여 척을 끌고 들어와 있었다. 이들은 1991년 1월 16일부터 쿠웨이트와 이라크에 있는 이라크군을 공격했는데, 그중 주요 전투로 42일의 공습과 이라크, 쿠웨이트 그리고 사우디아라비아 국경 지역에서 펼쳐진 100시간의 지상전을 꼽을 수 있다.

1991년 걸프 전쟁은 당시의 군인들로서는 단 한 번도 경험해보지 못한 전쟁이었다. 이라크군대는 확충을 거쳐 총병력이 77개 사단 120만 명에 달했다. 한편 쿠웨이트 접전지역의 3개 방어선에 배치된 병력은 42개 사단 약 54만 명이었고 탱크 4280대, 대포 2800문, 장갑수송차 2800대, 공군기 760대였다. 5개월의 전면적인 봉쇄기간에 38일간의 공군 기습공격과 100시간의 지상전을 거치면서 이 지역은 완전히 파괴되었다. 이렇

---

* 5대 산유국은 사우디아라비아, 쿠웨이트, 이라크, 이란, 아랍에미리트이다.

듯 엄청난 규모의 군사력이 동원될 줄은 전쟁을 치르던 양측도 전혀 예상치 못한 일이었다.

전쟁 전, 이라크의 사담 후세인 대통령은 걸프만도 베트남처럼 미국인의 피로 강을 이루게 될 것이라고 장담했다. 미국의 부시 대통령 또한 아군이 입을 피해에 만반의 준비를 하고 있었다. 걸프전쟁 지역에 마련된 야전병원에는 1만8530개의 침대를 준비했고 유럽에도 5500개의 침대를, 미국 본토에도 2만2000개의 침대를 비워두어 총 4만6000명의 군인을 수용할 수 있도록 했다. 미국의 군 전략 부문에서 최고의 권위를 가진 국제문제연구센터CSIS에서 미군의 피해를 1만5000명으로 예상했다. 미 국방성의 컴퓨터가 내놓은 결과도 마찬가지였다. 1만5000구의 시신을 덮을 천이 비밀리에 준비된 후, 이 전쟁의 총사령관이었던 노먼 슈워츠코프Norman Schwarzkopf는 5000명가량의 손실이 있을 것이란 비교적 낙관적인 예측을 했다. 미군 합참의장이었던 콜린 파월은 그보다 더 적은 3000명가량으로 내다봤다.

그러나 이러한 예상들은 모두 빗나갔다. 미군은 146명의 사망자와 467명의 부상자라는 가벼운 대가를 치르고 걸프 전쟁의 승리를 거머쥘 수 있었다. 사망한 146명 가운데 35명은 적군이 아닌 연합군의 실수로 사망했고 28명은 기습적으로 날아온 스커드Scud 미사일에 희생되었다. 그러니 이라크군의 직접적인 공격으로 사망한 군사는 고작 83명에 지나지 않는 셈이다.

당시 미 국방장관이었던 체니는 보고서에서 미군의 승리는 여러 요소 '덕분'이라고 평가했다. 적의 고립, 동맹국의 지원, 독특한 사막 환경, 전쟁이 발발한 시기, 그리고 전쟁 전 오랜 시간 철저히 준비한 덕분이라는 것이었다.

| 결 과 |

전후 통계에 의하면 쿠웨이트에 파견된 총 43개의 이라크 육군 사단 가운데 36~38개 사단이 전투력을 상실했으며, 8만5000~10만 명이 사망했고, 8만6000명이 포로로 붙잡혔다. 또한 파괴된 탱크가 3874대, 장갑차 1450대, 대포 2917문, 공군기 324대이란에 억류된 109대 포함, 87%의 해군함정도 큰 손상을 입거나 파괴되었다. 전쟁으로 인한 직접적인 손해는 쿠웨이트가 600억 달러, 이라크가 2000억 달러가량이었으며 미국은 이 전쟁에 600억 달러를 소모했다.

1991년 12월 26일에 소련이 해체되자 냉전의 승자가 된 미국의 전 국토에는 '평화의 결실'을 누리자는 환호가 끊이지 않았다.

[코소보 전쟁]
발생 시기 1999년 3월 24일~6월 20일
주요 인물

밀로셰비치Milosevic, Slobodan / 웨슬리 클락Wesley Clark

| 지 형 |

유고슬라비아 연맹의 국토면적은 약 10만 제곱킬로미터로, 전 유고슬라비아 면적의 39.94%에 해당한다. 1991년 당시 총 인구수는 1040만 명이다. 1991년에 내전이 시작되면서 원래의 유고슬라비아 연맹은 뿔뿔이 흩어져 연해의 슬로바키아, 크로아티아, 보스니아 등의 공화국이 잇달아 독립했다. 유고슬라비아 연맹은 바다와 맞닿은 영토의 너비가 200킬로

미터도 채 되지 않는 몬테네그로 공화국의 항구밖에 남지 않게 되었다. 발칸반도는 대부분이 산지*이고, 유럽대륙과 맞닿은 부분은 산으로 가로막힌 부분 없이 널찍한 평지로 이루어져 있다.

| 전 쟁 상 황 |

발칸지역에 위치한 유고슬라비아는 지중해의 길목에 위치해 있는 만큼 전략적으로 매우 중요한 지역이라 주변 국가들 사이의 다툼이 끊이지 않았다.

유고슬라비아란 남슬라브 민족이라는 뜻이다. 최초의 슬라브 민족은 오늘날의 러시아와 우크라이나 등 동유럽 지역에서 출현했다. 그러다 5세기에서 6세기경에 일부 슬라브인이 발칸반도로 이동하기 시작해 오늘날의 세르비아, 크로아티아, 슬로베니아, 몬테네그로, 마케도니아 등에 거주하는 슬라브인의 조상이 되었다. 이후 9세기부터 크로아티아, 세르비아와 같은 슬라브 국가가 형성되기 시작했다. 유고슬라비아는 비잔틴 문명의 영향을 많이 받아 크로아티아와 슬로베니아를 제외하고는 대부분이 동방정교를 믿는다.

유고슬라비아는 서유럽**, 러시아, 터키 오스만튀르크 제국의 세 나라가 마주하고 있어 언어는 굉장히 유사하나 다른 문자를 사용한다거나, 기본적으로 같은 뿌리를 갖고 있지만 제각기 다른 종교를 믿는 등 매우 복잡한 민족 구성을 갖고 있다.

발칸지역은 제2차 세계대전 후 40여 년 동안 소련의 세력권에 속해 있었다. 격동의 동유럽 지역에 속해 있었던 만큼, 1945년에 성립된 유고슬라비아 연방은 1991년 빠르게 해체되어 슬로베니아, 크로아티아, 몬테

---

* 전체 면적의 **70%**이다.
** 과거의 오스트리아−헝가리 제국과 오늘날의 독일, 유럽을 말한다.

네그로, 마케도니아, 유고슬라비아 연방*의 다섯 국가로 갈라졌다. 다민족국가였던 유고슬라비아는 한 국가였을 때에는 민족 간의 갈등이 크게 드러나지 않았지만 일단 국가가 분열되고 나자 갈등은 화산처럼 폭발했다. 여러 국가로 찢어지다보니 영토분쟁을 비롯한 각종 이권다툼을 피할 수 없었던 것이다. 그 누구도 양보하려 하지 않자 자주 싸움이 일어났다. 더 심각한 것은 분열된 국가들 자체도 단일민족으로 구성된 것이 아니라서 일부 민족이 독립을 요구하는 상황이 빚어진 것이다. 초기, 1992년 보스니아의 보스니아 무슬림, 크로아티아족과 세르비아족의 세 민족 사이에 일어난 충돌이 가장 심각했다. 이 충돌은 점점 격렬해져 종국에는 보스니아에서 무려 3년간 내전이 일어나 25만 명 이상의 희생자를 낳았다. 전쟁에 참여한 군사들 모두가 지칠 때까지 싸운 후 1995년에 데이턴협정 Dayton Agreement을 맺고 휴전했다.

코소보는 유고슬라비아 연맹 관할인 세르비아 공화국에 속한 성으로, 90% 이상이 알바니아족이고 나머지는 세르비아와 몬테네그로족으로 구성되어 있다. 역사적으로 세르비아족과 사이가 좋지 않았던 알바니아족이 '코소보공화국'을 세워 유고슬라비아 연맹에서 독립하려 했다. 그러나 코소보를 민족의 역사와 문화의 발상지로 여기던 세르비아족이 이에 맞서면서 두 민족 간에는 한 치의 양보도 없는 싸움이 벌어졌다.

1999년 1월, 미국이 무력을 앞세워 코소보의 두 민족을 불러들였다. 협상 테이블에서 유고슬라비아 연맹이 다른 조건은 모두 받아들이되 나토군이 코소보에 주둔하는 조항만큼은 주권침해라는 이유로 거부하면서 협상은 결렬되었고, 나토는 곧바로 유고슬라비아 연맹에 무력을 행사하기 시작했다. 3월 24일, 나토가 '인권보호'라는 명목으로 유고슬라비아

---

* 세르비아, 몬테네그로 두 공화국이 합쳐진 유고슬라비아 연맹공화국.

연맹에 암호명 '동맹군'의 공습 작전을 펼치면서 유고슬라비아 연맹은 전쟁의 수렁에 빠지게 되었다.

코소보 전쟁은 대규모공습 위주로 펼쳐졌다. 미국을 중심으로 한 나토군은 절대적으로 우세한 공군력과 B-1, B-2 폭격기 등의 최첨단무기를 앞세워 유고슬라비아 연맹의 군사기지 및 주요지점에 78일간 폭격을 퍼부었다. 통계에 의하면 나토는 이 전쟁 중에 전투기 1000여 대와 해군함정 40여 척*이 투입되었다. 전쟁 기간에 전투기는 총 3만여 차례에 걸쳐 공격에 나섰고, 1만 톤 이상의 폭탄이 투하되었으며, 대량살상무기급의 신식무기로 유고슬라비아 연맹에 엄청난 재산피해와 환경파괴를 가져왔다. 알바니아 난민 등 수많은 민간인이 희생되었다.

| 결 과 |

　미국을 중심으로 한 나토군은 강력한 군사력을 바탕으로 유엔의 승인 없이 주권국가에 무려 70일이 넘도록 무차별 공습을 퍼부었다. 나토군의 공격 목표 또한 계속 늘어나 나중에는 군사기지뿐만 아니라 비군사지역으로까지 확대되면서 유고슬라비아 연맹에 2000억 달러 이상의 직접적인 경제적 손실을 안겼다. 이는 유고슬라비아가 제2차 세계대전으로 인해 입었던 손해를 뛰어넘는 수준이다.

---

* 　미국이 전투기 730대와 함정 24척을 보냈고, 기타 나토국가가 325대를 파견했다.

데이비드 퍼트레이어스 David Petraeus / 모하메드 오마르 Mohammed Omar

| 지 형 |

65만 제곱킬로미터의 면적에 인구 3273만 명2008년 1월 기준이 살고 있는 아프가니스탄은 북부는 힌두쿠시 산맥 기슭의 경사진 평원과 아무다라Amu Darya 강 평원 및 바다크샨Badakhshan과 와칸Wakhan 평원 등이 펼쳐져 있어 많은 군대가 한꺼번에 공격해 들어가기 좋은 지형이라 오래전 몽골기마병으로부터 소련군대까지 반드시 이곳을 거쳤다. 한편 힌두쿠시 산지가 있는 중부는 방어에 유리한 지형이 많지만 산맥을 관통할 수 있는 길목도 많아 동쪽으로는 파미르Pamir 고원과 중국의 신장新疆까지 통하고, 북쪽으로는 중앙아시아 초원, 남쪽으로는 비옥한 인더스 강과 와칸 평원이 펼쳐져 있어 고대 알렉산더 대왕부터 근대의 소련까지 이 요충지를 차지하기 위해 수많은 전쟁을 치렀다. 그러나 평원에서는 연거푸 승리를 거두던 대군도 이곳의 지형에서는 번번이 애를 먹어야 했다. 미군이 북쪽을 택한 것은 이 같은 역사적 교훈을 받아들였기 때문이다.

19세기 영국령 인도 총독이었던 커즌 Lord Curzon 은 '아시아의 칵테일인 아프가니스탄은 모든 제국과 강대국, 주변 국가가 탐내는 전략적·지리적 요지다'라는 유명한 말을 남겼다. 동쪽으로 중국과 국경을 마주하고, 남쪽에는 남아시아와 인도양이 있으며, 서쪽에는 산유국들이 모여 있는데다 북쪽은 중앙아시아 및 러시아의 전략적 요충지와 인접해 있는 아프가니스탄은 역사적으로 영국과 제정러시아, 소련과 미국 등 강대국이 군침을 흘리던 대상이었다. 그리고 바로 이런 부분이 이 나라가 지난 한 세기가 넘도록 '가장 가난하고 가장 혼란스러운' 국가였던 이유로 작용하고 있다. 고원과 산지가 전체 국토면적의 5분의 4를 차지하는 아프가니스탄은 85%가 험준한 암석과 협곡으로 이루어져 있어 군수물자를 옮기려면 나귀 등에 싣는 것이 가장 편리할 정도로 수송에 열악한 지형이었다.

과거 아프가니스탄은 '제국의 무덤'이라는 섬뜩한 별명을 갖고 있었다. 역사적으로 수많은 대제국이 이곳에서 전쟁을 치르고 흥망을 거듭했기 때문이다. 아프가니스탄 남부와 서부는 끝없는 황무지와 사막이 펼쳐져 있고, 파키스탄 국경과 맞닿은 남동쪽에는 평균 해발 3000미터의 슐라이만Sulaiman 산맥이 자리하고 있는데, 힌두쿠시 산맥만큼 험준하지는 않아도 전투에 나선 군인들을 고생시키기로는 결코 뒤지지 않는 지형이다. 근대에 와서 세계 각지에 식민지를 두었던 '해가 지지 않는 제국'도 아프가니스탄에서만큼은 세 차례에 걸친 침략이 모두 실패로 끝나고 말았다. 당시 중부의 수도 카불에서 남쪽으로 후퇴하던 영국의 원정대군은 끊임없이 게릴라 부대의 공격을 받아 결국 아프가니스탄 국경을 넘지 못하고 전멸하고 말았다. 한때 크게 세력을 떨치던 소련도 아프가니스탄 전쟁에서는 150여만 명의 군사 가운데 5만 명을 잃고 450억 루블의 경제적 손실을 입었다.

| 전 쟁 상 황 |

2001년에 시작된 아프가니스탄 전쟁은 미국을 중심으로 한 연합군이 10월 7일 아프가니스탄의 알카에다와 탈레반을 겨냥해 전쟁을 일으켰다.

'911테러' 사건 이후, 미국을 비롯한 그 연합군은 아프가니스탄 탈레반을 동서남북 네 방향에서 포위하기 시작했다.

미국은 본격적으로 전쟁을 시작하기에 앞서 아프가니스탄 주변지역에 전투기 260대와 항공모함 4대를 포함한 각종 함선 88척, 특수부대와 육군 수천 명을 배치했다. 모두 3만4000명 규모였다. 이는 첫째로 미국이 현지의 취약한 군사력을 보강하기 위한 것이었고, 둘째로 다양한 곳으로 병력을 파견하는 데 많은 어려움이 따랐기 때문이다. 우선 아프가니스탄 서쪽에 있는 이란은 미군의 접근을 허락해줄 리가 없었고, 남동쪽의 파키스탄은 전통적으로 미국의 동맹국이기는 했지만 파키스탄의 한 인사가 탈레반을 '파키스탄 정부와 내정장관이 함께 공들여 키운 자식'이라고 평가할 정도로 끈끈한 관계를 맺고 있었다. 탈레반이 아프가니스탄 내전 당시 강력한 상대를 모두 꺾어버린 것도 파키스탄의 지원이 없었다면 불가능한 일이었다.

게다가 파키스탄과 아프가니스탄의 국경지대는 아프가니스탄의 주요 민족인 파슈툰족과 뿌리를 같이 하는 파키스탄의 파슈툰족이 밀집한 파키스탄의 연방직할부족지역FATA이었다. 파키스탄의 파슈툰족은 아프가니스탄보다 규모가 컸는데, 탈레반 조직원 다수가 파슈툰족 출신이라 현지의 파슈툰족은 미군에 적의를 품고 있었다.

2001년 10월 7일, 미군과 영국군으로 구성된 연합군이 아프가니스탄 국경을 넘어 현지 북부동맹Northern Alliance과 접촉한 뒤 함께 탈레반 정권을 무너뜨리자는 내용의 협정을 맺었다. 러시아, 우즈베키스탄, 키르기스스탄 등 그간 북부동맹을 지지해온 국가들은 미국의 개입을 반길 수밖에 없었고, 북부동맹 또한 탈레반 정권을 뒤엎고 회생할 기회가 온 셈이었으니 온힘을 모아 작전에 임해야 했다.

이렇게 아프가니스탄 전쟁이 시작되었다. 이미 오랫동안 전쟁을 치러

온 데다 미군의 강력한 무기까지 얻게 되었지만 여전히 전통복장을 입고 말을 탄 북부동맹 부대는 마치 칭기즈칸 시대의 기마병 같았다. 이들 사이에서 미군 특수부대 요원들은 다섯 명, 혹은 열두 명씩 조를 짜 북부동맹 군대에 투입되어 그들과 비슷한 옷을 입고 같은 음식을 먹었으며 심지어는 수염을 기르고 말까지 탔다. 그러고는 첨단 총기류와 무선전자장비, 레이더, 위성추적장치 등의 각종 특수 장비를 사용해 정확한 폭격 지점을 알려주는 등의 정보를 제공했는데, 이것이 이들 미군이 북부동맹 군대와 협력하는 방식이었다.

이런 식으로 북부동맹은 미군 특수부대와 함께 탈레반에 전면적인 공격을 개시했다. 결과가 뻔한 싸움이었으므로 정치적 영향력을 가늠할 새도 없이 이루어졌다. 탈레반은 신앙심이 매우 두터운 조직으로 많은 조직원이 신학교의 학생들이었다. 반면 반탈레반 세력은 여러 해 동안 전장을 누벼온 노련한 병사들이었지만 탈레반 조직원에 비해 현저히 실력이 떨어졌다.

미군은 본격적으로 전쟁을 치르기에 앞서 공습부터 퍼붓는데, 전쟁이 시작되면 수십 년간 쌓아온 공군력을 유감없이 보여준다. 2001년 10월 7일부터 시작된 공습에서는 EA-6B전자전투기가 먼저 강력한 전자파로 상대 레이더 등의 설비를 교란시킨 후, AH-63 '아파치' 헬기와 MH-53 페이브로Pave Low 특수 헬기가 목표물을 정확히 조준하여 공격하기 시작했다. 동시에 스텔스 폭격기와 장거리 폭격기가 '전통적인' 공습을 시작했고, 이어 각종 함정이 토마호크Tomahawk 순항미사일을 발사했다. 아프가니스탄의 대도시는 그럴듯한 큰 목표물이 없기 때문에 미군이 주장하는 85%라는 전술적 목표 명중률보다는 탈레반 측이 내놓은 10% 이하가 더 믿을 만한 통계일 것이다.

그러나 북부동맹에 대한 미군의 협조와 그로 인한 위력은 상당했다.

아프가니스탄 북부의 주요 도시인 마자리샤리프Mazar-e-sharif 외곽에서 펼쳐진 교전에서 북부동맹은 죽기를 각오하고 저항하는 탈레반의 촘촘한 방어망 앞에서 후퇴해야 했다. 그러나 이어진 미군의 공중 폭격이 강력한 살상력으로 공포의 위력을 발휘하면서 험한 산지를 이용한 여러 개의 방어선이 하나씩 무너지기 시작했다. 북부동맹이 이미 도시 안에 들어와 있던 11월 6일, 미군은 갑자기 6.8톤의 강력한 무기인 BLU-82 '데이지 커터Daisy cutter' 폭탄을 터트렸다. 천지가 뒤흔들릴 정도로 큰 폭발음이 지나고 나자 탈레반의 튼튼한 방어벽도 산산조각나면서 방어선이 급격히 줄어들었고, 북부동맹은 한층 빠른 속도로 진격할 수 있게 되었다. 9일 새벽, 북부동맹에 섞여 있던 미군 특수부대 팀이 북부동맹을 안전한 곳으로 후퇴시키자 뒤따라온 미군 공군기들이 공격을 개시했다. 뛰어난 명중률을 자랑하는 첨단 전투기들의 공격을 받은 탈레반의 방어벽이 금세 틈을 드러내자 북부동맹 군사들이 벌떼처럼 달려들었다. 이 같은 상황에 대비했던 탈레반 군대가 서둘러 구멍을 메우려 했지만 미군의 폭격이 또다시 이어지면서 불과 한 시간도 채 되지 않아 도시는 완전히 뚫리고 말았다. 그날 저녁, 북부동맹은 마자리샤리프를 점령했다.

아프가니스탄 전쟁에서 미군 특수부대 팀의 지원과 육·공군의 완벽한 협공은 도시 공격에 매우 효과적이었다.

마자리샤리프를 손에 넣고 전면적인 공격을 시작한 지 사흘 만에 북부동맹과 미군은 쿤두즈Kunduz를 제외한 아프가니스탄 북부의 중대형 도시를 점령했고, 11월 12일에 수도 카불 외곽에 도착해 진영을 꾸렸으나 탈레반 수도방위군이 13일 새벽 전투를 포기하고 물러나 남부 대도시인 칸다하르Kandahar로 후퇴했다.

쿤두즈는 아프가니스탄에서 탈레반 최후의 거점으로 1만여 명이 이곳을 지켰는데, 그중 약 3000명가량이 앞뒤 가리지 않는 전투로 이름을 날린 무자헤딘 결사대였다. 미군은 다른 도시에서의 전투와 마찬가지로 지상 공격에 앞서 열흘 간 대규모 공습을 시행했다. 그러나 이번만큼은 예전과 달랐다. 23일 아침, 북부동맹이 연승의 기세를 몰아 맹공을 퍼부었지만 방위군은 꼼짝도 않고 맞받아쳤다. 도시 외곽에 마련한 진영까지 밀려왔을 때, 무자헤딘 결사대가 양쪽에서 반격을 시작하면서 북부동맹군의 지휘관 몇 명과 많은 군사들이 목숨을 잃었다. 북부동맹의 공격이 흔들리기 시작하면서 상황이 위급해지자 또다시 나타난 미군의 최정예 폭격기가 반격의 흐름을 끊어놓았다. 이 전투에서 탈레반 방위군은 3000여 명이 죽고 1만 여 명이 투항했다. 무기와 전술적 측면에서 현저한 차이가 났으므로 전쟁 결과도 압도적일 수밖에 없었다.

칸다하르는 아프가니스탄 남부의 교통중심지이자 군사도시인데, 탈레반 지도부와 알카에다 본부가 있는 매우 중요한 곳이라 방어군 규모도 2만 명 이상이었다. 24일, 탈레반 지도자 오마르와 알카에다의 우두머리인 빈 라덴이 도시 안에 있다는 정보를 입수한 미군은 즉시 공군돌격대 101사단, 공수 82사단 등의 최정예 작전부대를 전방에 추가로 배치했다. 25일에는 다시 해병대 제15, 26원정여단에서 1500명을 뽑아 칸다하르에서 남서쪽으로 약 140킬로미터 떨어진 후방의 임시공항으로 보내 전방기지를 마련하고 10명에서 100명에 달하는 정찰대를 편성해 밤낮없이 칸다하르를 감시했다. 도시를 빠져나갈지 모르는 방위군의 퇴로를 끊기 위한 것이었다. 28일, 미군의 지원을 받은 반탈레반 연맹이 빠른 속도로 진격해 도시 앞뒤에서 동시에 공격하자 오마르는 12월 7일에 칸다하르를 버리고 탈출했다. 이렇게 반탈레반 연맹은 8일에 도시로 입성했다.

미군이 철저히 포위를 했음에도 불구하고 오마르 등 주요 인물들은 전투로 혼란한 틈을 타 모두 도시를 빠져나가버렸다. 탈레반과 알카에다가 동부의 산지로 들어가면서 장기간의 게릴라전이 시작되었다.

11월 12일 저녁, 탈레반 군대는 깊은 밤을 틈타 카불 시를 떠났고, 도시에는 폭탄이 터지면서 생긴 구덩이와 타다 남은 나무만 남았다. 그리고 북부동맹은 이후 24시간 동안 헤라트^{Herat} 등 이란의 국경지대에 있는 모든 아프가니스탄 도시를 공격했다. 파슈툰족 지휘관과 군벌은 주요 도시인 잘랄라바드^{Jalalabad}를 포함한 아프가니스탄 북동부 전체를 장악했다. 1000명에 가까운 탈레반과 파키스탄 지원병이 죽기를 각오하고 북부 전선을 지켰다. 11월 16일, 아프가니스탄 북부에 있는 탈레반 최후의 거점이 북부동맹에 의해 포위되었다. 탈레반 주력군은 이미 아프가니스탄 남동부의 칸다하르 근처로 후퇴한 뒤였다.

미국이 '911테러' 사건의 배후인 탈레반을 소탕하려 아프가니스탄과 반테러 전쟁을 치르기로 결정했을 때, 전략가들은 이 전쟁에서 미국이 틀림없이 승리할 것으로 내다봤다. 그러나 상상과 실제는 늘 차이가 나기 마련이다. 산이며 시골로 숨어버린 탈레반은 완전히 소탕되지 않았을뿐더러 세계 각지의 테러 활동을 지시하고 있었기 때문이다. 전쟁은 지루하게 이어지면서 이렇다 할 결론이 나지 않았다. 미군은 미처 예상치 못한 곤란한 상황에 빠지게 되었고, 미국 정부도 복잡하게 얽힌 아프가니스탄 문제에 휘말리게 되었다.

전쟁이 길어지자 미군은 탈레반 게릴라 부대에 맞설 구체적인 전략을 세우는 것이 새로운 난제로 떠올랐다. 예를 들어 순항미사일로 목표 지점을 정밀 타격하는 방법은 100%에 가까울 만큼 정확한 정보가 바탕이 되어야 하지만 고정된 근거지가 없는 탈레반에게는 적용이 불가능한 데다 그들은 깊은 산속이나 동굴, 계곡 등지에 숨어 말을 타고 이동하기 때문에 동선을 예측하는 것 자체가 무리였다. 또 군사 및 민간 목표물을 파괴하지 않으면서 전체 시스템을 마비시켜 투항하게 만드는 방법인

B-52, B-1은 1999년 코소보 전쟁에서 큰 효과를 거둔 방법이었지만, 탈레반은 이렇다 할 만한 건물이나 군사 목표물도 없고 현지 사람들도 전기를 많이 사용하지 않기 때문에 아프가니스탄에는 적합하지 않았다.

미군이 구상한 다른 작전 가운데는 순항미사일과 폭격기를 함께 사용하는 특수부대와 해공군의 협공도 있었지만 얼마만큼의 병력을 투입하여 어떻게 움직여야 할지 알 수가 없었고, 진격 방향과 방식도 결정하기 어려운 문제였다.

길거리에 매설된 탈레반의 폭탄은 미군에게 가장 큰 위협이었다. 종류가 다양한데다 위력도 수 킬로그램급부터 400~500킬로그램의 TNT급까지 제각각이었다. 소련군이 남긴 구식폭탄과 지뢰를 개조해 만든 것이 있는가 하면 가스통, 압력밥솥, 휘발유통, 술병, 음료캔 등으로 만든 것, 쇠구슬, 못, 건축쓰레기에 신관Fuse을 연결해서 만든 것도 있다. 이들 길거리 폭탄은 스텔스전투기와 순항미사일도 어쩌지 못했다.

가즈니Ghazni 주의 어느 탈레반 지휘관은 '공격하는 즉시 도망친다', '조용히 숨어 적을 기다린다', '완벽히 매복한다', '적이 치고 들어오면 물러나고, 적이 진영을 꾸리면 방해하며, 적이 지치면 공격한다' 등의 탈레반 전술과 게릴라전 이론에 대해 설명했다. '죽이지 않으면 내가 죽는다. 미국인에게 기술이 있다면 우리에겐 시간이 있다'는 그의 말은 참고 견디는 아프가니스탄인 특유의 기질을 잘 보여준다.

이러한 상황에서 아프가니스탄 정부는 몇 년 전에 이미 탈레반과 화해를 했지만 미국이 이에 동의하지 않으면서 전쟁은 더욱 복잡한 양상으로 빠져들기 시작했다. 아프가니스탄 전쟁이 시작되고 정확히 8년 후, 오바마는 방향을 잃은 전쟁을 조속히 마무리 짓고자 병력을 증파해 탈레반에 더 큰 규모의 군사공격을 가하기로 했다.

2010년 말, 아프가니스탄과 전쟁을 벌이는 나라는 미국과 영국, 독일, 폴란드, 체코, 슬로바키아 등의 나토국가들이 주를 이루었고 카자흐스탄, 일본, 한국, 필리핀 등은 미군에 후방보급을 제공하거나 전쟁 후 아프가니스탄에 군대를 파병* 했다. 2010년까지 아프가니스탄에 주둔한 외국군대는 미국이 10만 명으로 가장 많고, 영국 1만 명, 독일 4300명, 프랑스 3750명이다. 아프가니스탄 정부군은 약 10만 명 규모^{2010년 기준}이며 탈레반에서 활동하는 병력은 약 2만5000명 정도^{2010년 기준}다.

민심을 얻으면 군사 활동을 펼치기에도 수월하다는 사실을 잘 알고 있었던 탈레반이 여러 해 동안 주민들의 마음을 얻는 데 힘을 쏟았고, 그 결과 탈레반은 현지인들의 지지를 효과적으로 이용해 미군에 대항하고 있다. 일단 미군이 움직이기 시작하면 탈레반은 마을, 도시 전체의 주민을 모두 이동시킬 수 있다. 현지인들은 수도 카불에서 바다크샨까지 길가의 초소를 유심히 보면 대낮에는 정부군이, 밤에는 탈레반이 있다고 말한다. 그러나 주로 아프가니스탄 대도시에 모여 있는 미군으로서는 농촌 지역에까지 손을 쓸 수가 없다.

| 결 과 |

전쟁은 아직도 진행중이다. 최근 몇 년 동안 아프가니스탄 정부는 사회적 안정을 되찾지도 못한 것은 물론 테러주의 세력에게 줄줄이 패하며 국토 전체에 대한 통제권을 잃어 대통령은 카불시장이라는 조롱까지 받고 있다. 이와 반대로 탈레반은 전쟁으로 막대한 손실을 입기는 했으나 점점 그 세력을 회복해가고 있으며, 대부분의 국토를 자신들의 영향권에 편입시켰다. 현재 탈레반은 파키스탄 북부로 근거지를 옮겨 재기를 준비하고 있다.

---

* 주아프가니스탄 한국군은 2007년 발생한 한국인 인질 납치 사건 이후 철수했다.

[이라크 전쟁]

발생 시기 2003년 3월 20일

주요 인물

사담 후세인 / 토미 프랭크스Tommy R.Franks

| 지 형 |

인구 2822만 명2008년 기준의 이라크는 총 면적이 44만 제곱킬로미터이다. 국토의 대부분이 평균 해발고도가 300미터도 채 되지 않는 낮은 지대에 있으며, 해발 450미터가 넘는 지역이 전체의 15%에도 못 미친다. 북부 산지와 중부의 평야를 제외하고는 대부분이 사막지형이다. 이라크 중부에는 광활한 메소포타미아 평원이 펼쳐져 있고, 동부와 북부는 산지이란과 터키와 접경로 이루어져 있다. 또한 남부에는 히자라 사막쿠웨이트와 사우디아라비아와 접경이, 남서부에는 고원 지대요르단과 접경가, 그리고 서부는 시리아 사막과 연결되어 있다. 평탄하고 넓은 사막이 자리 잡고 있어 매복이나 위장 등 지형을 이용한 군사 활동이 어려워 미군은 주변 상황을 한눈에 파악하고 공격할 수 있었다. 산지나 구릉에 비해 사막은 이동에도 편리해 기계화 부대의 활동에 큰 도움이 되기도 했다.

| 전 쟁 상 황 |

이라크 전쟁은 이라크가 대량살상무기를 보유했다는 이유로 미국이 일으킨 전면전으로, 미국 측에 의하면 49개 국가가 이 전쟁에 참여했다.

그러나 사실상 참전한 국가는 미국, 영국, 오스트레일리아와 폴란드 4개 국뿐이며 덴마크 정부는 이라크에 선전포고를 한 후 함선 두 척을 보내 미군을 지원했고, 일본 등 다른 나라는 후방지원을 제공했다.

이라크 전쟁을 앞두고 유엔에서는 미국의 전쟁 결의가 잇달아 부결되었지만 미국은 유엔의 승인 없이 곧바로 전쟁을 일으켰다. 그러나 전쟁이 끝난 후에도 유엔과 미국은 '대량살상무기'를 찾아내지 못했다.

연합 군사 작전은 사담 후세인 이라크 전 대통령이 48시간 안에 아들과 함께 이라크를 떠나라는 조지 부시 전 미국 대통령의 최후통첩을 받아들이지 않으면서 시작되었다. 미군 12만 명, 영국군 4만5000명, 오스트레일리아군 2000명과 폴란드군 200명, 그리고 5만 명의 쿠르드Kurds 반군으로 구성된 연합군은 쿠웨이트의 미군 기지에서 이라크를 공격했으며, 걸프지역에 주둔한 미 공군 및 해군 항공군Naval aviation의 지원도 받았다.

미군 제3보병 사단은 쿠웨이트 북서쪽에서 사막을 지나 바그다드로 이동했고, 미군 제101공수사단과 제82공수사단의 일부 부대도 작전에 투입됐다. 이라크 남동쪽에서도 미 해군 해병대 제1원정부대와 영국 원정군이 이라크의 해상통로를 열기 위한 공격을 개시했다.

전쟁이 시작된 지 약 3주 후, 미군은 순조롭게 바그다드 시내로 들어섰다. 그러나 이라크 정부 관리들은 갑작스럽게 종적을 감추어 행방을 알 수 없었으며, 이라크군 대부분은 미군에 투항했고, 바그다드와 바스라Basra 등의 도시는 무정부상태가 되었다.

이라크 전쟁의 포화가 잦아들 때쯤, 미국은 '후세인을 몰아내고 이라크를 제압한다'는 목표를 이미 달성했으나 이내 계속되는 게릴라전으로 골머리를 앓아야 했다. 극단적인 실업률로 일상적 안전조차 위협받고 있을 정도로 불안하던 이라크에서 크고 작은 게릴라 부대가 극성을 부리고 있었기 때문이다.

이라크 전쟁에서 희생된 미군은 2008년에 이미 '911테러' 사건의 희생
자보다 많은 4000명을 넘어섰다. 또한 3만 명이 부상당하고 수많은 사람
이 장애를 입어 가정이 분열되는 비극을 겪었다. 군비지출은 7,630억 달
러로 한국 전쟁과 베트남 전쟁보다 더 많은 돈을 썼다.

2010년 8월 3일, 오바마 대통령은 8월 말까지 이라크의 모든 미군 작
전이 끝날 것임을 밝혔다. 미군은 이라크 전쟁으로 중동지역에 더 깊이
관여하게 되었지만 그 영향력은 오히려 7년 전에 비해 줄어들었다. 그간
이란과 맞서 팽팽한 세력 균형을 이루고 있던 이라크의 후세인이 물러나
자 뜻하지 않게 맞수를 없애버리게 된 이란은 더 큰 영향력을 행사하기
시작했고, 이 지역에서 근근이 명맥을 유지하던 알카에다 또한 다시 세
력을 회복하고 있다.

[리비아 전쟁]
발생 시기 2011년 3월 19일
주요 인물

무아마르 카다피 / 마이클 멀린Michael Mullen

| 지 형 |

지중해 남쪽 연안에 위치한 북아프리카 국가인 리비아는 국토 면적
이 176만 제곱킬로미터이며, 인구는 617만2008년 기준 명이다. 95% 이상
이 사막과 반사막 지대인데, 비가 충분히 내려 경작이 가능한 토지는 겨

우 2%에 불과하다. 리비아는 3개 대륙과 두 대양이 만나는 길목에 위치하고 있어 특히 유럽 국가들에게 지리적·전략적 가치가 돋보이는 국가이다. 리비아와 유럽은 바닷길로 400여 킬로미터밖에 떨어져 있지 않아 지중해 전체에 영향력을 행사할 수 있기 때문에 역사적으로도 전략적 요충지였으며 산유국이기도 하다.

| 전 쟁 상 황 |

2011년 2월 18일, 리비아의 여러 도시들에서 반정부 시위가 벌어졌다. 정부의 퇴진을 요구하는 이 시위는 곧 수도 트리폴리까지 번졌고, 결국 시위대와 정부군 사이의 충돌까지 빚어졌다.

3월 17일, 미국 뉴욕의 유엔본부에서 일부 안보리 이사국 대표들이 거수투표를 통해 리비아를 비행금지구역No-fly zone으로 지정했다.

2011년 3월 19일, 미군이 '오디세이 새벽Operation Odyssey Dawn'이란 작전명으로 전쟁을 개시하자 지중해에 있던 미사일구축함이 리비아를 향해 토마호크미사일을 발사했다. 총 110여 개의 미사일이 발사되었다. 리비아 국민들이 일으킨 리비아 소요사태가 한 달여 만에 프랑스, 영국, 미국이 주도하는 연합군과 리비아 사이의 전쟁으로 번지게 된 것이다.

리비아는 지금까지도 전통적인 부락으로 이루어진 부락국가로, 굉장히 복잡하게 구성되어 있다. 복잡 미묘하고도 불안정한 각 부락 사이의 관계가 정치의 기본 틀이고, 그것이 갖가지 변수로 작용하기 때문에 일반적인 현대 정치 개념으로는 리비아 정치의 흐름을 설명하기란 매우 어렵다. 이들 부락의 숫자는 모두 140개 이상으로 주로 리비아 동부와 남서부에 밀집되어 있으며, 30여 개는 외국과 연결되어 리비아 본토뿐 아니라 이집트, 수단, 튀니지, 알제리, 차드Chad, 니제르Niger 등 7개 국가에서 거주하고 있다. 이는 과거 유목민 부락을 형성하고 물을 찾아 떠돌아다녔던 아랍인들의 생활 방식에서 그 유래를 찾을 수 있는데, 규모가 비교적 작은 부락은 새로운 땅에 진입하기 위해 더 큰 부락에 흡수되곤 했기 때문이다.

리비아에서 실제로 영향력을 행사하는 대형 부락은 와팔라 Warfallah tribe, 마가리아 Magariha tribe 카다파 Gaddadfa tribe, 세 곳으로 리비아 인구 600만여 명 가운에 3분의 1을 차지한다. 이 중 와팔라 부락이 약 100만 명으로 가장 수가 많은데, 주로 리비아 동부 항구도시이자 경제 중심지인 벵가지 Benghazi 근처에 밀집해 있다. 인구 50만 명의 마가리아는 두 번째로 큰 부락이고, 카다파는 카다피가 속한 곳으로, 한때 리비아 동부 키레나이카 Cyrenaica 지역을 떠돌았다. 부락 사람들은 가난하고 열악한 환경에서 유목 생활을 했는데, 카다피도 과거 이런 생활을 했다. 그러나 카다피가 군사쿠데타를 일으키면서 자신이 살았던 부락 전체가 빛을 보게 되었다. 카다피가 국가원수로 장기 집권할 수 있었던 것은 그가 부락들 사이의 이익다툼을 잘 조절하여 주요 부락의 지지를 받았기 때문이었다.

리비아 동서부 지역에는 각 부락 사이의 세력균형을 위한 완충지대가 있는데, 카다피는 이렇게 이들 부락이 충돌하지 않도록 분리하는 정책을 잘 펼쳤다.

리비아 국내에서 카다피에 대한 반대 움직임이 일게 된 배후에는 각 부락들 간의 싸움이 있었다. 하지만 이제 카다피를 몰아낸 반대파 진영은 각 부락들을 하나로 묶어준 과제를 해결한 셈이니 더 이상 공동의 이익을 위해 뭉쳐야 할 이유가 없다. 리비아의 부락 사이의 충돌과 다툼이 사라지지 않는 한 국가가 제 기능을 하기 어려울 것이다.

3. 제2차 세계대전 이후 미국의 군사 활동

1950~1953년 : 한국 전쟁

1954년 : 과테말라 쿠데타 지원

1958년 : 레바논 내전 개입

1960~1964년 : 콩고 내전 개입

1962년 : 쿠바 미사일 위기

1962~1973년 : 베트남 전쟁

1965년 : 도미니카 내란 개입

1973년 : 칠레 정변

1980~1988년 : 제1차 걸프 전쟁

1980년 : 이란 군사 개입

1980~1986년 : 니카라과 군사 개입

1983년 : 그레나다 침공

1986년 : 리비아 공습

1989년 : 파나마 침공

1991년 : 제2차 걸프 전쟁

1991~1995년 : 소말리아 전쟁

1994년 : 아이티 침공

1998년 : 수단 공습

1998~1999년 : 코소보 전쟁

2001년부터 현재 : 아프가니스탄 전쟁

2003년부터 현재 : 이라크 전쟁

2006~2008년 : 에티오피아 및 소말리아의 '반테러 전쟁'

2011년 : 리비아 전쟁

인류 최후의 비밀

독일의 저명한 역사학자 위테크는 수천 년의 인류 역사를 네 줄로 요약했다. 첫 번째, 신은 누군가를 멸망시키기에 앞서 그에게 뜨거운 권력을 누리게 했다. 두 번째, 시간은 체와 같아서 마지막 순간에는 모든 역사의 찌꺼기를 걸러낸다. 세 번째, 벌이 꽃을 탐할수록 꽃은 더욱 만개한다. 네 번째, 어둠이 짙어지면 별은 더욱 밝게 빛난다.

여러분은 『위키리크스—새장 속에 갇힌 권력』의 마지막 장을 넘기는 순간 위테크의 명언 네 줄이 선명하게 드러나 있다는 걸 눈치 챌 것이다. 모든 것이 인터넷으로 통하는 시대에 접어들면서 무정부주의의 움직임도 소리 없이 커지고 있다. 또한 '디지털 혁명'이 가져온 권력의 이동은 15세기 인쇄술의 혁명과 맞먹을 정도로 인류에 커다란 영향을 미치고 있다. 인터넷은 시스템의 특성상 필연적으로 권력의 분산을 가져오게 되어 있다. 그리고 지금 국가의 권력은 인터넷을 통해 개인에게 주어지고 있다. 이런 사이버 세계에서 위키리크스는 개인이 가질 수 있는 가장 큰 권리를 대변한다고 할 수 있다.

세계는 지금껏 희뿌연 안개 속에 그 실체를 감추고 있었다. 그러나 여러분이 『위키리크스─새장 속에 갇힌 권력』에 눈을 고정시키는 순간 세계 최고 권력자들의 위선과 맞닥뜨리면서 분노를 느낄 것이다. 그리고 뒤이어 이들 권력자들이 좇는 또 다른 권력자들, 그리고 힘없는 사람들의 억울한 죽음과 일상적으로 당하는 모욕을 대하는 순간 가슴 저릿한 통증을 느낄 것이다. ……그리고 이처럼 평범하지 않은 이야기들로 가득 찬 이 책은 독자들의 머릿속을 오랜 시간 맴돌 것이다.

　이쯤에서 『시온 의정서』에 수록된 1930년대의 음모론이 그저 '아니 땐 굴뚝에 연기 나듯 공중에서 펑 하고 생겨난 것일까'란 의문이 든다. 이 책이 파헤친 세계의 어두운 진실들은 소름 끼칠 만큼 앞뒤가 딱딱 맞아떨어져 읽는 이를 깜짝 놀라게 한다. 『시온 의정서』에서는 '만약 국가 채무가 한 국가 안에만 존재한다면 그 나라의 부(富)는 해당 국가의 가난한 사람들로부터 부자들에게 이동할 것이나, 만약 세계의 모든 국가가 서로 채무를 주고받는다면 각국의 부는 끊임없이 우리의 금고로 들어오게 된다'고 했다. 여러분은 이 책을 통해 미국의 엘리트 권력 집단(세계적으로 영향력을 행사하는 명문가와 군수업체를 장악하고 있는 자들)이 '세계가 우리의 것'이라는 듯 탐욕을 부리며 보이지 않는 끈으로 조종한다는 것을 알 수 있을 것이다. 또한 그들의 소위 '테러리즘으로 반테러리즘에 맞선다'라든지 '공격당하기 전에 먼저 공격한다'는 식의 잔인한 태도를 똑똑히 보았을 것이다.

　1995년 9월 27일, 미국 샌프란시스코에서 열린 '페어몬트Fairmont호텔 회의' 참석자들은 세계 인구가 과잉 상태라며 전 인류를 20%의 엘리트와 80%의 인간쓰레기로 구분했다. 또한 인구문제를 해결하기 위한 두 가지 방안을 제시했는데, 첫 번째는 브레진스키의 '수유 문명Tittyainment Civilization'이고, 두 번째는 '첨단 과학기술'을 이용해 잉여인구를 없애버리자는 것이었다.

200년 가까운 세월 동안 미국을 지배해온 엘리트 권력 집단은 다음과 같은 세 가지 사회철학의 영향을 받았다. 첫 번째는 지구 자원과 환경이 기하급수적으로 증가하는 인구를 감당해낼 수 없다는 신맬서스주의*이고 두 번째는 약육강식과 적자생존이 자연의 법칙이라는 다윈주의이며, 세 번째는 니체가 주장한 '강자'와 '약자'가 대결하는 엘리트주의이다.

정의와 불의는 같은 공간에 동시에 존재하기 때문에 인류사회는 탄생하면서부터 전쟁과 그로 인한 재난에서 벗어날 수 없었다. 아직도 되풀이되고 있는 피비린내 나는 전쟁의 역사는 인류사회의 잔인한 일면을 그대로 보여주고 있다.

인류사회는 일정한 패턴을 보이면서 흘러가고 있다. 기나긴 역사의 시간들을 축소해보면 그 패턴을 한눈에 알 수 있다. 현실 세계의 잔인함을 목격한 우리는 이상적이고 공정한 세계에서 살아가길 원한다. 설령 그것이 유토피아처럼 상상 속에 존재할 뿐이라는 사실을 알고 있다 해도 말이다. 그러나 그 부분이 모든 인류가 지향해야 할 사회적 책임이며, 이 책 『위키리크스—새장 속에 갇힌 권력』이 말하고자 하는 핵심이기도 하다. 모든 거짓은 시간이 흐르면 서서히 그 정체를 드러내게 마련이다.

줄리언 어산지가 주목받는 이유는 화려한 해킹 실력 때문만이 아니다. 그는 진실을 말하고 있으며 돈과 권력의 반대편에 서서 우리 인류의 현실을 직시하게 하기 때문이다. 어산지의 진실 밝히기는 지금도 모든 이가 지켜보는 가운데 진행 중이다.

허 빈